D1673172

Jahrbuch 2006
für den Kreis Limburg-Weilburg

JAHRBUCH FÜR DEN KREIS LIMBURG-WEILBURG

2006

LIMBURG-WEILBURG 2006

Zum Titelbild:

Diese illusorische Kreation verzaubert Westtor und Burgruine von Merenberg. Die fantastische Gegenüberstellung scheint im glänzenden Abendlicht Wirklichkeit zu werden. Während die Burg, 1129 erstmals erwähnt, 1646 im Dreißigjährigen Krieg zerstört und nicht mehr aufgebaut wurde, beherbergt das Westtor heute ein Heimatmuseum.   Fotos: Simone Frohne

ISBN-Nr.: 3-927006-41-6

Herausgeber: Der Kreisausschuss (Kreisheimatstelle) des Landkreises Limburg-Weilburg, Schiede 43, 65549 Limburg, Tel.: 0 64 31 / 296 242 oder 296 205
e-Mail: heimatstelle@limburg-weilburg.de
Redaktion: Bernd Kexel, Simone Frohne, Dr. Marie-Luise Crone und Heinz Pfeiffer
Lektorat: Simone Frohne und Hannelore Wagner
® REKOM-Verlag Wetzlar
Satz, Gestaltung und Bildbearbeitung: Studio X^2, Mengerskirchen-Winkels
Druck: Wetzlardruck
Anzeigenleitung: Alex Weber

Inhaltsverzeichnis

	Vorwort	7
	Kalendarium	9
	Chronik	13

Zeitgeschehen

Heinz Pfeiffer	Spektakuläres Finale des Hessentages in Weilburg	23
Kexel/Frohne	Kreis präsentierte sich am Hessentag	26
Bernd Kexel	Geopark soll Länder- und Kreisgrenzen übergreifen	28
Rudi Leinweber	Das Fest der Hessen in Weilburg an der Lahn	30
Hans-Peter Schick	Weilburg wird im Mai 2006 1.100 Jahre alt	32
Peter Schermuly	30 Jahre Kreiskrankenhaus Weilburg	33
Nikola von Spee	Die Radiologie des St. Vincenz-Krankenhauses	37
Bernhard P. Heun	Die Limburger Adolf-Reichwein-Schule	39
Bernd Kexel	Eine moderne Verwaltung	45
Dr. Marie-Luise Crone	Kreisheimatstelle unterwegs	48
Maja Körfer	Restabfall wird zu Trockenstabilat	52
Stephan H. Zimmermann	Ein moderner Dienstleister für die Region	54
Walter Gerharz	Existenzgründer im Nassauer Land	58
Willi Oschewsky	Verein für Briefmarkenkunde Limburg	61
Edgar Wolf	Auf den Spuren von Oskar Schindler	65
Michael Schuld	Im Schlaraffenland des Geistes	67
Helmut Plescher	Die Tenne	73
Erich Müller	Das Thronerstück	75
Klaus Dönges	Wandernde Schafherden sind heute höchst selten	79
Arnold Strieder	Blooe Kreuzköpp feierten ökumenischen Gottesdienst	81
	Geschichtsbewusste Kinder . . .	83
Bernd Kexel	Die Freundschaft zu Berlin-Kreuzberg	85
	Verdienstorden und Ehrenbriefe	88/89
Edith Bröckl	Neuerscheinungen	90

Nassauische Zeit (1806-1866)

Hedwig Witte	Die Scheesefahrt	95
Dr. Rolf Faber	Die Gründung des Herzogtums Nassau (1806)	96
Dr. Marie-Luise Crone	Vom Feudalstaat zum Sozialstaat	100
Gerhard Eller	Landwirtschaftliche Reformen im Herzogtum Nassau	107
Manfred Kunz	Das Feuerlöschwesen in herzoglich nassauischer Zeit	111
Monika Jung	Das Ende des Herzogtums Nassau	116

Heimatgeschichte

Peter Paul Schweitzer	Woher kommt der Name Waldhausen?	121
Armin M. Kuhnigk	Über Forchheim und Weilburg nach Deutschland	123
Herbert Steinmann	Der Dirsteiner Hof	125
Karl-Heinz Braun	200 Jahre Ziegelhütte in Würges	129
Christa Pullmann	Eine jüdische Hochzeit	133
Franz-Karl Nieder	Wen wählen wir?	137
Dr. Rüdiger Fluck	100 Jahre Fahnenweihefest	143
Dr. Hubert Wagenbach	Brotdiebstahl blieb ungestraft	147
Birgit Dauer	Straftaten und ihre Ahndung 1933-1935	151
Dr. Peter Schmidt	Das Kriegsende im südlichen Kreisgebiet	155

Erzähltes und Unterhaltung

Renate Kaßnitz	Gedichte	161, 190, 196
Dieter Kasteleiner	De Schaad	162
Julius Wagner	Mit dem deutschen Expeditionskorps nach China	163

Ursula Grolig	Mei schee klaa Nest	172
	Rezepte	173, 184, 187, 190, 195, 203, 210, 213
Willi Schoth	Allzuviel ist ungesund; Schwarz - rot - Geld	175, 176
Walter Kurz	De Zylinderhout	176
Gertrud Preußer	Di Hünfeldenä Seniorentornstunn	177
Kurt Engelmann	Vater, Sohn und der Häufeler	178
Gerhard Heckelmann	Eine Kartoffel	179
Wilfried Hofmann	Gedichte	179, 211
Günter Gran	Blauer Dunst	181
Christina Dahmen	Die Moddersproch	184
Josef Quernheim	Die Wallfohrt fier honnert Johr	185
Marga Geis	Gedichte	186, 202
Helmut Plescher	Wie die Schorle entstand	187
Gertrud Preußer	Di Fassenoocht fiä 75 Juä,1931 bei Milläjokobs	188
Gerhard Heckelmann	Apfelschalen	191
Werner Jung	Die Kuh – oder der Osterbraten 1945	192
Monika Kasteleiner	De gloinische Maa	194
Gerhard Heckelmann	Der gloinische Deuwel	195
Bernhard P. Heun	Bischof laaf, de Christmann kimmt	196
Walter Stamm	Gedichte	198, 210
Eugen Caspary	Ferdinand Graf von Zeppelin	199
Heinz Hamm	Besuch	203
Erich Becker	Heimatgefühle	206
Ursula Kremer	De Kastanjebaam	207
Josef Quernheim	Kontraste	208
Ursula Grolig	Nikolaus vor dem Haus	212
Erich Becker	Wildnis in Hadamar	214

MENSCHEN

Josef J. G. Jung	Familiengeschichtliche Spurensuche im Goldenen Grund	218
Isabella Frensch	Karmeliter Pater Bruno a Santa Cunegunde	224
Wilma Rücker	Carl Weygandt	226
Lydia Aumüller	Der Auswanderer Johann Groß	229
Ulrich Finger	Ludwig Völpel, Lehrer zu Edelsberg (1856 - 1889)	233
Walter Rudersdorf	Wilhelm Breithecker – Priester und Bekenner	239
Walter Stöppler	Fräulein Frieda Kramp	246
Ortwin Keiner	Die mutige Tat eines Dorfbürgermeisters	247
Eugen Caspary	Josef Kramm zum Gedächtnis	249

KUNST UND KULTUR

Norbert Bandur	Mittelalterliche Keramikfußböden	251
Josef J. G. Jung	Romanisches Taufbecken in Lindenholzhausen	257
Bernhard Hemmerle	Erhaltene mittelalterliche Glocken	259
Ullrich Dahinden	Ernst Toepfer – Malerische Impressionen	265
Hans-Joachim Kiefer	Erinnerungen an den Künstler Josef Kiefer	269
Othmar Hicking	Historische Kinder- und Jugendliteratur	272
Hildegard Schuy	Sechzig Jahre Orchester Jupp Schlitt	283

NATUR, UMWELT UND TECHNIK

Arnold Strieder	Die Mengerskirchener Nagelschmiede	285
Franz-Josef Sehr	Die Beschaffung der ersten Motorspritze	287
Matthias Knaust	Der Schiffstunnel als technisches Kulturdenkmal	290
Herbert Friedrich	Kraniche im Kreis Limburg-Weilburg	294
Werner Eisenkopf	Können wir unser Klima beeinflussen?	296
Heinz Pfeiffer	Jahrbuchquiz	301
	Autorenverzeichnis	319

VORWORT DES LANDRATS

LIEBE LESERINNEN, LIEBE LESER,

es ist zu einer lieben Gewohnheit geworden, dass sich die Heimatkundler im November alljährlich treffen und bei dieser Gelegenheit einem an Geschichte und Kultur interessierten Publikum das neue Jahrbuch des Kreises Limburg-Weilburg vorgestellt wird.

Hierin können Sie wieder die neuesten Ergebnisse aus Zeitgeschehen, Heimatgeschichte, Natur, Umwelt, Technik, Kunst und Kultur nachlesen. Anlässlich der 200. Wiederkehr der Gründung und der 140. Wiederkehr des Endes des Herzogtums Nassau wird der Leser eine eigene Rubik finden, die sich dieser 60 Jahre nassauischer Geschichte annimmt.

Die Kreisheimatstelle bot auch in diesem Jahr wieder Exkursionen in die geschichtsträchtige Landschaft unserer Heimat an. Zu Fuß ging es durch Kirberg, das *650 Jahre Amt und Flecken* feierte, im September wurde auf der stillgelegten Trasse der Weiltalbahn geradelt, und im Oktober konnten rund 40 Personen Kloster Eberbach mit allen Sinnen erleben. Dort führte Dr. Stephanie Hartmann durch die Inkunabeln-Ausstellung und der Erste Kreisbeigeordnete Manfred Michel durch die Klosteranlage. Auch bei der anschließenden Weinprobe mit erlesenen Sorten aus dem Staatsweingut ließ er sein Fachwissen aufblitzen. Die Kreisheimatpflegerin Dr. Marie-Luise Crone verspricht auch für das kommende Jahr weitere interessante Exkursionen mit der Kreisheimatstelle.

Mit großem Erfolg präsentierte Dr. Holger Rittweger, seit 2005 ehrenamtlicher Kreisarchäologe, auf dem Hessentag *Natur auf der Spur* und gewann einmal mehr das Interesse am Projekt *Geopark*. Für einen Tag nutzte der Kreis in Weilburg die Hessentagsbühne auf dem Marktplatz, um Sportlern, Musikern, Tänzern, Künstlern und Kindern die Möglichkeit zu geben, ihr Können vorzuführen und andere zu erfreuen.

Nach den Um- und Neubauten am Kreishaus öffneten sich in diesem Sommer die Türen für jedermann, um am *Tag der offenen Tür* Kreishausluft zu schnuppern. Der Zuspruch seitens der Bevölkerung fiel über Erwarten hoch aus, und so wurde der Tag auch für die Mitarbeiter zu einem bleibenden Erlebnis.

Die nur kurz angerissenen Ereignisse aus dem Kreis Limburg-Weilburg des vergangenen Jahres werden mit vielen anderen Beiträgen, seien sie unterhaltsam, nachdenklich stimmend oder lehrreich, auf 320 Seiten mit zahlreichen Farbbildern in diesem Buch dem Leser angeboten.

Viel Freude bei der Lektüre.

Ihr

(Dr. Manfred Fluck)
Landrat

8

Je frostiger der Januar, je freundlicher das ganze Jahr.

Januar

KW	Mo	Di	Mi	Do	Fr	Sa	So
							1
1	2	3	4	5	6	7	**8**
2	9	10	11	12	13	14	**15**
3	16	17	18	19	20	21	**22**
4	23	24	25	26	27	28	**29**
5	30	31					

Bleib beim Fallen nicht liegen,
sonst läuft man über dich hinweg.

Februar

Eine gute Decke voll Schnee, bringt das Brotkorn in die Höh'.

Mo	Di	Mi	Do	Fr	Sa	So	KW
		1	2	3	4	**5**	5
6	7	8	9	10	11	**12**	6
13	14	15	16	17	18	**19**	7
20	21	22	23	24	25	**26**	8
27	28						9

Das Geheimnis aller Erfolge
und jeden Könnens ist das Wollen.

März

KW	Mo	Di	Mi	Do	Fr	Sa	So
9			1	2	3	4	**5**
10	6	7	8	9	10	11	**12**
11	13	14	15	16	17	18	**19**
12	20	21	22	23	24	25	**26**
13	27	28	29	30	31		

An Benedikt (21.3.) sucht die Schwalbe ihren Ort,
an Bartholomä (19.9.) ist sie wieder fort.

Das Betragen ist ein Spiegel,
in welchem jeder sein Bild sieht.

9

April

April windig und trocken, macht das ganze Wachstum stocken.

KW	Mo	Di	Mi	Do	Fr	Sa	So
13						1	**2**
14	3	4	5	6	7	8	**9**
15	10	11	12	13	**14**	15	**16**
16	**17**	18	19	20	21	22	**23**
17	24	25	26	27	28	29	**30**

*Ein weiser Tor ist besser
als ein törichter Weiser.*

Mai

Ein Bienenschwarm im Mai – ist wert ein Fuder Heu.

Mo	Di	Mi	Do	Fr	Sa	So	KW
1	2	3	4	5	6	**7**	18
8	9	10	11	12	13	**14**	19
15	16	17	18	19	20	**21**	20
22	23	24	**25**	26	27	**28**	21
29	30	31					22

*Wo Liebe wohnt,
lebt es sich immer frei.*

Juni

*Hat Magaret (10.6.) kein Sonnenschein,
kommt das Heu nie trocken rein.*

KW	Mo	Di	Mi	Do	Fr	Sa	So
22				1	2	3	**4**
23	**5**	6	7	8	9	10	**11**
24	12	13	14	**15**	16	17	**18**
25	19	20	21	22	23	24	**25**
26	26	27	28	29	30		

*Deiner Gedanken Herr bist du zwar,
doch das Gesprochene beherrscht dich.*

Juli

Mo	Di	Mi	Do	Fr	Sa	So	KW
					1	**2**	26
3	4	5	6	7	8	**9**	27
10	11	12	13	14	15	**16**	28
17	18	19	20	21	22	**23**	29
24	25	26	27	28	29	**30**	30
31							31

Hundstage (23.7. – 22.8.) heiß – der Winter lange weiß.

Manchmal lässt das Schicksal seinen Lieblingen alles geraten.

August

In Laurentius (10.8.) klarer Nacht– Sternschnuppen in heller Pracht.

KW	Mo	Di	Mi	Do	Fr	Sa	So
31		1	2	3	4	5	**6**
32	7	8	9	10	11	12	**13**
33	14	15	16	17	18	19	**20**
34	21	22	23	24	25	26	**27**
35	28	29	30	31			

Erkenne deine Schwächen und du wirst stark sein.

September

Mo	Di	Mi	Do	Fr	Sa	So	KW
				1	2	**3**	35
4	5	6	7	8	9	**10**	36
11	12	13	14	15	16	**17**	37
18	19	20	21	22	23	**24**	38
25	26	27	28	29	30		39

Ein Pilzreicher Herbst sagt: Der Winter wird streng und hart.

Nicht alles, worüber lange geredet wird, geschieht auch.

Oktober

Um Sankt Gallustag (16.10) muss jeder Apfel in den Sack.

KW	Mo	Di	Mi	Do	Fr	Sa	So
39							1
40	2	3	4	5	6	7	8
41	9	10	11	12	13	14	15
42	16	17	18	19	20	21	22
43	23	24	25	26	27	28	29
44	30	31					

Beruhigend ist jeder Tag,
wenn die Arbeit in Fülle wartet.

November

Wenn die Bäume zweimal blühn´, wird sich der Winter lang hinziehn.

Mo	Di	Mi	Do	Fr	Sa	So	KW
		1	2	3	4	5	44
6	7	8	9	10	11	12	45
13	14	15	16	17	18	19	46
20	21	22	23	24	25	26	47
27	28	29	30				48

Lehnst du dich auf,
übernimm auch die Folgen.

Dezember

KW	Mo	Di	Mi	Do	Fr	Sa	So
48					1	2	3
49	4	5	6	7	8	9	10
50	11	12	13	14	15	16	17
51	18	19	20	21	22	23	24
52	25	26	27	28	29	30	31

Wie Barbaratag (4.12.), so der Christtag.

Frieden kannst du nur haben,
wenn du ihn um dich verbreitest.

Die Wetterregeln und Sprüche stellte Gertrud Preußer zusammen.

12

KREISCHRONIK 2004/2005

VON HEINZ PFEIFFER

OKTOBER 2004

Bad Camberg. Etwas mehr als drei Monate nach dem Wahlsieg von Wolfgang Erk (SPD) über Harald Theuerkauf (CDU) erklärte das Bad Camberger Parlament die Bürgermeisterwahl mit ihren beiden Durchgängen vom 13. und 27. Juni für ungültig. Erk ging Ende Juni nach einer Stichwahl mit 50,4 Prozent der Stimmen und nur 48 Stimmen Vorsprung als Sieger aus der Wahl hervor. Vier Kommunalpolitiker von CDU und FDP kritisierten aber Unregelmäßigkeiten im Zusammenhang mit der Ausgabe von Briefwahlunterlagen, erkannten darin einen Verstoß gegen das hessische Kommunalwahlrecht und legten Einspruch gegen die Wahl ein. Nach einer emotional geführten Debatte stimmte die CDU/FDP-Mehrheit (19 Stimmen) gegen das Votum von SPD (14 Stimmen) dafür, die Wahl zu wiederholen. Die beiden Vertreter von Bündnis 90/Die Grünen enthielten sich.

Löhnberg/Wiesbaden. Otto Georg, der aus Niedershausen stammt, wurde von der Universität Herzliya in Israel zum Ehrendoktor ernannt. Der 84-Jährige macht sich seit den 40er Jahren um die deutsch-israelischen Beziehungen verdient.

Limburg. Babette Täpper wurde als designierte neue hauptamtliche Erste Stadträtin Limburgs vorgestellt. Der zuständige Ausschuss hatte sich einstimmig für die 42-Jährige ausgesprochen, die am 1. April 2005 das Dezernat ihres amtierenden Vorgängers Dr. Heinrich Richard (parteilos) übernommen hat. Im Juli 2001 war die Verwaltungsjuristin als neue Dezernentin für *Zentrale Aufgaben* für die Kreisverwaltung Bad Neuenahr-Ahrweiler/Rheinland-Pfalz eingestellt worden.

Villmar/Hausen/Limburg. Der Villmarer Verschönerungsverein feierte sein 100-jähriges Bestehen. Der Kirchenchor Hausen wurde 160 Jahre alt. Der Sängerkreis Limburg feierte sein 50-jähriges Bestehen mit einem Festakt und einem Konzert in der Limburger Stadthalle.

Hünfelden/Elz. Ein 54 Jahre alter Berufspilot aus Niedererbach und sein 73 Jahre alter Copilot, die am 24. Oktober von Elz mit einem Ultraleichtflugzeug zu einem Flug über den Taunus aufgebrochen waren, stürzten kurz nach dem Start in der Nähe des Mensfelder Kopfes ab.

Obertiefenbach. Bei einem Frontalzusammenstoß zweier Personenwagen auf der Bundesstraße 49 bei Obertiefenbach kamen am 23. Oktober drei Menschen ums Leben. Hauptverursacher war der Fahrer eines im Kreis Höxter (Nordrhein-Westfalen) zugelassenen Wagens, der aus ungeklärter Ursache auf die falsche Fahrspur geriet.

NOVEMBER 2004

Weilmünster/Brechen. In Weilmünster beging der parteilose Bürgermeister Manfred Heep mit einer kleinen Feierstunde sein zehnjähriges Amtsjubiläum. Für seinen Brechener Kollegen Bernhard Königstein (parteilos) hieß es nach 24 Jahren, Abschied zu nehmen. Der 63-Jährige ging in den Ruhestand und wurde von Walter Schlenz (ebenfalls parteilos), dem Sieger der Bürgermeisterwahl im Juni, beerbt.

Bermbach/Gräveneck. Seltene Hochzeitsjubiläen: Lina und Jakob Störger, Bermbach, sind seit 70 Jahren verheiratet und feierten Gnadenhochzeit. Elisabeth und Willy Weckert, Gräveneck, sind seit 65 Jahren ein Paar und feierten Eiserne Hochzeit.

Limburg. Die Limburger Formation *Ragazzi* wurde mit ihrem Programm, das das Lebensgefühl der 30er Jahre nachempfindet, zunächst Europameister, dann Vize-Weltmeister im Schautanzen.

DEZEMBER 2004

Limburg-Weilburg. Am 6. Dezember begann im Landkreis das digitale Fernsehzeitalter. Im neuen Digitalnetz sind gut 20 Programme zu empfangen. Sie können in der Regel nicht mehr über die Zimmer- oder Hausantenne, sondern nur noch via Kabel- oder Satellitenanschluss oder mit Hilfe einer so genannten Set-Top-Box empfangen werden. Diese Box entschlüsselt die digitalen Signale. Der analoge Sendebetrieb wurde weitgehend eingestellt.

Mengerskirchen/Beselich. Werner Hannappel und Otto Latzel feierten ihr 40-jähriges Priesterjubiläum. Hannappel ist seit 1995 katholischer Pfarrer in Mengerskirchen und Waldernbach. Latzel ist seit dem Jahr 2000 Pfarrer der katholischen Gemeinden *St. Marien* und *St. Ägidius* in Beselich.

Bad Camberg. Der Bad Camberger Bürgermeister Gerhard Reitz (SPD) wurde in den Ruhestand verabschiedet. Bis zur Einführung seines Nachfolgers leitete der Erste Stadtrat Peter Bermbach (CDU) die Amtsgeschäfte.

Weilburg. Hans Bruchmeier, Vorsitzender des Weilburger Rudervereins und kommunalpolitisches Urgestein der FDP, feierte seinen 80. Geburtstag.

Weilburg. Zwei Tage vor Heiligabend erlebten rund 1.000 Menschen die Verkehrsfreigabe der Teilortsumgehung Weilburgs **(Foto).** Am 22. Dezember fuhren die ersten Busse über die neue Oberlahnbrücke. Der Tag markierte das Ende von rund 40 Jahren Diskussion und Planung um die stadtnahe Umfahrung zur Entlastung der historischen Altstadt Weilburgs. Die Experten gehen davon aus, dass rund 80 Prozent der 20.000 Fahrzeuge, die sich bisher täglich durch das Nadelöhr quälten, über die neue Trasse der Bundesstraße 456 von der Westerwald- zur Taunusseite und umgekehrt fahren. Die neue Brücke einschließlich des Mühlbergtunnels, der das Weiltal an die neue Straße anbindet, kostete etwa 23 Millionen Euro. Dazu kommen 4,5 Millionen Euro für ein neues Parkhaus am Landtor.

JANUAR 2005

Limburg. Seit Jahresbeginn ist Limburg Sitz einer neuen Behörde mit 300 Beschäftigten geworden. Die Kreisstadt beherbergt jetzt eines von sieben hessischen Ämtern für Bodenmanagement. Dort sind die Landesvermessung, Kataster und Flurneuordnung gebündelt. Später soll diese Landesverwaltung auch den Bereich *Grundbuch* aufnehmen. Leiterin der Behörde ist Ulrike Peters, die zur Amtseinführung zur *Leitenden Vermessungsdirektorin* ernannt wurde. Das neue Amt ist für die Kreise Hochtaunus, Main-Taunus, Rheingau-Taunus und Limburg-Weilburg sowie für die Städte Frankfurt und Wiesbaden zuständig. Das Amt für Bodenmanagement wird in den nächsten Jahren in einen vom Land geplanten Neubau am Limburger ICE-Bahnhof einziehen. Davon verspricht sich Limburg eine Belebung des brachliegenden Geländes.

Hünfelden-Kirberg. Bei einem spektakulären Unfall wurde ein 32-jähriger Autofahrer tödlich verletzt. Der Mann war mit seinem Pkw in Kirberg gegen eine Hauswand gerast, hatte die Wand durchbrochen und war im Schlafzimmer einer 74-Jährigen zum Stehen gekommen **(Foto)**. Die Rentnerin musste mit einem schweren Schock und Schnittverletzungen am Bein ins Limburger Krankenhaus eingeliefert werden.

Hadamar. Die Gedenkstätte Hadamar des Landeswohlfahrtsverbandes (LWV) hat vor zweieinhalb Jahren mit der Erarbeitung einer Opferliste der *NS-Euthanasie-Verbrechen* begonnen. Bei Kriegsende sind alle Unterlagen vernichtet worden. Deshalb muss eine ungeheure Mühe für die Recherche aufgewandt werden, um den Opfern ihre Namen zurückgeben zu können. Von den 10.077 überlieferten Opfern der Gasmorde sind etwa 500 noch nicht erfasst. Hinzu kommen 5.000 Menschen, die von 1942 bis 1945 durch Medikamente und Hungerkost ums Leben kamen. Im Stasi-Archiv fanden sich 2.000 Krankenakten von in Hadamar ermordeten Patienten, die jetzt im Bundesarchiv in Berlin aufbewahrt werden. Das wurde auf einer Gedenkfeier für die Opfer in Hadamar mitgeteilt.

Limburg-Weilburg. Der Kreisverband Limburg-Weilburg des Bundes für Umwelt und Naturschutz (BUND) hat seinen Umweltpreis *Süße Orange 2004* an die beiden Umweltberaterinnen des Landkreises Limburg-Weilburg Monika Huckauf und Hella Birker verliehen.

Weilburg. 31.033 Euro wurden bei einer Lotterie zugunsten des Kreiskrankenhauses Weilburg eingenommen. Schüler des Weilburger Gymnasiums, der Westerwaldschule Waldernbach und der Gesamtschule Weilmünster hatten seit Ende September vergangenen Jahres über 12.000 Lose zum Preis von zwei Euro verkauft. Mit dem Geld wurde die Einrichtung der neuen zentralen Aufnahmeabteilung im Krankenhaus mitfinanziert. Organisiert hatte die Aktion der pensionierte Weilburger Musikpädagoge Martin-Wolfgang Sommer.

FEBRUAR 2005

Limburg-Weilburg. Der Diplom-Geograph Dr. Holger Rittweger ist neuer ehrenamtlicher Kreisarchäologe. Der 42-Jährige soll mit Vorträgen, Exkursionen und Schülerprojekten über die frühgeschichtliche Zeit informieren. Der Geowissenschaftler und Botaniker ist auch Ansprechpartner für naturhistorische Fragen. Holger Rittweger hatte den Neubau der ICE-Strecke Köln-Rhein-Main geologisch begleitet und 50 Bodendenkmäler, z. B. aus der Eiszeit, dokumentiert.

Weilburg. Wieder ein überwältigender  Erfolg für Hans-Peter Schick: Bei der Direktwahl des Bürgermeisters in Weilburg stimmten 90,5 Prozent der Wähler für den parteilosen Rathauschef **(Foto)**. Damit erreichte er nicht ganz das Ergebnis der Wahl vor sechs Jahren, als die Zustimmung sogar bei 93,6 Prozent lag. Schick, der einziger Kandidat war, zeigte sich dennoch hoch zufrieden.

Limburg-Weilburg. Der Landkreis rutscht noch tiefer in die roten Zahlen. Im neuen Haushaltsplan mit den Einnahmen und Ausgaben für zwei Jahre summierte sich der fehlende Betrag für 2005 auf 41 Millionen Euro und für 2006 auf über 63 Millionen Euro. Im Jahr 2004 war bereits ein Minus von 15,5 Millionen Euro angefallen. Kein hessischer Landkreis verfügt derzeit über einen ausgeglichenen Haushalt. Das Regierungspräsidium in Gießen bescheinigte jedoch dem Landkreis Limburg-Weilburg das niedrigste Defizit aller hessischen Kreise.

Limburg. Der Berliner Jugendbuchautor Zoran Drvenkar hat den Limburger Hans-im-Glück-Preis zugesprochen bekommen, ein Förderpreis der Kinder- und Jugendliteratur. Bürgermeister Martin Richard (CDU) überreichte dem 1967 in Kroatien geborenen Schriftsteller die Auszeichnung für seinen Roman *Cengiz und Locke*.

Bad Camberg. Ein Manöver der US-Army mit 23 Panzern und Kettenfahrzeugen richtete besonders in Bad Camberg, Würges und Wörsdorf riesige Flurschäden an.

Bad Camberg. Jetzt ist es endgültig: Wolfgang Erk (52) wurde neuer Bürgermeister in Bad Camberg. Bei der Neuauflage der Bürgermeister-Stichwahl in der Kneippstadt erzielte der Sozialdemokrat **(Foto)** mit 63,11 Prozent der abgegebenen Stimmen einen klaren Sieg. Sein Kontrahent, der frühere Idsteiner Stadtverordnete Harald Theuerkauf (CDU), erzielte 36,89 Prozent.

MÄRZ 2005

Offheim. Seit Ostern 2005 kann im Offheimer Hallenbad wieder geschwommen werden. Der Hallenbadverein, der das Bad betreibt, verfügt mittlerweile über 2.000 Mitglieder. Sie tragen zusammen mit den Zuschüssen der Stadt Limburg in Höhe von 130.000 Euro zum Unterhalt des Bades bei. Auch der Landkreis als Schulträger sowie die Nutzer des Schulschwimmens leisten einen Beitrag zu den Betriebskosten. So kann jährlich eine Summe von rund 200.000 Euro aufgebracht werden.

Mit vielfältigen Angeboten wie Warmbadetag, Kinderspaß und Wassergymnastik wird das Vereinsbad von immer mehr Bürgern aus Limburg und insbesondere dem Umland bis in den hohen Westerwald als Alternative zu den Spaßbädern gerne genutzt. Steigende Mitgliederzahlen sichern auch den Bestand der Erholungsmöglichkeit für die nächsten Jahre. Durch die Umwandlung des Hallenbades in ein Vereinsbad haben jedoch nur Mitglieder und in Ausnahmefällen deren Gäste Zutritt.

Auskünfte und Informationen gibt es unter www.hallenbadverein-offheim.de oder unter Telefon (0 64 31) 5 70 68 77.

Limburg. Das Bistum Limburg will bis zum Jahr 2008 weitere 14 Millionen Euro sparen, um damit unter anderem Einbußen aus der Kirchensteuer auszugleichen. Spätestens ab 2008 soll sich der Haushalt ohne Entnahmen aus Rücklagen finanzieren. Der Sparvorschlag sieht die Schließung zentraler Einrichtungen ebenso vor wie Einsparungen bei den Kirchengemeinden, den Kindertagesstätten, der Sozialarbeit und der Verwaltung. Betriebsbedingte Kündigungen wurden nicht mehr ausgeschlossen.

Villmar. Die Limburger Staatsanwaltschaft ermittelte wegen *unbefugten Tötens von Wirbeltieren* auf dem Heidehof in Villmar. Dort sind 14 Pferde – darunter mehrere Welsh-Ponys – durch Vergiftung verendet. Die Ermittlungen richteten sich gegen Unbekannt. Teils handelte es sich um Tiere des Hofbesitzers, teils um Penionspferde.

Weilburg. Viel Bewunderung erntete die Stadt Weilburg für das von ihr erbaute Jugendwaldheim am Odersbacher Waldrand. Jeweils 20 bis 30 Jugendliche (Schulklassen) werden zwischen zwei Tagen und einer Woche den Wald hautnah erleben, basteln und nicht zuletzt die Sehenswürdigkeiten Weilburgs kennen lernen.

APRIL 2005

Limburg. Nach 18-jähriger hauptamtlicher Tätigkeit wurde der Erste Stadtrat Dr. Heinrich Richard (parteilos) im Limburger Rathaus in den Ruhestand verabschiedet. Die ruhige, besonnene Art und die ausgezeichnete Sachkenntnis des Namensvetters hätten ihm *hohen Respekt und Bewunderung* eingebracht, sagte Bürgermeister Martin Richard (CDU).

Limburg. 100 Jahre besteht das Limburger Diözesanmuseum. Zum Jubiläum wurde die Sonderausstellung *Kunst und Kult* gezeigt. Das Museum beherberge die bedeutendsten Kunstsammlungen zwischen Köln und Frankfurt am Main, wurde bei der Eröffnung betont. Dort sind kostbare sakrale Kunstwerke aus zwölf Jahrhunderten zu sehen.

Weilburg. Auf der fünften Verbrauchermesse *Hessenschau Weilburg* zeigten 207 Aussteller ihre Dienstleistungen und Produkte. Etwa 20.000 Besucher kamen an vier Tagen in die Halle an der Hainallee.

Beselich. Albert Wagner (Schupbach) und Theo Krämer (Dorndorf) haben im Beselicher Rathaus von Bürgermeister Martin Rudersdorf (parteilos) Ehrenurkunden des Hessischen Ministerpräsidenten Roland Koch (CDU) als Anerkennung einer Rettungstat erhalten. Durch ihr beherztes Eingreifen hatten sie vor knapp einem Jahr ihrem Sportfreund Karl Völker (Runkel) bei Arbeiten auf dem Schupbacher Sportplatz das Leben gerettet.

Weilburg/Weilmünster. Mit 1.300 Läuferinnen und Läufern verzeichnete der dritte Weiltalmarathon einen Teilnehmerrekord. Schnellster über die 42,195 Kilometer vom Schmittener Ortsteil Arnoldhain nach Weilburg war Marco Diehl. Der 36-jährige Butzbacher stellte mit 2:27:36 Stunden einen neuen Streckenrekord auf. Das **Foto** zeigt den Zieleinlauf in der Weilburger Hainallee, der von vielen Zuschauern gesäumt wurde.

Weilmünster/Bad Camberg/Limburg. Erfreuliche Ergebnisse der Schulen im Kreis Limburg-Weilburg beim hessischen Mathematikwettbewerb: sie haben überdurchschnittlich gut abgeschnitten. Herausragend sind die Gymnasien. Sie stehen im

Kreisvergleich hessenweit an der Spitze. Am besten hat im Kreis der Gymnasialzweig der Gesamtschule Weilmünster geglänzt. Die Schüler erreichten hier im Durchschnitt 31,4 Punkte. Die folgenden Ränge belegten der Gymnasialzweig der Bad Camberger Taunusschule (29,7 Punkte) und die Limburger Marienschule (29,6 Punkte).

MAI 2005

Freienfels. Zum 13. Mal war Freienfels mit seiner imposanten Burgruine Schauplatz mittelalterlichen Getümmels. Vier Tage lang fanden wieder die beliebten Freienfelser Ritterspiele statt. Ritter hoch zu Ross beim Turnier oder mit dem Schwert kämpfend zu Fuß zogen mehrere 1.000 Besucher in ihren Bann und ließen das Spektakel für Groß und Klein zu einem unvergessenen Erlebnis werden. 1.500 Akteure traten ohne Gage auf. Die Einnahmen wurden zur Erhaltung der Burgruine verwandt.

Lindenholzhausen. An Christi Himmelfahrt begann das fünfte *Harmonie*-Festival mit 256 Chören und Folkloregruppen aus

49 Nationen. Bereits am Eröffnungstag präsentierten sich über 2.000 Sänger, Tänzer und Musiker bei Volksliedwettbewerben für Frauenchöre, Gemischte Chöre, Männerchöre und Chöre mit Instrumentalbegleitung sowie bei einer Folkloreveranstaltung mit insgesamt 70 Chören, Ensembles und Folkloregruppen aus mehr als 30 Ländern dem Publikum **(Foto oben).** Die besten europäischen Kinder- und Jugendchöre gaben sich am Freitag gemeinsam mit einem Kinderchor aus China ein Stelldichein. Neben den Wettbewerben mit 25 Chören aus China, Deutschland, Lettland, Estland, Schweden, Russland, Polen, Tschechien und Weißrussland gab es eine internationale Folkloreveranstaltung mit mehr als 20 Ensembles aus aller Welt. Am Samstag und Sonntag folgten die internationalen Chorwettbewerbe für Erwachsenen- und Kammerchöre.

Elbgrund. Theo Simon, Altbürgermeister von Hangenmeilingen und nach der Gebietsreform auch Bürgermeister der Gemeinde Elbgrund, starb im Alter von 78 Jahren. Der SPD-Politiker gehörte auch viele Jahre dem Kreistag an.

Niederselters/Dehrn. Zusammen mit viel Prominenz aus Sport und Politik feierte der Turnverein Niederselters sein 100-jähriges Bestehen. Auch der TuS Dehrn blickte bei einem festlichen Kommers auf sein 100-jähriges Bestehen zurück. Der Höhepunkt

der Festwoche war aber das Konzert der Kölner Kultband *Die Höhner*.

Niedershausen. Hermann und Elfriede Diehl aus Niedershausen feierten das seltene Fest der Eisernen Hochzeit. Sie gaben sich am 25. Mai 1940 das Ja-Wort.

JUNI 2005

Mengerskirchen. Der 39 Jahre alte Thomas Scholz (CDU) wurde zum neuen Bürgermeister des Marktfleckens Mengerskirchen gewählt. Der Ortsvorsteher im Ortsteil Winkels **(Foto unten)** erhielt bei der Direktwahl 58,2 Prozent der Stimmen. Auf seinen unterlegenen parteilosen Gegenkandidaten Andreas Bendel (43), Vorsitzender der FWG-Fraktion im Gemeindeparlament, entfielen 41,8 Prozent. Scholz trat am 1. November 2005 die Nachfolge von Robert Becker (CDU) an, der in den Ruhestand ging.

Villmar. Werner König, der älteste Bewohner des Villmarer Seniorenzentrums *Haus Lahnblick*, wurde 100 Jahre alt. Der Jubilar stammt aus Thüringen. Seinem Sohn, der in Berlin aus der ehemaligen DDR in den Westen geflohen war, folgte der in Meiningen lebende Werner König 1971 nach langwierigen Behördengängen auf legalem Weg als Rentner.

Limburg/Elz. Längs der ICE-Strecke sollen auf einer Länge von drei Kilometern zwischen Elz und Limburg die Schallschutzwände saniert und das Gleis besonders überwacht werden. Das hat das Gießener Regierungspräsidium angekündigt. Zuvor ist ein eisenbahnrechtliches Anhörungsverfahren notwendig. Die alten noch nicht einmal vier Jahre alten Schallschutzwände hielten nicht mehr.

Weilburg. Das seltene Fest der Gnadenhochzeit feierten Hans und Else Maiwald in Weilburg. Ihr vor 70 Jahren gegebenes Ja-Wort bestätigten die 96- und 91-jährigen Ehepartner in der Heilig-Grab-Kapelle.

JULI 2005

Limburg. Horst Schneider, Geschäftsführer des St. Vincenz-Krankenhauses in Limburg, wurde in den Ruhestand verabschiedet. Schneider war zwölfeinhalb Jahre lang Chef des mit 960 Mitarbeitern größten Arbeitgebers der Region und für die Abwicklung eines jährlichen Haushaltes von weit mehr als 50 Millionen Euro zuständig. Dazu kamen in den letzten zehn Jahren Investitionen in Höhe von 68 Millionen Euro für das 480-Betten-Haus. Zu seinem Nachfolger wurde der Koblenzer Hans-Joachim Ehrhardt ernannt.

Der neue Krankenhauschef war nach einem Studium der Wirtschaftswissenschaften und der Betriebswirtschaftslehre mit dem Schwerpunkt Controlling, Rechnungswesen im Krankenhaus-Management verschiedener Kliniken tätig.

Limburg. Mit einem Tag der offenen Tür stellte die Kreisverwaltung des Kreises Limburg-Weilburg ihre neuen Räumlichkeiten vor: Nach rund vier Jahren sind die Baumaßnahmen im Neubau und die Renovierung des Altbaus abgeschlossen. (siehe Bericht S. 45)

Weilburg. Der Kreistag beschloss in einer Sitzung im Bürgerhaus in Weilmünster mit den Stimmen aller Fraktionen, das bisherige Kreiskrankenhaus in eine gemeinnützige Gesellschaft mit beschränkter Haftung umzuwandeln. Hintergrund der seit längerem

diskutierten Entscheidung seien die tiefgreifenden Veränderungen im deutschen Gesundheitswesen, wobei der dadurch wachsende Kostendruck auch vor den Krankenhäusern nicht Halt mache, heißt es in der Begründung. Mit der Änderung der Rechtsform wolle der Kreis das Krankenhaus fit für die kommenden Jahre im Kliniksektor machen und gleichzeitig die medizinische und pflegerische Versorgung der Bevölkerung im Landkreis sichern. Es handelt sich dabei nicht um eine Privatisierung, der Kreis Limburg-Weilburg bleibt 100-prozentiger Eigentümer der Einrichtung.

Bermbach. Der Bermbacher Walter Frank erhielt aus den Händen des Hessischen Finanzministers Karlheinz Weimar (CDU) das Bundesverdienstkreuz. Der 64-jährige SPD-Politiker gehört seit 1970 der Weilburger Stadtverordnetenversammlung an, der er seit 2001 vorsteht. Er war 50 Jahre im öffentlichen Dienst tätig und war bis zu seiner Pensionierung Büroleiter im Limburger Landratsamt.

Kirberg. Mit einem umfangreichen Programm feierte der Hünfeldener Ortsteil Kirberg in diesem Jahr die Verleihung der Stadtrechte vor 650 Jahren. Arbeitskreise hatten die vielfältigen Veranstaltungen und Aktionen vorbereitet. Im Juli erfolgte ein *Meileranstich im Köhlerdorf,* und den Höhepunkte bildete ein *Historischer Markt,* zu dem die Kirberger viele traditionelle Kostüme **(Foto)** genäht hatten. 120 Stände waren aufgebaut, und ein

buntes, vielfältiges Programm lockte bis zu 20.000 Menschen an den beiden Markttagen nach Kirberg. Bereits im Dezember 2004 konnte ein über 500 Seiten starkes Heimatbuch mit dem Titel *Kirberg, Einst und Jetzt* herausgegeben werden.

Obertiefenbach. Auf dem 30. Verbandstag der Feuerwehren im Kreis Limburg-Weilburg wurde Franz-Josef Sehr in Obertiefenbach die höchste Auszeichnung des Deutschen Feuerwehrverbandes zuteil. Norbert Fischer, stellvertretender Vorsitzender des Nassauischen Feuerwehrverbandes, steckte Sehr das Deutsche Feuerwehr-Ehrenkreuz in Gold ans Jackett. Der Verband zeichne damit einen vorbildlichen Feuerwehrmann für hervorragende Leistungen aus, sagte Fischer.

AUGUST 2005

Limburg-Weilburg. An sechs Grundschulen im Bereich des Schulamtes für die Kreise Limburg-Weilburg und Lahn-Dill startete das Modellprojekt *Bildung von Anfang an*. Es soll neue Bildungs- und Erziehungspläne für Kinder bis zehn Jahre auf ihre Praxistauglichkeit überprüfen. Im Kreis Limburg-Weilburg beteiligen sich die Grund- und Hauptschule Eschhofen sowie die Franz-Leuninger-Schule in Mengerskirchen an dem Projekt.

Weilmünster/Weilburg. Auch die zweite Auflage des autofreien Weiltalsonntags war ein großer Erfolg. Zwischen Weilburg und Weilrod gehörte das Weiltal auf einer Strecke von rund 40 Kilometern ausschließlich Wanderfreunden, Radfahrern oder Skatern. In allen Gemeinden entlang der Strecke fanden Aktionen statt.

Weilburg. Der mit Western-Romanen bekannt gewordene Autor G. F. Unger starb im Alter von 84 Jahren. Unger sei der einzige deutschsprachige Western-Autor gewesen, dessen Romane als Übersetzungen in Amerika erschienen sind, teilte die Verlagsgruppe Lübbe in Bergisch-Gladbach

mit. Unger lebte seit über dreißig Jahren in Weilburg. Der Bastei Verlag war seine schriftstellerische Heimat. Hier erschienen 700 Romane von ihm.

Limburg. Fünf Tage lang weilten Gäste aus 75 Nationen vor dem Weltjugendtag im Bistum Limburg. Rund 7.000 meist junge Menschen feierten auf dem Limburger Marktplatz mit Bischof Franz Kamphaus, zwölf weiteren Bischöfen und mit ungezählten Priestern der Weltkirche einen eindrucksvollen Abschlussgottesdienst. Während eines zweistündigen kulturellen Vorprogramms füllte sich der Platz mit so viel Menschen wie noch nie. Bischof Franz Kamphaus appellierte in seiner Predigt an die jungen Christen: *«Lasst die Welt nicht zum Teufel gehen.»*

Auf der Bühne dominierte die große Weltkugel. Sie symbolisierte den Teilnehmern von den fünf Erdteilen: Wir gehören zusammen. Dass es eine Gemeinschaft im Geiste Jesu Christi ist, das wurde an dem großen Kreuz deutlich, das unter der Bühnenkuppel hing und an der Kreuzreliquie aus dem Limburger Dom, die ins Zentrum der Bühne getragen wurde. Die *Tage der*

Begegnung im Bistum hätten gezeigt, dass die Kirche *«endlich unterwegs zur einen Welt»* sei, rief Bischof Kamphaus aus.

Die Älteren hinterließen den jungen Menschen *«nicht nur blühende Landschaften, sondern auch ausgeplünderte und kaputte Verhältnisse»*. Die entscheidenden Fragen des Lebens und Überlebens auf dem Planeten Erde seien ungelöst. Doch Christen hätten die Verpflichtung, an einer besseren Welt mitzuarbeiten, mahnte der Bischof.

Mit Fahnen und Transparenten waren die Teilnehmer im Regen auf den Platz geströmt und sorgten mit Gesängen, Sprechchören und Tanz für eine heitere und ausgelassene Stimmung, von der sich auch Ministerpräsident Roland Koch (CDU) anstecken ließ, der die Weltjugendtagsgäste in Hessen und Deutschland begrüßte. Auf der größten weltkirchlichen Begegnug im Bistum haben Christen bewiesen, dass «*der Glaube Hand und Fuß*» bekommt. Es war eine betende und singende Gemeinschaft, in der auch evangelische Christen, darunter Dekan Manfred Pollex, begeistert mitfeierten.

Viele neue und weltumspannende Freundschaften sind in diesen Tagen im Bistum gewachsen. (Text und Foto: Dieter Fluck)

SEPTEMBER 2005

Limburg. Theodor Lebeda legte im September 86-jährig das Amt als Vorsitzender des Fachbeirats der Musikstiftung der Kreissparkasse Limburg aus Altersgründen nieder. Seit der Gründung der Stiftung vor 22 Jahren hatte er in dieser Funktion 60 jungen Musikern durch Stipendien das musikalische Vorankommen erleichtert.

Sein Name prägte die Limburger Musikszene in den vergangenen 40 Jahren wie kein Zweiter. Als Organist, Dirigent, Lehrer und als Förderer hat der studierte Kapellmeister das kulturelle Leben in und um Limburg beeinflusst und mit seinen musikalischen Fähigkeiten bereichert.

Limburg-Weilburg. Die vorgezogene Bundestagswahl am 18. September brachte im Kreis Limburg-Weilburg keine großen Überraschungen. Im Bundestagswahlkreis Limburg/Rheingau-Taunus machte Dr. Klaus Willsch aus Hohenstein wieder das Rennen. Der CDU-Kandidat, der schon 1998 und 2002 überlegen das Direktmandat gewon-

nen hatte, lag 11 Prozent vor Martin Rabanus von der SPD (36,5 Prozent). Norbert Wolter von den Grünen kam auf 5,2 Prozent, Michael Denzin von der FDP auf 5,4 Prozent und Achim Ritter (Die Linke) auf 3,2 Prozent. Die Wahlbeteiligung war mit 81 Prozent etwas schwächer als bei der Wahl 2002.

Im Bundestagswahlkreis 177 Hochtaunus/ Weilburg gewann der CDU-Kandidat Holger Haibach aus Weilrod diesmal mit einem großen Vorsprung von 14.000 Stimmen gegenüber dem SPD-Bewerber Dr. Frank Schmidt aus Löhnberg das Direktmandat. Bei der Wahl 2002 betrug der Vorsprung nur 5.000 Stimmen. Haibach brachte es auf 65.755 Stimmen (45,1 Prozent), Schmidt auf 51.833 Stimmen (35,6 Prozent). Für den 39-jährigen Löhnberger wurde es eine Zitterpartie, denn erst am nächsten Tag war sicher, dass er über die Landesliste noch in den Bundestag einziehen wird. Im Bundestag vertreten ist auch Dr. Wolfgang Gerhardt (FDP). Er kam auf 13.207 Stimmen (9,1 Prozent). Für den Kandidat von Bündnis 90/ Die Grünen Omid Nouripour wurden 7.409 Stimmen (5,1 Prozent) abgegeben, für Hermann Schaus (Die Linke) 5.618 Stimmen (3,9 Prozent). Ellen Scherer von der NPD bekam 1.925 Stimmen (1,3 Prozent). Die Wahlbeteiligunmg von 81,7 Prozent war etwas schlechter als 2002 (82,4 Prozent).

Elz. Horst Kaiser **(Foto)** wurde zum neuen  Bürgermeister der Westerwaldgemeinde Elz gewählt. Der 49-jährige Diplom-Ingenieur mit Fachbereich Maschinenbau und CDU-Fraktionsvorsitzende im Gemeindeparlament wird am 1. April 2006 die Nachfolge von Winfried Schumacher (54/CDU) antreten, der nach 24 Jahren aus gesundheitlichen Gründen nicht mehr kandidiert hatte. Kaiser, der keinen Gegenkandidaten hatte, bekam 84,8 Prozent der abgegebenen Stimmen.

Weilburg. Der Obst- und Gartenbauverein Weilburg feierte in der Stadthalle sein 100-jähriges Bestehen.

Weilburg. Der Löhnberger Gemeindepfarrer Ulrich Reichard ist neuer erster hauptamtlicher Dekan des Evangelischen Dekanats Weilburg, neue Vorsitzende der Dekanatssynode und des Dekanatssynodalvorstandes wurde die Reichenborner Architektin Monika Bussweiler. Der bisherige Dekan, Pfarrer Reinhard Kilian (Altenkirchen), hatte nach zwölf Amtsjahren nicht wieder kandidiert.

OKTOBER 2005

Dornburg. Am 15. Oktober 2005 feierte der Westerwaldverein – Zweigverein Limburg-Dornburg sein 25-jähriges Bestehen. Am 27. August 1980 wurde in der Limburger Altstadtgaststätte *Roter Hahn* der Westerwaldverein – Zweigverein Limburg ins Leben gerufen. Anwesend als Vertreter des WWV-Hauptvereins Montabaur waren der damalige Landrat Wuermeling als 2. Vorsitzender und der Geschäftsführer Aloisius Noll.

In den folgenden Jahren war die Mitgliederzahl aus Dornburg und Umgebung so stark angewachsen, dass man sich 1986 in Westerwaldverein – Zweigverein Limburg-Dornburg umbenannte. Knapp 100 Mitglieder zählt heute der Zweigverein. Dem Vorstand **(Foto)** im Jahre 2005 gehören an:

Vorsitzende Rosemarie Bock (Frickhofen), zweiter Vorsitzender Helmut Geis (Beselich), Schriftführer Joachim Habel (Frickhofen), Kassiererin Charlotte Weller (Langendernbach), Wanderwart Josef Heep (Frickhofen), Wegewart Ludwig Engelhart (Beselich), Naturschutzbeauftragter Karl Weller (Langendernbach) und Claus Mückschel (Weilburg). Ehrenvorsitzende auf Lebenszeit ist Erika Maria Bock (Frickhofen).

Limburg-Weilburg. Der Kreistag Limburg-Weilburg hat sich einstimmig dafür ausgesprochen, das Gymnasium Philippinum Weilburg, die Mittelpunktschule *St. Blasius* Frickhofen, die Taunusschule Bad Camberg, die Fürst-Johann-Ludwig-Schule Hadamar und die Freiherr-vom-Stein-Schule Dauborn beim Land für die Förderung zur Einrichtung einer pädagogischen Mittagsbetreuung anzumelden. Die Reihenfolge entspreche, wie Schulausschussvorsitzender Joachim Veyhelmann (CDU) berichtete, einer Prioritätenliste für die Förderung aus dem Bundesprogramm *Zukunft, Bildung und Betreuung*.

Limburg/Hadamar. Die Bahn AG lässt für rund 30 Millionen Euro die Schienen der Oberwesterwaldbahn auf einer Länge von 28 Kilometern komplett erneuern. Wie Bahnsprecher Oliver Gutheil (Frankfurt) erläuterte, sollen auf der eingleisigen Regionalbahn-Strecke zwischen Limburg, Hadamar, Westerburg und Altenkirchen sowie an den Bahnhöfen insgesamt 63 Kilometer neue Schienen und 45.000 Betonschwellen verlegt werden.

Limburg. Manfred Zuber, Leiter der Behörde für Bodenmanagement in Limburg, wurde in Obertiefenbach von seiner Nachfolgerin Ulrike Peters in den Ruhestand verabschiedet. Zuber war 15 Jahre lang Leiter diese Behörde.

Limburg-Weilburg. Der Erste Kreisbeigeordnete Manfred Michel (CDU) ist in Dornburg-Frickhofen vom Kreistag des Landkreises Limburg-Weilburg mit 60 Ja-

Stimmen bei sechs Gegenstimmen für eine zweite Amtsperiode wiedergewählt worden.

Michel **(Foto)** vereinigte damit 90,9 Prozent der Stimmen auf sich. Der 52 Jahre alte Diplom-Ingenieur aus Elz strebt freilich nicht an, bis 2012 Erster Kreisbeigeordneter zu bleiben. Er möchte spätestens 2007 Landrat werden. Dann nämlich geht die Amtszeit von Landrat Dr. Manfred Fluck (SPD) zu Ende.

Runkel/Nauheim. Manfred Pollex steht in den kommenden sechs Jahren dem Dekanat Runkel mit seinen 17 Gemeinden und 33.000 Gemeindeglieder hauptamtlich als Dekan vor.

Limburg. Im Rahmen des Deutsch-Polnischen-Jahres fand im Limburger Kreishaus ein literarisch-politischer Diskussionsabend mit dem heimischen Schriftsteller Hans-Christian Kirsch und der polnischen Germanistin und Doktorandin Marta Ratajezak **(Foto unten)** statt, die über die literarischen Werke Kirschs promoviert. Nach der Begrüßung durch Landrat Dr. Manfred Fluck laß Kirsch aus seinem autobiographischen Roman «*Polnische Hochzeit*». Die anschließende Aussprache thematisierte das Miteinander von Deutschen und Polen während der vergangenen 60 Jahre und zeigte neben bestehenden Vorbehalten auch zahlreiche fruchtbare Ansätze der Annäherung besonders bei den Jugendlichen auf.

SPEKTAKULÄRES FINALE DES HESSENTAGES IN WEILBURG

VON HEINZ PFEIFFER

Der 45. Hessentag in Weilburg vom 17. bis 26. Juni ging mit einem spektakulären Finale zu Ende. In einem gut 14 Kilometer langen Festzug präsentierten rund 4.600 Menschen mit Musik, Trachten, Folklore und Motivwagen die Vielfalt und Farbigkeit hessischer Traditionen und Regionen. Und am Abend gab es nochmals einen mächtigen Ansturm zum mit 20.000 verkauften Karten glänzend besuchten Open-Air-Konzert der *Toten Hosen*.

«Dieser Hessentag hat erneut gezeigt, dass die Hessen zu feiern verstehen. Das Landesfest hat seinen Stellenwert als ein herausragendes Jahresereignis für die Bürger des Landes und für seine zahlreichen Gäste einmal mehr erfolgreich unter Beweis gestellt. Das belegt neben der großen Zahl an Gästen vor allem die stimmungsvolle, fröhliche und warmherzige Atmosphäre, die Besucher und Weilburger gleichermaßen erlebten», sagte der Hessische Ministerpräsident Roland Koch (CDU) am Abschlusstag.

In der Hessentagsstadt haben bei fast durchgängig strahlendem Sonnenschein und hochsommerlichen Temperaturen rund 840.000 Besucher ein umfang- und abwechslungsreiches Programm genossen. Allein am Samstag, 25. Juni, kamen 180.000 Gäste. Damit war der Samstag des zweiten Wochenendes der besucherstärkste Tag des Landesfestes. Am Sonntag wurden 120.000 Besucher geschätzt.

Publikumsmagneten des Landesfestes waren neben den *Toten Hosen* unter anderem die Konzerte von *Peter Maffay, Status Quo* und *Jethro Tull* sowie *Silbermond*. Massenhafte Begeisterung (35.000 Besucher) schlugen den Bands der FFH-Hittour *Juli* und *Söhne Mannheims* entgegen.

Zum hr-Treff an der Lahnschleife strömten täglich bis zu 17.000 Menschen, verfolgten Live-Sendungen und tanzten bis tief in die Nacht.

Wochen im Voraus ausverkauft waren die klassischen Leckerbissen des Hessentags 2005: So spielten *Rondo Veneziano* oder *Die jungen Tenöre* vor rund 1.450 begeisterten Zuhörern im historischen Ambiente des Renaissancehofs im Schloss. Durchweg gut besucht waren auch die zahlreichen Ausstellungen, Mitmachaktionen und kleineren Stände. Rund drei Viertel aller Hessentagsbesucher ließen sich von dem faszinierenden und zugleich lehrreichen Miniatur-Biotop *Natur auf der Spur* gefangen nehmen.

Aber auch die Landesausstellung zog insbesondere ab der zweiten Hälfte des Landesfestes die Besucher an.

Voll des Lobes äußerte sich der Ministerpräsident gegenüber den Organisatoren und tausenden freiwilligen Helfern: «All dies wäre aber ohne die vielen zupackenden Hände und ohne eine gute Vorbereitung nicht möglich. Sehr herzlich möchte ich mich daher bei allen Beteiligten vor und während des Hessentags für ihren außerordentlichen Einsatz bedanken. Gemeinsam haben sie die anspruchsvolle Aufgabe zwischen Berg und Tal und trotz teilweise sengender Hitze zu einem großartigen Erfolg werden lassen.»

Auch die Verkehrsbetriebe hätten dazu maßgeblich beigetragen. Besonderer Dank gebühre den vielen Ehrenamtlichen, deren freiwilliger Einsatz eine solche Großveranstaltung erst ermögliche.

Die Sicherheitskräfte und Hilfsdienste hätten ihren gerade an heißen und besucherstarken Tagen sehr verantwortungsvollen Teil zu einem reibungslosen und friedlichen Ablauf beigesteuert.

KREIS PRÄSENTIERTE SICH MIT BUNTEM AKTIONSPROGRAMM AM HESSENTAG

VON BERND KEXEL UND SIMONE FROHNE

Mit einem tollen Aktionsprogramm stellte sich der Kreis am *Tag des Landkreises Limburg-Weilburg* auf dem Hessentag vor: Papierschöpfen für Kinder, Gymnastik, Tanz, Musik, Malerei, Kunstradfahren, Chorgesang und Jazz. Unter Federführung der Kreisheimatstelle war ein überaus buntes Programm entstanden, das die zahlreichen Gäste auf dem Weilburger Marktplatz angesprochen hat. Beteiligt waren die Kreisvolkshochschule, der Abfallwirtschaftsbetrieb und die Umweltberatung des Landkreises, der *Radfahrverein*

Lena Gerlach aus Elz zeigte Akrobatik auf dem Kunstrad.

Zum Auftakt begrüßte Landrat Dr. Manfred Fluck Schulklassen zum Papierschöpfen mit den Abfall- und Umweltberaterinnen des Landkreises.

Didgeridoo, so nennt man das Musikinstrument der australischen Ureinwohner.

Klaus Schäfer beherrschte es meisterlich.

Rot-schwarz gekleidet war die Juniorengruppe der Rot-Weißen Funken aus Frickhofen.

*Vampire unter sich:
Girls United aus Kubach.*

*Patchworkkreationen wurden von
Weilburger Frauen vorgestellt.*

Elz, die *Rot-Weißen-
Funken* aus Frickhofen,
die *Tanzgruppe Girls
United* aus Kubach, der
Quartett-Verein Villmar
und zum Abschluss die
Gruppe *Keep Digging*
aus Schupbach.

Mit Jazz- und Funkrhythmen begeisterte Keep Digging.

*Mit Sommerliedern
erfreute der
«OWI»-Kinderchor der
Kreisvolkshochschule,
ein Projektchor zur
Ost-West-Integration.*

*Fotos:
Simone Frohne*

GEOPARK SOLL LÄNDER-
UND KREISGRENZEN ÜBERGREIFEN

VON BERND KEXEL

Mit dem Ziel, einen Geopark für Westerwald und Taunus ins Leben zu rufen, ist
eine länder- und kreisübergreifende Initia-
tivgruppe angetreten. Vertreten sind Mitglieder rheinland-pfälzischer und hessischer Landesbehörden, Bedienstete von
Landkreisen, Städten und Gemeinden
ebenso wie ehrenamtlich tätige Personen

*Steinbrüche bieten aufschlussreiche Einblicke in
die prähistorischen Epochen der Erdgeschichte.
Dr. Holger Rittweger (rechts) erklärt einer Gruppe von
Interessierten den Basaltsteinbruch der Dornburg.*

aus Vereinen und Museen. Zu einem
ersten Treffen hatte Landrat Dr. Manfred
Fluck eingeladen und damit den Zug auf
die Gleise gesetzt. Jetzt hat er Fahrt
aufgenommen, und zahlreiche Gespräche
wurden bereits geführt.

Mit der Einrichtung von Geoparks wird
angestrebt, eine intakte Umwelt nachfolgenden Generationen zu bewahren, die

geowissenschaftliche Bildung in der Bevölkerung zu verbessern und die wirtschaftliche Entwicklung des Landstrichs
auf lokaler Ebene zu fördern. Zurzeit geht
es darum, neben der Sammlung schon
vorhandener Highlights in der Region die
Zielgruppen zu bestimmen und die politisch Verantwortlichen für das Projekt zu
begeistern. Grenzziehungen wurden bisher noch nicht vorgenom-
men, so dass weitere Interessenten gerne willkommen sind.
Inhaltlich ist daran gedacht, neben wissenschaftlich Interessierten auch Familien, Schulklassen,
Urlauber usw. anzusprechen und
einen möglichen Geopark auch
als touristisch entwickeltes Angebot für Nah- und Fernerholung
in Anspruch zu nehmen. Wichtig
ist dem Team eine sinnvolle Ver-
netzung der einzelnen Projekte,
um Strukturen und Linien aufzu-
zeigen; z. B. in Form geologischer
Rundwanderwege.

Die Idee vom Geopark Wester-
wald/Taunus hatten das Mobile
Landschaftsmuseum von Dr.
Holger Rittweger, der gleichzeitig
auch als ehrenamtlicher Kreisarchäologe
tätig ist, die Kreisheimatstelle und das Amt
für den ländlichen Raum beim Hessentag
in Weilburg vorgestellt. Im Zelt *Natur auf
der Spur* präsentierten sie eine Ausstellung zum Thema Eiszeit und Geopark,
die einen regen Zulauf hatte. Hier wurden
u. a. Originalfunde aus der ehemaligen
Höhle *Wildscheuer* bei Runkel-Steeden

gezeigt und die in der Bestandsaufnahme gelisteten Geotope auf einer Tafel in einen räumlichen Bezug zum Westerwald-Taunus gebracht (siehe auch www.mobileslandschaftsmuseum.de).

Interesse an der Präsentation und dem Projekt Geopark zeigten dann auch zahlreiche Politiker; angefangen beim Ministerpräsidenten Roland Koch, über verschiedene Landesminister, Staatssekretäre, den Regierungspräsidenten bis hin zum Landrat, dem Ersten Kreisbeigeordneten und einigen Bürgermeistern.

Inzwischen hat sich auch der Hessische Staatssekretär für Umwelt, ländlichen Raum und Verbraucherschutz Karl-Winfried Seif in die Initiative *Geopark Westerwald-Lahn-Taunus* eingebracht. Er sieht vielfältige Chancen, die ein solcher Geopark in der Region eröffnen könnte und denkt dabei vor allem an die Bereiche Landschaftspflege, Kulturgeschichte und Archäologie. Seif kann sich durchaus vorstellen, dass ein Geopark die regionale Identität nach innen und außen stärken kann und vor Ort wichtige Impulse für Fremdenverkehr, Landwirtschaft und Gastronomie geben kann.

Als nächster Schritt in Richtung Geopark hatten sich im November 2005 die *Marienstätter Zukunftsgespräche* diesem Thema angenommen. Landräte, darunter auch Landrat Dr. Manfred Fluck, Bürgermeister und Wissenschaftler, unter ihnen auch der ehrenamtliche Kreisarchäologe Dr. Holger Rittweger, hatten bei diesem zweitägigen Symposium den weiteren Weg für den Geopark geebnet.

Die aufwendige gemeinsame Präsentation auf dem Hessentag fand eine breite positive Resonanz bei den Besuchern wie auch bei den verantwortlichen Politikern. Fotos: Bernd Kexel

DAS FEST DER HESSEN
VOM 17. JUNI BIS 26. JUNI 2005
IN WEILBURG AN DER LAHN

VON RUDI LEINWEBER

Den Hessentag in Weilburg haben wir genossen,
nicht nur der Wein, auch der Schweiß ist geflossen.

Der Wettergott dachte an Weilburg nur
und bescherte uns Sonne und Wärme pur.
Weilburg im Hessentagsfieber, so wunderschön,
dieses Fest wird in die Geschichte der Stadt eingeh'n.

Die Gäste kamen von Fern und Nah,
Weilburg der Mittelpunkt Hessens war.
Nur fröhliche Menschen waren zu seh'n,
ob bei Musik, ob bei Wein, ob beim Bummelngehen,
vom Kubacher Feld zum Landtor runter,
in der Innenstadt war es noch viel bunter.
Die Hainallee präsentierte sich in voller Pracht,
auch die Bundeswehr hat das möglich gemacht.

Foto: Simone Frohne

Foto: Heinz Pfeiffer

Am Landtor, am Postplatz, wohin man auch sah,
für Geist und Seele alles zu haben war.
Das Weindorf am Schloss, im Schatten von Bäumen,
mit Rheinwein und Musik kamen viele zum Träumen.
Nicht zu vergessen *Natur auf der Spur*,
zu erreichen über die siebte Brücke nur.
Open Air-Konzerte, am Windhof oben,
man hörte die Zuhörer in der Ferne toben.

Der Höhepunkt kam dann am letzten Tag,
die Landesregierung war vertreten mit großem Stab,
ein Hessentagszug der Superlative,
viele Gruppen und Wagen und herrliche Motive.

Das Fest der Hessen, schöner konnte es nicht sein,
in der Perle an der Lahn – bei Sonnenschein!

WEILBURG WIRD IM MAI 2006
1.100 JAHRE ALT

VON HANS-PETER SCHICK

Vom 24. bis 28. Mai 2006 feiert Weilburg an der Lahn seine erste urkundliche Erwähnung im Jahre 906, also den 1.100. Geburtstag. Gleichzeitig finden die Feierlichkeiten anlässlich des 40-jährigen Bestehens des europäischen Städtepartnerschaftsbundes zwischen Privas/Frankreich, Tortona/Italien, Zevenaar/Niederlande und Weilburg in der Residenz am Fluss statt. Schließlich ist Weilburg in diesen Tagen des Mai 2006 Austragungsort der Deutschen Meisterschaften im Heißluftballonfahren.

Fünf Tage lang ist die Altstadt Schauplatz des großen Festes: Auf dem Schlossplatz lädt das Weindorf ein, der Marktplatz steht ganz im Zeichen des Barocks, auf dem König-Conrad-Platz präsentiert sich ein landwirtschaftlicher Markt, direkt am Landtor steht die Bierbörse, das Parkdeck am Rathaus und der Denkmalplatz sind Treffpunkte der Jugend. Die ganze Altstadt ist, wie beim 45. Hessentag, wieder ein Dorf mit aller Vielfalt des Lebens. Der Renaissancehof des Weilburger Schlosses ist wieder der Schauplatz der Musikkonzerte. Ein Festakt rundet das Programm der 1.100-Jahrfeier ab.

Neben einer Feierstunde und freundschaftlichen Begegnungen steht im Mittelpunkt der Feierlichkeiten anlässlich des Städtepartnerschaftsjubiläums eine Parlamentssitzung aller vier Partnerstädte. Neben dem europäischen Viererbund sind auch die Weilburger Partnerstädte Käsmark/Slowakei und Colmar-Berg/ Luxemburg sowie die Kooperationsstadt Quattro Castella/Italien, die künftige Partnerstadt Kizilcahamam/Türkei und die chinesischen Partnerstädte in Weilburg zu Gast.

Im Jahr 2006 feiert das Weilburger Ballonfestival sein zehnjähriges Bestehen. Nachdem 2005 die Hessischen Meisterschaften im Heißluftballonfahren in Weilburg stattfanden, ist die Stadt an der Lahn 2006 Gastgeber der Deutschen Meisterschaften.

WUSSTEN SIE SCHON.....

Dass es im weltbekannten Kurort Franzensbad in Westböhmen bis zum Kriegsende und der Vertreibung der Deutschen von dort ein Hotel mit dem Namen *Weilburg* gab? Den Hinweis brachte Josef Plahl aus Weilburg, der in dieser Region geboren wurde und seine alte Heimat oft besucht. Wie das Hotel Weilburg zu seinem Namen kam, konnte er bislang nicht ermitteln. Unter den rund 200 Kurhäusern in Franzensbad hatte das Hotel Weilburg den Ruf eines gut geführten Hauses. 1928 waren dort 18 Personen beschäftigt.

Nach der Vertreibung der Deutschen erhielt es den Namen Hotel Baykal. Josef Plahl und seine Ehefrau suchten während eines Besuches in Franzensbad auch das jetzige Hotel Baykal auf. Auf die Frage: *«Sind wir hier richtig im Hotel Weilburg»*, antwortete der verduzte Besitzer: *«Sie sind die ersten Besucher, die nach diesem Namen fragen!»*

30 JAHRE KREISKRANKENHAUS WEILBURG

VON PETER SCHERMULY

Im vergangenen Jahr konnte das Kreiskrankenhaus Weilburg sein 30-jähriges Bestehen feiern. Hierzu möchte ich den Bogen von der Vergangenheit in die Zukunft schlagen und dazu die Entwicklung vom Lazarett zum Gesundheitszentrum etwas näher bringen.

Es ist gerade 155 Jahre her, dass das erste städtische Krankenhaus in Weilburg aus den Mitteln einer Stiftung der Prinzessin Auguste Marie von Nassau (1764 - 1802) errichtet wurde. Der 1849 entstandene Bau ist noch heute zu sehen, allerdings würde niemand darin ein Krankenhaus vermuten: Es ist das Haus neben der Doppelschleuse in der Weilstraße.

Die acht Betten und zwei Pritschen des städtischen Hospitals waren zur Aufnahme von erkrankten Armen, Dienstboten und Reisenden bestimmt – von Leuten also, die kein *ordentliches Zuhause* hatten, wo sie sich pflegen lassen konnten. Niemand sonst wäre auf den Gedanken gekommen, ins *Krankenhaus* zu gehen.

Die Geschichte des in unserem Sinne *richtigen* Krankenhauses Weilburg beginnt mit der Einweihung des Städtischen Krankenhauses Auguste Viktoria (Namensgebung aufgrund der Silberhochzeit des deutschen Kaiserpaares) am 1. Mai 1905 an der Frankfurter Straße.

Beachtliche Spenden von Weilburger Bürgern in Höhe von insgesamt 110.000 Mark ermöglichten den Neubau, der zu Beginn über insgesamt 27 Betten verfügte. Die Versorgung der Patienten wurde von den niedergelassenen Weilburger Ärzten gewährleistet. Die pflegerische Betreuung übernahmen zwei Frankfurter Diakonissen. Schon zu dieser Zeit gab es im Weilburger Krankenhaus bahnbrechende Neuerungen wie Zentralheizung, elektrische Klingel und Wasserklosetts. Das Bett in der ersten Klasse kostete fünf Mark, in der zweiten Klasse drei Mark und in der dritten Klasse zwei Mark. Die Benutzung des Operationssaales wurde pauschal mit einer Mark berechnet.

Eine erste Erweiterung erfolgte schon während des Zweiten Weltkrieges, indem die Bettenkapazität auf 65 aufgestockt wurde. Diese reichte allerdings bei weitem nicht aus, um vor allem die Flüchtlinge nach dem Krieg in Weilburg ausreichend zu versorgen. So entschloss sich die Kreisverwaltung 1948, die ehemalige Reichsbräuteschule am Webersberg als Infektionskrankenhaus zusätzlich in Betrieb zu nehmen. Die Umstände, unter denen dort

1905 kostete ein Bett erster Klasse im damaligen Weilburger Krankenhaus an der Frankfurter Straße fünf Mark pro Tag.

33

gearbeitet wurde, lassen sich anhand von Aufzeichnungen aus dem Jahr 1948 nur erahnen. Ein Beispiel: Als der HNO Arzt Dr. Streit mit einer Operation im Operationssaal beginnen wollte, öffnete sich plötzlich die Tür und ein Schwein, das gerade in unmittelbarer Nähe geschlachtet werden sollte, suchte Zuflucht im damaligen OP.

Am 11. September 1947 wurde der Grundstein für den Erweiterungsbau mit dann 140 Betten gelegt, der am 1. November 1951 in Betrieb genommen wurde (Baukosten 800.000 Mark).

Beschäftigt waren damals: Sechs Belegärzte, zwei Assistenzärzte, eine Oberschwester, fünf Stationsschwestern, 25 Krankenschwestern, zwei OP-Pfleger, je eine Fachkraft Röntgen und Labor sowie weitere Hilfskräfte.

Die Stadt Weilburg als Träger des Krankenhauses hatte in den 50er Jahren große finanzielle Schwierigkeiten. In einem im Jahr 1953 festgelegten Vertrag wurde geregelt, dass das Defizit des Krankenhauses Stadt und Kreis zu je 35 Prozent und die Belegärzte zu 30 Prozent tragen mussten.

Am 1. Juli 1961 verkaufte die Stadt für 120.000 Mark das Krankenhaus an den Oberlahnkreis. Hier endet die Geschichte des Stadtkrankenhauses Auguste Viktoria, und die Zeit des Kreiskrankenhauses Weilburg beginnt.

Mit dem Übergang in die Hand des Oberlahnkreises endete zugleich die Zeit des reinen Belegkrankenhauses. Mit der Festanstellung der beiden Chefärzte im Jahr 1961, des Chirurgen Dr. Barthold und des Internisten Dr. Schweitzer, begann ein neues Zeitalter der medizinischen Versorgung der Bevölkerung des Oberlahnkreises. Verwaltungsleiter war damals Ewald Galonska. Sehr schnell zeigte sich, dass das alte Krankenhaus den Ansprüchen einer modernen Medizin nicht standhalten konnte. Der Entschluss für den Bau eines neuen Krankenhauses mit erheblichen Verbesserungen für Medizin und Pflege wurde gefällt. Mitten in der *grünen Lunge* Weilburgs, Am Steinbühl, entstand 1969 das neue Bauvorhaben.

Es war dem Kreisbauamt zu verdanken, dass es diesen Platz schon frühzeitig dem ihm bestimmten Zweck vorbehielt. Hier war Raum genug, um das neue Krankenhaus seinen Aufgaben entsprechend nach damals modernsten technischen Gesichtspunkten zu bauen und es mit den notwendigen Nebenanlagen auszustatten. Schon damals berücksichtigte man die Möglichkeit eines Erweiterungsbaus in der Planung. Das Haus wurde auf einer Geländefläche von 53.000 Quadratmetern erbaut und hatte ursprünglich 232 Betten. Am 29./30. Juni 1974 fand der Umzug vom alten Krankenhaus in der Frankfurter Straße an den heutigen Standort statt.

Die Baukosten betrugen 33 Millionen Mark. Gleichzeitig errichtete der Kreis das Personalwohnheim mit einer Krankenpflegeschule bei einer Bausumme von fünf Millionen Mark. Die folgenden Jahre waren durch strukturelle, technische und medizinische Veränderungen gekennzeichnet.

Neben der medizinischen und pflegerischen Versorgung stellte und stellt das Krankenhaus auch einen wichtigen Wirtschaftsfaktor in der Region dar, insbesondere als schon immer größter Ausbildungsbetrieb der Region.

Im Mittelpunkt aller Bemühungen der Verantwortlichen im Rahmen der Veränderungsprozesse stand immer der Patient.

Gerade die letzten Jahre waren insbesondere durch Baumaßnahmen, aber auch wichtige strukturelle Maßnahmen geprägt, bedingt durch einen großen Nachholbedarf bei den Investitionen. Die Brandschutzmaßnahmen sowie der Neubau des Operations- und Funktionstraktes wurden vom Land Hessen gefördert.

Durch weitreichenende Neuerungen an der Weilburger Hessenklinik hat sich die Attraktivität des Hauses nochmals erhöht.

Eine wichtige auch finanzielle Unterstützung kam dem Kreiskrankenhaus durch den Förderverein unter Vorsitz von Heinz Pfeiffer immer wieder zugute. Der Förderverein ist zwischenzeitlich zu einem wichtigen, integrierten Bestandteil des Krankenhauses geworden. Ferner konnte ein ehrenamtlicher Helferkreis (grüne Damen und Herren) unter Leitung von Marlies Heß ins Leben gerufen werden. Mehr als 100 Gesundheitsreformgesetze seit 1972 prägen den ständigen Wandel. Aus dem Anspruch der Krankenhäuser auf wirtschaftliche Sicherung ist heute ein Anspruch auf Vergütung der medizinisch und pflegerisch notwendigen Leistungen geworden. Dies charakterisiert den zunehmenden Wettbewerb, die Spezialisierung von medizinischen Fachbereichen im Rahmen der Entwicklung der Krankenhäuser hin zu modernen Dienstleistungsbetrieben. Dies wiederum erforderte und erfordert weitere strukturelle Anpassungen. Eine stark ökonomisch ausgerichtete Gesundheitsversorgung der Bevölkerung birgt jedoch auch Risiken:

Hierzu gehört die Gefahr der Rationierung von Gesundheitsleistungen genauso wie die mangelnde Berücksichtigung der Altersentwicklung der Bevölkerung. Wollen wir alten Menschen künftig zumuten, für bestimmte Gesundheitsleistungen 100 Kilometer zu reisen? Ist nicht gerade eine dezentrale Struktur von Gesundheitseinrichtungen zur Sicherstellung einer wohnortnahen Versorgung der richtigere Weg? Gerade hierbei kommt den kleineren Krankenhäusern in ländlicher Region eine wichtige Bedeutung zu. Diese Fragen wird unsere Gesellschaft künftig beantworten müssen, bald schon, zu einem Zeitpunkt, zu dem die meisten Menschen über 65 Jahre alt sein werden.

Die Verantwortlichen im Kreiskrankenhaus Weilburg sind sehr froh darüber, dass sowohl das Land Hessen als auch der Landkreis Limburg-Weilburg gerade in der heutigen Zeit wichtige Signale zum Bestand des Krankenhauses gesandt haben. Dies kommt allen künftigen Patientinnen und Patienten zugute.

Unsere wichtigsten Ziele in den kommenden Jahren sind die verstärkte Kooperation mit allen Gesundheitseinrichtungen sowie den niedergelassenen Ärzten der Region, die bauliche Weiterentwicklung des Hauses, insbesondere Sanierung der restlichen Pflegestationen, die Weiterentwicklung der medizinischen Fachbereiche in Abstimmung mit den Krankenhäusern innerhalb unseres Landkreises, die weitere Anbindung von Gesundheitseinrichtungen am Kreiskrankenhaus und die Erhöhung der Effizienz unserer Leistungsprozesse.

Mit dem fertig gestellten Anbau konnten wir nun den operativen Schwerpunkt des Hauses stärken. Gleichzeitig möchten wir jedoch auch der Altersentwicklung der Bevölkerung durch Ausweitung des geriatrischen Angebotes Rechnung tragen. Gerade in unserer engsten Umgebung in und um Weilburg haben wir eine überproportionale Alterung der Bevölkerung. Wir hoffen, dass das Land Hessen unseren Antrag auf Vergrößerung der Geriatrie positiv entscheidet.

All dies erfordert weitere Investitionen und soll der Standortsicherung bei hoher Wirtschaftlichkeit und damit dem Erhalt von Arbeits- und Ausbildungsplätzen dienen.

Der wichtigste Garant zur Erreichung dieser Ziele sind unsere Mitarbeiter.

Gerade sie sind es, die einen wesentlichen Beitrag dazu leisten, dass die von vielen Patient/innen gelobte Kompetenz und auch familiäre Atmosphäre in unserem Krankenhaus erhalten bleibt und den Fortbestand dieser Gesundheitseinrichtung sichern.

EINE SYMBIOSE VON LEISTUNG UND PRÄZISION

DIE RADIOLOGIE DES ST. VINCENZ-KRANKENHAUSES STARTET EIN NEUES ZEITALTER

VON NIKOLA VON SPEE

Ende Februar 2005 konnte im St. Vincenz-Krankenhaus in Limburg ein Magnetresonanztomograph (MRT), ein besonders hochleistungsfähiger Computertomograph (CT), sowie eine neue leistungsstarke Angiographieeinheit ihrer Bestimmung übergeben werden. Gleichzeitig wurde die Abteilung mit dem Radiologie-Informationssystem (RIS) und dem Bildarchivierungs- und Kommunikationssystem (PACS) ausgestattet – insgesamt nach Ansicht der Verantwortlichen eine mehr als zukunftsträchtige Weichenstellung. So sorge das Krankenhaus, nach Aussage seines Verwaltungsratsvorsitzenden, nicht nur für eine Optimierung der Versorgungsprozesse für die Patienten, sondern wappne sich zudem für die Herausforderungen der vom Gesetzgeber eingeführten neuen Abrechnungsformen. Die Symbiose dieser hochmodernen und zukunftsorientierten Technik stärke das Haus mittel- und langfristig im Wettbewerb. Der Kosteneinsatz lag bei über sechs Millionen Euro.

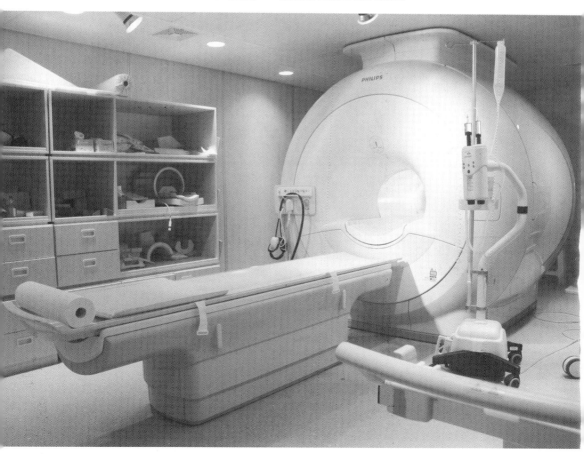

Eine Einschätzung, die Chefarzt Dr. Thomas Heß bestätigte: «*Nach der Einführungsphase wird sich für den Patienten eine spürbare Qualitätssteigerung aufgrund der schnelleren Befundung, der EDV-gestützten Befundübermittlung sowie der drastisch verbesserten Verfügbarkeit von Röntgenbildern für Besprechungen und Operationen innerhalb der gesamten Klinik ergeben.*» Diese Ausstattung sei Basis der Qualitätssicherung und unterstütze leitlinienorientierte Entscheidungsprozesse.

Nach den Worten des Radiologen ist der neue Computertomograph mit seinen Querschnittsbildern im Röntgenverfahren unverzichtbar in der Chirurgischen Abdominaldiagnostik, der Versorgung von Poly-Traumen, beim onkologischen Staging (Überprüfung des Tumorverlaufs) sowie in der neurologischen Notfalldiagnostik. Neue Untersuchungsverfahren wie die Magendarm- sowie Gefäßdiagnostik, in Zukunft auch an den Herzkranzgefäßen, werden mit einem Gerät dieser Leistungsklasse erst möglich. Zudem könnten mit Hilfe des CTs verschiedene Therapieformen, Drainagen, Organ-Punktionen und Schmerztherapien durchgeführt werden.

Der Magnetresonanztomograph bietet durch seinen exzellenten Weichteilkontrast auf der Basis von Magnetfeldern und Radiowellen Informationen über alle Gewebe des Körpers. Viele Fragen der Neurologie, der Chirurgie und der Orthopädie lassen sich erst mit einem Gerät dieser Art bearbeiten. Darüber hinaus sind alle modernen Untersuchungsverfahren wie die Gefäßdiagnostik, aber auch eine ganz junge Entwicklung, die Herzdiagnostik, möglich. Die Angiographieeinheit dient der Diagnostik und Therapie von Gefäßleiden und Gallengangsveränderungen. Mit dieser Anlage können alle modernen Verfahren der minimal invasiven interventionellen Radiologie durchgeführt werden.

DIE KREISBERUFSSCHULEN (1)*:

DIE LIMBURGER ADOLF-REICHWEIN-SCHULE BESTEHT SEIT 40 JAHREN

VON BERNHARD P. HEUN

ZU DEN ANFÄNGEN DES BERUFLICHEN SCHULWESENS

Die Anfänge des beruflichen Schulwesens in unserer Region reichen fast 200 Jahre zurück. Dies geht aus Darstellungen in verschiedenen Schriften der Limburger Berufsschulen (Peter-Paul-Cahensly-Schule, Friedrich-Dessauer-Schule und Adolf-Reichwein-Schule) hervor. Demnach wird in dem Schuledikt vom 24. März 1817, in dem das Nassauische Schulwesen neu gestaltet wird, erstmals die Anregung zur Gründung von *Fortbildungsschulen* in Nassau gegeben. Für die weitere Behandlung dieser *Sonntagsschulen*, wie sie auch genannt werden, gibt ein Erlass des preußischen Kultusministers vom 20. April 1846 den Regierungen entsprechende Weisungen. Daraufhin entstehen im Herzogtum Nassau (so auch in Limburg, Camberg und Hadamar) Gewerbevereine mit dem Ziel der *Betreibung von Gewerbeschulen* zur Schulung des beruflichen Nachwuchses. Wöchentlich werden sechs Stunden Zeichnen und je vier Stunden deutsche Sprache und Zahlen- und Raumlehre erteilt. Die Unterrichtszeiten liegen wochentags zwischen 20.00 und 22.00 Uhr sowie an Sonntagen von 12.00 bis 14.00 und von 15.30 bis 17.30 Uhr.

Der sonntägliche Zeichenunterricht bleibt jedoch nicht unwidersprochen. Der Limburger Pfarrer Ibach argumentiert am 20. November 1865 mit dem *Gebot der Sonntagsheiligung* und der *sonntäglichen Christenlehre* und befürchtet, «*dass man den Zeichenunterricht für die Jugend für wichtiger erachte als den Religionsunterricht*». Am 30. Oktober 1865 erfolgt dann nach Rücksprache mit dem Bischöflichen Ordinariat die Entscheidung, «*dass während der Monate November bis Februar einschließlich die Sonntagszeichenschule zu Limburg nach Beendigung der Frühmesse zum Unterricht eröffnet und das Lehrpersonal von Ertheilung des Unterrichts nicht gehindert werde. Selbstverständlich muß es jedem Schüler freigestellt bleiben, beim Beginn des Hochamtes zum Zweck des Kirchenbesuches das Unterrichtslocal zu verlassen*»[1]. In seiner Schrift weist Nieder[2] auch auf die engen Beziehungen zwischen der Volksschule und der Fortbildungsschule hin. So wird im Herbst 1900

Die Vorstellung der beruflichen Schulen soll in den kommenden Jahrbüchern fortgeführt werden.

Rektor Ries von der Volksschule auch zum Leiter der Fortbildungsschule ernannt; die Lehrer der Volksschule werden angehalten, auch auf der Fortbildungsschule zu unterrichten.

Am 23. Mai 1910 wird die Kaufmännische Fortbildungsschule der Stadt Limburg mit ca. 100 Schülern eröffnet. Es besteht Schulpflicht. Halbjährlich müssen die Arbeitgeber der Schüler einen Fortbildungsschulbeitrag von 10 Reichsmark für männliche und 5 Reichsmark für weibliche Schüler entrichten. Als Schulräume dienen die Werner-Senger-Schule, die Hospitalschule und die Wilhelmitenschule. Zusammen mit Volksschullehrern und hiesigen Kaufleuten leitet der erste Rektor Michels (bis 1925) nebenamtlich die Schule. Pflichtfächer sind: Korrespondenz und Handelskunde, Rechnen, Buchführung, Handelsgeographie und Schreiben. Fakultativ wird noch Maschinenschreiben und ab 1912 Englisch und Französisch erteilt.

Vom 11. bis 19. Juni 1920 tagt die Reichsschulkonferenz im Berliner Reichstagsgebäude und erarbeitet den Entwurf eines Berufsschulgesetzes, welches eine dreijährige Schuldauer und eine mindestens acht auf die Arbeitszeit anzurechnende Wochenstundenzahl vorsieht. Auf dieser Konferenz wird die Bezeichnung *Berufsschule* geprägt. Im gleichen Jahr übernimmt die Stadt Limburg die vom Gewerbeverein unterhaltene *Gewerbliche Fortbildungsschule und Mädchengewerbeschule*. Am 6. Juli 1938 wird die Berufsschulpflicht, die vorher durch *Ortsstatute* geregelt war, auf alle Jugendlichen Deutschlands ausgedehnt.

*Adolf Reichwein
lebte von 1898 bis 1944.*

DER SCHWIERIGE NEUBEGINN 1945

Nach dem Ende des Zweiten Weltkrieges kann erst am 1. Dezember 1945 unter großen Schwierigkeiten der Schulbetrieb wieder aufgenommen werden. Schulleiter der Berufsschule in Limburg wird Karl Lathegan und somit Nachfolger von Josef Meurers, der vom 1. Mai 1930 bis zu seinem Tod am 3. April 1945 die berufliche Schule geleitet hat. Das Kollegium besteht aus insgesamt zehn Personen, drei Frauen und sieben Männern.

Da das berufliche Schulwesen in den folgenden Jahren sich stetig vergrößert, wird zum 1. April 1956 die kaufmännische Schule (Schulleiter Franz Bein) von der gewerblichen Berufsschule getrennt. Während die kaufmännische Schule in der Obhut der Stadt Limburg verbleibt, übernimmt für die gewerbliche Berufschule der Kreis Limburg die Trägerschaft. Nach dem Tod von Karl Lathegan (4. Februar 1955) wird die Schulleitung zum 24. Mai 1956 auf Heinrich Schwank übertragen. An der gewerblichen Berufsschule unterrichten nunmehr 16 hauptamtliche und 17 nebenamtliche Lehrkräfte, drei Religionslehrer und zwei Lehrer im Vorbereitungsdienst; diese unterrichten 1.877 Schülerinnen und Schüler der gewerblichen und hauswirtschaftlichen Berufsschule und 55 Schülerinnen der Haushaltungsschule. Der Unterricht findet seit 1945 in verschiedenen Gebäuden innerhalb Limburgs statt, vor allem im *Alten Schloß*, aber auch Baracken dienen als Unterrichtsstätten. Die Raumnot zwingt auch zu einem *Zwei-Schicht-Unterricht* zwischen morgens 7.00 Uhr und abends 18.00 Uhr.

DER NEUBAU DER KREISBERUFSSCHULE

Am 2. Mai 1956 beschließt der Kreistag den Neubau der Kreisberufsschule. Die Limburger Stadtverordnetenversammlung beschließt am 25. Februar 1957, dem Kreis die Flurstücke 51.4, 17 - 21 (an der Blumenröder Straße) für die Errichtung der Schule kostenlos zur Verfügung zu stellen. Nach einem öffentlichen Architektenwettbewerb wird der Frankfurter Architekt Anton Hämmerle am 23. Oktober 1957 mit der Planung der Schule beauftragt. Am 18. Juni 1959 erfolgt die Grundsteinlegung durch Landrat Jäger (der Rohbau war zu diesem Zeitpunkt bereits fertig gestellt). Am 19. Dezember 1960 wird die Schule, deren Errichtung 3,7 Millionen Mark gekostet hat (hinzu kommen die Einrichtungskosten von 519.000 Mark), ihrer Bestimmung übergeben.

Die Bevölkerungszunahme im Kreis Limburg und der weitere Ausbau des beruflichen Schulwesens *(Zweiter Bildungsweg)* sowie die Angliederung der landwirtschaftlichen Berufsschule zum 1. April 1964 führen zu einem starken Anstieg der Schülerzahlen und zu einer erneuten Raumnot. Am 17. Dezember 1965 schlägt der Kreistag dem hessischen Kultusminister vor, die gewerbliche Berufsschule aufzuteilen.

DIE ADOLF-REICHWEIN-SCHULE
UND IHR NEUES SCHULGEBÄUDE

Zum 1. Dezember 1966 (Erlass vom 13. Juli 1966) wird die Kreisberufsschule in eine *technisch-gewerbliche Schule* (Kreisberufsschule I) und in eine *landwirtschaftlich-hauswirtschaftliche allgemeingewerbliche Berufs- und Berufsfachschule* (Kreisberufsschule II) aufgeteilt. Schulleiterin der Kreisberufsschule II wird Amalie Peter. Am 19. Dezember 1966 erhält auf Beschluss des Kreistages die Kreisberufsschule I den Namen des berühmten Physikers und Philosophen

Friedrich Dessauer, die Kreisberufsschule II heißt fortan *Adolf-Reichwein-Schule* und trägt somit den Namen eines aus Bad Ems stammenden Pädagogen und von den Nazis hingerichteten Widerstandskämpfers.

Noch vor der organisatorischen Teilung der Kreisberufsschule spricht sich das Kollegium in der Gesamtkonferenz vom 15. Februar 1966 einstimmig für einen Neubau der künftigen Kreisberufsschule II (Adolf-Reichwein-Schule) aus. Im August 1970 kommt es zur Ausschreibung eines Architektenwettbewerbes, der am 2. März 1971 zu Gunsten der Architektengemeinschaft Seidel, Hausmann und Partner aus Darmstadt entschieden wird. Nach der Auftragserteilung für den ersten Bauabschnitt am 1. Juni 1972 und dem symbolischen *ersten Spatenstich* am 27. September des gleichen Jahres werden am 28. Februar 1974 die Grundsteinlegung und das Richtfest der neuen Adolf-Reichwein-Schule begangen. Wegen der großen Raumnot werden noch während der Bauzeit im Herbst 1974 zwei Großräume im Obergeschoss zur Beschulung von vier Klassen provisorisch eingerichtet. Die Einweihung des ersten Bauabschnittes erfolgt am 7. Mai 1975. Mit der Einweihung des zweiten Bauabschnittes am 22. September 1978 erhält die sich ständig vergrößernde Schule weitere zehn Klassenräume und entsprechende Fachräume für inzwischen 1.765 Schülerinnen und Schüler.

Zum Zeitpunkt der Gründung der Adolf-Reichwein-Schule am 1. Dezember 1966 werden folgende Berufsschüler beschult: Bäcker, Bäckerei-Verkäufer, Metzger, Metzgerei-Verkäufer, Köche, Kellner, Friseure, Schneider, Drucker, Schriftsetzer, Fotografen, Bahnaspiranten, Postjungboten, Hauswirtschafter, Landwirte und Gärtner. Es bestehen Berufsfachschulklassen hauswirtschaftlich-sozialpflegerischer, landwirtschaftlicher und nahrungsgewerblicher

Richtung. Insgesamt werden 1.243 Schülerinnen und Schüler unterrichtet.

EIN BREIT GEFÄCHERTES BILDUNGSANGEBOT

Mit der Einrichtung einer *Frauenfachschule* hauswirtschaftlicher Richtung am 1. August 1968 wird der Grundstein für das am 1. August 1970 eingeführte *Hauswirtschaftsgymnasium* mit dem Abitur als Abschluss gelegt.

Am 1. August 1968 erfolgt die Einrichtung der *einjährigen Berufsfachschule für Realschulabsolventen*, am 1. August 1970 die Erweiterung der zweijährigen Berufsfachschule durch eine medizinisch-krankenpflegerische Richtung, um auf krankenpflegerische Berufe vorzubereiten.

Bereits am 1. August 1971 wird der Schulversuch eines *Lehrgangs zur Förderung der Berufsreife* genehmigt, *um jungen Mädchen ohne Ausbildungsverhältnis praktisches Wissen zu vermitteln und das Selbstbewusstsein zu stärken, damit der Weg zum Beruf erleichtert wird.* 1978 wird der Schulversuch in ein Berufsvorbereitungsjahr umgewandelt.

Ein neuer Schulschwerpunkt entsteht mit der Einrichtung einer *Fachoberschule mit Schwerpunkt Sozialpädagogik, Form A* am 1. August 1971 und der Einrichtung einer *Fachschule für Sozialpädagogik* am 1. August 1974. Während bei ersterer der Erwerb der Fachhochschulreife als Ausbildungsziel im Vordergrund steht, dient die Fachschule der Ausbildung von *Erziehern für Kindergarten, Heim und Hort.* Diese Berufsausbildung, aufbauend auf dem mittleren Bildungsabschluss, konnte bis dahin für Interessenten aus der Heimatregion nur an der privaten Marienschule Limburg erworben werden. Das neue Angebot der Adolf-Reichwein-Schule wird stark angenommen; nach anfänglich einer Klasse werden ab 1975 zwei Fachschulklassen gebildet. Zum 25-jährigen

Fachschuljubiläum 1999 kann diese Schulform bereits auf mehr als 1.000 Absolventen verweisen. Nach der Einführung der zweijährigen höheren *Berufsfachschule für Sozialpflege (Sozialassistenten)* zu Beginn des Schuljahres 1991, die künftig zur wichtigsten Eingangsvoraussetzung für die Fachschule wird, entwickelt sich die Sozialpädagogik zu einer der größten Abteilungen der Adolf-Reichwein-Schule.

WECHSEL IN DER SCHULLEITUNG

Oberstudiendirektorin Amalie Peter (links) im Gespräch mit Frau Reichwein, der Witwe von Adolf Reichwein (Aufnahme von 1975).

Am 6. Juli 1979 wird Oberstudiendirektorin Amalie Peter nach 30-jähriger Tätigkeit und 13-jähriger Schulleitung in den Ruhestand verabschiedet. Nachdem Dr. Heinrich May bereits am 1. April 1977 als Nachfolger von Lothar Nahm zum stellvertretenden Schulleiter ernannt worden war, übernimmt er am 9. Juli 1980 die Leitung der expandierenden Adolf-Reichwein-Schule. Stellvertretende Schulleiterin wird Brigitte Diezmann (1981 - 2004).

Den Erfordernissen an zukunftsweisenden Berufen kommt die Adolf-Reichwein-Schule durch die Schaffung neuer Schulformen nach. Am 1. August 1988 erfolgt die Einrichtung einer *Berufsfachschule für chemisch-technische Assistenten mit dem Schwerpunkt Umweltanalytik.* Drei Jahre später wird eine *Fachoberschule für*

Gesundheit Form B eröffnet, im August 1995 dann in der Form A (zweijährig). Im August 1992 wird die erste EBA-Maßnahme (Eingliederung in die Berufs- und Arbeitswelt) eingerichtet, um jugendlichen Aussiedlern den Einstieg in den Beruf zu erleichtern. Am 2. September 1996 erfolgt die Eröffnung der *Fachschule für Wirtschaft, Fachrichtung Catering, System- und Gemeinschaftsverpflegung.* Zum gleichen Zeitpunkt startet der Schulversuch *Betriebsassistent im Handwerk.* Schließlich wird im Schuljahr 2003/2004 das berufliche Gymnasium um den Schwerpunkt *Gesundheit* erweitert.

In unmittelbarer Nachbarschaft zur Adolf-Reichwein-Schule entsteht eine neue Schulsporthalle, die am 28. Januar 1988 als *Heinz-Wolf-Halle* ihrer Bestimmung übergeben wird. Diese zunächst für den Sportunterricht der Berufsschulen konzipierte Einrichtung wird in der Folgezeit aufgrund ihrer vier Spielfelder auch für viele sportliche Großereignisse genutzt. Die Adolf-Reichwein-Schule belegt darüber hinaus Nebenräume dieser Halle auch als Klassenräume, da das bestehende Schulgebäude für die rund 2.000 Schüler zu klein geworden ist. Zur weiteren Linderung der Raumnot wird 1996 vor dem Schulgebäude ein Pavillon mit vier Klassenräumen erstellt.

ADOLF-REICHWEIN-SCHULE - EIN MODERNES KOMPETENZZENTRUM

Die Adolf-Reichwein-Schule hat in den vier Jahrzehnten ihres Bestehens einen großen Wandel vollzogen. Eine berufsbildende Schule unterliegt naturgemäß in erheblichem Maße den gesellschaftlich-ökonomischen Wandlungen. Die Adolf-Reichwein-Schule hat sich diesen Herausforderungen stets gestellt; sie hat nicht nur reagiert, sondern vorausschauend innovativ neue Schulformen aufgebaut und sogar neue Richtungen konzipiert (hier

wären u. a. die Fachschule für Catering und das berufliche Gymnasium Gesundheit zu nennen).

Im Bereich der Pflichtberufsschule sind u. a. die Beschulung des Berufsfeldes Drucktechnik und der Textiltechnik aufgrund der massiv zurückgegangenen Schülerzahlen aufgegeben und an andere Schulstandorte abgetreten worden. Die Schülerzahlen im Bereich Agrarwirtschaft und Hauswirtschaft haben ebenfalls stark abgenommen; zugenommen haben hingegen die Gesundheitsberufe. Insgesamt hat sich die Schülerzahl bei den Teilzeitschulformen in den letzten 20 Jahren um etwa 20 Prozent reduziert.

Auch bei den Vollzeitschulformen sind Schulformen aus dem Angebot der Schule verschwunden (z. B. die einjährigen Berufsfachschulen); an deren Stelle sind meist veränderte und erweiterte neue Ausbildungsgänge getreten (so ist z. B. an die Stelle der einjährigen Kinderpflegeausbildung die zweijährige höhere Berufsfachschule für Sozialassistenten getreten). Insgesamt hat die Schülerzahl in den letzten 20 Jahren bei den Vollzeitklassen um etwa 25 Prozent zugenommen.

Die Gesamtschülerzahl beläuft sich zur Zeit der Drucklegung dieses Artikels (im Schuljahre 2004/2005) auf insgesamt 2.063 Schüler; für 2005/2006 muss mit einer weiteren Steigerung auf etwa 2.200 Schüler gerechnet werden. Das Kollegium umfasst 130 Lehrpersonen.

---

1 Vgl. Franz-Karl Nieder, Von der Stiftsschule zur Volksschule in Limburg. (= Schriftenreihe zur Geschichte und Kultur des Kreises Limburg-Weilburg Bd. 6, Hg. vom Kreisausschuss des Landkreises Limburg-Weilburg, der Kreissparkasse Limburg und der Kreissparkasse Weilburg), 2003, S. 77f.

2 Nieder, Von der Stiftsschule, S. 121.

NEUES KREISHAUS IST EIN FUNKTIONSGERECHTES GEBÄUDE:

EINE MODERNE VERWALTUNG FÜR DIE BÜRGER DES LANDKREISES

VON BERND KEXEL

Mit einer Feierstunde und einem Tag der offenen Tür hat die Kreisverwaltung im Sommer 2005 die neuen Räumlichkeiten vorgestellt. Vorangegangen war eine rund vierjährige Bauzeit, in der ein Neubau entstanden ist und der Altbau aus dem Jahre 1926 renoviert worden war. Mit sparsamen Mitteln, erklärte Landrat Dr. Manfred Fluck, ist ein funktionsgerechtes Gebäude geschaffen worden, in dem die Bürgerinnen und Bürger des Landkreises den bestmöglichen Service bekommen.

Der Schwerpunkt der Feierlichkeiten lag auf der abgeschlossenen Renovierung des Altbaus, und so galt der Dank des Landrats an diesem Tag dem Planungsstab innerhalb der Kreisverwaltung unter der Leitung des Ersten Kreisbeigeordneten Manfred Michel. Ein Kompliment hatte er aber auch für den Architekten Axel Schmitt und dessen Team, denen eine wunderbare Synthese zwischen Darstellung und Ausstattung gelungen sei.

Im erfolgreichen Zusammenspiel zwischen Architekten, Ingenieuren und Handwerkern wurde ein betagtes Gebäude in neuen Glanz versetzt. Es war das Ansinnen der Kreisverwaltung, dass die Büros im Altbau den neuen angeglichen werden, damit zwischen Neu und Alt kein allzu großes Gefälle entsteht. Dieses Ziel ist nun erreicht. «*Im Vordergrund stand nicht, den Mitarbeiterinnen und Mitarbeitern schöne moderne Büros zu bieten, obwohl das für die Motivation des Einzelnen sicher zuträglich sein mag*», erklärte der Landrat. Die Fertigstellung der Bauvorhaben der Kreisverwaltung biete nun die Möglichkeit,

Landrat Dr. Manfred Fluck, der Erste Kreisbeigeordnete Manfred Michel und Architekt Axel Schmitt (v.l.) freuen sich über die Glückwünsche zur gelungenen Sanierung des Altbaus vom Vorsitzenden des Kreistages Bürgermeister Robert Becker.

Fotos: Martin Höhler

fast alle Ämter unter einem Dach vereinen zu können. Dadurch werde eine verbesserte Bürgernähe und ein attraktiverer Kundenservice erreicht.

Diese Innovationen seien noch weiter ausgeprägt durch die Umgestaltung des Eingangsbereiches mit dem neuen Servicebüro. Ziel sei es, damit eine Bündelung des Publikumsverkehrs zu erreichen und alle schnell umzusetzenden Dienstleistungen in dieses Servicebüro zu verlagern.

Die Bürgerinnen und Bürger kämen damit in den Genuss kürzerer Bearbeitungs- und geringerer Wartezeiten und gelangten schnell an die *richtige Stelle* in der Kreisverwaltung.

«Offen wie das neue Kreishaus soll auch unsere Arbeitsweise sein», verkündete Landrat Dr. Fluck, denn die Mitarbeiterinnen und Mitarbeiter des Kreises Limburg-Weilburg verstünden sich als Partner aller Bürgerinnen und Bürger.

«Wir nehmen unsere Kundinnen und Kunden mit ihren Anliegen und Vorschlägen ernst, fördern und pflegen einen offenen Dialog und werben um gegenseitiges Vertrauen. Neue Leitgedanken in einem neuen Gebäude sollen mit dazu beitragen, dass unsere Arbeit zum Wohl der Menschen der Region immer effektiver und nutzbringender wird», führte der Landrat aus.

Beim Tag der offenen Tür, der von Bediensteten initiiert worden war, stellten die Mitarbeiterinnen und Mitarbeiter ihren Dienst für die Menschen im Landkreis vor. Der Dienst an diesem Tag war freiwillig. Die einzelnen Ämter und Abteilungen waren

Der Erste Kreisbeigeordnete Manfred Michel (rechts) eröffnete eine Kunstausstellung. Heimische Künstler präsentierten Bilder und Skulpturen im renovierten Limburger Kreishaus.

Der Tag der offenen Tür wurde für die zahlreichen Besucherinnen und Besucher zu einem bunten Fest.

aufgefordert, sich und ihre Arbeit für die Menschen des Landkreises zu präsentieren. Ein umfangreiches Programm war auf dieser Basis entstanden. Es reichte vom Blutdruckmessen im Gesundheitsamt über eine Kreishausrallye im Jugendamt zu Musikbeiträgen, einer Kunstausstellung bis zu vielfältigen Informationsmöglichkeiten. Die Erledigung von Dienstgeschäften war ebenfalls möglich.

Fast 50 Ausstellungsstücke hatten heimische Künstler zum Tag der offenen Tür im Limburger Kreishaus ausgestellt. Der Erste Kreisbeigeordnete Manfred Michel eröffnete die Ausstellung und brachte seine Freude darüber zum Ausdruck, dass an einem Ort der Dienstleistung und Verwaltung sich nun auch Kunst präsentiere. Ansonsten sei dieses Haus doch stärker von Rationalität und Funktionalität be-

stimmt. Und doch sehe er eine Verbindung von Kunst und Politik: «*Künstler wie Politiker stellen sich und das, was sie zu sagen haben, der öffentlichen Diskussion und lassen das Publikum entscheiden.*» Erfolg habe in der Kunst und in der Politik nur derjenige, der die Menschen wirklich erreiche, mit Aussagen, die sie verstehen, und mit neuen, besseren und überzeugenderen Ideen.

Dieser erste Tag der offenen Tür in der Geschichte des Landkreises Limburg-Weilburg war ein voller Erfolg mit vielen neuen Erkenntnissen. Zahlreiche Bürgerinnen und Bürger besuchten das Kreishaus und nahmen die vielfältigen Angebote wahr. Auch für das kollegiale Miteinander im Hause war dieser Tag wohltuend und erfrischend. Einer Wiederholung steht nichts im Wege.

KREISHEIMATSTELLE UNTERWEGS

VON DR. MARIE-LUISE CRONE

Kreisheimatstelle unterwegs, so lautete in den vergangenen Monaten ein Aufruf, der Exkursionen der verschiedensten Art anbot.

DIÖZESANBIBLIOTHEK

Im Oktober 2004 lud die Kreisheimatstelle zu einem Besuch der Diözesanbibliothek ein, die mit der Gründung des Bistums Limburg (1827) aus Teilen der ehemaligen Kurstaaten Trier und Mainz und der Freien Stadt Frankfurt 1829 als Bibliothek für das neu zu errichtende Priesterseminar gegründet worden war und nach langer Schließungszeit und einem Umbau des Bibliotheksgebäudes seit 2003 der interessierten Öffentlichkeit wieder zur Verfügung steht. Die Leiterin der Bibliothek Dr. Stephanie Hartmann hieß die Gruppe willkommen und führte durch die Räumlichkeiten, die etwa 60.000 Bände beherbergen. Davon ist ein großer Teil Altbestand aus dem 15. bis 19. Jahrhundert, der zumeist aus den in der Säkularisation aufgehobenen Klöstern des Rheingaus, des mittleren Lahntals und des Westerwaldes stammt. Manche Kostbarkeit wurde aus dem Regal genommen und von den Besuchern bestaunt. Renommierstück der Handschriftensammlung ist der hochmittelalterliche «*Codex Wircebornensis*», ein Vollmissale aus dem Trierer Erzbistum, das zwischen 1173 und 1220 entstanden sein muss. Daneben gehören zum Bestand Inkunabeln, Bibelwerke, aber auch Profanbücher, wie eine Ausgabe von Montesquieu. Der Nachmittag wurde abgeschlossen im Besucherraum des Diözesanarchivs bei einem guten Glas Bistumswein und anregenden Gesprächen.

AMTSHÖFE IN KIRBERG

Trotz schlechten Wetters waren über 20 Personen im Mai der Einladung der Kreisheimatstelle nach Kirberg gefolgt, wo Kurt Nigratschka als fundierter Kenner Kirbergs aus Anlass des 650-jährigen Jubiläums von Amt und Flecken Kirberg durch den Ort führte. Der Spaziergang führte an den Resten der bis zu neun Meter hohen Stadtmauer, vielen Amts- und Adelshäusern vorbei. In der Wassergasse 18 hielt die Gruppe **(Foto)** vor dem restaurierten Haus der Burgmannen Bergen von Kessel an und ließ sich den typischen Hauseingang eines Kirberger Herrensitzes erklären.

Foto: Bernd Kexel

INDUSTRIEGESCHICHTE DES WEILTALS

Im September lud die Kreisheimatstelle zu ihrer zweiten Radtour ein. Sie stand wieder unter der Leitung von Hans-Peter Günther und führte eine kleine Gruppe ins Weiltal. Hier folgte man zunächst der stillgelegten Bahntrasse von Weilburg bis Weilmünster. Dabei wurde mancher Stopp eingelegt, um die Relikte des einstigen Bahnverkehres und des Bergbaus zu erkunden. In Laubuseschbach wurde die Gruppe herzlich im Lichthäuschen, dem kleinsten

*Einen kurzen Zwischenstopp
legte die Fahrradgruppe an der
neuen Brücke in Weilburg ein.
Foto: Dr. Marie-Luise Crone*

Museum des Kreises, und in Rohnstadt in der Heimatstube empfangen. Weiter ging es über Langenbach mit einem herrlichen Ausblick auf den Taunus zurück über Weilmünster nach Weilburg.

KLOSTER EBERBACH

Bevor in der Presse die Ankündigung zu lesen war, dass die Kreisheimatstelle die Ausstellung «*Heimkehr auf Zeit; Frühdrucke – Inkunabeln – Der Klosterbibliothek Eberbach*» besuchen werde mit anschließender Führung und Weinprobe, waren bereits die ersten Plätze für diese Exkursion gebucht: Unter der fachkundigen Leitung von Dr. Hartmann, die diese Ausstellung mit vorbereitet und den dazugehörenden Katalog gestaltet hatte, wurde die Gruppe mit den Wiegendrucken

(= Drucke aus der Zeit der Erfindung der Buchdruckerkunst durch Johannes Gutenberg von 1450 bis 31. Dezember 1500), von denen sechs aus dem Bistum Limburg für kurze Zeit nach Kloster Eberbach zurückkehrten. Danach führte der Erste Kreisbeigeordnete Manfred Michel als bester Kenner des restaurierten Klosterkomplexes durch die Räumlichkeiten und ließ es sich nicht nehmen, auch andere an seinem Weinverstand bei einer Weinprobe am Saugraben teilhaben zu lassen.

Auch für das Jahr 2006 hat die Kreisheimatpflegerin schon einige Ideen für abwechslungsreiche Exkursionen. Angedacht sind ein Besuch auf Schloss Molsberg, die Grube *Mehlbach* und eine ehrende Erinnerung für den Künstler Josef Kiefer anlässlich seines 100. Geburtstages.

Abfall vermeiden, vermindern, verwerten

Abfalltrennung und Verwertung

**Die Trennung von Abfällen schützt die Umwelt.
Helfen sie mit, denn nur getrennte Abfälle können
optimal verwertet werden.**

Aus dem Bioabfall der braunen Tonnen wird in den Kompostierwerken
hochwertiger Kompost.
Altpapier aus der blauen Tonne wird wieder zu neuem Papier oder
Kartonagen verarbeitet.
Aus dem Inhalt der grauen Restmülltonne entsteht zum großen Teil
bei der mechanisch-biologischen Aufarbeitung Trockenstabilat, das
als Ersatzbrennstoff in der Industrie eingesetzt werden kann.
Auch Verpackungen aus dem gelben Sack werden sinnvoll verwertet.
Aus eingesammeltem Altglas entsteht neues Glas.

Abfallberatung des AWB:
Telefon 06484/9172 007
www.AWB-Limburg-Weilburg.de

Fax 06484/9172 999
e-mail: AWB@AWB-LM.de

DER ABFALLWIRTSCHAFTSBETRIEB LIMBURG-WEILBURG INFORMIERT:

RESTABFALL WIRD NACH DEM TROCKEN-STABILATVERFAHREN WEITGEHEND VERWERTET

VON MAJA KÖRFER

Seit Mitte 2005 dürfen keine unbehandelten Abfälle mehr auf der Kreisabfalldeponie abgelagert werden. Der Restabfall aus der grauen Tonne wird jetzt in der Mechanisch-Biologischen Abfallbehandlungsanlage der Firma *MBS-Anlage Westerwald GmbH & Co. KG* in Rennerod behandelt. Dort wird der Abfall biologisch getrocknet und anschließend mechanisch in verschiedene Bestandteile getrennt. Aus dem größten Anteil wird ein hochwertiger Brennstoff gewonnen. Daneben separiert dieser Prozess weitere Wertstoffe wie Eisenschrott, Nichteisenmetalle und schadstoffhaltige Batterien. Lediglich etwa 10 Prozent des Restabfalls muss dann noch deponiert werden.

Bisher wurde schon der überwiegende Teil des anfallenden Abfalls, der Bioabfall, das Altpapier, Altelektrogeräte, Altglas und andere Verkaufsverpackungen, verwertet. Mit der Behandlung des Restabfalls kann nun auch die letzte große Fraktion, die für die Beseitigung verblieben ist, einer sinnvollen Verwertung zugeführt werden. Mit dem Trockenstabilatverfahren wird der zukunftsweisende Weg der nahezu vollständigen stofflichen und energetischen Verwertung von Restabfall beschritten, daher soll dieses Verfahren im Folgenden näher beschrieben werden. Durch dieses Verfahren ist es erstmals möglich, Restabfall biologisch zu trocknen und anschließend durch automatisierte Sortier-

Erster Kreisbeigeordneter Manfred Michel (2.v.r.) und der Betriebsleiter des AWB Bernd Caliari (rechts) bei der Besichtigung der Trockenstabilatanlage in Rennerod im Westerwaldkreis.

Foto: Bernd Kexel

verfahren wiedereinsetzbare Wertstoffe und Energieträger abzutrennen. Hierdurch ist eine sehr weitgehende Wiederverwertung des Ausgangsmaterials gewährleistet. Nach der Anlieferung wird der Restabfall durch langsame Rotorreißer auf maximal 150 Millimeter zerkleinert. Gröbere Eisenmetallteile werden abgeschieden. Der zerkleinerte Müll gelangt in Rotteboxen. Dort ist er einer sechs- bis siebentägigen Rotte ausgesetzt. Diese bewirkt durch die freiwerdende Hitze eine Teilhygienisierung des Restabfalls in den luftdichten und flüssigkeitsundurchlässigen Rotteboxen. Während der Trocknung wird durch die dem biologischen Bedarf angepasste Luftversorgung innerhalb kürzester Zeit die leicht abbaubare organische Substanz mikrobiologisch umgesetzt. Die hierbei entstehende Wärme wird zur Trocknung des Restabfalls genutzt.

Durch die Verbrennung von Trockenstabilat in dafür geeigneten und zugelassenen Industrie-Feuerungsanlagen können Kohle und andere fossile Energieträger ersetzt werden. Bislang wird das Material vor allem in der Zementherstellung und in der Produktion von Methanol eingesetzt. Das schont unsere natürlichen Ressourcen und die Umwelt durch hochwertige Nutzung des im Abfall enthaltenen Energiepotentials.

STOFFLICHE TRENNUNG DES GETROCKNETEN ABFALLGEMISCHES

Nach der biologischen Trocknung erfolgen mehrere Verfahrensschritte der stofflichen Trennung in einerseits brennbare und andererseits nicht brennbare, jedoch stofflich verwertbare Bestandteile. Im Einzelnen erfolgt eine Trennung in:
- Brennstoff (Trockenstabilat)
- Wertstoffe (Fe- und NE-Metalle, Glas, Mineralfraktion)
- Störstoffe (z. B. Batterien)

Zunächst wird der Output der Rotteboxen durch eine mehrstufige Dichtesortierung in eine Schwer- und eine Leichtfraktion getrennt.

- Die abgeschiedene, trockene Leichtfraktion, das so genannte Trockenstabilat, besteht zu nahezu 100 Prozent aus brennbaren Bestandteilen, wie Holz, Kunststoffen, Papier, Textilien und organischen Materialien.

Aufgrund seiner Materialeigenschaften, wie stoffliche Homogenität, Lagerfähigkeit, hoher Energiegehalt und Schadstoffreduzierung (CO_2-Einsparung), eignet sich Trockenstabilat gut als Brennstoff. Das in der MBS Rennerod hergestellte Trockenstabilat wird überwiegend in den Industrieanlagen Rüdersdorfer Zement GmbH und im Sekundärrohstoff-Verwertungszentrum Schwarze Pumpe (SVZ) energetisch bzw. stofflich verwertet und ersetzt im Prozess Kohle und andere fossile Energieträger.

- Die Schwer- oder mineralische Fraktion (Steine) wird nach weiterer Aufbereitung als Abdeckmaterial auf Deponien verwendet.

Sowohl aus der Schwer- als auch aus der Leichtfraktion werden noch weitere Wertstoffe (hauptsächlich abgeschiedene Eisen- und Nichteisen-Metalle) aussortiert und in Stahlwerken in Deutschland weiter verwertet.

Diese technisch hochwertige und aufwendige Behandlung des Restabfalls verursacht gegenüber der bisherigen Deponierung jedoch höhere Kosten, die sich auf die zukünftigen Abfallentsorgungsgebühren niederschlagen werden. Dieses Geld ist jedoch gut angelegt, denn durch die weitgehende Verwertung des Restabfalls wird die Umwelt langfristig und nachhaltig entlastet. Primärrohstoffe können durch den erzeugten Brennstoff und die aussortierten Metalle ersetzt werden. Deponieraum wird eingespart und langfristige Nachsorgeaufwendungen werden verringert.

GESELLSCHAFT FÜR AUSBILDUNG UND BESCHÄFTIGUNG (GAB MBH):

EIN MODERNER DIENSTLEISTER FÜR DIE REGION

VON STEPHAN H. ZIMMERMANN

Die GAB wurde 1995 als Zusammenschluss und logische Weiterführung bestehender Ausbildungs- und Beschäftigungsinitiativen gegründet. Gesellschafter der GAB sind Einrichtungen der Wohlfahrtsverbände und verschiedene soziale Initiativen. Hauptgesellschafter ist der Landkreis Limburg-Weilburg, der auch den Aufsichtsrat dieser gemeinnützigen Gesellschaft stellt. Die GAB bietet jedes Jahr neben mehreren 100 Qualifizierungsplätzen ca. 50 Ausbildungsstellen in ihren Werkstätten an. Das Angebotsspektrum reicht hier von der Elektro-, Holz- und Metallausbildung bis hin zu den Dienstleistungsberufen im Büro und Gebäudereinigungsgewerbe. Daneben ist die Gesellschaft Träger von Beratungsstellen für den Landkreis, wobei besonders die Insolvenz- und Schuldnerberatung hervorzuheben ist.

Hauptstandort der GAB ist die im November 2000 erworbene Liegenschaft *Im Schlenkert* in Limburg. Die Liegenschaft hat eine Gesamtfläche von ca. 21.000 Quadratmetern und wurde zuletzt als Bundeswehrdepot genutzt. Aufgrund der

Erster Kreisbeigeordneter Manfred Michel (v.r.) und Geschäftsführer Manfred Schmidt von der GAB schauen einem Mitarbeiter bei seiner Arbeit am Entsorgungsplatz über die Schulter.

Größe und der verkehrsgünstigen Lage sah das Nutzungskonzept die Einrichtung eines sozialen Dienstleistungszentrums vor. Die Liegenschaft dient deshalb nicht nur der GAB als Standort, sondern auch anderen Einrichtungen. Dazu gehören: die Jugendhilfe Elbtal, die ARGE Limburg/Weilburg. Von der GAB befinden sich hier die Verwaltung, der Bildungsträger, die Insolvenz- und Schuldnerberatung, das Teil-

projekt der Schreinerei – Möbelabholung und Verkauf – die Elektrowerkstatt und das Entsorgungszentrum.

Ein wichtiges Standbein der GAB sind die einzelnen Dienstleistungsprojekte. Hier sind die Tätigkeitsfelder sehr vielfältig und bieten vielen Menschen aus der Region ein reguläres Beschäftigungsverhältnis. Die Arbeitsbedingungen dieser Projekte sind in den letzten Jahren einem starken Wandel unterworfen. Die Zusammenlegung von Arbeitslosenhilfe und Sozialhilfe für Erwerbsfähige hat die Rahmenbedingungen für eine Integration grundlegend geändert. Die Anforderungen des Arbeitsmarktes, der Ziel der Integrationsbemühungen ist, sind gewachsen.

Eines der ältesten Beschäftigungsprojekte ist das Entsorgungszentrum, welches seit 1995 in enger Zusammenarbeit mit dem Abfallwirtschaftsbetrieb des Landkreises Limburg-Weilburg eine hochwertige Entsorgung von allen im Haushalt anfallenden Elektrogeräten gewährleistet. Auf Wunsch des Landkreises wurde besonders bei der Entsorgung der FCKW-haltigen Kühlgeräte auf eine hohe Entsorgungsqualität mit entsprechender Transparenz geachtet. Deshalb ist dieser Bereich auch seit vielen Jahren mit dem RAL-Gütezeichen für die Rückproduktion von FCKW-haltigen Kühlgeräten versehen. In diesem Jahr wurde zum fünften Mal erfolgreich die Prüfung

durchgeführt. Dies wurde bewusst angestrebt, da auch in den Anfangsjahren des Entsorgungszentrums mit hoher Qualität gearbeitet wurde und das Gütezeichen diesen Qualitätsstandard nach außen hin verdeutlicht. Eine weitere Besonderheit des Entsorgungszentrums ist die Elektrowerkstatt mit der Aufarbeitung bestimmter Typen von Elektrohaushaltsgroßgeräten. Diese Gebrauchtgeräte werden zum Selbstkostenpreis weitergegeben. So kann die Lebensdauer für bestimmte Gerätetypen sinnvoll verlängert und der Weiterverwendung der Vorzug gegeben werden. Des Weiteren ist es durch diese Kombination möglich, geprüfte Gebrauchtersatzteile zur Verfügung zu stellen.

Zu den Auftraggebern des Entsorgungszentrums zählen heute andere Entsorgungsdienstleister und Industrie- und Gewerbebetriebe, zu denen auch namhafte Großkonzerne gehören. Neben dem Preis war für die Auftragsvergabe immer auch der hohe Qualitätsstandard für die erfolgreiche Auftragserteilung ausschlaggebend. Im Hinblick auf den Wechsel der Zuständigkeit in Richtung der Herstellerverantwortung durch die Umsetzung der WEEE (Verordnung über die Rücknahme von Elektro- und Elektronikaltgeräten) wird so auch weiterhin der Bestand des Entsorgungszentrums gesichert sein.

Wirtschaftsförderung Limburg-Weilburg-Diez GmbH

... Ihr Partner in der Region!

über uns

Wer wir sind

In der Wirtschaftsförderung haben sich der Landkreis sowie Städte und Gemeinden des Kreises Limburg-Weilburg, Stadt und Verbandsgemeinde Diez, regionale Kreditinstitute, Förderverein Region Aktiv, IHK und Kreishandwerkerschaft zusammengeschlossen mit dem Ziel, die Wirtschaftsstruktur in der Region zu verbessern.

Unsere Dienstleistung

Wir sind Partner für Unternehmen, Investoren und Existenzgründer.

Wir unterstützen, beraten und begleiten Sie. Sprechen Sie uns an – Problemlösungen sind unsere Aufgabe!

Tätigkeitsfelder

Standortberatung

Wir beraten Sie bei der Suche nach einem geeigneten Gewerbegrundstück oder passenden Immobilie. Unser Standortinformationssystem bietet einen schnellen Überblick.

Existenzgründung

Zur Unterstützung auf dem Weg in die Selbstständigkeit bieten wir Informationsveranstaltungen, Seminare, Einzelberatungen und Coachings.

Fördermittel

Wir geben einen Überblick über die Förderprogramme von Land, Bund und EU und sagen Ihnen welche unternehmerischen Vorhaben förderungswürdig sind, unterstützen bei der Antragsstellung und Finanzierungsplanung.

Betriebs- u. Technologieberatung

Auch bei betriebswirtschaftlichen Problemen oder einem einfachen Unternehmens-Check-Up sind wir für Sie da.

Ob ein neues Produkt oder innovatives Verfahren, wir unterstützen Sie bei der Patentierung und Markteinführung, helfen Ihnen bei der Suche nach Kooperationspartnern oder einem Spezialisten.

Über unseren Kooperationspartner die Steinbeis-Stiftung für Technologietransfer und weitere Netzwerke ist es möglich, für jede Fragestellung den passenden Spezialisten zu finden.

Wirtschaftsförderung Limburg-Weilburg-Diez GmbH
Freiherr-vom-Stein-Platz 1
65549 Limburg

Tel: (0 64 31) 91 79-0, Fax: (0 64 31) 91 79-20
e-mail: wfg-stz@t-online.de
www.wfg-limburg-weilburg-diez.de

EXISTENZGRÜNDER IM NASSAUER LAND
ERGEBNISSE EINER BEFRAGUNG

VON WALTER GERHARZ

Aufgrund der aktuellen Lage am Arbeitsmarkt ist in den letzten Jahren das Gründungsgeschehen auch in unserer Region in den Mittelpunkt der Wirtschaftsförderung gerückt.

Die bundeseigene Kreditanstalt für Wiederaufbau (KfW) beobachtet bereits seit einigen Jahren in Form einer jährlichen statistischen Erhebung das Gründungsgeschehen auf Bundesebene.

Um zu wissen, wie es um das Gründungsgeschehen in der Region bestellt ist, startete die Wirtschaftsförderungsgesellschaft Limburg-Weilburg-Diez (WfG) im März 2005 eine Umfrage, die an rund 600 ihrer Existenzgründer in der Region gesendet wurde.

Die WfG erhoffte sich durch diese Aktion eine bessere Grundlage zur Einschätzung der Standortbedingungen, der Beratungsangebote und der Zukunftschancen der Firmengründer im Nassauer Land.

Darüber hinaus sollten durch den Vergleich der erhobenen Daten mit der Umfrage der KfW und einer aktuellen Auswertung von Statistiken des Institutes für Arbeitsmarkt- und Berufsforschung in Nürnberg weitere Schlüsse gezogen werden.

Gründerseminar der WfG.

Die erfreulich hohe Rücklaufquote der schriftlichen Befragung lag bei über zehn Prozent. Die Ergebnisse sind trotzdem nicht zwingend repräsentativ für alle Gründer in der Region, sondern vielmehr nur für den Personenkreis, der zur Gründung eines Unternehmens die Beratungsangebote der WfG und/oder anderer Einrichtungen nutzte.

Die Frage nach dem Alter der Existenzgründer zeigt eine deutliche Konzentration in den Altersklassen von 30 bis 59.

Dies weicht vom Ergebnis des KfW-Gründungsmonitors insofern ab, als dieser einen Schwerpunkt bei den Altersgruppen 20 bis 29 und 30 bis 39 feststellt. Es scheint, dass ältere Gründungswillige eher dazu neigen, sich beraten zu lassen.

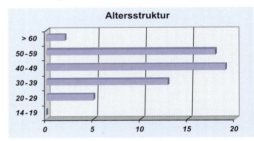

Anzahl der Existenzgründungen, differenziert nach Altersklassen.

Die Verteilung der Existenzgründer nach Geschlecht entspricht ziemlich genau den Ergebnissen des KfW-Gründungsmonitors (34 Prozent weiblich, 66 Prozent männlich), es liegt also keine Abweichung zum Bundesdurchschnitt vor.

Die Befragung ergab auch, dass der Trend eindeutig bei Neugründungen (93 Prozent) liegt und nur wenige den Schritt in die Selbstständigkeit durch eine Übernahme, Nachfolge oder Beteiligung wagen.

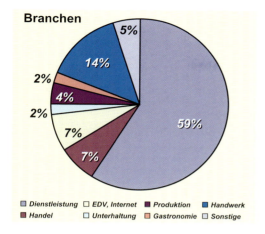

Branchen

5%
14%
2%
4%
2%
7%
7%
59%

☐ Dienstleistung ☐ EDV, Internet ■ Produktion ■ Handwerk
■ Handel ☐ Unterhaltung ■ Gastronomie ☐ Sonstige

55 Prozent der Befragten haben auf Fördermöglichkeiten der Agentur für Arbeit zurückgegriffen (Ich-AG).

Dies wird durch die Ergebnisse in der Abbildung unten unterstrichen. So wurden die wichtigen Erfolg versprechenden Motive einer Existenzgründung, eine innovative Idee oder bestimmte Kompetenzen zu haben, eher selten genannt, dominierend als Motiv war hier die Arbeitslosigkeit.

Trotz einer relativ großen Zufriedenheit mit den Beratungsangeboten in der Region wurden einige Verbesserungsvorschläge bzw. der Wunsch nach weiteren Informationsveranstaltungen und Seminaren geäußert. Diese lassen sich inhaltlich wie folgt zusammenfassen:

Aktuelle Forschungen zu Teamgründungen zeigen, dass diese aber tendenziell erfolgreicher sind als Einzelgründungen.

Differenziert man die Existenzgründungen nach Branchen, stellt man einen Schwerpunkt im Dienstleistungssektor fest, was auch im Bundesdurchschnitt nicht anders ist. Verstärkt erfolgten auch Gründungen im Handwerk.

Die Frage nach dem Finanzierungsbedarf ergab, dass über 50 Prozent aller Gründungen mit weniger als 15.000 Euro realisiert werden konnten. Dieser Bedarf konnte in den meisten Fällen durch Eigenkapital und die Förderprogramme der Agentur für Arbeit gedeckt werden.

Erfreulich ist, dass 62 Prozent der Befragten ihre Selbstständigkeit komplett aus eigenen Mitteln realisieren konnten, da hierdurch ein relativ geringes finanzielles Risiko besteht.

Seminare über:
• Marketing
• Verkaufstraining, Rhetorik
• Finanzierung
• Buchführung
• Vertragsrecht,
  behördliche Angelegenheiten

Diesen Wünschen ist die Wirtschaftsförderungsgesellschaft Limburg-Weilburg-Diez inzwischen bereits nachgekommen. Die hierfür konzipierte Vortragsreihe *Know-how für Unternehmen* fand so rege Nachfrage, dass einige Veranstaltungen gleich mehrmals angeboten werden mussten.

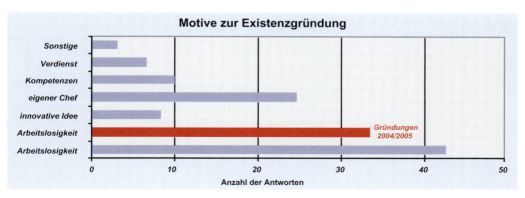

Motive zur Existenzgründung

Sonstige
Verdienst
Kompetenzen
eigener Chef
innovative Idee
Arbeitslosigkeit
Arbeitslosigkeit

Gründungen 2004/2005

0   10   20   30   40   50

Anzahl der Antworten

SELTERS
(Taunus)

Rathaus in Niederselters

Durch das Gesetz zur Neugliederung des Landkreises Limburg und des Oberlahnkreises vom 6. Februar 1974 wurden die Gemeinden Niederselters, Eisenbach, Haintchen und Münster zu der Gemeinde Selters (Taunus) zusammengeschlossen. Heute hat Selters 8186 Einwohner. Das Gemeindegebiet umfaßt eine Fläche von 4047 ha, davon 1822 ha Wald (Stand 31. 12. 1996).

Sehenswürdigkeiten in Selters

Niederselters

Zur Zeit des Herzogtums Nassau (1806 – 1866) konnte unumstritten festgestellt werden, daß in dem katholischen Pfarrdorf Niederselters der „berühmteste Gesundbrunnen Deutschlands" beheimatet ist. Aufgrund der Auseinandersetzungen zwischen Kurtrier und dem Fürstentum Nassau-Oranien, wer Eigentümer der berühmten Quelle sei, wurde schon 1730 ein Wachhaus und 1789 eine Kaserne errichtet. Die Kaserne blieb erhalten und beherbergt heute das Rathaus.
Das Brunnenhaus beim Seltersbrunnen wurde 1907 errichtet und ist mit dem Emblem des Königreichs Preußen versehen.
Das heutige Kirchenschiff der alten katholischen Kirche St. Christophorus wurde zwischen 1717 und 1719 errichtet, es handelt sich um einen Saalbau mit dreiseitigem Chorschluß und kurzen Querschiffarmen unter Mansarddächern. Seit der umfassenden Restaurierung im Jahre 1991 dient das Gebäude als Kulturzentrum.

Eisenbach

(Schönstes Dorf Hessens im Wettbewerb „Unser Dorf soll schöner werden" 1984)
Eisenbach wurde erstmals 1234 urkundlich erwähnt. Heute zählt der anerkannte Erholungsort zu einem der landschaftlich schönsten Orte des Taunus.
Zu den Sehenswürdigkeiten zählt die katholische Pfarrkirche St. Petrus, eine neuromanische Basilika mit Chorgestühl aus der 2. Hälfte des 19. Jahrhunderts, sowie das Herrenhaus des Hofgutes Hausen, das 1662 errichtet wurde. 548 ha der Gemarkung Eisenbach ist Wald. Zahlreiche gut ausgebaute und markierte Wanderwege laden den Besucher zu kürzeren oder längeren Spaziergängen ein. In der Ortsmitte steht eine festinstallierte Wanderkarte, auf der Wege und Wanderzeiten eingezeichnet sind.

Haintchen

Die Barockpfarrkirche St. Nikolaus wurde 1751 fertiggestellt. Der Saalbau mit schmalem dreiseitig geschlossenem Chor zählt nach seiner Renovierung im Jahre 1983 zu einer der Sehenswürdigkeiten, die man unbedingt besuchen sollte. Die an der Hessenstraße gelegene Kapelle, die schon 1495 als Heiligenstock erwähnt wird, der Bildstock von 1764 im Camberger Weg und das St. Nikolaus Epitaph von 1762 gegenüber dem Johannesbrunnen im Unterdorf gehören ebenfalls zu den historischen Sehenswürdigkeiten von Haintchen.

Münster

Die evangelische Pfarrkirche von Münster mit dem romanischen Westturm, der um das Jahr 1000 errichtet wurde, mit dem Chor im gotischen Stil und dem Mittelschiff, das 1960 – 1962 erneuert worden ist, zählt zusammen mit dem Pfarrhaus (Vorderstraße 17) aus dem Jahre 1716 zu den kulturhistorischen Einmaligkeiten dieses Ortsteils von Selters.
Münster bietet dem Erholungssuchenden mit dem Freizeitgelände, bestehend aus einem See, einem Grillplatz und einem Trimmpfad, die ideale Möglichkeit, inmitten von gesunden Wäldern neue Kraft zu tanken. Von diesem Freizeitgelände kann man einen Spaziergang zur Grube Lindenberg, die 1941 in Betrieb genommen wurde, machen: hier wurde bis zur Stillegung der Grube am 30. Juni 1970 2,3 Millionen Tonnen Erz gefördert. Zu einem informativen Besuch lädt die Heimatstube im ehemaligen Rathaus ein.

Weitere Auskünfte erteilt:
Gemeindeverwaltung, Brunnenstraße 46, 65618 Selters/Ts.-Niederselters
Telefon (0 64 83) 91 22-0 · Telefax (0 64 83) 91 22 20

VEREIN FÜR BRIEFMARKENKUNDE LIMBURG BESTEHT SEIT 100 JAHREN

VON WILLI OSCHEWSKY

1906 gegründet, trat der Verein Limburger Briefmarkensammler bereits 1908 einer so genannten Straßburger Vereinigung bei.

Hatte der Verein 1930 lediglich zwölf Mitglieder, so waren es 1944 bereits 41 Sammler. 1946-1948 muss es zu einer wahren Blütezeit des Vereins gekommen sein, durften doch bereits 90 Mitglieder gezählt werden. Doch nach der Währungsreform pendelte sich der Mitgliederstand über viele Jahre auf 30 ein und erreichte erstmals 1965 die Zahl 75 und Anfang der 70er Jahre sogar die Schallmauer 100. Der höchste Mitgliederstand wurde dann aber in den Jahren 1983/84 mit über 150 Mitgliedern erreicht und einer zusätzlichen Jugendgruppe von zehn Jugendlichen.

Viele Jahre nach dem Krieg war das Gasthaus *Lahneck* Domizil des sich jede Woche zum Tausch treffenden Vereins. Nach Umbau des *Lahnecks* ging der Verein auf Wanderschaft, über Limburger Bootshaus, Kolpinghaus, Stadthalle, bis er sich letztlich seit 1986 im Vereinsheim des VfR 07 Limburg am Stephanshügel *zu Hause* fühlt und sich nach wie vor jede Woche, an jedem Donnerstag, trifft mit durchschnittlich über 20 Teilnehmern.

Bekannte Namen sind es, die den Vorsitz des Vereins nach dem Kriege inne hatten, nämlich Dr. Heinrich Holthausen, Arthur Kessler (Samenhaus Kessler), Werner Kratochvil und nunmehr seit rund 20 Jahren Willi Oschewsky.

1947 war der Verein für Briefmarkenkunde Limburg einer der Wiedergründer des Hessischen Landesverbandes der Philatelisten und richtete 1986 erstmals den Landesverbandstag in Limburg aus.

Doch unter dem Namen LYMPURGA ging der Verein in die Geschichte der deutschen Philatelie ein. War es 1973 eine erste Briefmarken-Wettbewerbsausstellung noch im damaligen Georgshof, erstmals mit einem so genannten UV-Salon, in dem gewisse Sammlungen unter UV-Licht gezeigt wurden und die damalige Fachzeitschrift *Sammlerdienst* ein Sonderheft auflegte mit dem Titel «*LYMPURGA 1 – eine nicht alltagliche Ausstellung*», so war es 1978 eine Aufsehen erregende Briefmarken-Wettbewerbsausstellung mit Feiern *350 Jahre Thurn- und Taxis-Post in Dietkirchen, 250 Jahre Postreiterroute Würges-Wallmerod* mit Nachvollzug der damaligen Postreiterroute mit Sammlerpost und einer einmaligen Segelflugpostabfertigung vom Flugplatz Elz nach Stuttgart. Drei Tage lang verkehrte eine historische Postkutsche in Limburg mit Personenbeförderung.

Höhepunkt des Vereinslebens aber war fraglos die erstmalige Ausrichtung einer nationalen Briefmarken-Wettbewerbsausstellung 1983 in der Stadthalle Limburg, nachdem solche Ausstellungen seither nur in Messestädten wie Berlin, Frankfurt, Stuttgart, Wuppertal, Essen und Hamburg ausgerichtet worden waren. Rund 15.000 Besucher sahen an fünf Tagen diese LYMPURGA '83, die unter der Schirmherrschaft von Bundespostminister Dr. Christian Schwarz-Schilling stand.

Der Verein hatte Monate vor dieser LYMPHURGA '83 die Bevölkerung zu einer Briefmarkensammelaktion zugunsten der Bodelschwingh'chen Anstalten Bethel aufgerufen. Ein ganzer VW-Bus voll Briefmarken kam zusammen, die am Ausstellungs-Eröffnungstag vom Bundespostminister

Foto: Walter Kurz

und dem damaligen LIONS-Präsidenten Helmut Geist persönlich dem Leiter dieser Bethel'chen Anstalten übergeben werden konnten.

Es waren die deutschsprachigen Länder Schweiz, Liechtenstein, Österreich, UNO Wien und sogar erstmals offiziell eine Vertretung der DDR-Post (VEB-Philatelie Wermsdorf), die in Limburg Poststellen eingerichtet hatten, postgültige Marken verkauften und Sammlerpost mit einem besonderen Stempel von der LYMPURGA'83 abfertigten. Hoher Besuch war sogar aus den USA gekommen, nämlich der Vorstand der *German Philatelic Society* mit den weltbekannten Sammlern Bud Henning und dem berühmtesten Thurn- und Taxis-Sammler Arthur Salm.

1985 kam es zu einem neuerlichen großen Erfolg des Vereins, als die damalige Deutsche Bundespost auf Antrag des Vereins für Briefmarkenkunde Limburg eine Sonderbriefmarke mit dem Limburger Dom verausgabte. Eine vom Verein bereits seit 1978 ausgerichtete Bürgerinitiative *Briefmarken von Limburg* wurde anlässlich des 750-jährigen Dom-Jubiläums umgesetzt. Doch es sollte noch ein *i-Punkt* aus dieser Briefmarke werden; denn 1986 wurde diese Dom-Briefmarke von einem so genannten WIPA-Komitee in Wien zur schönsten Briefmarke des Jahres 1985 (weltweit) gewählt.

1997 letztlich hat der Verein den Auftrag des Bundes Deutscher Philatelisten wahr gemacht und eine Muster-Briefmarkenausstellung «Schaufenster Philatelie» als Beispiel für neue und künftige Darbietungsformen von Briefmarkenausstellungen in der Stadthalle Limburg ausgerichtet.

Erstmals in Limburg wurde eine von dem Vorsitzenden Willi Oschewsky in seiner über zehnjährigen Tätigkeit als Bundesstellenleiter Ausstellungswesen des Bundes Deutscher Philatelisten (BDPh) neu ins Leben gerufene Ausstellungsklasse, die *Offene Klasse,* gezeigt, bei der jeder Sammler, auch Nichtmitglieder ausstellen dürfen und die vom Publikum bewertet wird, einfach nach der Parole «welche Sammlung gefällt mir am besten».

Der Verein kann auf ein buntes, aktives Vereinsleben schauen, auf eine geradezu grandiose philatelistische Bibliothek, umfangreiche technische Einrichtungen mit Dia- und Tageslichtprojektoren, Videogerät, eigene Ausstellungsrahmen und Prüfgeräte für Briefmarken. Ein umfangreiches Vereinshandbuch gibt viele Tipps für Sammler, und selbst ein Lesezirkel mit den einschlägigen Fachzeitschriften kursiert regelmäßig unter den Mitgliedern. Neuheiten- und Rundsendedienst runden die Leistungen des Vereins ab.

Und natürlich gibt es auch eine Jugendgruppe, die von sehr regen Mitgliedern betreut und geleitet wird.

Im Jahr 2006, dem Jubiläumsjahr, wird der Verein mit einigen Aktivitäten in Limburg in die Öffentlichkeit treten, sei es mit einer Jubiläumsfeier, einem *Tag der offenen Tür* für interessierte Sammler, sei es mit besonderen Vorträgen, aber auch mit kleinen öffentlichen Ausstellungen mit sicherlich sehr interessanten Einblicken in das Briefmarkensammeln mit allen Facetten der Sammelformen.

MARKTFLECKEN WEILMÜNSTER

Der Marktflecken Weilmünster wurde mit Beginn des Jahres 1971 Großgemeinde und hat heute bei etwa 9700 Einwohnern insgesamt zwölf Ortsteile (Audenschmiede war bereits 1950 eingemeindet worden).

Mit den in der Kerngemeinde Weilmünster zentral gelegenen Schulen (Grundschule, Gesamtschule) sowie der neuen Grundschule im Ortsteil Laubuseschbach verfügt die Großgemeinde über ein ausgezeichnetes Schulwesen. Den Schulen sind neuzeitliche Sportanlagen angeschlossen. Zwei moderne und beheizbare Freischwimmbäder bieten sich den Bürgern in den warmen Sommermonaten. Aber auch an die kleinsten Mitbürger ist gedacht worden, ihnen stehen 6 modern eingerichtete Kindergärten zur Verfügung. Der Freizeitgestaltung, dem Fremdenverkehr und besonders der Erholung dienend ist in den letzten Jahren die "Erholungsanlage Wald und Wasser Möttau" beim gleichnamigen Ortsteil entstanden. Ausgebaute Wanderwege, geschützt angelegte Grillplätze, herrlich gelegene Wiesen und ein reichlich besetzter Fischteich bieten Sport, Spiel und Entspannung. Hier zeigt sich eine Entwicklung, die besonders auf den Naherholungsverkehr aus dem Raum Rhein-Main-Gebiet ausgerichtet ist.

Insgesamt bieten sich den Erholungssuchenden in der Großgemeinde Weilmünster rund 3164 ha Gemeindewald, 437 ha Staatswald und 94 ha Privatwald mit einer überdurchschnittlichen Rotwilddichte. Hervorragend ausgebaute Feld- und Waldwege stehen als Wanderwege und Radwege zur Verfügung.

Die Erwerbsstruktur ist im Marktflecken durch Handwerks-, kleine und mittlere Industriebetriebe gekennzeichnet. Doch muss auch ein Teil der Einwohnerschaft seinem Broterwerb in dem etwa 40 km entfernt gelegenen Ballungsgebiet "Frankfurter Raum" nachgehen. Hierfür wie auch für den Naherholungsverkehr, wozu sich die in der lieblichen Taunuslandschaft eingebettete Großgemeinde Weilmünster vorzüglich eignet, erscheint eine Verbesserung des Öffentlichen Personennahverkehrs (ÖPNV) von Süden nach Norden wesentlich. Wirtschaftlich gesehen sei noch zu ergänzen, dass auch der erwähnte Waldbestand auf lange Sicht eine wichtige Ertragsquelle für den Gemeindehaushalt darstellt. Bedeutung hat ebenfalls die heimische Landwirtschaft. Mit relativ wenigen Vollbetrieben wird die Feldgemarkung im guten Bewirtschaftungs- und Pflegezustand gehalten.

Der Wohnwert, der sich der hier niedergelassenen Bevölkerung anbietet, kann als relativ hoch bezeichnet werden. Dies beweist der schon seit vielen Jahren zu beobachtende starke Zustrom von Bürgern aus dem Rhein-Main-Ballungsgebiet, die nicht zuletzt aufgrund günstiger Baulandpreise in der umweltfreundlichen Landschaft der Großgemeinde Weilmünster sesshaft geworden sind. Sicherlich trägt auch das vielfältige Vereinsleben, das sich besonders in den traditionellen Heimatfesten zeigt, mit dazu bei, die neu zugezogenen Bürger heimisch werden zu lassen.

Das Ziel der Großgemeinde Weilmünster, sich zu einem regionalen, wichtigen Unterzentrum zu entwickeln, ist langfristig angelegt und wird mit Energie und Ausdauer von den Gemeindekörperschaften verfolgt.

So ist die Erschließung weiterer Gewerbegebiete in den Ortsteilen Weilmünster und Laubuseschbach inzwischen abgeschlossen und die Grundstücke stehen den Interessenten zur Verfügung. Weiterhin ist beabsichtigt, durch die Ausweisung neuer Baugebiete der steigenden Nachfrage nach Bauland für Eigenheime gerecht zu werden.

Durch die Inbetriebnahme der Kläranlage Weilmünster im Jahre 1992 konnte ein wichtiger Beitrag zur Reinhaltung unserer Gewässer geleistet werden.

Das Bürgerhaus Weilmünster mit seinem Saal für ca. 500 Personen sowie einer Gaststätte mit Doppelkegelbahn ist zu einem kulturellen Anziehungs-

Der Aussichtsturm auf dem Kirberg bei Weilmünster

punkt für alle Bevölkerungsteile im Marktflecken Weilmünster herangewachsen.

Die Großgemeinde Weilmünster besteht aus folgenden, bis zum 31.12.1970 selbstständigen Ortsteilen: Weilmünster einschl. Audenschmiede, Laubuseschbach, Wolfenhausen. Aulenhausen, Dietenhausen, Ernsthausen, Laimbach, Langenbach, Lützendorf, Möttau und Rohnstadt. Am 31.12.1971 kam noch der Ortsteil Essershausen hinzu.

Marktplatz in der Kerngemeinde Weilmünster

64

EUROPA-UNION LIMBURG IN KRAKAU AUF DEN SPUREN VON OSKAR SCHINDLER

VON EDGAR WOLF

Der Kreisverband Limburg der Europa-Union weilte zu einer Studienreise in Krakau. Der Kreisvorsitzende Rudi Eisenbach hatte die Reise in hervorragender Weise organisiert. Begleiter der 27-köpfigen Reisegruppe in Krakau war Pawel Krzak. Er ist ein großer Kenner seiner schönen Heimatstadt Krakau und auch ein Experte über Oskar Schindler. Dieser hatte bekanntlich in seiner Krakauer Emaille-Fabrik (einige noch erhaltene Exemplare aus dem Besitz von Edgar Wolf befinden sich heute im Deutschen Historischen Museum in Berlin) im Zweiten Weltkrieg 1.200 Juden vor dem Tod im Konzentrationslager durch die Nationalsozialisten gerettet.

Mit der Gruppe reiste auch Edgar Wolf. Sein Vater war 1939 als technischer Beamter der Reichsbahn an das Ausbesserungswerk nach Krakau dienstverpflichtet worden. Auch die Mutter lebte zeitweise dort. Edgar Wolf, der in Diez geboren wurde, reiste erstmals 1941 mit seiner Mutter im Gepäcknetz eines D-Zuges über Berlin nach Krakau. Die Eltern waren mit Oskar Schindler, der genauso alt wie der Vater war, eng befreundet und wohnten in der Nähe von ihm. Für Edgar Wolf war diese Reise eine Begegnung mit seiner Vergangenheit. Er konnte nach rund 60 Jahren die Stätten besuchen, wo er als kleiner Junge mit seinen Eltern gelebt hatte. Wie seine Mutter ihm später berichtete, kam Oskar Schindler oft zu Besuch zu ihnen, und er saß dann gerne als kleiner Junge bei *Onkel Oskar* auf dem Schoß. Beide hätten sich schnell angefreundet.

Edgar Wolf besuchte jetzt auch erstmals die Gedenkstätte des ehemaligen jüdischen Gettos. Dort hatte Edgars Mutter gemeinsam mit Oskar Schindler oft Medikamente für die kranken jüdischen Kinder in das Getto geschmuggelt. Diese hatte sie sich vorher für ihren Sohn Edgar verordnen lassen. Als Dank hierfür hatten damals die jüdischen Insassen Spielzeuge hergestellt, die Oskar Schindler dem kleinen Edgar überbrachte. Sie sind auch noch heute in seinem Besitz. Die jüdische Gedenkstätte Yad Vashem in Jerusalem hat Edgar Wolf darum gebeten, diese historisch wertvollen Spielsachen dem dortigen Museum zu überlassen.

Edgar Wolf legt einen Stein an der Gedenkstätte des ehemaligen Getto Plaszow nieder.

Bei seinem Besuch der heutigen Gedenkstätte für das ehemalige jüdische Getto Plaszow, wo nur noch ein Denkmal auf diese grausame Vergangenheit hinweist, wurde Edgar Wolf in Anbetracht der Erinnerungen aus der Vergangenheit von seinen Gefühlen überwältigt. Die Presse in Krakau hat über den Besuch der Gruppe und hier insbesondere von Edgar Wolf – einem der noch wenigen Zeitzeugen von Oskar Schindler – sehr ausführlich berichtet.

Auch besuchte die Gruppe das ehemalige Judenviertel Kazimierz. Hier wurde seinerzeit der mit sieben Oscars ausgezeichnete Film «*Schindlers Liste*» von Steven Spielberg gedreht, der Schindler posthum Berühmtheit verlieh. An geschichtsträchtiger Stätte trug Reiseführer Pawel Krzak jüdische Gedichte aus der damaligen Zeit vor. Vor dem Kriege lebten in Krakau 60.000 Juden. Heute sind es nur noch 150. Die Gruppe lernte auch die Umgebung Krakaus, so das Salzbergwerk Wieliczka mit seiner imposanten 130 Meter unter der Erde liegenden Kinga-Kapelle, kennen. Auch stand der Wintersportort Zakopane mit seinen schneebedeckten Bergen auf dem Programm.

Nach sechs erlebnisreichen Tagen mit vielen tiefen Eindrücken und schönen Erlebnissen verließ die Gruppe die 800.000 Menschen zählende Metropole Krakau wieder in Richtung Heimat. Nach der Rückkehr in Limburg hat sich die Gruppe gemeinsam den Film «*Schindlers Liste*» mit den in Krakau gesehenen Originalschauplätzen angesehen.

Oskar Schindler, der nach dem Krieg nur schwer wieder Tritt fassen konnte und in ärmlichen Verhältnissen lebte, erhielt neben dem Bundesverdienstkreuz durch den Limburger Bischof Kempf den päpstlichen Ritterorden des heiligen Sylvester überreicht.

Die Reisegruppe der Limburger Europa-Union besuchte auch die 130 Meter unter der Erde im Salzbergwerk Wiecliczka gelegene Kinga-Kapelle.

IM SCHLARAFFENLAND DES GEISTES

VON MICHAEL SCHULD

Wir alle kennen die Geschichte vom Schlaraffenland, einem Land, in dem uns gebratene Hühner entgegenfliegen, in dem die Völlerei regiert, weil es alles Materielle im Überfluss gibt.

Gerne wäre man als Kind einmal im diesem Schlaraffenland gewesen, doch wir alle wissen, dass es dieses Land des materiellen Überflusses leider nur im Märchen gibt.

Nur relativ wenige Menschen wissen allerdings um ein anderes Schlaraffenland, das es aber gibt, das man tatsächlich betreten kann und das denjenigen, der darin weilt, unendlich weit wegführen kann von den Sorgen des Alltags und ihn frisch gestärkt und mit einem Quäntchen Gelassenheit versehen zurückkehren lässt in das tägliche Ringen um Macht und Geld, in eine Welt, die gekennzeichnet ist von Konsum und wachsender Anonymität. Es ist die Rede vom Schlaraffenland des Geistes, in dem eben geistigen Genüssen zugesprochen wird anstatt materiellen. Sicherlich gibt es viele, die es sich vorstellen können, dieses wunderbare Land einmal zu betreten, es zu durchwandern und zu prüfen, ob es nicht angenehm wäre, es des Öfteren zu besuchen und schließlich heimisch zu werden in diesem Land.

Dieses Schlaraffenland des Geistes öffnet seine Tore demjenigen, der sich in der *Schlaraffia* einfindet, jenem Bund von Männern, der sich zusammengeschlossen hat, um Kunst und Humor zu pflegen und die Freundschaft untereinander hoch zu halten. Rund 11.000 von diesen Männern – sie heißen übrigens *Schlaraffen* – gibt es in der ganzen Welt, mit Schwerpunkt aber im deutschsprachigen Raum, denn in der *Schlaraffia* wird deutsch gesprochen, ob man nun in Paris, in Boston, Mexico City, auf Mallorca oder eben in Limburg zusammen kommt.

Überall in den *Reychen* – so heißen die weltweit insgesamt 257 Ortsvereine der *Schlaraffia* – ist man willkommen bei den Zusammenkünften, den so genannten *Sippungen*, überall ist man sofort ganz freundlich und selbstverständlich aufgenommen, ist unter Freunden, auch wenn man zum ersten Mal ein *Reych* besucht.

Man kann also Kontakte zu durchaus interessanten Menschen knüpfen und pflegen in der *Schlaraffia* und Gleichgesinnte finden, die einem vorher fremd gewesen sind – welch' neue Möglichkeiten tun sich einem Suchenden hier auf!

Die Fragen, wer *Schlaraffe* werden kann und welche Eigenschaften man dazu haben muss, sind leicht beantwortet:

Männer von unbescholtenem Ruf in gesicherter Stellung können *Schlaraffen* werden. Obwohl es auch *Schlaraffen* gibt, die jünger als 30 Jahre alt sind, wird als ein gutes Eintrittsalter die Zeit zwischen dem 35. und 40. Lebensjahr angesehen. Nach oben ist natürlich keine Grenze gesetzt.

Viel wichtiger als das Alter sind die Neigungen desjenigen, der *Schlaraffe* werden will. Sie sind die Basis für die Freude am *schlaraffischen* Tun und der daraus entstehenden inneren Zufriedenheit, die *Schlaraffia* zu geben vermag.

Männer, die den Künsten zugetan sind, sind potenzielle *Schlaraffen*.

Solche, die etwa die Literatur verehren, die gerne selbst etwas schreiben, sei es Lyrik oder Prosa, oder die gerne etwas vortragen oder Theater spielen, ob heiter oder besinnlich, sind in *Schlaraffia* willkommen. Musikalische Darbietungen sind besondere Highlights und sehr gerne in *Schlaraffia* gehört. So sind all diejenigen, die gerne singen, ob alleine oder gemeinsam mit anderen, die vielleicht ein Instrument spielen, in *Schlaraffia* gern gesehen.

Auch sollten sich Männer angesprochen fühlen, die einfach gerne zuhören, wenn Freunde, ob Profi oder Laie etwas zum Besten geben.

Alle diejenigen Männer können das Schlaraffenland des Geistes betreten, die Spaß daran haben, sich in fröhlicher Runde aktiv oder passiv mit den schönen Künsten auseinander zu setzen.

Tolerant muss der *Schlaraffe* sein und stets darauf bedacht, den Freund nicht zu verletzen, denn die Hochhaltung der Freundschaft ist der wesentliche Grundpfeiler, auf dem *Schlaraffia* ruht.

Der Beruf spielt eine untergeordnete Rolle. In der *Schlaraffia* sind Männer der unterschiedlichsten Berufe beisammen. Hier findet sich der Chirurg neben dem Handwerksmeister, der Lehrer neben dem Soldaten oder Musiker, der Universitäts-professor neben dem Unternehmer oder dem Angestellten. Sie alle vereint der Wunsch, sich mit Freunden im Schlaraffenland des Geistes an Kunst und Humor zu ergötzen. Auch mancher Ruheständler hat in *Schlaraffia* noch seine Erfüllung gefunden.

Das bisher Gesagte mag dem Leser ein Bild von einigen fröhlichen Männern mittleren bis fortgeschrittenen Alters zeichnen, die sich ab und zu irgendwo treffen, um miteinander zu plaudern und vielleicht ein Liedchen zusammen zu singen. Damit stellt sich die Frage, was nun das Besondere an *Schlaraffia* ist, das diesen Bund etwa von einem Gesangverein oder einer Stammtischrunde unterscheidet.

Die Beantwortung dieser Frage sei mit dem Hinweis eingeleitet, dass *schlaraffisches* Tun nach exakt festgelegten Regeln abläuft, die unbedingt einzuhalten sind. So finden die *Sippungen*, die in der Regel wöchentlichen Zusammenkünfte, nur in der Zeit zwischen Oktober und April statt. Für manche unserer *Schlaraffen* ist dies zu wenig, und so besuchen sie regelmäßig die *Nachbarreyche* Limburgs, wie etwa Wetzlar, Gießen, Marburg, Bad Nauheim, Frankfurt, Wiesbaden, Mainz oder Koblenz, um dort ebenfalls an *Sippungen* teilzunehmen, denn man ist ja als *Schlaraffe* in allen *Reychen* gern gesehen und trifft immer auf Freunde.

Die *Sippungen* stehen meist unter einem bestimmten Motto, wie z. B. *Die Mundart* oder *Lügengeschichten*, *Steckenpferde* oder *Märchen und Sagen,* und dieses Motto gibt eine grobe Richtung vor, in die die Vorträge, die man freiwillig zum Besten geben kann, gehen sollten. Unabhängig von dieser Vorgabe steht es jedem *Schlaraffen* frei, zu jedem Thema, das ihm gerade beliebt, vorzutragen. Vielleicht ist er gerade von einer Reise zurückgekehrt und möchte davon berichten oder er hat auf seinem Instrument ein Stück ein-studiert, das er vortragen möchte.

Die freudige Anerkennung seines Vor-trages durch die Anwesenden ist ihm sicher, vorausgesetzt er verletzt bei seinen Äußerungen kein Tabu. So möchte man in der *Schlaraffia* weder den flachen Witz noch die Zote hören. Auch sind Themen, die sich um Politik oder Religion ranken, verpönt. Ein kritisch humorvoller Blick auf uns selbst und unseren Alltag ist jedoch stets willkommen. Gerade die Persiflage ist das belebende Element *schlaraffischen* Tuns, sind doch die Zusammenkünfte in ein Rollenspiel gekleidet, bei dem jedem Mitspieler, also den *Schlaraffen* selbst, Rollen zugewiesen sind und das nach fest vorgegebenen und unumstößlichen Regeln abläuft.

Gespielt wird eine mittelalterliche Ritter-tafel, wie man sie sich etwa im 11. Jahr-hundert vorstellen mag. Es gibt einen *Thron*, von dem aus die gar festliche Versammlung geleitet wird, es gibt dem *Thron* zugeordnete *Beamte*, die ein *Protokollum* anfertigen und *Würdenträger*, die während der *Sippung* die unterschied-lichsten Aufgaben ausführen. So wie etwa einen *Mundschenk*, der die Gäste mit Wein begrüßt, einen *Zeremonienmeister*, der für den ordnungsgemäßen Ablauf bestimmter Programmteile verantwortlich ist, einen *Zinkenmeister*, der das Klavier bedient usw.

Neben den *Würdenträgern* gibt es die *Ritter*, die sich an der Tafel versammelt haben und Allerlei vorbringen, um das Spiel zu beleben. Daneben ist der *schlaraf-fische* Nachwuchs zu nennen. Es sind die *Junker* und *Knappen*, die unter der Obhut des *Junkermeisters* am Spiel teilnehmen und seine Regeln erlernen. Sehr oft sind auch *Ritter*, *Junker* oder *Knappen* aus anderen *Reychen* anwesend, die mit-spielen, so dass man immer wieder neue Bekanntschaften schließen kann.

Das Spiel lebt von Rede und Gegenrede, von Vorträgen besinnlicher und humor-voller Art, von Duellen, die mit geistigen Waffen ausgetragen werden, von Ordens-verleihungen und von (symbolischen) Strafen. Alles fügt sich zu einem fröhlichen Beisammensein, bei dem es keinen Platz für Zank und Streit, Neid und Missgunst oder Schwermut und Traurigkeit gibt. Neben der Ratio, die in einem klugen Gedankenaustausch unverzichtbar ist, regiert vor allem das Gefühl, das Herz. «*Das Herz gehört dazu*», ist daher einer der Kernsätze *Schlaraffias*. Die Reichhaltig-keit des *schlaraffischen* Spiels und die Verschiedenartigkeit der anwesenden Charaktere gewährleisten, dass jeder *Sippungsabend* einzigartig und sein Ver-lauf, obwohl in Grundzügen vorgegeben, nie vorhersehbar ist.

Das Spiel selbst wird hinsichtlich der Beachtung seiner Regeln mit großem Ernst betrieben und findet in Räum-lichkeiten statt, die einer *Burg* nach-empfunden sind. Auch die Spieler sind in bestimmte Gewänder gekleidet und so ihrem Stande im Spiel nach zu unter-scheiden. Dem Unbedarften mag beim Gedanken an eine Kostümierung der Karneval als Verwandter des *schlaraf-fischen* Spiels in den Sinn kommen. Vom Karneval ist *Schlaraffia* aber ebenso weit entfernt wie von der lockeren Stammtisch-runde, auch wenn die Kopfbedeckungen, die in den *Sippungen* getragen werden, Narrenkappen, wie man sie aus Karnevals-sitzungen kennt, durchaus ähnlich sind. Die Sprache des Spiels ist zwar Deutsch, aber es ist ein mittelalterlich verbrämtes Deutsch, das so genannte *Schlaraffen-latein,* das dem *schlaraffischen* Spiel eine besondere Würze gibt.

Nur durch ernsthafte Beachtung der Spiel-regeln gelingt es, sich für etwa drei Stunden, die eine *Sippung*, unterbrochen durch eine Pause, dauert, völlig aus dem

Alltagsleben zu entfernen, um sich für diese begrenzte Zeit im Schlaraffenland des Geistes aufzuhalten. Dies aber ist der eigentliche Zweck des *schlaraffischen* Spiels.

Das Spiel, das *so tun, als ob* befördert die Fröhlichkeit des Ganzen ungemein, obwohl – das mag zugestanden sein – dies Treiben reiferer Herren dem Neuling durchaus etwas kurios erscheinen mag und er es zunächst vielleicht mit einem inneren Kopfschütteln quittieren wird. Erst bei näherer Beschäftigung mit dem *schlaraffischen* Spiel gibt dieses seinen Sinn und seine Psychologie preis, sein wahrer Wert wird allerdings erst dem Mitspieler überdeutlich.

Dies scheint beabsichtigt von denen, die das Spiel erdacht haben. Toleranz, ein wichtiger *schlaraffischer* Charakterzug, wird von einem Neuling in der Betrachtung erwartet und seine Neugier wird geweckt. Es ist jene Neugier, die Kinder zeigen, wenn sie etwas Neues erleben, und die zur Beschäftigung mit dem Erlebten und, im Falle *Schlaraffias*, schließlich zum Verlangen führt, ein bisher unbekanntes Land zu entdecken und es zu bereisen: das Schlaraffenland des Geistes.

Toleranz und der Mut, sich auf etwas Neues einzulassen, sind also zunächst die Schlüssel zu jenem Land. Der Gebrauch dieser Schlüssel stellt gleichsam die erste Herausforderung *Schlaraffias* an einen Neuling dar.

Der Neuling, der durch einen *Schlaraffen* zu einer *Sippung* mitgebracht wird, kann mit freundlicher Aufnahme und sofortiger Einbindung in das Spiel rechnen. Zunächst ist er ein *Pilger*, der sich das Treiben näher besieht und vielleicht Geschmack daran findet. Ist dies der Fall, so wird er zum *Prüfling*, der sich selbst prüft, ob er *Schlaraffe* werden will. Äußert er den Wunsch nach Aufnahme in *Schlaraffia* und auch die *Schlaraffen* sind einverstanden,

wird er ein *Knappe*, der das *schlaraffische* Spiel erlernt. Vom *Knappen* wird er zunächst zum *Junker*, bevor er nach einer vorgegebenen Zeit den höchsten Stand im *schlaraffischen* Spiel erreicht, den eines *Ritters*. Er erwählt sich einen *Ritternamen*, mit dem er fortan überall in *Schlaraffia* im Rahmen des Spiels angesprochen wird.

Das *schlaraffische* Spiel hat nichts mit den so populären Rollenspielen der modernen Zeit gemein. Es wurde im Jahre 1859, in der Zeit der Romantik also, von einer Gruppe von Theaterschauspielern in Prag erdacht und fand rasch Verbreitung über die ganze Welt. Es hat die Stürme der Zeit überstanden und weder sein Verbot während der NS-Zeit noch seine Ächtung durch die sozialistischen Diktaturen Osteuropas haben zu seinem Verschwinden von der Bühne der Kultur geführt.

Es ist ein altes und sehr weises Gesellschaftsspiel, das, wenn es regelkonform gespielt wird, nur Gewinner kennt. Es dient nicht der Indoktrination oder der Pflege elitärer Zirkel, sondern möchte den, der es aus freiem Willen gerne und ernsthaft mitspielt, für eine begrenzte Zeit in jenes oben beschriebene Schlaraffenland des Geistes führen und ihn bereichern. Am Ende wird die Forderung *Schlaraffias* an die Mitspieler, sich mit allem Ernste den Regeln dieses fröhlichen Spiels bedingungslos zu unterwerfen, reich belohnt. *Schlaraffia* ist ein Männerbund, da das Spiel, das im Mittelpunkt des *schlaraffischen* Tuns steht, die Teilnahme von Frauen nicht vorsieht. Dennoch werden auch die Frauen in *Schlaraffia* berücksichtigt. Sie lernen einander kennen und unternehmen zuweilen auch manches gemeinsam, während sich die Männer zu den *Sippungen* treffen. Zu besonderen Anlässen, etwa in der Weihnachtszeit oder zum Jahreswechsel, finden auch *Sippungen* statt, an denen die Frauen teilnehmen. Im Sommer, also in der *sippungsfreien* Zeit,

Ein Blick in unsere «Burg» während der Pause einer festlichen «Sippung» (Einzelheiten zu den Begriffen finden Sie im Artikel).

gibt es in der *Schlaraffia* zahlreiche kulturelle und gesellige Veranstaltungen, zu denen stets auch die Frauen eingeladen sind. So sind auch unsere Frauen eingebunden, und es gibt nicht wenige unter ihnen, die *Schlaraffia* nicht mehr missen wollen.

Schlaraffia organisiert sich im Rahmen von Vereinen, und man muss hier beitreten, wenn man *Schlaraffe* sein will. Diese Vereine sind darüber hinaus in Sprengeln und Landesverbänden und schließlich im Gesamtverband *Allschlaraffia* organisiert. Der Verband gibt neunmal im Jahr eine Zeitung heraus, die jedem *Schlaraffen* per Post zugesandt wird. Im Mitgliedsbeitrag enthalten ist auch die jährlich durch den Verband veröffentlichte *Allschlaraffische Stammrolle*, ein Buch, in dem die Namen und Adressen aller *Schlaraffen* verzeichnet sind. Ein Büchlein, in dem die vorgesehenen *Sippungen* aller *Reyche* in einem Winter aufgeführt sind, die so genannte *Sippungsfolge* rundet die Versorgung des *Schlaraffen* mit Informationen über das aktuelle Geschehen ab.

Darüber hinaus ist *Schlaraffia* auch im Internet vertreten. Dem Interessierten öffnet sich unter der Adresse www.schlaraffia.org die Hauptseite des Verbandes Allschlaraffia. In Limburg gibt es seit nunmehr fast 54 Jahren den Verein «*Schlaraffia Lympurgia*».

Jehovas Zeugen im Kreis Limburg-Weilburg

Von Werner Rudtke

Besuchen Sie 2006 einen unserer
fünf großen Sonderkongresse in Deutschland!
21. bis 23. Juli 2006
in den Sportstadien in Dortmund, Frankfurt, Hamburg, Leipzig und München

Solche Großveranstaltungen haben bei der christlichen Religionsgemeinschaft der Zeugen Jehovas eine lange Tradition. Seit 1946 finden sie jährlich in den Sommermonaten statt. Vor 60 Jahren wurden im zerbombten Deutschland auf 11 zeitgleich geführten Kongressen bereits 15 000 Besucher gezählt, und das trotz katastrophaler Verkehrs- und Unterbringungsmöglichkeiten. 1969 fand der größte jemals in Deutschland durchgeführte Kongress der Zeugen Jehovas statt. In Nürnberg trafen sich 150 000 Gläubige auf der Zeppelinwiese. Delegierte aus 100 Ländern waren anwesend.

Diesen Sommer erwarten die Zeugen weit mehr als 200 000 Besucher. Von Freitag bis Sonntag werden sich Gebet, Gesang, Vorträge und Interviews abwechseln. In jedem der fünf Stadien wird das Programm gleichzeitig (!) in mehreren Sprachen zu hören sein. Jede Sprachgruppe hat ihre eigene Bühne und Beschallung im selben Stadion. Der Eintritt ist frei.

Machen Sie mit Ihrer Familie einen Ausflug in eine der fünf Städte und besuchen Sie dort den Kongress. Es wird für Sie ein unvergleichliches Erlebnis.

1946

1969

1998

Sie sind herzlich eingeladen ...

zum Besuch der Verwaltungs-, Druckerei- und Wohngebäude der Wachtturm Bibel- und Traktat-Gesellschaft der Zeugen Jehovas, e. V., Am Steinfels, 65618 Selters/Taunus (Ausstellungen im Empfangsgebäude)

Besichtigungszeiten: Montag bis Freitag, 8 bis 11 Uhr, 13 bis 16 Uhr, auch an Feiertagen Führungen in Deutsch und mehreren Fremdsprachen sowie für Gehörlose; auch Kurz- und Einzelführungen möglich

«DIE TENNE»

EINSTMALS DAS BELIEBTESTE AUSFLUGSLOKAL CAMBERGS

VON HELMUT PLESCHER

Dort wo die Landesstraße 3031 von Bad Camberg kommend auf die Bundesstraße 275 stößt, die Idstein über Waldems/Esch mit Usingen verbindet, lag einstmals auf der Meereshöhe von 450 Metern das Hotel-Restaurant *Tenne*. Heute verkündet nur noch ein trostloser, freier Platz von diesem einstmals stolzen Gebäude. Um seine Geschichte nicht ganz in der Versenkung verschwinden zu lassen, soll versucht werden, sie hier noch einmal nachzuerzählen. Obwohl die Tenne nie in der Bad Camberger Gemarkung lag, sie gehörte flurmäßig zur ehemaligen Gemeinde Reichenbach, heute Ortsteil von Waldems, war sie doch mit Camberg und im Besonderen mit dem 1927 einset-

zenden Kurbetrieb eng verbunden. Die knapp zehn Kilometer wurden von eifrigen Wanderern mühelos zurückgelegt, wartete doch dort eine erfrischende Rast, nach der man gestärkt den Rückweg ins Tal antreten konnte. Etwas betuchtere Gäste oder solche, die es mit den Lehren Sebastian Kneipps nicht ganz so genau nahmen, ließen sich von Camberg aus mit der Kutsche transportieren oder nahmen, wenn es möglich war, sogar eines der noch sehr seltenen Automobile.

Woher der Name *Tenne* kommt, ist nicht ganz geklärt. Der Heimatforscher Dr. Josef Hörle leitet ihn von *Zu den Tannen* ab, den dichten Nadelwäldern ringsherum. In Akten um die Jahrhundertwende liest man

Aus: Bad Camberg in alten Ansichten, Band 2.
Mit freundlicher Genehmigung des Stadtarchivs Bad Camberg.

oft von *der Tenn,* was in die gleiche Richtung führen könnte. Ein Zusammenhang mit dem Begriff Tenne als Scheune muss wohl ausgeschlossen werden, denn eine nennenswerte landwirtschaftliche Nutzung des Geländes war wegen seiner Höhenlage, etwa 450 Meter ü. M., und seines umfangreichen Waldbestandes nicht gegeben. Die Fuhrleute, die auf den alten Straßen mit ihren vollbeladenen Wagen vorbeikamen, nutzten allerdings die Tenne gerne als Rast, denn von hier an ging es in beiden Richtungen wieder talwärts. Nach Gerhard Buck (Idstein/Walsdorf) könnte der Name auch auf die keltische Besiedlung zurückgehen, und in der Tat gibt es im gesamten Bereich zahlreiche Hinweise auf die Kelten. Das 1878 entstandene kleine Gasthaus *Zur Tenne* erhielt um 1900 Konkurrenz durch einen stattlichen Fachwerkbau, ein Hotel mit Restaurant, das Carl Bachon als Sommerfrische errichten ließ. Er hatte wohl den Weitblick, dass an diesem Platz Geld zu verdienen sei. Über dem Eingang prangte die Inschrift: «*Bist du müde, hier ist Friede*». Die Fuhrleute, die nach wie vor Rast hielten, und die Männer und Burschen, die gern auf ein Bier vorbeikamen, durften jedoch nicht in das feine, neue Haus. Sie mussten mit der alten *Tenne* vorlieb nehmen, die später zum Wohnhaus umfunktioniert wurde.

Den ersten großen Ansturm erlebte die *Tenne* wohl 1907, als das internationale Kaiserpreis-Rennen für Automobile dort vorbeikam. In der Schulchronik von Steinfischbach hießt es dazu: «*Ungeheuere Menschenmengen waren an diesem Tage auf der Tenne zusammengeströmt.*» Um die Motorisierung voranzutreiben, gab Technikfreak Kaiser Wilhelm II. den Anstoß, eine eigene *Automobil-Verkehrs- und Uebungs-Strecke* zu bauen. Der Erste Weltkrieg und die darauf folgende Wirtschaftskrise ließen die Verwirklichung zuerst stoppen, bis dann 1921 in Berlin die Eröffnung der später berühmt gewordenen *Avus* erfolgte.

Weitere Besitzer des Hauses, das gern als Sommerfrische besucht wurde und dabei geschäftliche Höhen und Tiefen erlebte, waren Carl Gemmer-Bachon und Theodor Pauli.

Nach Pauli übernahm der aus dem sauerländischen Schmallenberg gekommene Paul Schäfer den Betrieb, der ihn zu neuem Glanz führte. Unter seinem Sohn kam es dann leider zur Zwangsversteigerung. Mangels weiterer Anbieter übernahm die Volksbank Camberg als Hauptgläubiger vorübergehend das leerstehende Gebäude, das sie dann an Wolfgang Thust verkaufte, der die Absicht hegte, den Hotelbetrieb wieder aufleben zu lassen. Doch die Denkmalschutzbehörde forderte hohe Auflagen, auch die hygienischen Zustände mussten dringend den Erfordernissen einer modernen Gastronomie angepasst werden, so dass dieser Plan vom Besitzer wieder verworfen wurde. In der Nacht vom 2. zum 3. Juli 1996 wurde das Haus durch einen Brand schwer beschädigt. Nach Ermittlungen des LKA handelte es sich um Brandstiftung, und der Sachschaden wurde auf 250.000 Mark festgesetzt. Einige Jahre später wurde die Ruine wegen Einsturzgefahr ganz dem Erdboden gleichgemacht. Heute erinnert nur noch ein etwas trostloser Platz an den einstigen Glanz des Hotels und Ausflugslokals *Tenne.*

Quellen:
Bad Camberg in alten Ansichten, Band 1(1985) und Band 2 (1997)
Gerhard Buck: Steinfischbach im Laufe seiner Geschichte (2000)
Camberger Anzeiger vom 13.6.1996

«DAS THRONERSTÜCK»

VON ERICH MÜLLER

In vielen Schriften des Stadtarchivs Bad Camberg trifft man auf die Bezeichnung *Thronerstück* als *unteres Thronerstück* und *oberes Thronerstück* rechts des Dombacher Weges. Der Rentmeister Dr. Ernst Maria Lieber hat in seiner Beschreibung der Eigentumsverhältnisse der einzelnen Herrschaften und Adelsfamilien vom 16. August 1869 das *Thronerstück* ausführlich beschrieben.[1] Hiernach fiel das *untere Thronerstück* in den Hain (50 Meter rund um die Stadtmauer), und das *obere Thronerstück* daran anschließend deckt in etwa den alten Kurpark ab, der vom Rathaus entlang des Schlossgrabens bis zur Mauer beim ehemaligen Gärtnerhaus verlief (siehe Lageplan unten). Dieses *Thronerstück* wurde in den alten Unterlagen auch als Garten aufgeführt. Bei Begradigung des Dombacher Weges waren 51 Ruthen (= ca. 1.200 Quadratmeter)

dieses *Thronerstückes* an die Stadt verkauft worden. Das gesamte *Thronerstück* ist mit 6 Morgen, 12 Ruthen, 51 Schuh (= 15.312 Quadratmeter) im Stockbuch angegeben.

WOHER KOMMT ABER DER NAME «THRONERSTÜCK»?

Die Nachforschungen führen zum ehemaligen Kloster Thron bei Wehrheim im Taunus. Höchst wahrscheinlich war die letzte Äbtissin dieses Klosters eine Tochter des Henne von Hattstein, der in Camberg den Hattsteiner Hof neu aufbaute, so Ulrich Simon in seinem Buch «*Das Zisterzienserinnenkloster Thron bei Wehrheim im Taunus*» (1986)[2], der zwar die Hattsteiner ausführlich beschreibt, aber den in Camberg ansässigen und wohl bedeutendsten Stamm nicht erwähnt.

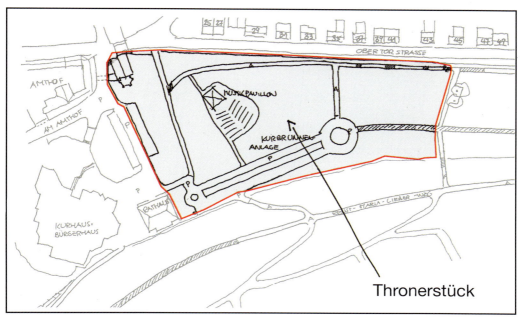

In dieser Lageskizze des Bad Camberger Kurparkes ist das Thronerstück gut zu erkennen.

Foto: Hubert Lübke

Viel ist die Rede von unehelichen Kindern der Hattsteiner, so dass sich die Ansicht aufdrängt, dass dieses *Thronerstück* wegen seiner geringen Größe als Mitgift für eine uneheliche Tochter der Hattsteiner diente und deshalb in keiner amtlichen Quelle erwähnt wurde. Möglich ist aber auch, dass es doch die Mitgift von Hennes Tochter Margarete von Hattstein war, die als letzte Äbtissin den Verfall des Klosters miterlebte. Thron war ein Nonnenkloster des Zisterzienserordens unter der Aufsicht des Abtes zu Arnsburg und ging im Zuge der Reformation unter. Johannes Mechtel (u. a. auch seit 1587 Pfarrer in Elz, Kanoniker am St. Georgenstift in Limburg seit 1593, 1604 - 1617 Dechant), Pfarrer in Camberg 1598/99, berichtet in der Chronik von Camberg über die Auflassung des Klosters: «*Gerlach, der Verwalter, brachte den Pater durch Versprechen und Geld zum Luthertum, und aus dem Kloster hier kam der Praedicant wieder ins Kloster. Der Churfürst untersagte ihm die Kanzel, dennoch fährt er fort. Bei diesem verworrenen Handel wird der Verwalter, den man für redlich hielt, nach Koblenz berufen, um, wie die Sachen zu verbessern wären, Rath zu schlagen. Gerlach aber stellte dem Churfürsten für, es wären alle Mittel und Rettung unmöglich. Jakob, der Churfürst (= Jakob III. von Trier, von Eltz 1567 - 1581), mußte also in die Aufhebung zuwider seinem Willen einwilligen.*» Gerlach Urand (bei Simon als Brand bezeichnet) war der letzte Verwalter des Klosters.

«*In den Jahren 1598 und 1599, in welchen Jahren ich – nämlich Mechtelius – zu Kamberg Pastor war und diesen Vorgang selbst aus dem Munde des Verwalters selbst gehöret, wurde die Sache dem Verwalter (von) Beiderseitigen Herrschaften aufgetragen. ... Die Nonnen aber hatten nicht so lange gewartet, sondern schon vor ihrer Ankunft den Weißel an den Nagel gehängt. Die Güther blieben noch unzerteilet, ausgenommen den Hof zu Frankfurt bekam*

Nassau, Churtriert das Throner Gut zu Niederbrechen, Gerlach Urand hat die Throner Hecke bei Dumbach (= Dombach), und um Wirges die Äcker und Wiesen, entweder als Eigenthum oder zu Lehen - das weiß ich nicht, bekommen. Nassau bekam alles weltliche, Churtrier alles geistliche Hausgerät.»[3] Simon meint, dass der Geldzins später von Camberg und nicht mehr von Würges gezahlt wurde[4], da Gerlach Urand Rentmeister und Gerichts- und Amtsschreiber von Camberg war.

Die Klostergüter, die in den Besitz des Erzbischofs von Trier kamen, verblieben dort bis 1803 und gingen dann in den Besitz des Herrn von Schütz über. Dieses *Thronerstück* wurde 1918 mit dem heutigen Rathaus von der Stadt gekauft und war dann nach 1927 der älteste Teil des Kurparks.

[1] Bad Camberg Stadtarchiv 360.20.13 K 191. IV 3.
[2] Simon, Ulrich, Das Zisterzienserinnenkloster Thron bei Wehrheim im Taunus. 1986, S. 245f.
[3] HStAW Abt. 3004 Nr. 109, Bl. 14.
[4] Simon, Ulrich, Das Zisterzienserinnenkloster, S. 237.

HEUBALLEN AUF DEN FELDERN
VOR DEM MENSFELDENER KOPF

Foto: Ulrich Knapp

WANDERNDE SCHAFHERDEN SIND HEUTE HÖCHST SELTEN

VON KLAUS DÖNGES

Seitdem unsere heimische Region in die Geschichte eingetreten ist, wurde eine intensive Bodennutzung betrieben. Damals gab es überall noch ausreichend Weideflächen, die meist dem Viehaustrieb zugeführt wurden. Das alles aber hätte ohne den Hirten nicht funktioniert. Ältere Menschen aus Neesbach können sich noch gut daran erinnern: Schafhirte August Schäfer zog bereits morgens mit seinen Hunden durch das Dorf, um die Schafe zu sammeln und mit ihnen auf die Weide zu ziehen. Fahrzeugverkehr hatte er bei seinem Zug durch das Dorf kaum zu befürchten, denn es gab damals nur wenige Autos im Dorf. Der Weg seiner Herde führte auf abgeerntete Felder, abgelegene Gräben und Graswege, auf denen seine Tiere ausreichend Grünfutter fanden. Stundenlang zog August Schäfer mit seiner Herde durch die Gemarkung. Ein weiter Mantel, der typische Schäferhut und der Hirtenstab waren einprägsame Embleme seiner Zunft. Dass keines der Tiere vom Weg abkam, dafür sorgten die Hunde, die entsprechend ausgebildet waren.

Stets ist der Hirte in der Dorfgemeinschaft ein wichtiger Mann gewesen, von dessen Eignung und Tüchtigkeit vieles abhing. Mitunter musste August Schäfer auf der Weide als *Viehdoktor* tätig werden und so manchem Lämmchen den Weg auf die Erde ebnen helfen. Bei Wind und Wetter –

Ein Bild, das Erinnerungen weckt: Grasende Weidelämmer am Ortsrand von Neesbach.

sein vom Wetter gegerbtes Gesicht machte das deutlich – durchzog er mit seiner Herde die Gemarkung. Seine Herde, gelegentlich auch von seinem Sohn Willi betreut, war für die Landwirte ein willkommener Düngerlieferant. Abends wurden die Tiere wieder in ihre Stallungen gebracht. Doch gelegentlich übernachteten die Schafe in einem Pferch, während der Hirte in seinem Schäferwagen – von den treuen Hunden bewacht – nächtigte.

Gegen Ende des vorigen Jahrhunderts setzte der Niedergang des Hirtenwesens ein. Eine intensivere Wirtschaftsweise entwickelte sich im Ackerbau. Jedes Stück anbaufähigen Bodens wurde genutzt, was notgedrungen zur Stallhaltung der Tiere zwang. So verschwand eine Herde nach der anderen aus dem Bild des dörflichen Lebens.

Das Weideland wurde zu ertragreichen Wiesen oder zum Futteranbau gebraucht. Auch die Brache gab es nicht mehr. Durch die Stoppeln, in denen die Schafe nach Ähren suchten, ging eilends der Pflug. Als August Schäfer den Hirtenstab aus der Hand legte, waren es Schäfer aus den umliegenden Gemeinden, die mit ihren Tieren durch die Neesbacher Gemarkung zogen. Auch Willi Heimann aus Oberneisen – übrigens ein naher Verwandter der Familie Schäfer – war mit seinen Tieren oft in Neesbach anzutreffen. Doch immer weniger Weideflächen waren vorhanden, und die Landwirte waren auf die früher so geschätzte Pferchdüngung nicht mehr angewiesen, zumal die künstliche Düngung einen hohen Stand erreicht hatte. Früher soll es in Neesbach auch Gänse- und Schweinehirten gegeben haben, die aber längst der Vergangenheit angehören. Dass man in der Neesbacher Gemarkung dennoch immer wieder Weidelämmer antrifft, ist Jürgen Dexheimer zu verdanken, der seine Lämmer in extensiver

Ein guter Hirte kümmert sich väterlich um seine Schafe. Willi Heimann mit einem jungen Lamm auf dem Arm.

Weidehaltung aufzieht und auf Zufütterung von Kraftfutter verzichtet. Lediglich Vitamine und Mineralstoffe werden zugefüttert. Jürgen Dexheimer räumt in Gesprächen mit einem Vorurteil auf. Er weiß: Frisches Lammfleisch schmeckt nicht nach Hammel oder altem Schaf. Seine Lämmer werden nicht älter als sechs Monate. Dadurch sei ausgeschlossen, dass Lammfleisch nach Hammel schmecke.

Heute – und auch das sei der Vollständigkeit halber angemerkt – gibt es in Neesbach mehr denn je zuvor wieder viele Pferde, die auf den Grünflächen als *Rasenmäher* eine wichtige Funktion haben.

«BLOOE KREUZKÖPP» FEIERTEN ÖKUMENISCHEN GOTTESDIENST

VON ARNOLD STRIEDER

Ein wenig versteckt steht unter einer mächtigen Linde (im Volksmund *de dick Baam*) ein altes Eisenkreuz. Es ziert die Stelle, an der vor vielen hundert Jahren das erste christliche Kirchlein in der Region erbaut wurde. Die Heilig-Kreuz-Kirche stand genau auf der Grenze zwischen den Gemeinden Mengerskirchen und Arborn in der Nähe des Galgenkopfes und der weithin sichtbaren Felsengruppe, der *Klipp*.

Das Gebiet rund um den Knoten war von 500 vor bis etwa 300 nach Christus keltisches Siedlungsgebiet, deren Wallanlagen heute noch im Hansenberg zu finden sind. Es ist zu vermuten, dass sich beim *dicke Baam* eine keltische Versammlungs- und Kultstätte befand, worauf heute noch der Distriktname Heidenkopf hinweist. Die Kelten verehrten ihre Gottheiten gerne

Ein altes Eisenkreuz weist auf den Standort der ehemaligen Heilig-Kreuz-Kirche hin.

in Wäldern und an großen Steinen. Der Volksstamm wurde schließlich von den Germanen, den Chatten und dann von den Franken verdrängt. Da die Franken mit Vorliebe in geschützten Talmulden siedelten, dürften in dieser Zeit die Dörfer Mengerskirchen und Arborn entstanden sein. Der erste und älteste Ort christlicher Verkündigung im Kahlenberger Zehnt wird wohl die alte fränkische Thingstätte, die

Heilig-Kreuz-Kirche, gewesen sein. Vorteilhaft für den Bau einer Kirche an dieser Stelle war auch, dass sich in der Nähe zwei Durchgangsstraßen kreuzten. Die Christen stellten zudem gerne Kreuze an Straßenkreuzungen auf, vielleicht wurde die Kirche daher auch Heilig-Kreuz-Kirche genannt.

So war es auch nicht verwunderlich, dass hier ein Markt eingerichtet wurde. Der Beilsteiner Graf Heinrich IV. erhielt am 4. Januar 1481 von Kaiser Friedrich III. das Privileg, in der Umgebung einen Jahrmarkt abzuhalten. Der dreitätige Markt wurde einer der bedeutendsten in der gesamten Region, sogar Händler aus dem Kölner Raum kamen nach Mengerskirchen, um hier ihr Schlachtvieh zu kaufen. In seiner Blütezeit sollen bis zu 5.000 Stück Großvieh zum Kauf angeboten worden sein. Erst im Dreißigjährigen Krieg wurde der Markt von der Heilig-Kreuz-Kirche nach Mengerskirchen verlegt.

In den Kriegswirren und während der Reformation verfiel die Kirche auf der Höhe zwischen Mengerskirchen und Arborn. Als 1630 der Hadamarer Fürst wieder katholisch wurde, mussten auch die Bewohner seines Herrschaftsbereiches den Glauben wechseln. Somit kam zur politischen auch noch die religiöse Grenze hinzu, wodurch anstelle von Gemeinsamkeiten mehr und mehr Spannungen zwischen den Bewohnern der Nachbardörfer auftraten, die bis ins letzte Jahrhundert reichten. So wird berichtet, dass sich vor allem die Jugendlichen beider Orte meist an Sonntagen regelrechte Schlägereien lieferten, wobei auch häufig Steine flogen. Die *Feinde* wurden je nach der Übermacht der Streitenden oft bis an die Dorfgrenzen getrieben. Wie in mittelalterlichen Kriegen standen sich die *Schlachtreihen* gegenüber. Drohend wurden die Knüppel geschwungen. Wenn einzelne besonders Kühne vorstürmten und Steine warfen, wurden sie von der Gegenseite durch einen Steinhagel wieder zurückgetrieben. Die Steine flogen oft so zahlreich, dass man sich über den glimpflichen Ausgang wundern musste. Im *Nahkampf* wurde oft auch von den genagelten Schuhen Gebrauch gemacht. So kämpften viele Jahre hinweg am Knoten die evangelischen *Blooköpp* gegen die katholischen *Kreuzköpp*.

Die historische Stätte an der ehemaligen Heilig-Kreuz-Kirche wurde von den Mitgliedern des Arborner Heimatvereins und der Mengerskirchener Turmmuseums- und Wandervereine neu gestaltet, das Kreuz restauriert und der Grundriss der Heilig-Kreuz-Kirche mit dicken Steinen markiert. Ein ökumenischer Gottesdienst, der von Prof. Dr. Ernst Leuninger und Pfarrer Thomas Gessner zelebriert wurde, führte nach vielen Jahren der Trennung viele *blooe Kreuzköpp* zum gemeinsamen Feiern zusammen.

Prof. Dr. Ernst Leuninger (links) und Pfarrer Thomas Gessner (rechts) zelebrierten den ersten ökumenischen Gottesdienst an der Heilig-Kreuz-Kirche. Fürbitten sprachen die Diakone Paul Schermuly, kath. (2.v.l.) und Jürgen Voss, ev.

GESCHICHTSBEWUSSTE KINDER UND POLITISCH AKTIVE JUGEND IN WEILMÜNSTER

Der Jugendbeirat Laubuscheschbach.

Foto:
Linda Bausch

MIT DEM SKIZZENBUCH UNTERWEGS

Unter dem Motto «*Geschichte fängt vor der eigenen Haustüre an*», initiiert als Ferienspiele von Uschi Finger, zog eine Gruppe von Kindern mit Skizzenbuch, Bleistift und Rudi Czech durch Weilmünster, um Gebäude zu malen und so sehr schnell die Strukturen des Fachwerks zu entdecken. Sie fragten nach der Bedeutung eines Gebäudes und ihren Vorbesitzern. Die vielen *Warums* stehen für ein Interesse an Geschichte. Warum eine Straße oder ein Platz genau diesen Namen habe, gehört auch zur geschichtlichen Neugier, die bei Kindern geweckt werden kann. Und wenn man dann noch in tiefe Keller steigen kann oder von Personen oder Firmen hört, von denen man bisher nichts wusste, dann bleibt auch etwas

hängen. Die Kinder wissen nun, wo früher die Brauerei, die Schneckenzucht, das örtliche Gefängnis und der ewig kühle Eiskeller war. Auch der einst blühende Bergbau im Weiltal wird durch Angebote des Geschichts- und Heimatvereins Rohnstadt lebendig gehalten, und die beiden Geistlichen Michael Cleven und Ulrich Finger bieten spannende Einblicke in die *Geschichte der Menschlichkeit* an.

DIE EHEMALIGE «ANSTALT»

Für Weilmünster heißt das, auch das Thema Psychiatrisches Krankenhaus während der nationalsozialistischen Zeit nicht ausblenden. 30 Schülerinnen und Schüler der achten Hauptschulklasse der Gesamtschule Weilmünster verbrachten einen Tag im Klinikum Weilmünster, um die jüngere

Vergangenheit der ehemaligen und damals so genannten *Anstalt* aufzuarbeiten. Auch sie waren bewegt von dem Gehörten und fragten: «*Warum hat damals niemand aus der Bevölkerung die Ärzte oder Krankenschwestern gefragt, was mit den Kranken geschieht? Warum hat sich niemand den Bussen in den Weg gestellt, um die Fahrten zu verhindern? Hat denn wirklich niemand Partei für die Wehrlosen ergriffen?*» Auch in Weilmünster, so erklärte ihnen Lutz Müller, ein Mitarbeiter des Klinikums und aktives Mitglied einer Gruppe, die sich um die geschichtliche Aufarbeitung bemüht, musste bekannt gewesen sein, was mit den Menschen passierte. Die meisten Ärzte, Krankenschwestern und Pfleger, die hier arbeiteten, wohnten mit ihren Familien in Weilmünster oder den Nachbarorten, viele von ihnen haben die Transporte nach Hadamar begleitet. Aber darüber sprechen wollte lange Zeit niemand. Ein Mantel des Schweigens legte sich jahrzehntelang über den dunkelsten Abschnitt der Weilmünsterer Ortsgeschichte, bis 1991 eine Gedenkstätte errichtet wurde. In Gedanken versunken, gingen anschließend die Jugendlichen die Gräberreihen entlang. Sie hatten Eimer, Lappen und Schwämme dabei. Im Wissen, dass sie

nichts mehr für die unschuldig Ermordeten tun können, erwiesen sie ihnen eine letzte Ehre und reinigten die Informationstafeln, aber auch die Schilder auf den Grabsteinen, damit die Namen der Opfer wieder lesbar werden. Sie reinigten außerdem die Wege zwischen den Grabreihen von Unkraut und Grasbewuchs, um den hier Bestatteten ihren Respekt und ihr Mitgefühl zu zeigen.

JUGENDBEIRAT

Zivilcourage fördern, Jugendliche sensibel machen und sie für Politik interessieren, das hat sich der Jugendbeirat von Laubuseschbach zum Ziel gemacht, der durch eine Initiative des Vereins Jugendzentrum *Alter Bahnhof* e.V. im April 2004 gegründet wurde. Inzwischen haben ca. 15 Jugendliche die unterschiedlichsten Veranstaltungen organisiert (Fotoausstellung, Open-Air-Kinoveranstaltungen). Ihr Ziel ist, mehr Mitbestimmung für Jugendliche auf kommunaler Ebene zu erreichen und der Bau eines Rad- und Wanderweges zwischen Laubuscheschbach und Wolfenhausen. Sie wurden vom Jugendbildungswerk *Come in Contract – Vertragt euch* ausgewählt am Festival *Berlin 05 – für junge Politik* teilzunehmen, wo sie mit dem Rapsong «*Packens wir's an*» für Aufsehen sorgten.

Zusammenfassung der Berichte von :

Finger, Uschi, Beauftragte für die Ferienspiele im Marktflecken Weilmünster, Geschichtsarbeit mit Kindern – Beispiel: Ferienspiele Weilmünster

Knaust, Matthias, Die Gesamtschule Weilmünster geht neue Wege im Unterricht: Schülerinnen und Schüler erforschen die Zeit des Nationalsozialismus in ihrer Heimat

Bausch, Jonas (13); Schlöffel, Daniel (12) und die Betreuerin des Jugendbeirats Laubuseschbach Bausch, Linda: Der Jugendbeirat Laubuseschbach nimmt an bundesweitem Projekt «Come in Contract» teil

25 JAHRE PARTNERSCHAFT:

DIE FREUNDSCHAFT ZU BERLIN-KREUZBERG BEGANN BEREITS KURZ NACH DEM MAUERBAU

VON BERND KEXEL

Es war in den Maitagen des Jahres 1962, wenige Monate nach dem Mauerbau, als Vertreter des früheren Oberlahnkreises an die Spree fuhren, um ihre Solidarität mit den Menschen in der zweigeteilten Stadt zu bekunden. Inmitten von Kreuzberg wurden sie auf ein Kinderheim aufmerksam, das auf Initiative der damaligen Kreistagsabgeordneten und Sozialpolitikerin Grete Bungarten aus Runkel große Unterstützung aus der Oberlahnregion erhielt. Sie wird als *Mutter der Partnerschaft* in die Geschichte eingehen. Fortan trug das Kinderheim den Namen *Weilburger Land*. Die Menschen aus dem Oberlahnkreis entwickelten nach dem Mauerbau sehr schnell Sympathien für die in Not geratene Berliner Bevölkerung. Die Anteilnahme deren Schicksal, besonders der Kinder im Heim, für die auch in den 80er Jahren kaum Pflegeeltern gefunden werden konnten, war groß und ließ Taten folgen. Unzählige Berliner Kinder, nicht nur aus den Heimen, kamen zu Erholungsaufenthalten in den Landkreis. Zahlreiche Vereine, Schulen und die Polizei fanden Freundschaften in Berlin-Kreuzberg. Auch nach dem Zusammenschluss der Kreise Oberlahn und Limburg zum Landkreis Limburg-Weilburg konnten die Beziehungen ausgebaut werden. Dafür setzten sich der damalige Landrat Georg Wuermeling und der langjährige Kreuzberger Stadtrat und Bürgermeister Günter Funk ein. Zwischen 1975 und 1986 fuhren 25 Vereine mit mehr als 1.000 Mitgliedern nach Berlin zu den *Kreuzberger Festlichen Tagen*. Hunderte von Kreuzberger Kindern erholten sich unterdessen im Landkreis, die meisten von ihnen im Odersbacher Jugendheim.

Ende der 70er Jahre wurde dann der Wunsch nach einer festen Partnerschaft laut. Obwohl es im Kreistag unterschiedliche Meinungen zu einer offiziellen Partnerschaft mit Berlin-Kreuzberg gab, wurde der Antrag im März 1980 mit großer Mehrheit angenommen. Damit war, wie die damalige Nassauische Landeszeitung titelte, «*nach zwei Jahrzehnten die Zeit der freien Liebe*» vorbei und «*eine Partnerschaft, die von Herzen kommt*» geschaffen worden.

Im Juni 1980 wurde dann in Limburg das Bündnis, das nach Meinung der Kreuzberger Delegation «*nicht aus der Retorte kam*», besiegelt.

Damals wird in den Zeitungen fast beschwörend die Freiheit Berlins gefordert und die Bitte geäußert, nicht von der Freundschaft zu den Menschen in der geteilten Stadt abzulassen. Liest man dies heute mit dem Blick auf die prächtige neue Bundeshauptstadt, mutet diese Schilderung fast befremdlich an.

Die gegenseitigen Besuche in diesen Jahren waren von großer Herzlichkeit gekennzeichnet. Besonders zu den *Festlichen Tagen* brachten die Besucher von der Lahn Tanz und Musik mit an die Spree. Gleichzeitig warben die Limburg-Weilburger Touristiker in Berlin für *Ferien auf dem Lande* in Westerwald und Taunus, getreu dem Motto: «*Unser Herz schlägt für Berlin – Westerwald, du bist so schön!*». So ließen sich die Berliner gerne von den Musikern aus dem Landkreis Limburg-Weilburg den Marsch blasen.

1987, im 25. Jahr der freundschaftlichen Beziehungen zu Berlin-Kreuzberg, stirbt die *Mutter der Partnerschaft* Grete

Der «Wettergott» freute sich als der «Weingott» feierte: Prima Stimmung bei der Eröffnung des Weinbrunnens bei den «Kreuzberger Festlichen Tagen» mit dem Quartettverein Villmar unter Jürgen Faßbender.

Fotos: Bernd Kexel

Bungarten im Alter von 91 Jahren. Für ihr Engagement war sie vielfach ausgezeichnet und gewürdigt worden. Der Fall der Mauer 1989 beeinträchtigt die Partnerschaft nicht, obwohl die Kreuzberger ihre neue Freiheit sehr genießen. Die freundschaftlichen Bande bleiben bestehen, auch als der Bezirk Friedrichshain mit Kreuzberg verschmolzen wird. Die gegenseitigen Besuche gehen weiter.

«Die Wende war nicht das Ende!», meinte Landrat Dr. Manfred Fluck im Oktober 2000 bei einer kleinen Feier zum 20-jährigen Bestehen der Partnerschaft. Das klare Bekenntnis zur Fortsetzung der partnerschaftlichen Beziehungen auf beiden Seiten gab Anlass zur Freude.

Das 25-jährige Bestehen der Partnerschaft in diesem Jahr wurde dann in größerem Rahmen gefeiert. Im Mai 2005 war eine Delegation aus Berlin-Kreuzberg an die Lahn gekommen, unter ihnen der Bezirksverordnetenvorsteher Riza Baran, sein Vorgänger Hajo Krause und der Vorsitzende des Kreuzberger Partnerschaftsvereins Norbert Michalski. Auf der Lahn wurde dann auch gefeiert, und zwar auf dem Fahrgastschiff *Wappen von Limburg*.

Landrat Dr. Manfred Fluck hob während der schwimmenden Feierstunde die vielfältigen persönlichen Bindungen, Kontakte und Begegnungen zwischen Personen, aber auch Vereinen aus dem sportlichen und kulturellen Bereich hervor. Besonders erwähnte er auch die Freundschaft zwischen den Polizeidirektionen.

Seit 2003 gibt es auch auf der Kreisebene einen Partnerschaftsverein, der auf Initiative des jetzigen Vorsitzenden Lothar Keck aus Elz zustande gekommen ist. Seine engsten Mitstreiter sind Helmut Jost und Hans Martin. Die Zusammenarbeit unter den beiden Vereinen kann besser nicht sein, lobte der Landrat das Ansinnen, die Menschen beider Regionen stärker zusammenzuführen. Als künftige Projekte sind beispielsweise Schulpartnerschaften geplant.

Im Rahmen des Jubiläums wurde Kunst aus Kreuzberg in der Limburger Kreissparkasse ausgestellt. Die Kunstwerke, die von den Künstlern Günter Kokott und Wolfgang Jörg gefertigt worden sind, trugen die Titel: *Kreuzberger U-Bahnskizzen und Berliner Handdruckerpresse*.

Fortgesetzt wurden die Feierlichkeiten dann bei den *Kreuzberger Festlichen Tagen* im August 2005. Teilgenommen daran hatten neben Landrat Dr. Manfred Fluck der Erste Kreisbeigeordneten Manfred Michel, einige Kreisbeigeordnete und Kreistagsmitglieder, Vertreter des Partnerschaftsvereins, Fußballer der B-Jugend aus Waldbrunn und der Quartettverein Villmar unter seinem Dirigenten Jürgen Faßbender. Der musikalische und festliche Rahmen in Berlin-Kreuzberg gestaltete sich überaus vielfältig. Ob bei der Eröffnung der *Festlichen Tage,* am Weinbrunnen oder bei der Gestaltung des Gottesdienstes: Die Villmarer Sänger begeisterten in allen dargebotenen Sparten durch ihr hervorragendes musikalisches Können. An dem Fest nahmen auch die weiteren Partner des Bezirks Friedrichhain-Kreuzberg, der seit 2001 zusammengeschlossen ist, teil. So waren auch Delegationen aus dem Landkreis Bergstraße, aus Wiesbaden, Ingel-

heim, Porta Westfalica und Istanbul angereist.
Es wurde aber nicht nur gefeiert. In Arbeitskreisen knüpften alle Partner neue Kontakte und erörterten weitere Projekte. Die Bezirksbürgermeisterin Cornelia Reinauer sprach von einem Ausbau der partnerschaftlichen Beziehungen im Bereich von Schulen und Vereinen. Hier gibt es schon Anknüpfungspunkte zur Grund- und Hauptschule Brechen und zur Fürst-Johann-Ludwig-Schule in Hadamar.
Für ihre Verdienste um die Partnerschaft wurden Lothar Keck (Elz), Helmut Jost (Waldbrunn) und Norbert Michalski (Friedrichhain-Kreuzberg) mit Urkunden ausgezeichnet.
Die gewachsene Partnerschaft ist nach 25 Jahren kein bisschen müde, sondern lebendig und auf dem Weg zu neuen Zielen, darüber waren sich in Berlin alle einig.

Zur Eröffnung der «Festlichen Tage» waren Vertreter aller Kreuzberger Partnerschaften gekommen. Landrat Dr. Manfred Fluck bekräftigte auch im 25. Jahr die Freundschaft zwischen den Menschen an Lahn und Spree.

VERDIENSTORDEN DER BUNDESREPUBLIK

MIT DEM VERDIENSTORDEN DER BUNDESREPUBLIK DEUTSCHLAND
WURDEN IM JAHRE 2004 UND 2005 AUSGEZEICHNET:

Maria Eichhorn aus Bad Camberg-Würges
am 22. September 2004 mit der Verdienstmedaille des Verdienstordens

Bernhard Immel aus Hadamar
am 22. September 2004 mit dem Verdienstkreuz am Bande

Irmgard Busch aus Limburg
24. September 2004 mit dem Verdienstkreuz am Bande

Gisbert Scheu aus Villmar
am 5. November 2004 mit dem Verdienstkreuz am Bande

Dieter Schmich aus Limburg
am 5. November 2004 mit dem Verdienstkreuz am Bande

Maria Leinz aus Hadamar-Steinbach
am 8. November 2004 mit dem Verdienstkreuz am Bande

Hermann Beichert aus Villmar
am 18. Februar 2005 mit der Verdienstmedaille des Verdienstordens

Heini Braun aus Runkel
am 18. Februar 2005 mit der Verdienstmedaille des Verdienstordens

Fritz Gebhardt aus Runkel
am 18. Februar 2005 mit der Verdienstmedaille des Verdienstordens

Otto Walter aus Mengerskirchen-Waldernbach
am 11. März 2005 mit der Verdienstmedaille des Verdienstordens

Walter Frank aus Weilburg-Bermbach
am 8. Juli 2005 mit dem Verdienstkreuz am Bande

Georg Fluck aus Limburg-Linter
am 22. Juli 2005 mit dem Verdienstkreuz am Bande

EHRENBRIEFE DES LANDES HESSEN

MIT DEM EHRENBRIEF DES LANDES HESSEN
WURDEN IM JAHRE 2004 UND 2005 AUSGEZEICHNET:

Marianne Vorndran aus Limburg-Linter am 9. Oktober 2004

Siegfrieda Männl aus Löhnberg am 10. Oktober 2004

Philipp Eckert aus Runkel am 16. Oktober 2004

Anni Bamberger aus Dornburg-Dorndorf am 30. Oktober 2004

Karl-Josef Ewald aus Brechen-Niederbrechen am 17. November 2004

Gerd Roos aus Brechen-Niederbrechen am 17. November 2004

Brigitte Roth aus Brechen-Niederbrechen am 17. November 2004

Heinz Josef Roth aus Brechen-Niederbrechen am 17. November 2004

Günther Seip aus Runkel am 22. November 2004

Josef Schlosser aus Limburg am 27. November 2004

Manfred Seip aus Runkel-Dehrn am 5. Dezember 2004

Johann August Klötzl aus Löhnberg am 19. Dezember 2004

Marianne Pfeiffer aus Runkel-Ennerich am 12. Februar 2005

Frank-Martin Thies aus Bad Camberg am 12. Februar 2005

Winfried Heinrichs aus Elbtal-Heuchelheim am 4. März 2005

Hans-Dieter Heun aus Elbtal-Dorchheim am 4. März 2005

Frieda Weber aus Löhnberg-Obershausen am 6. März 2005

Franz-Josef Rembser aus Selters-Eisenbach am 11. März 2005

Klaus Zubrod aus Beselich am 18. März 2005

Gerhard Röder aus Limburg-Linter am 20. März 2005

Helmut Heep aus Dornburg-Frickhofen am 16. April 2005

Christel Wolf aus Villmar-Seelbach am 23. April 2005

Reinhard Wolf aus Villmar-Seelbach am 23. April 2005

Bernhard Seewald aus Weilmünster-Laimbach am 7. Mai 2005

Dr. med. Jürgen Steinhauer aus Weilmünster am 9. Mai 2005

Antonius Schröder aus Villmar am 11. Mai 2005

Dr. Ing. Emmerich Hunsdorfer aus Weilburg-Waldhausen am 24. Mai 2005

Robert Hollingshausen aus Bad Camberg am 1. Juni 2005

Hansjürgen Schlobach aus Bad Camberg am 1. Juni 2005

Gerda Stahl aus Bad Camberg am 1. Juni 2005

Helga Reuker aus Weilburg-Odersbach am 6. Juni 2005

Hedi Sehr aus Beselich-Obertiefenbach am 14. Juni 2005

Margot Geilhausen aus Weilburg-Waldhausen am 25. Juni 2005

Lydia Legner aus Weinbach am 25. Juni 2005

Minna Löber aus Weinbach am 25. Juni 2005

Heinz Melchert aus Merenberg-Barig-Selbenhausen am 25. Juni 2005

Michael Abendroth aus Bad Camberg am 14. Juli 2005

Michael Diehl aus Bad Camberg am 14. Juli 2005

Helena Heun aus Bad Camberg am 14. Juli 2005

Hans-Helmut Hoos aus Friedberg am 15. Juli 2005

Adam Hannappel aus Waldbrunn-Lahr am 9. August 2005

Dr. med. Roland Wippler aus Villmar-Falkenbach am 16. August 2005

Peter Bieker aus Bad Camberg am 14. September 2005

Rosemarie Jäger aus Bad Camberg am 14. September 2005

Helmut Thuy aus Bad Camberg am 14. September 2005

Dr. Walter Wenz aus Bad Camberg am 14. September 2005

NEUERSCHEINUNGEN

VON EDITH BRÖCKL

Ahlbach meine Heimat. Historischer Bildband. Unser Dorf im Wandel der Zeit (ca. 1900 - 2000). Limburg-Ahlbach: Kultur- und Brauchtumsausschuss der kath. Kirchengemeinde Limburg-Ahlbach, 2004. 207 S. m. zahlr. schwarz-weiß-Abbildungen

Amt für den ländlichen Raum für die Landkreise Limburg-Weilburg, Rheingau-Taunus u. Stadt Wiesbaden: Regionale Entdeckungen. Direktvermarktende Landwirte und vieles mehr. Überarb. Neuauflage 2005

Bischof Franz Kamphaus: Erwachsenwerden im Glauben. An die Gemeinden im Bistum Limburg zur österlichen Bußzeit 2005

Braasch-Schwersmann, Ursula; Gräf, Holger Th.; Ritzerfeld, Ulrich (Bear.): Hessischer Städteatlas. Lieferung I,6 Limburg. Hg.: Ursula Braasch-Schwersmann, Hessisches Landesamt für geschichtliche Landeskunde. Marburg 2005

Bürgerinitiative «Alt Weilburg»: Weilburger Blätter (Red. Helga Reucker bis Nr. 147)

Crone, Marie-Luise: «Eigentlich ist kaum Zeit zum Schreiben...». Tagebuchaufzeichnungen und Erinnerungen von Zeitzeugen an das Kriegsende 1945 im Landkreis Limburg-Weilburg, 2005. Zusammengestellt von Dr. Marie-Luise Crone. Hg.: Kreisausschuss (Kreisheimatstelle) des Landkreises Limburg-Weilburg

Damen-Elferrat des Limburger Carnevalvereins von 1897: Festschrift zum 50-jährigen Bestehen. (Vereinsgeschichte mit vielen historischen und aktuellen Abb.) 2004, 50 S.

Döring, Mathias: Weilburg und sein Wasser. Die Wasserversorgung der barocken Residenz im 18. u. 19. Jahrhundert. Mit Beiträgen von Helga Reucker, Klaus Nohlen, Jens Schneider, Heike Kurzius-Schick. Hg. von der Stadt Weilburg, den Stadtwerken Weilburg, dem Wasserwerk Weilburg und der Bürgerinitiative «Alt-Weilburg» gemeinsam mit der Deutschen Wasserhistorischen Gesellschaft und der Fachhochschule Darmstadt. Siegburg u. Weilburg 2005. (Schriften der Deutschen Wasserhistor. Gesellschaft, Sonderband 1), 236 S.

Ernst, Eugen: Das Weiltal. Heimat zwischen Feldberg und Lahn. Bild-Textband, 1. Aufl. 2005, 214 S.

Feuerstein, Bernold u. Rehermann, Lothar: 250 Jahre Villmarer Orgel. Köhler. Keller. Klais. 1755 - 1886 - 1932 - 1976 - 2005. Festschrift zum Orgeljubiläum, 16 S.

Feuerwehr Eisenbach: Festschrift zum 100-jährigen Jubiläum 2005

Finger, Ulrich u. Uschi: Erinnernswertes aus der Geschichte unserer Gemeinden (Weiltalgemeinden), 8. Jahresband 2004

Fink, Horst: Meesterer Vezehlerscher. Weijs froier woar un woas su alles bassiert es. Zusammengestellt nach den Erzählnachmittagen des Geschichtsvereins Münster in den Jahren 1997 bis 2003. Druck: Druckerei des Landkreises Limburg-Weilburg. Limburg 2005

Förderkreis Lebenshilfe Wetzlar-Weilburg e.V.: Festschrift zum 25-jährigen Bestehen 1980 - 2005

Förderverein des Limburger Schlosses, Dr. Hildegard Schirmacher: Neuveröffentlichung der Festausgabe zur Wiederherstellung der katholischen St. Anna-Kirche von 1918 in Limburg. 2005 (Erhältl. im Limburger Buchhandel)

Garzinsky, Kurt: Jahreskalender 2005 u. 2006. Bilder der Heimat Runkel. (Zu beziehen unter 0 64 82 / 7 42)

Gemeinde Brechen u. Gemeindearchiv (Hg.): Brechen – Lebendige Gemeinde im Goldenen Grund. Bildband mit 120 Fotos von Nieder- u. Oberbrechen und Werschau. Nov. 2004

Götzen, Hardy: Bischofsknödel und Nonnentröpfchen. Karikaturen und Zeichnungen von Eva Götzen. Limburg 2004 (1. Bd. der «Weddschafts-Wissenschaften»)

Gran, Günter: Geschichten und Geschichtchen aus dem Westerwald. 2004, 128 S.

Hausfrauenbund Ortsverband Limburg – Dietlinde Merz (Hg.): Aufläufe aus Limburg und dem Nassauer Land. Rezeptbuch. 2005 (Erhältl. bei der Verbraucherberatung Limburg)

Hausfrauenbund Limburg: Festschrift zum 50-jährigen Bestehen. 2005

Henss, Wolfgang (Red.): Die Brücke. Der Bypass für das Herz Weilburgs. 40 Jahre von Planung zur Realität. Eine Sonderbeilage des Weilburger und Nassauer Tageblatts zur Freigabe der Teilortsumgehung Weilburg im Zuge der B 456 am 22. Dezember 2004

Höhlenverein Kubach e.V. (Hg.): Führer durch die Kristallhöhle Kubach. Beiträge von Karl-Heinz Schröder, Wilhelm Bernhardt, Prof. Dr. Rietschel, Bürgermeister Hans-Peter Schick u. Manfred Weis. 5. aktualisierte Aufl. 2005. 32 S. mit vielen, zur Hälfte farbigen Abb. (Erhältl. an der Höhlenkasse)

Höhler, Josef: 100 Jahre Verschönerungsverein Villmar. Festschrift. (Enth. u. a. Beschreibung und Darstellung zahlreicher Bauwerke). Okt. 2004

Hoffmann, Klaus Jakob (Limburg): Das Haus Israel und die Gemeinde Jesu. 2004

Hofmann, Wilfried (Limburg-Offheim): Schön ist die Welt. Mit Humor geht alles besser. Gedichte. 1. Aufl. 2005, Selbstverlag des Verfassers

Jung, Heinz: Geschichte des Selters-Sprudel Augusta Victoria in Selters an der Lahn 1887 - 2004. Löhnberg-Selters 2005, 144 S. (Einzusehen in den öffentlichen Bibliotheken des Kreises)

Jungbluth, Uli: Widerstand gegen den Nationalsozialismus im Westerwald. In: Nassauische Annalen, Bd. 116/2005, S. 515 - 542

Klaser, Josef: Das Mühlenwesen im Herzogtum Nassau. Ein Überblick. In: Nassauische Annalen Bd. 116/2005, S. 329 - 414

Kloft, Matthias: Das ... bemerkte Sachen der Kirche fernerhin zum Gebrauch zu belassen seyen. Bemerkungen zum Mobilieninventar der Stiftskirche St. Georg. Mit Edition der maßgeblichen Inventare (1569-1648). In: Archiv für mittelrheinische Geschichte Bd. 56. 2004, S. 333 - 387

Kreisausschuss (Kreisheimatstelle) des Landkreises Limburg-Weilburg: Jahrbuch für den Kreis Limburg-Weilburg 2006. Red.: Bernd Kexel, Simone Frohne, Dr. Marie-Luise Crone, Heinz Pfeiffer. 2005

Dr. Krupp, Ingrid: Elkerhäuser Schriften Bd. 1. Schloss- und Museumsführer Elkerhausen. Selbstvlg. d. Verf. 2005, 176 S. (Erhältl. im Schloss Weinbach-Elkerhausen)

Kuhnigk, Armin: Stimmen aus Weilburgs Demokratenschmiede. 2005. Selbstvlg. des Verfassers

Leugers, Antonia: Eine geistliche Unternehmensgeschichte. Die Limburger Pallottiner-Provinz 1892-1932. St. Ottilien: EOS-Verlag, 2004 (Pallottinische Studien zur Kirche und Welt, Bd. 7), 617 S. m. zahlr. Tab. u. Graf.

Magistrat der Stadt Weilburg (Hg.): Weilburg an der Lahn. In Deutsch und in Englisch mit aktuellem Stadtplan. Red.: Wolfgang Henss und Dieter Boger. Engl. Übersetzung: Patricia Grosse. Wetzlardruck 2004. 168 S. mit ca. 200 aktuellen Bildern in Farbe

Mechtel, Johannes: Pagus Logenahe, (Der Lahngau) 1623. Bearbeitet und aus dem Lateinischen übersetzt von Walter Michel (†), 218 S., 33 Abb. von Originalseiten der Handschrift. Limburg 2005

Nieder, Franz-Karl: Der Zehntstreit zwischen Limburg und Camberg (1328-1382). In: Archiv für mittelrheinische Geschichte Bd. 56. 2004, S. 101 - 122

Nieder, Franz-Karl: Das Christusfenster aus dem 14. Jahrhundert im Chor der ehemaligen Wilhelmiten-Klosterkirche, der späteren Hospitalkirche, der heutigen Annakirche in Limburg/Lahn. Eine private Zusammenstellung von Buchauszügen, Artikeln, einer unveröffentlichten Arbeit und sonstigen Unterlagen. Limburg 2005

Nieder, Franz-Karl: Der Bürgeraufstand 1525 in Limburg. In: Nassauische Annalen Bd. 116/2005, S. 213 - 228

Nigratschka, Kurt (Hg.): Kirberg. Einst und Jetzt. Im Auftrag der Arbeitsgemeinschaft «Heimatbuch» zum Jubiläum «650 Jahre Amt und Flecken Kirberg» im Jahre 2005

Ohlenmacher, Karl: Sagen und Märchen der Heimat. Anekdoten und Erzählungen. Limburg-Offheim. Selbstverlag

Olschewski, Eckard: Die Weilburger Residenzarchitektur Julius Ludwig Rothweils. In: Nassauische Annalen Bd. 116/2005, S. 301 - 314

Peter-Paul-Garde Villmar: Festschrift zum 25-jährigen Jubiläum 1980 - 2005

Reichwein, Eugen (Amt fur Straßen- und Verkehrswesen Dillenburg) (Hg.): B 456 Teilortsumgehung Weilburg mit neuer Verkehrsfuhrung in der Altstadt. Broschüre. Mering: WEKA info Vlg., Dez. 2004, 20 S.

Richter, Werner u. Horz, Manfred: Dokumentation 25 Jahre Geschichtsverein Weilburg. 2005

Roth, Stefanie u. Stillger, Bärbel: «Augen auf! Eine Spurensuche in Limburg». Ein Stadtführer für Kinder. 2005

Schäfer, Gabriele: Festschrift zum 275-jährigen Jubiläum der Stephanuskirche in Allendorf (Kr. Limburg-Weilburg). In: Die Geschichte der Kirche und der Gemeinde Allendorf seit der Reformation. 2005

Schilgen, Jost: Limburg a. d. Lahn. Bildband mit Text in Deutsch, Englisch und Französisch von Limburg und Umgebung. Karin Mader, Neuauflage 2005, 48 S.

Schmidt, Volker: Unser lantschafft zugueten eine freie Schul in unser Stadt Weilburg. Beiträge zur 465-jährigen Geschichte des Gymnasium Philippinum Weilburg. 2005. 355 S.

Schneider, Konrad: Das Münzwesen im Herzogtum Nassau. 2005

Schoth, Willi: Poesie off Platt. 1. Aufl. 2004, 128 S.

Verwaltung der Staatlichen Schlösser und Gärten Hessen: SehensWerte Schlösser und Gärten in Hessen. Besuchermagazin 1/2005, Jg. 1. Aus dem Inh.: Schloss Weilburg, GartenLust-Wandeln, Von Orangen und Orangerien, Zur Restaurierung der Gemälde..., Die Renaissancemalereien..., Feiern wie die Fürsten, Der Windhof, Das Weilburger Hündchen. 50 S.

Sennlaub, Gerhard: «Ein gantz überflüßiger Mensch». Die Biographie des Ackermanns Friedrich S.(ennlaub) 1758-1810. Ingrid Görlich 2004 (betr. Waldhausen)

Stillger, Franz Josef: Orts-/Namens- und Sachregister zu «Der Mineralwasserversand und seine Gefäßproduktion im rheinisch-hessischen Raum...» von Konrad Schneider. Hg.: Geschichtsverein «Goldener Grund» 2005, 20 S. (Erhältl. im Selterser Rathaus)

Turn- und Sportverein Dehrn: 100 Jahre TuS 05 Dehrn. Festbuch mit Vereinsgeschichte zum 100-jährigen Bestehen. Jahreskalender und CD mit 1.000 Fotos. 2005 (Erhältl. in Sportpoint, Bäckerei Nordhofen u. Apotheke)

Turnverein Niederselters: Kalender für das Jahr 2005 zum 100-jährigen Vereinsjubiläum. Bilddokumentation m. begl. Texten

Verein zur Förderung der Gedenkstätte Hadamar u. Netzwerk People First Deutschland: Was geschah damals in Hadamar in der Nazizeit? «Katalog in leichter Sprache». 1. Aufl. 2005

Vögler, Gudrun: Konrad I., der König, der aus Hessen kam. Vonderau Museum Fulda u. Michael Imhof Vlg. 2005

Weilburger Ruderverein 1905 e.V.: Festschrift 100 Jahre Weilburger Ruderverein 1905 e.V. 1905 - 2005. In: Ausführliche Vereinsgeschichte mit vielen Bildern. 66 S.

Weimer, Erhard: Festschrift. Historischer Festzug zur Jubiläumskirmes am 19. September 2004. 150 Jahre Pfarrkirche Johannes der Täufer in Elz

Wilinaburgia. Verein ehemaliger Angehöriger des Gymnasiums zu Weilburg: Mitteilungsblätter 2005

Wolf, Rudolf: Die Säkularisation des St. Georg-Stifts zu Limburg im Jahre1803. In: Archiv für mittelrheinische Geschichte Bd. 55. 2004, S. 333- 379

Wollmann, Gisela (Nauheim): Was koche ich morgen? Und gesund soll es auch noch sein. 2005

Zabel, Norbert u. Hartmann, Edmund: Festbuch zum 100-jährigen Bestehen der Freiwilligen Feuerwehr Selters-Eisenbach. Inh. u.a.: Feuerwehrgeschichte u. Dorfgeschichte. 2005, 142 S.

Neue Veröffentlichungen des Stifters der «Bibliothek Hans-Christian Kirsch» (Frederik Hetmann):

Moses oder Die Entdeckung Gottes. Arena Verlag, Würzburg, 1. Aufl. 2005
Märchen-Mythen-Sagen: Hinter der Schwarzdornhecke – Irlands Märchen und ihre Erzähler.
Die Reise in die Anderswelt - Feenmärchen und Feengeschichten aus Irland
Jeweils im Königsfurt Verlag, Krummwisch bei Kiel. 2005

Keltische Märchen, Märchen, Mythen und Sagen der Kelten
Irische Märchen, Märchen, Mythen und Sagen der Iren
Indianische Märchen, Märchen, Mythen und Sagen der Indianer Mittelamerikas
Feen Märchen, Märchen und Mythen der Feenwelt
Jeweils Tosa Verlag, Wien. 2005

Alan Garner, Eulenzauber. Roman aus dem Englischen von Frederik Hetmann.
Freies Geistesleben. 2005

Warum ich Fantasy Literatur schreibe. Essay. Katholische Akademie Cloppenburg

Die Keltische Anderswelt als Reich der Wunscherfüllung und Phantasie.
In: Europäische Märchengesellschaft «Verlorene Paradiese - Gewonnene Königsreiche»
Königsfurt Verlag, Krummwisch bei Kiel. 2005

DIE NASSAUISCHE ZEIT (1806 - 1866)

EINLEITUNG

2006 wird man eines kleinen Herzogtums gedenken, das sich für nur 60 Jahre in die große Weltgeschichte eingetragen hat: das Nassauische Herzogtum 1806-1866. In dieser kurzen Zeit haben sich gravierende Änderungen vollzogen. Für die nassauische Regierung war es wichtig, sich vom untergegangenen alten Reich, dem Heiligen Römischen Reich Deutscher Nationen, abzugrenzen, den Zusammenbruch von 1803 zu beseitigen und eine Neustrukturierung durchzuführen. Die Anfänge von damals sind in ihrer Weiterentwicklung bis heute spürbar. Einige dieser Aspekte will das diesjährige Jahrbuch aufgreifen ohne Anspruch auf umfassende Würdigung, nachdem bereits Dr. Rolf Faber im Jahrbuch 2005 über *«Gerichtsorganisation im Herzogtum Nassau»* referierte.

DIE SCHEESEFAHRT

VON HEDWIG WITTE

De Herzoch von Nassau war weit un breit
bekannt für sei Gemütlichkeit.
Er war en ganz lescheerer Ferscht,
der auch den Dialekt beherrscht.

Doch seiner Fraa Elisabeth
baßt der nit in die Etikett.
Sie war en Nichte vom russische Zar,
un deshalb konnt das hooche Paar
Franzeesisch nur un Hochdeitsch redde,
daß se sich nur verstanne hätte.

«Oh Adolphe!», sprach sie, *«quel malheur!*
Nassauisch klingt so ordinär!
Gibst Deinem Kutscher Du die Order,
gebrauch' nicht solche Mundartworder!»
De Herzoch hörts un hot beschlosse:
«Jetz mache mer die Herrschafts-Bosse!»

Wie owends nach der Reeünjong
die Equipaasch am Pavilljong
vor'm Kurhaus pünktlich stand parat,
dem Kutscher uff em Bock er saat
(so ganz von owwerab mit Flause):
«Nun, Jean, jetzt fahr Er uns nach Hause!»

Dann steiht er in, auch di Schawell
für Ihre Durchlaucht war zur Stell',
die Funsele war'n angesteckt,
die Herzochin schee zugedeckt,
die Gäul gehn ab mit flotte Gäng' ...
die Fahrt, die zog sich in die Läng' ...

Un, wie en Zeitlang dann vergeht,
die Durchlaucht ungeduldich freeht:
«Die Fahrt is lang – oh je m'en fiche!
Wann sind wir endlich in Biebriche?»

De Herzoch war schont ingenockelt.
Die Schees is weiter als geschockelt,
bis dann mit *«Hüh!»* und *«Prrr!»* der Jean
die Scheesegäul hält endlich aa,
hippt von dem Bock un roppt von auße
den Schlag uff: *«So, mir sein in Hause!»*

De Herzoch riwwelt sich die Aache.
Die Herzochin hot's umgehaache.
Sie kräckst nur schwach noch: *«Nitschewo!*
Ist dies der Biebricher Château?»

De Herzoch hält de Bauch vor Lache,
seet: *«Kerl, was michste dann for Sache?»*
wie er gesehn hat, wo se war'n,
«Du Dormel! – Haam sollste uns fahrn!»

(Aus «Rheingauer Auslese» / Hedwig Witte - Frankfurt am Main: Kramer, 1991, S. 61 f)

DIE GRÜNDUNG DES HERZOGTUMS NASSAU (1806)

VON DR. ROLF FABER

«Le chef de la maison de Nassau prendra le titre de duc.» (= Der Senior des Hauses Nassau wird den Titel eines Herzogs annehmen) – in diesem kurzen, nüchternen Satz im dritten Absatz von Artikel 5 der Rheinbundakte ist die formelle Gründung des Herzogtums Nassau zu sehen. Es war am 17. Juli 1806, als sich die außerordentlichen Vertreter und Gesandten von 16 deutschen Staaten in Paris versammelten, um die auf den 12. Juli zurückdatierte Akte über die Gründung des Rheinbundes zu unterzeichnen. 16 Staaten hatten sich zum Beitritt entschlossen, darunter auch die Fürsten von Nassau-Usingen und Nassau-Weilburg, Friedrich August und Friedrich Wilhelm.

Einige Wochen später nahmen durch Edikt vom 30. August 1806 der regierende Fürst von Nassau-Usingen Friedrich August als Senior des Hauses Nassau die Würde und den Rang eines souveränen Herzogs und der regierende Fürst von Nassau-Weilburg Friedrich Wilhelm den Titel *«souveräner Fürst zu Nassau»* an. Weiterhin erklärten sie in diesem Edikt ihre beiden Länder *«zu einem vereinten, untheilbaren und souveränen Staate und Herzogthum»* und gaben außerdem bekannt, es solle *«nach jener Landesvereinigung der bisherige Unterschied zwischen den beiden fürstlichen Linien Usingen und Weilburg von selbst aufhören»*. Damit war die Gründung des Herzogtums vollzogen, und es waren die Grundlagen für ein einheitliches Staatswesen zwischen Rhein, Main, Dill und Sieg gelegt.

Dieses Ereignis ist Anlass, in diesem Jahr an die Gründung des Herzogtums vor 200 Jahren zu erinnern. Zahlreiche Veranstaltungen werden stattfinden. Im Mittelpunkt wird unter dem Thema *«Napoleon und Nassau»* eine große Ausstellung im Wiesbadener Casino-Gebäude stehen, für die der hessische Ministerpräsident und der Erbgroßherzog von Luxemburg die Schirmherrschaft übernommen haben.

DER BEITRITT ZUM RHEINBUND

Das Haus Nassau hänge mit allem, was in Europa groß und mächtig sei, eng zusammen. Diese Sätze soll der französische Außenminister Talleyrand Napoleon entgegengehalten haben, wenn er den ausgreifenden Plänen des Kaisers, das Herzogtum Nassau von der Landkarte zu streichen, so wie es mit anderen Staaten bereits geschehen war, Widerstand leistete. Wir wissen nicht, ob allein ein derartiger Hinweis auf die engen verwandtschaftlichen und diplomatischen Beziehungen der beiden nassauischen Fürsten in Biebrich und Weilburg einen Napoleon an der Verwirklichung eines einmal gefassten Planes hätte hindern können. Dennoch ist eine nicht zu leugnende Inkonsequenz des Kaisers in seinem Verhalten gegenüber dem Herzogtum zu beobachten. Nassau verdankt seine Gründung als souveräner Staat und sein Fortbestehen als Herzogtum nicht allein der Gnade Napoleons, der Nassau 1806 als einen von Frankreich abhängigen Rheinbundstaat brauchte, um am Rhein eine sichere Grenze zu haben, sondern auch der Inkonsequenz des Kaisers sowie den sich daraus ergebenden internen Auseinandersetzungen zwischen Talleyrand und Murat um den Einfluss auf die außenpolitischen Verhältnisse des Kaiserreichs.

Aber es waren nicht nur diese außerhalb des nassauischen Einflussbereiches gelegenen machtpolitischen Konstellationen entscheidend, sondern auch die kluge Politik der beiden Fürsten der walramischen Linie Friedrich August von Nassau-Usingen und Friedrich Wilhelm von Nassau-Weilburg sowie ihrer Ratgeber, die in diesen unruhigen und wechselvollen Zeiten den sicheren Kurs für das nassauische Staatsschiff festgelegt hatten. Was für Persönlichkeiten waren die beiden Souveräne, und welche Ansichten vertraten sie?

FRIEDRICH AUGUST –
MIT 65 JAHREN REGIERENDER HERZOG VON NASSAU-USINGEN

Friedrich August von Nassau-Usingen gelangte im Mai 1803 in einem Alter zur Regierung, das die meisten Menschen angesichts der damaligen Lebenserwartung erst gar nicht erreichten und in dem ihnen auch die Übernahme eines so verantwortungsvollen Regierungsamtes nicht mehr zugetraut wird. Aber es waren das hohe Verantwortungsbewusstsein und Pflichtgefühl gegenüber der Dynastie und gegenüber dem Land, die den Fürsten an die Spitze des Staates riefen und ihn die Stellung eines Seniors des Hauses Nassau übernehmen ließen.

Am 17. Mai 1803 war Fürst Karl Wilhelm ohne Hinterlassung eines männlichen Erben gestorben. Entsprechend der im Nassauischen Erbvertrag von 1763 getroffenen Vereinbarung war nunmehr der Bruder Friedrich August als nächster männlicher Verwandter in der Linie Nassau-Usingen als rechtmäßiger Thronerbe berufen. Eigentlich hatte er während seines Lebens niemals damit rechnen müssen, einst die Thronfolge anzutreten, und deshalb hatte er sich bis dahin wenig um die Staatsgeschäfte gekümmert. So ist an dem ersten Herzog von Nassau nicht

allein das damals doch relativ hohe Alter bewundernswert, sondern auch seine spätere kluge, zurückhaltende Politik, mit der er das Land außenpolitisch lenkte und innenpolitisch zu einem Staat zusammenführte.

Fürst August, der erste Herzog von Nassau.

Friedrich August war der Sohn des Fürsten Karl von Nassau-Usingen und dessen Gemahlin, der Fürstin Christiane Wilhelmine, der Tochter des Herzogs von Sachsen-Eisenach. Er wurde am 23. April 1738 in Usingen geboren. Nachdem Fürst Karl 1744 die Residenz von Usingen nach Biebrich an den Rhein verlegt hatte, verbrachte er hier zusammen mit seinen Brüdern Karl Wilhelm (seit dem 21.

Dezember 1775 regierender Fürst) und Johann Adolf Kindheit und Jugend. Da jedoch vorauszusehen war, dass nach dem Tode des Vaters allein Erbprinz Karl Wilhelm die Thronfolge antreten würde, kam für die beiden jüngeren Söhne nur eine militärische Laufbahn in Frage. Friedrich August trat 1756 mit 18 Jahren in das kaiserliche Heer ein. 1764 ernannte ihn die Kaiserin zum Oberdirektor der kaiserlichen Werbung im Reich mit Sitz in Frankfurt. Damit war seine militärische Laufbahn noch nicht zu Ende, 1780 wurde er zum Reichsfeldmarschallleutnant befördert, 1790 stieg er sogar zum kaiserlichen Feldmarschall auf.

Der Prinz hatte sich am 23. April 1775 mit der Tochter des Fürsten von Waldeck, Louise, verheiratet, die ihm sieben Kinder schenkte. Zwei Söhne waren allerdings schon wenige Wochen nach ihrer Geburt gestorben, und so blieben ihm nur fünf Töchter, die ihm jedoch etlichen Kummer bereiteten.

Fürst Friedrich August folgte im Mai 1803 seinem Bruder auf den Thron von Nassau-Usingen. 1806 nahm er, nachdem sich die beiden Fürstentümer zum Herzogtum zusammengeschlossen hatten, als Senior des Hauses Nassau, so wie es in Artikel 5 der Rheinbundakte bestimmt war, die Herzogswürde an. Dass er diese Standeserhöhung ausgerechnet Napoleon verdankte und nicht dem Kaiser in Wien, dass der Beitritt Nassaus zum Rheinbund gerade das Ende des Heiligen Römischen Reiches Deutscher Nation bedeutete, muss ihm gerade in ganz besonderem Maße widerstrebt haben. Wenn er dennoch diesen Weg beschritt, so entsprach dies weniger seinem eigenen Selbstverständnis, gar persönlichen Ehrgeiz, auch wenn er sogar die Würde eines Großherzogs erstrebte, als vielmehr der Staatsräson und der herrschenden Machtkonstellation.

FÜRST FRIEDRICH WILHELM VON NASSAU-WEILBURG

Friedrich August tat sich darin schwerer als sein Vetter Friedrich Wilhelm in Weilburg. Dieser war nur ein Jahr älter als der 1769 geborene Korse und hatte weit eher einen offenen Blick für die Zeitverhältnisse. Fürst Friedrich Wilhelm wurde am 25. Oktober 1768 in Den Haag geboren, wo sein Vater als General in niederländischen Diensten stand. Seine Mutter war eine geborene Prinzessin von Nassau-Oranien. Nach dem Tod des Vaters folgte er ihm in der Regierung des Fürstentums Nassau-Weilburg. Seit 1788 war er mit Luisa Isabella, der Tochter des Grafen von Sayn-Hachenburg, verheiratet. Die Familie lebte meist in der Nebenresidenz Kirchheim-Bolanden. Die Eroberungen der französischen Truppen zwang die Familie ins Exil nach Bayreuth. Erst 1801 kehrten sie nach Weilburg zurück. Schon früh setzte der Fürst auf die Karte Napoleons. Er hatte erkannt: «*Uns Fürsten von Nassau gebietet die eiserne Notwendigkeit, uns ganz an Frankreich anzuschließen. Und je fester dieses Band geknüpft wird, desto beruhigter ist unsere Lage und besser gegründet unser Ansehen im Ausland.*» Mehrfach traf er mit Napoleon zusammen, und gemeinsam mit Gagern verhandelte er in Paris, um das Aufgehen der nassauischen Gebiete in einem neuen Königreich zu verhindern.

Auch wenn die preußische Geschichtsschreibung dem Rheinbund und seinen Fürsten Verrat an der deutschen Sache vorwarf und sie als Vasallen Napoleons bezeichnete, so kann dieser Sichtweise heute nicht mehr zugestimmt werden. Sich einem Napoleon beugen zu müssen, kann nicht als Niederlage angesehen werden. Und was hätte denn ein Widerstand für Folgen gehabt? Das Land wäre sofort besetzt, die Fürsten verjagt und Nassau wäre an die benachbarten Rheinbund-staaten aufgeteilt worden. Die Staatsräson forderte damals Beitritt zum Rheinbund. Ein weiser Staatsmann erklärte damals: «*Le canon de Mayance et de Coblence nous le dicte comme celui de Strasbourg le dicta a l'electeur da Bade*» (Die Kanonen von Mainz und von Koblenz diktieren es [den Beitritt zum Rheinbund], wie die von Straßburg es dem Kurfürsten von Baden diktierten).

Fürst Friedrich Wilhelm von Nassau-Weilburg.

Für Nassau brachte der Beitritt zum Rheinbund dreifachen Gewinn:
- die Erlangung der vollen Souveränität,
- die Rangerhöhung zum Herzogtum und
- erhebliche Gebietsgewinne.

Den Preis, den das Land für sein Fort-bestehen und für seine territoriale Berei-cherung auf Kosten der Kleinen und Schwachen zahlen musste, bestand in dem hohen Blutopfer der nassauischen Soldaten in den napoleonischen Kriegen. Denn der Rheinbund war eine Offensiv- und Verteidigungsallianz, wonach die Mit-glieder Napoleon erhebliche militärische Kräfte zur Verfügung stellen mussten. Und

auch diesen Preis hat Friedrich August nicht leichtfertig gezahlt. Wie sehr er das Sterben seiner Nassauer in Spanien be-dauerte, ergibt sich aus dem Briefwechsel mit seinem Minister Freiherr Marschall von Bieberstein.

DIE VEREINIGUNG DER BEIDEN FÜRSTENTÜMER – EIN BEDEUTENDER STAATSPOLITISCHER AKT

Doch nicht allein die Tatsache, für das Weiterbestehen des Herzogtums zu Be-ginn, während und am Ende der napoleo-nischen Ära gesorgt zu haben, ist als bedeutende Leistung des Herzogs und seines Weilburger Vetters anzusehen, sondern auch die Vereinigung der beiden selbstständigen Fürstentümer Nassau-Usingen und Nassau-Weilburg zu einem Staatswesen. Erst aufgrund dieses staats-politischen Aktes wurde die eigentliche Grundlage für die Entwicklung des Landes gelegt, erst aufgrund des Ediktes über die Errichtung des Herzogtums vom 30. Au-gust 1806 kann von dem Herzogtum als Staat gesprochen werden. So kann die staatspolitische Umsicht und Weitsicht der beiden Fürsten gar nicht hoch genug eingeschätzt werden.

Insbesondere für den Fürsten Friedrich Wilhelm von Nassau-Weilburg stellte dies einen wohl abzuwägenden Schritt dar. Denn abzusehen war, dass das Zentrum des neu gegründeten Staates in Wiesba-den liegen würde, dem Sitz des Ministe-riums, der Justizbehörden, der Militärver-waltung, und dass sich die repräsentativen Ereignisse in der Residenz Biebrich ab-spielen würden. Weilburg würde dann allenfalls eine unbedeutende Neben-residenz bilden.

Sicher hat Fürst Friedrich Wilhelm diesen Schritt nur erwogen, weil er im Hinblick auf das hohe Alter des Herzogs und der Tatsache, dass kein männlicher Nachfol-ger in der Linie Nassau-Usingen vorhanden war, davon ausgehen durfte, bald die Nachfolge im gesamten Herzogtum antreten zu können. Doch das Schicksal wollte es anders, Fürst Friedrich Wilhelm starb am 9. Januar 1816 im Weilburger Schloss wenige Monate vor dem greisen Herzog († 24. März 1816), so dass sein Sohn Wilhelm die Nachfolge im Herzogtum antrat.

Das neu gebildete Herzogtum Nassau setzte sich aus mehr als 20 einst selbstständigen Teilen und Territorien zusammen – aus alten Landesteilen, Entschädigungslanden, säkularisierten und ehemals dem Reich unterstellten Gebieten. Es galt nun, nach dem Ende der napoleonischen Zeit, diese Teile zu einem einheitlichen Staatswesen zusammenzuführen. Zwar hat das Herzogtum Nassau letztlich nur 60 Jahre bestanden. Nach dem preußisch-österreichischen Bruderkrieg von 1866 wurde es dem Königreich Preußen einverleibt. Doch umfassen diese sechs Jahrzehnte eine bedeutende Epoche unserer Geschichte, so dass sie nicht in Vergessenheit geraten dürfen.

VOM FEUDALSTAAT ZUM SOZIALSTAAT – NASSAUISCHER NEUANFANG UND AUFBAU

VON DR. MARIE-LUISE CRONE

Im Jahr 2006 jährt sich zum 200. Mal die Gründung des nassauischen Herzogtums, und gleichzeitig gedenkt man seiner Annexion durch Preußen vor 140 Jahren. In den 60 Jahren, die das Herzogtum bestand, wurden viele Anstöße gegeben, die das Miteinander in einem Staatsgefüge regeln sollten.

Wenn man vom Zusammenbruch spricht, richtet sich der Blick des heutigen Betrachters zunächst auf die Ereignisse von 1945. Doch auch Generationen davor erlebten politische Zusammenbrüche, die grundlegende Veränderungen nach sich zogen. Mit dem Reichsdeputationshauptschluss vom 25. Februar 1803 endete das alte tausendjährige Reich, das Heilige Römische Reich Deutscher Nationen. Das Gesetz sprach den weltlichen Fürsten eine rechtsrheinische Entschädigung für verlorenes linksrheinisches Gebiet zu, wofür Kirchengüter säkularisiert und Reichsstädte mediatisiert wurden.

Zu den glücklich Entschädigten gehörten die Fürsten von Nassau. Nassau-Weilburg erhielt bisher kurtrierische, Nassau-Usingen bisher kurmainzische Gebiete und Nassau-Oranien, das über die Hadamar'schen Gebiete herrschte, die beiden Fürstentümer Fulda und Corvey. Es gibt Historiker, die bezeichnen die Nassauer eher abwertend als *Kriegsgewinnler*, die eine zu großzügige Entschädigung erhielten. Faktum dürfte sein, dass die Nassauer sicherlich geschickte Verhandlungsführer waren. Die Herrschaft des für den heimischen Raum überwiegend dominierenden Trierer Kurfürsten war damit durch neue aufsteigende Kräfte ersetzt worden. Die Machtfülle des Erzbischofs wie des Kurfürsten zerfiel. Der letzte Trierer Erzbischof Clemens Wenzeslaus hatte sich bereits am 25. April 1802 in einem in deutscher und französischer Sprache verfassten Hirtenbrief von seinen linksrheinischen Pfarrkindern verabschiedet.

Am 11. Mai erkannte er das bisher provisorische Vikariat in Limburg als Generalvikariat der verbliebenen rechtsrheinischen Restdiözese an, welches etwa ein Sechstel des Kurstaates ausmachte. Generalvikar Ludwig Joseph Beck rang fortan um die Neugründung eines nassauischen Bistums mit den neuen Regenten.

Die politische Macht des einstigen trierischen Kurfürsten war bereits am 21. August 1802 an Nassau-Weilburg übergegangen. Die in den Fürstenstand erhobenen protestantischen Herren von Nassau-Weilburg und Nassau-Usingen verständigten sich schnell über eine Vereinigung ihrer Herrschaftsgebiete und brachten dies bereits im Februar 1804 durch die Annahme des gleichen Titels und eines Wappens zum Ausdruck. Mit Gründung des Rheinbundes am 12. Juli 1806 in Paris erfolgte ihre Rangerhöhung zum Herzogtum Nassau und die Einverleibung des nassau-oranischen Gebietes. Fortan waren Herzog Friedrich August von Nassau-Usingen (1738-1816) und Fürst Wilhelm von Nassau-Weilburg (1768-1816) die neuen Landesherren. Mit dem fast gleichzeitigen Tod beider Herrscher (24. März bzw. 9. Januar) 1816 wurden die nassauischen Länder in einer Hand unter Herzog Wilhelm (1792-1839) vereinigt.

Die neuen Herrscher übernahmen ein Land, das durch drei Koalitionskriege (1792-1797; 1799-1802; 1805) am Boden zerstört war und dessen alte Ordnungen politisch wie kirchlich zusammengebrochen waren. Auch die durchziehenden Truppen des Befreiungskrieges 1813/14 brachten neuerliches Leid und schleppten Krankheiten ein, die erneut viele Menschenopfer forderten.

LEIBEIGENSCHAFT

Es ist das große Verdienst der Nassauer, dieses Chaos beseitigt und dem Land eine neue Struktur gegeben zu haben. Für einen Großteil der Menschen brachte die Aufhebung der Leibeigenschaft am 1. Januar 1808 die persönliche Befreiung aus einer jahrhundertlangen Knechtschaft.

RELIGIONSFRAGE UND BISTUMSGRÜNDUNG

Der Gedanke der Toleranz steht auch über dem *Nassauische Religionsedikt* vom 16. und 31. August 1803. Die protestantischen Nassauer hatten mit dem Zugewinn an Land auch Menschen unter ihre Herrschaft gebracht, die katholisch waren. Das *Nassauische Religionsedikt* respektierte die *inneren Bereiche* der Kirche (Glaubenslehre, Sakramentenspendung, Predigt, Religionsunterricht, Kirchenstrafen) als in den Zuständigkeitsbereich des Bischofs gehörend – den es freilich noch nicht gab und vom Vikariat wahrgenommen wurde –, dagegen sollten *äußere Kirchenverhältnisse* (Ernennungsrecht aller Pfarrer) der Aufsicht des Landesherren anheim fallen.

Bei der Herstellung einer neuen kirchlichen Ordnung entbrannte zunächst eine innerkirchliche Debatte über die Struktur der deutschen Kirche. Mit der Zirkumskriptionsbulle *Provida Solersque* vom 16. August 1821 war die oberrheinische Kirchenprovinz mit fünf Bistümern auf dem Papier errichtet worden: Freiburg (für Baden, Hohenzollern-Sigmaringen) als Metropolitansitz, Rottenburg (für Württemberg), Mainz (für Hessen-Darmstadt), Limburg (für Nassau, Frankfurt) und Fulda (für Sachsen-Weimar). Der nassauische Herzog liebäugelte für sein Herzogtum mit einem eigenen katholischen Landesbistum, das ihn allerdings nichts kosten sollte. Die langwierigen Verhandlungen führten 1818 zu einer Verständigung mit der freien Reichsstadt Frankfurt am Main (Absichtserklärung am 24. Juni, Vertrag am 8. Oktober). Die starke Verzahnung von Staatskirchentum legt die Gründung des

MUNDIPHARMA
LEISTUNG FÜR ARZT UND PATIENT

Mundipharma ist eines der führenden mittelständischen, forschenden Pharmaunternehmen in den Bereichen **Schmerztherapie, Wundheilung** und **Onkologie** und mit über 700 Mitarbeitern einer der größten Arbeitgeber im Raum Limburg-Weilburg.

Das Unternehmen hat sich auf die Entwicklung **innovativer hochwertiger Arzneimittel** spezialisiert, die sehr effektiv und gleichzeitig gut verträglich sind. Als **„Schmerzspezialist"** hat **Mundipharma** neue Maßstäbe gesetzt: Mit der Einführung **der ersten Morphin-Retardtablette,** ein Opioid mit langanhaltender Wirkung (über 12 Stunden), wurde 1984 die Schmerztherapie im ambulanten Bereich erst möglich gemacht.

Opioide sind starke Schmerzmittel, die im Rückenmark wirken. Für **Tumorpatienten** hat **Mundipharma** 1999 eine neue, besonders effektive **Opioid-Formulierung** entwickelt, die gleichzeitig sehr gut verträglich ist.

Für Patienten, die an starken **Schmerzen des Bewegungsapparates** wie Osteoporose und Arthrose leiden, bietet **Mundipharma** seit 1998 ein neues **Opioid-Präparat** an, das schon bei mehr als **300.000** Patienten mit großem Erfolg eingesetzt wurde.

Auch auf dem Gebiet der **Wundbehandlung** hat sich **Mundipharma** einen Namen gemacht. Das Antiseptikum **Betaisodona®** ist mittlerweile seit fast 30 Jahren auf dem Markt und unübertroffen, wenn es um die optimale Erregerbekämpfung bei der **antiinfektiven Wundversorgung** geht.

Dank moderner Forschung und Entwicklung ist **Mundipharma** auch auf dem wesentlich komplexeren Gebiet der **Wundheilung** wieder einen Schritt voraus: Das innovative Hydrogel **Repithel®**, seit 2004 auf dem Markt, unterstützt durch seine besondere Formulierung die Zellheilung und den Gewebeaufbau nachhaltig.

Haben Sie noch Fragen? Wollen Sie mehr über **Mundipharma** wissen? Dann besuchen Sie die Website
www.mundipharma.de.

Hier finden Sie zahlreiche Informationen und alles Wissenswerte rund um das Unternehmen.

Mundipharma GmbH
65549 Limburg

Bistums Limburg offen. Kirchenrechtlich datiert der Beginn des Bistums Limburg vom 23. November 1827, da an diesem Tag die päpstliche Errichtungsurkunde ausgestellt wurde, aber staatsrechtlich gesehen zählt die herzogliche Dotationsurkunde vom 8. Dezember 1827.

GEMEINDEVERWALTUNG- SCHULTHEIßENAMT

Unter den nassauischen Fürsten änderte sich auch die zivile Verwaltungsstruktur. Seit 1803 gab es den Schultheißen, der von der Regierung eingesetzt und kontrolliert wurde. Am 5. Juni 1816 erließ Nassau sein Gemeindeverwaltungsgesetz, wonach der Schultheiß als Gemeindevorsteher auf Lebenszeit ernannt wurde. Die Befugnisse des Schultheißen waren außerordentlich umfangreich: *«Er hatte als Amtsgeschäfte außer der örtlichen (und Feld-) Polizei (mit Strafkompetenz bis 3 Gulden), die gesamte örtliche Verwaltung, die Verkündigung und Vollziehung der Gesetze und Beschlüsse, die Erteilung von Nachrichten und Beglaubigungen, die Verwaltung des Gemeindevermögens, die Beitreibung der öffentlichen Abgaben, die Beobachtung der Sitten, der öffentlichen Abgaben, die Aufsicht über Wege, Brücken und das Brandwesen, das Ab- und Zuschreiben der Grundsteuerrollen, die Revision der Gewerbesteuerkataster, die Insinuation* (Veraltete Sprachform für die Eingabe eines Schriftstückes vor Gericht) *der Befehle und Dekrete in streitigen Rechtssachen, die Urteilsvollstreckungen und Auspfändungen, die Protokollierung der Viehhändel usw. zu besorgen bzw. zu versehen».*[1]

SCHULBETRIEB

Die bescheidenen kurtrierischen Reformansätze zur Hebung des Schulwesens waren in den Kriegszeiten zunichte gemacht worden. Am 12. November 1804

billigte der Fürst die Beibehaltung der Nutzung des Dotationsfonds und setzte zum 5. April 1806 eine Schulkommission unter Direktor J. von Coll ein.[2] Mit der Vereinigung der beiden nassauischen Teile zum Herzogtum Nassau 1806 und der alleinigen Herrschaftsübernahme durch Herzog Wilhelm 1816 konkretisierten sich Veränderungen. Im Schulwesen gewannen fortschrittliche pädagogische Ideen (Pestalozzi) immer mehr Fürsprecher, ebenso der Gedanke an eine konfessionell gemischte Schule (Simultanschule). Dies mündete in der Verabschiedung des Nassauischen Schuledikts vom 24. März 1817.[3] Dieses Gesetz sah vor: eine Allgemeinbildung durch die Volksschulen (§ 1), für jeden *«ohne Unterschied des Geschlechtes, der Religion, des Standes... in allen Gemeinden Unseres Herzogtums, abgesondert nach Geschlecht, Lebensalter, Fähigkeiten und Anzahl der Schulkinder, mit einem oder mehreren Lehrern besetzt, so daß, wo gemischte Konfessionen bestehen und die Anzahl der Schulkinder die Anstellung mehrerer Lehrer notwendig macht, diese von verschiedenen Konfessionen genommen werden sollen»* (§ 2). Unterrichtet werden sollte *«nach vorgeschriebenen Lehrbüchern in vier Klassen wöchentlich 30 bis 32 Stunden im Sommer und Winter ... Richtiges Sprechen der Muttersprache, Religion und Sittenlehre, Singen, Lesen, Recht- und Schönschreiben, Verfertigung schriftlicher Aufsätze für das gewöhnliche bürgerliche Leben, Rechnen, gemeine Erd- und Himmelskunde, allgemeine Kenntnis der Geschichte, Naturgeschichte, Natur- und Gesundheitslehre, allgemeine landwirtschaftliche und Gewerbskenntnisse»* (§ 3). Schuleintritt war mit sechs Jahren... *«Entlassung, wenn sie nicht früher in eine höhere Lehranstalt übergehen, mit dem vollendeten 14. Jahre».* Die Schulentlassung sollte nach der öffentlichen

Frühlingsprüfung erfolgen (§ 4). Zur Aufsicht über die Volksschulen wurden Schulvorstände (Ortsgeistlicher, Schultheiß als ständige und zwei bis drei als unständige Mitglieder aus dem Gemeindevorstand oder Feldgericht) und Schulinspektoren eingesetzt (§ 13). Festgelegt wurde auch die Lehrerausbildung (Prüfung und zweijährige Gehilfenzeit § 25), Besoldung (Elementarschulen zw. 200 bis 500 fl. § 27), zusätzliche Vergütungen (freie Wohnung mit Garten, Brennholz für den Schulraum), Verbot des Nebenverdienstes (§ 28) und Konferenzen (§ 36).[4]

Ein weiteres Gesetz hat – damals noch nicht geahnte – Auswirkungen auf die Geschichtsschreibung des heimischen Raumes gehabt. Am 14. August 1819 erschien das «*Dekret betr. Die von den Elementarlehrern zu führende Schulchronik*». Die Schulchroniken sollten in erster Linie die Veränderungen im Schulbetrieb festhalten, aber auch *die wichtigsten Ereignisse des Vaterlandes und der Gemeinde, welche auf das Schulwesen einen Einfluß haben.* Den neu anzulegenden Schulchroniken sollte ein Rückblick vorangeschaltet werden, der die – aus nassauischer Sicht – positiven Veränderungen gegenüber vergangener Zeiten verdeutlicht. Somit wurden die Schulchroniken, sofern sie gewissenhaft geführt wurden, zu einem Schatzkästchen für heutige Heimatforscher.

STIPENDIUM

Das kleine Herzogtum blieb ohne Universität und musste seine Studierenden ins Ausland schicken. Um die Landeskindern zu verköstigen, richtete der Landesvater an der Universität Göttingen für die Nassauer Studenten einen Mittagstisch ein. Aber auch andere suchten diesen Vorteil, gaben sich für jemanden aus, der sie nicht waren, und nahmen am Tisch Platz. Daher kommt die umgängliche

Redensart des *Nassauern*[5], was nichts anderes bedeutet, als auf Kosten anderer zu leben.

GESUNDHEITSVERSORGUNG

Mit der gesundheitlichen Versorgung der Bevölkerung stand es wie in anderen deutschen Staaten nicht zum Besten. Das untergegangene feudale Reich hatte es überwiegend dem einzelnen Untertanen überlassen, ob er bei einer ernsten Erkrankung einen Arzt konsultierte oder nicht. Es bestand generell ein Mangel an approbierten Ärzten, und besonders schlecht war die Situation der Landbevölkerung. Nicht jeder, der Kranke versorgte, war ein approbierter Arzt oder Chirurg. Bader oder auch Pfuscher nahmen sich der Leidenden an. Immer wieder rafften Krankheiten epidemieartig (Cholera, Diphtherie, Fleckfieber, Tuberkulose, Grippe, Ruhr, Typhus) die meist mittellose und als Folge davon schlecht ernährte Bevölkerung dahin.[6] Addiert man die zum Alltagsleben gehörende hohe Kindersterblichkeit, das Kindbettfieber und altersbedingte Erkrankungen hinzu, dann wird deutlich, dass der Beruf des Arztes keineswegs in Ansehen stand noch erstrebenswert erschien. Hier nun versuchte die nassauische Regierung, eine grundlegende Änderung mit ihrer Reform des Medizinalwesens zu schaffen. Mit dem Edikt vom (14.) März 1818[7] sollte «*jedem Einwohner des Landes eine billige und nicht zu entfernte ärztliche Hilfe zu verschaffen*» sein.[8]

Um eine flächendeckende ärztliche Versorgung der Bevölkerung sichern zu können, sollten die kurz zuvor neu geschaffenen 28 Ämter ab 1. April auch einen eigenen Medizinalbezirk bilden. In jedem Medizinalbezirk sollte nach dem Willen Herzog Wilhelms «*ein Medizinal-Rath, ein Medizinal-Assistent und ein Apotheker von Uns angestellt werden*»[9] und «*wo möglich in jeder nach der Gemeinde-Verwaltungs-Ordnung vom 5. Juni 1816 neu gebildeten Gemeinde wenigstens eine[10] Hebamme[11]».* Sie wurden namentlich im Anschluss an das Edikt in den Dienstnachrichten[12] bekannt gegeben. Danach waren 26 Medizinalräte und 27 Medizinalassistenten ernannt worden. *«Es blieben für die freie Praxis, 10 praktische Aerzte, 17 praktische Chirurgen und 21 Bader übrig; dazu kamen 6 Tierärzte».*[13] Im Kreis Limburg-Weilburg waren dies Medicinalrath Rückel und Medicinalassistent Hilt (für Limburg) Medicinalrath Huthsteiner und Medicinalassistent Stritter (Weilburg), Medicinalrath Wilhelm und Medicinalassitent Jung (für Hadamar).[14]

Schon damals dachte man an eine *Krankenversicherung,* die auf dem Solidaritätsprinzip beruhte. Das Honorar des Arztes wurde teilweise vom Staat und der Gemeinde übernommen, die wiederum anteilig die entsprechende Abgabe vom Bürger einholte. Eine durchschnittlich begüterte Familie mit zwei Kindern zahlte 1860 jährlich 56 Kreuzer, Kleinbauern, Taglöhner und die Mehrheit der Bevölkerung nur 20 Kreuzer, hinzu kamen die Arztgebühren, die bei einer Behandlung anfielen. Nassau lag damit sehr günstig, denn in Preußen zahlte der Bürger das Fünf- bis Zehnfache. Erst die Einführung der gesetzlichen Krankenkasse 1883 brachte eine grundlegende Änderung.[15]

[1] Spielmann, Christian, Geschichte von Nassau. Montabaur, Band 2. 1926, S. 314.

[2] Firnhaber, C.G., Die nassauische Simultanvolksschule. Ihre Entstehung, gesetzliche Grundlage und Bewährung. 2 Bde. (1881-1883), I., S. 192.

[3] Verordnungsblatt des Herzogthums Nassau Nr. 5 vom 28.3.1817, abgedruckt bei Wolf-Heino Struck, Die nassauische Simultanschule. In: Herzogtum Nassau 1806-1866. Wiesbaden 1981, S. 253-265, S. 256 die erste Seite; Schulchronik, S. 3f.

[4] Wiedergabe nach Firnhaber, Simultanvolksschule II. S. 8-55.

[5] Dazu Störkel, Rüdiger, Herkunft und Bedeutung des Begriffs «Nassauern». In: Nassauische Annalen, Bd. 107 (1996), S. 241-295.

[6] Eckhart, Wolfgang U., Geschichte der Medizin. Dritte, überarbeitete Auflage mit 35 Abbildungen. Springer 1998, S: 275.

[7] Hessisches Hauptstaatsarchiv Wiesbaden, Verordnungsblatt 1818, S. 55 - 66, Num. 5 den 21. März 1818. Es trat am 1. April 1818 in Kraft.

[8] Wolf-Arno Kropat, Nassaus staatlicher Gesundheitsdienst. In: Herzogtum Nassau 1806 - 1866. Politik, Wirtschaft, Kultur. Katalog 1981, S. 247 - 251, hier, S. 251 Anm. 3: so u.a. formuliert in dem Bericht v. Diests vom 16.2.1867, in HStAW Abt. 210 Nr. 3553 Bd. V, Fol. 160).

[9] Verordnungsblatt 1818, S. 56 § 3.

[10] Ebenda.

[11] Auf 200 Familien war eine Hebamme vorgesehen, vgl. Finkenrath, Kurt, Sozialismus im Heilwesen. Eine geschichtliche Betrachtung des Medizinalwesens im Herzogtum Nassau 1800-1866. Berlin 1930 (= Veröffentlichungen aus dem Gebiete der Medizinalverwaltung Bd. 33, Heft 6), S. 1-85, hier S. 16.

[12] Verordnungsblatt 1818, S. 64-66.

[13] Finkenrath, Sozialismus im Heilwesen, S. 23.

[14] Crone, Marie-Luise, Der Verein Nassauischer Ärzte im Spiegel der Zeit. Arzt sein gestern und heute. Hg. Vom Verein Nassauischer Ärzte e.V. Limburg anlässlich seines 150-jährigen Jubiläums. Limburg 2001, S. 16f.

[15] Crone, Der Verein Nassauischer Ärzte, S. 19.

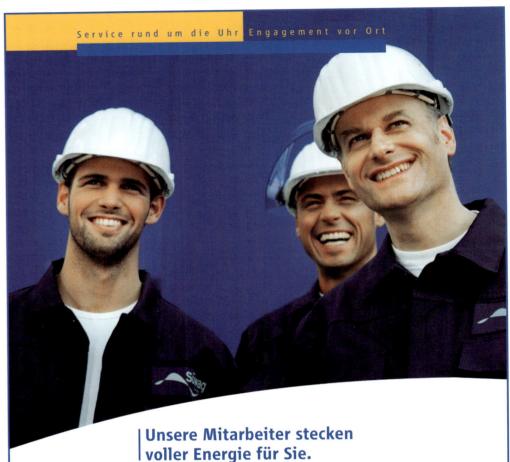

VOM LEIBEIGENEN ZUM FREIEN BAUERN:

LANDWIRTSCHAFTLICHE REFORMEN IM HERZOGTUM NASSAU

VON GERHARD ELLER

Gegen Ende des 18. Jahrhunderts waren schon verstärkt in Nassau-Oranien Agrarreformen eingeleitet worden, und die nassauischen Herzöge sorgten für eine konsequente Fortsetzung der begonnenen Maßnahmen in ihrem gesamten Territorium. Außerdem war es das Ziel der herzoglichen Landesregierung, das Verhältnis der Bevölkerung zur Obrigkeit zu verbessern.

Die Lage der Landwirtschaft war zu Beginn der Gründung des Herzogtums nicht rosig. Die meisten Bauern verfügten nur über einen kleinen Landbesitz, der oft nicht einmal die zehn bis fünfzehn Morgen Land erreichte, die als Grenze für den notwendigen Lebensunterhalt angesehen wurde. Grund dafür war die steigende Zahl der bäuerlichen Existenzen und die mit jeder Generation wiederkehrende Teilung des Grundbesitzes. Jedem Kind stand der reale Teil am Hof zu. Man erkannte zwar den Nachteil dieses Erbbrauches (Realteilung), aber trotzdem war dieser in den Köpfen der Menschen so verwurzelt, dass eine Änderung in Richtung Anerbenrecht nicht möglich war. Immer wieder wurde der Besitz geteilt und führte letzten Endes zur Verarmung der bäuerlichen Familien. Außerdem bewirtschafteten noch Bauern in Leibeigenschaft die Höfe ihres Grundherren und hatten dafür Pacht zu zahlen. Daneben mussten sie ihm einen Zehnt leisten und waren zu Frondiensten verpflichtet.

Dieses zu ändern, war eine der vordringlichsten Aufgaben der neuen Landesregierung, die mit einer Reihe von Gesetzen und Verordnungen eine Verbesserung der Lebensumstände der bäuerlichen Bevölkerung zu erreichen versuchte. *«So verordnete ein Edikt vom 1. Januar 1808 die Aufhebung der Leibeigenschaft und damit der Wegfall des 'Besthauptes'*[1], *einer damals schon in Geld abgelösten Erbschaftssteuer. Die Verordnung vom 1./3. September 1812 erwirkte die Aufhebung aller älteren Abgaben, die Befreiung von Fronden und Dienstzwang und sorgte für die Gleichheit aller Staatsabgaben».*[2]

Die Leibeigenschaft wurde aufgehoben, *«weil sie sich nicht mehr mit dem Grade der Kultur unter den Völkern verträgt».*[3] Im Februar 1809 erfolgte ein Gesetz über eine allgemeine Grund- und Gewerbesteuer.

Ein weiterer Schritt zur Verbesserung der ländlichen Struktur und damit die Herausführung aus einer zunehmenden Verarmung und Isolation der bäuerlichen Familien war 1812 die Ausdehnung eines Kuturedikts auf das ganze Herzogtum, das bereits 1808 für Nassau-Oranien erlassen worden war. Diese Kulturverordnung brachte unter anderem mehr Eigenverantwortung über Grund und Boden und schließlich eine Abkehr von einem veralteten System. Bis dahin war es üblich, nach der Ernte die Felder von Großvieh und Schafen beweiden zu lassen, das natürlich eine zeitige Aussaat von Wintergetreide und den Anbau von Futterpflanzen unmöglich machte. Die Wiesen unterlagen der gemeinsamen Hute. Nach der neuen Verordnung verloren die alten Huterechte ihre Wirksamkeit, und der Grundstückseigentümer konnte uneingeschränkt über die Nutzung seines Acker- und Grünlandes entscheiden. Dem Grundstückseigentümer sollte also bei der Bewirtschaftung seiner Felder und Wiesen mehr freie Hand gelassen werden[4].

Das Kulturrecht machte auch den Weg frei zum Übergang von einer veralteten Dreifelderwirtschaft zu einer ertragreicheren Fruchtwechselwirtschaft (verbesserte Dreifelderwirtschaft) und war ein weiterer Schritt zum freien Bauer auf freier Scholle. Die alte Dreifelderwirtschaft, die seit Karl dem Großen in Deutschland bekannt war und jahrhundertelang in Mitteleuropa praktiziert wurde, konnte mit ihrer knappen Ertragsfähigkeit die Menschen des 19. Jahrhunderts nicht mehr ernähren. Es war eben eine Bewirtschaftung der Flur im dreijährigen Wechsel, d. h. Winterung/ Sommerung/Brache. Die Brache diente zwar der Erholung des Bodens, war aber unrationell, da er in der Zeit der Ruhe nur als Weide dienen konnte. In der verbesserten Dreifelderwirtschaft steht anstelle der Brache der Anbau von Hackfrüchten und Futterpflanzen. Damit konnte eine bedeutende Verbesserung der Produktivität erreicht werden.

Die Realteilung hatte in der Gemarkung immer mehr zu einer unwirtschaftlichen Zerstückelung des Grundbesitzes geführt. Um eine bessere Bewirtschaftung zu erreichen, musste der zersplitterte Besitz konsolidiert, d. h. zusammengelegt werden. Aus diesem Grund wurde am 12. September 1829 eine Konsolidationsverordnung erlassen, nach der die kleinen Parzellen zusammenzulegen waren und gleichzeitig auch ein neues Feldwegenetz ausgebaut werden sollte. *«Es ist erforderlich in den Flurenfeldern sogenannte Gewannenwege anzulegen, auf welchen die Gutsbesitzer zu ihren Grundstücken kommen können»*[5], hieß es u. a. in der Verordnung. In der Vergangenheit hatte man die Feldwege auf ein Minimum begrenzt, man wollte so wenig wie möglich von dem kostbaren Ackerland verlieren.

Ausreichende Bodenverbesserungsmaßnahmen wie Meliorationen, Be- und Entwässerung von Wiesen und Weiden sollten damit einhergehen.

Bahnbrechend auf dem Gebiet dieser Kulturverbesserungen war Regierungsrat Wilhelm Albrecht (1785-1868), Gründer und Leiter des Landwirtschaftlichen Instituts in Idstein (1817/18). Er stammte aus Rothenburg o. d. T., war ständiger Sekretär des 1820 gegründeten landwirtschaftlichen Vereins im Herzogtum Nassau und Herausgeber des Landwirtschaftlichen Wochenblattes für das Herzogtum. Die großen Missernten der Jahre 1816/17 und 1829 waren für ihn Grund genug, die Ursachen zu analysieren, nach Möglichkeiten der Ertragsverbesserung zu suchen und auch den ungünstigen klimatischen Verhältnissen – besonders des Westerwaldes – entgegenzuwirken. Viele Ideen konnte er verwirklichen, die die Landwirtschaft mit gewaltigem Fortschritt nach vorne brachten. Die Trockenlegung sumpfiger Wiesen, die Nutzung der Dränagen bei gleichmäßiger und gezielter Bewässerung brachten eine Ausdehnung der Futterflächen und eine Steigerung von Qualität und Quantität. Die Anpflanzung von Schutzhecken, besonders auf dem hohen Westerwald, ging auf seine Anregung zurück. Sie hatte den Zweck, Pflanzen und weidende Tiere gegen die rauen Nordostwinde zu schützen.

Die Konsolidierungen nahmen in den Folgejahren viele Gemeinden an, und nach 25 Jahren waren 215 Gemarkungen im Herzogtum zusammengelegt. Dabei wurde einheitlich im ganzen Herzogtum nach den Richtlinien und Grundsätzen der Konsolidationsverordnung verfahren. Das Herzogtum wurde geradezu ein Musterbeispiel guter Zusammenlegung. *«Daher haben alle nach den Grundsätzen der nassauischen Konsolidationen eingerichteten Gemarkungen ein sehr schematisches,*

von gradlinigen Gewanngrenzen gepräg-
tes Flurbild, das zum Teil bis heute erhalten
geblieben ist»[6]. Aber die unglückselige
Realteilung ging weiter, und wo kein Tei-
lungsverbot ausgesprochen wurde, musste
in späteren Jahren erneut zusammengelegt werden.
Zukunftsweisend bei der Einführung neuer
Bewirtschaftungsformen waren die Domi-
nalhöfe, die zum Teil von Mennoniten
gepachtet und bewirtschaftet wurden.
Bereits um 1770/80 nahm Fürst Karl
Wilhelm von Nassau-Usingen die aus der
Gegend von Heidelberg und Mannheim
eingewanderten Anhänger dieser evangelischen Glaubensgemeinschaft auf. Sie
waren hervorragende Ackerbauer und
Viehzüchter und wurden aufgrund ihrer
fortschrittlichen und intensiven Landbau-
technik zum Vorbild für die gesamte
nassauische Landwirtschaft.
Domänengüter, als Mustergüter eingerichtet und in Selbstadministration von Mennoniten bewirtschaftet, gaben wertvolle
Impulse im Ackerbau und in der Viehzucht.
Der Hof Gassenbach bei Idstein bekam
den Status einer landwirtschaftlichen
Versuchsanstalt und sollte mit der 1818
gegründeten Landwirtschftlichen Lehranstalt zusammenarbeiten. 1833 wurde
diese Aufgabe dem Hof Geisberg bei
Wiesbaden übertragen, der in späteren
Jahren eine bedeutende Institution wurde.
Ab 1856 war es möglich, die Erbleihe in
Eigentum umzuwandeln. Diese Privatisierung der Höfe hatte eine noch sorg-
fältigere Bewirtschaftung zur Folge. Die
verbesserte Dreifelderwirtschaft war schon
längst eingeführt, nun galt es, die neu auf-
gekommene Jauchedüngung zu nutzen.
Die Anwendung von Pottasche, Braun-
kohlenasche und Knochenmehl als
Dünger verbreitete sich sehr schnell. Auch
die Verbesserung der Rinder-, Pferde- und
Schafzucht lenkte der Staat mit vielen
Verordnungen und brachte sie auf einen

beachtlichen Stand. Solche Höfe wurden
beispielgebend für die ganze Region.
Die Besitzverhältnisse waren in den so
genannten Stockbücher festgehalten und
zu erkennen. Sie waren die Vorläufer unserer heutigen Grundbücher und dienten
bis 1901 der genauen Fixierung des
Grundbesitzes. Mit dem Stockbuchgesetz
vom 15. Mai 1851 war die Führung dieser
Bücher genau geregelt und vorge-
schrieben. In großen, dicken Büchern
standen handschriftlich eingetragen alle
Äcker, Wiesen, Gärten und Gebäude, die
zu einem Anwesen gehörten. Änderungen
der Besitzverhältnisse, z. B. durch Erb-
schaft oder Kauf, wurden ebenfalls eingetragen, ebenso eventuelle Belastungen.
Äcker und Wiesen wurden z. B. so be-
schrieben:
Nummer des Stockbuches: 3134
Nummer des Lagebuches: 4481
Flächengehalt: 58 Ruten, 8 Schuh
Beschreibung der Immobilie: Acker am
Hühnergraben
6. Gewanne zwischen Heinrich Kohl und
Peter Leinweber, jetzt Heinrich
Kohl und Heinrich Schmidt II
Erwerbsart: Kauf 27. Mai 1860[7]

Auch die Gemeindeäcker und -wiesen
waren in den Stockbüchern verzeichnet. In
den Voranschlägen der einzelnen Jahre
wurden jeweils die Pächter, die Stock-
buch-Nummern der gepachteten Flächen,
die Pachtdauer und das zu zahlende
Pachtgeld eingetragen. Erst nach der
Einführung der neuzeitlichen Kataster-
ämter verloren sie ihre Gültigkeit.
Die Leistungen der herzoglich-nassau-
ischen Regierung brachten das *Ländchen*
voran. Es vollzog sich eine Entwicklung,
die der Bevölkerung schon eine gewisse
wirtschaftliche Sicherheit gebracht hatte.
Erst mit der Sozialgesetzgebung ab 1880
begann ein neuer Abschnitt in der Geschichte von Wirtschaft und Gesellschaft,

aber von einer sicheren, geordneten sozialen Struktur, wie wir sie heute kennen, war man noch weit entfernt. Jedoch eine vom Bauerntum geschaffene Kultur war entstanden, auf die wir stolz sein sollten. Beharrlichkeit, Ausdauer und Fleiß hatten ein Stück Land geschaffen, das spätere Generationen unter Nutzung der neuesten Erkenntnisse aus Forschung und Technik zu einer bedeutenden Kulturlandschaft ausbauen konnten. Noch war es eine Zeit, in der der alte Vers seine volle Gültigkeit hatte:

> Bebau das Feld, bleib bei dem Pflug,
> dann nutzest Du der Welt genug,
> von Dir den Nutzen haben kann,
> der arme wie der reiche Mann.

[1] *Das beste Stück Vieh im Stall.*

[2] *Häbel, Hans-Joachim, Land- und Forstwirtschaft. In: Herzogtum Nassau 1806-1866. Politik-Wirtschaft-Kultur. 1981, S. 173-185, hier: S. 173.*

[3] *Struck, Wolf-Heino, Die Gründung des Herzogtums Nassau. In: Herzogtum Nassau 1806-1866. Politik-Wirtschaft-Kultur. 1981, S.1-17, hier: S. 9.*

[4] *Häbel, Land- und Forstwirtschaft (wie Anm. 1), S. 173f.*

[5] *Häbel, Land- und Forstwirtschaft (wie Anm. 1), S. 175.*

[6] *Ebenda.*

[7] *Gemeinde Schupbach, Stockbuch 4, S. 40.*

Das Feuerlöschwesen
in Herzoglich Nassauischer Zeit

Von Manfred Kunz

Die Brand- und
Versicherungsordnungen

Das Herzogtum Nassau (1806 - 1866), aus vielen Territorien gebildet, hatte vor 1806 vier verschiedene Verordnungen, die sich mit dem Bauwesen, den Schadensregulierungen und in einigen Teilen schon mit dem heutigen Begriff des *vorbeugenden Brandschutzes* befassten. Da einige Gebiete unseres Landkreises zweiherrisch waren, galten dort unter Umständen zwei verschiedene Fassungen. Im Einzelnen waren es:

- Die von Nassau-Weilburg aus dem Jahre 1751. Sie war für den heutigen Ostteil unseres Kreises, den ehemaligen Oberlahnkreis, gültig und trug den Titel: *«Fürstlich Nassau Saarbrücken-Weilburgische Feuer-, Bau- und Brand-Konkurrenz-Ordnung»*.
- In Nassau-Oranien wurde 1774 die älteste Versicherungsanstalt im technischen Sinne eingerichtet. Sie galt für den Raum um Hadamar und trug den Titel: *«Für die nassau-catzenellenbogenschen Lande aufgerichtete allgemeine Brand-Assecurations-Gesellschaft»*.
- In Nassau-Usingen kam man über die Planung einer Brandkasse um 1777 nicht hinaus. Erst 1806 wurde hier eine *Brand-Assekuranz-Verordnung* erlassen, die den Raum um Kirberg in Gemeinschaft mit Nassau-Oranien abdeckt.

Die kurtrierische Regierung mit ihren Gesetzen zum Feuerschutz und dem Versicherungswesen wirkte bis in unseren Raum. Das Territorium des Kurfürsten erstreckte sich um Elz und Limburg bis in den Goldenen Grund. Das Amt Camberg hatte durch seine Zweiherrschaft von Kurtrier und Nassau-Oranien eine Sonderstellung, ebenso Mensfelden und Linter. Die Verordnung von Nassau-Oranien trat 1774 in Kraft. Da in Kurtrier erst 1788 eine Regelung erlassen wurde, kann angenommen werden, dass im Amt Camberg die von Dillenburg angewandt wurde.[1]

Bis zur Gründung der Nassauischen Brandversicherungsanstalt war es üblich, dass den Brandgeschädigten durch Kollekten geholfen wurde. Vom großen Brand in Camberg im Jahre 1798 sind die Listen der Kollekten mit den Spendern erhalten. Es wurden Sammlergruppen gebildet, die man *Läufer* nannte. So gab es die *Escher, Görsröther oder Wörsdorfer Läufer*. Neben Geldbeträgen spendeten die Bewohner der Orte Brot, Korn, Gerste, Erbsen, Linsen, Kartoffeln, Heu, Krummet und Stroh. Die Spenden waren sehr unterschiedlich. Sie reichten von einem fl. (Gulden) oder einem Malter (160 Liter) Korn bis zu 222 fl. aus Limburg oder sieben Malter Korn und sieben Malter Gerste vom dortigen Stift. Neben den Spenden der Regierungen von Trier und Dillenburg gingen auch Einzelspenden ein. Der Mainzer Domherr von Hohenfeld schickte dem Camberger Pfarrer 108 fl. mit der Bemerkung, dass auch die geschädigten Juden davon ihren Anteil erhalten sollten[2].

Die Nassauische
Brandversicherungsanstalt

Am 1. Februar 1807 nahm die Nassauische Brandversicherungsanstalt ihre Tätigkeit auf.[3] Nun mussten die Gemeinden Brandkataster anlegen, in denen Gebäude taxiert, die Größe der Gebäude, aber auch ihre Beschaffenheit und besonders die Dacheindeckung erfasst wurden. Einige Gebäude waren noch mit Stroh gedeckt, eine Hauptgefahr für die Brandentwicklung. Man war bestrebt, bei diesen risikoreichen Dachbedeckungen andere Materialien zu verwenden, indem bei einem Schadensfall nur drei Viertel der Schadenssumme erstattet wurde. Für Camberg wurde 1807 das erste Kataster angelegt und bis 1812 ergänzt.[4] 1817 folgte eine neue Fassung mit dem Titel: *«Spezialkataster der Brandsteuer»*[5]. Auf 91 Seiten sind 455 Gebäude wie Wohnhäuser, Anbauten, Torbögen, Scheunen und Ställe erfasst. Von den Gebäuden waren 164 mit Schiefer gedeckt, 257 hatten ein Ziegeldach und 34 ein Strohdach.

Die Nassauische Brandversicherungsanstalt hatte im Jahre 1807 ein Versicherungskapital von 12.299.910 fl. Dem gegenüber wurden drei Brände mit 2.198 fl. entschädigt. 1817 betrug das Versicherungskapital 41.117.680 fl. 19 Brände mit einer Summe von 58.077 fl. mussten entschädigt werden.[6] Heute lebt der Name in der *SV Sparkassenversicherung Hessen-Nassau-Thüringen* fort. Sie entstand aus den drei hessischen Brandversicherungen von Wiesbaden, Darmstadt und Kassel, die im Jahre 1997 eine Fusion eingingen.[7]

«FEUERROTT» UND «FEUERLÄUFER»

Die *Feuerrott* und die *Feuerläufer* sind alte Begriffe für unsere heutigen Feuerwehren. Die Camberger *Feuerläufer* wurden 1608 erstmals erwähnt, als am Allerheiligentag im Flecken Villmar 86 Gebäude ein Raub der Flammen wurden.[8]

In der Zeit des Umbruchs, als die Zweistaatlichkeit mit Kurtrier in Camberg vorbei war und die Stadt nur noch zu einem Staatsgebilde gehörte, gab es Streit wegen der *Feuerläufer*, der sich bis 1826 hinzog. Vermutlich gaben die alten Kurtrierer Bestimmungen zum Brandschutz den Anlass zum Streit. Die jungen Männer der Stadt stellten die *18 Mann* starke *Feuerrott*. Von ihnen waren die beiden ältesten der *Rott-* und der *Leitermeister.* Brach ein Brand aus, musste die *Feuerrott* bis zu vier Stunden des Wegs dem Feuer entgegengehen. Begleitet wurden sie von den Fuhrleuten, welche die Feuerspritze aus dem Jahre 1749 fuhren. Dafür bekamen diese für jede Ausfahrt 1 fl. 30 xr. Das wollten die ebenfalls tagelang unentgeltlich unterwegs gewesenen *Feuerrottleute* nicht hinnehmen. Natürlich wurden sie bei den Bränden, ob in der Stadt oder über Land, verpflegt. In der Regel bekamen sie Branntwein, Kaffee, Butter- und Käsebrote. So auch 1818, als sie in Wallrabenstein ein viertel Ohm (35 Liter) Branntwein gereicht bekamen. Die Regel sah damals vor, dass die jungen Männer nach der Aufnahme in die Bürgerschaft in die Liste der Feuerläufer eingetragen wurden. Die jungen Fuhrleute waren davon befreit, da sie die Feuerspritze fuhren, Gespanndienste leisteten und in Trierer Zeit im Frondienst den herrschaftlichen *Gülteweizen* nach Limburg und Diez bringen mussten. Die Frondienste waren nun in Nassau aufgehoben, doch die Bauernsöhne gaben sich als Fuhrleute aus und umgingen so die Eintragung in die *Läuferliste.* Geklagt wurde beim Amt in Idstein, und hier wurde verfügt, dass nur diejenigen als Fuhrleute gelten, die ein eigenes Gespann und über genügend Ackerland verfügten. So mussten auch die Söhne der Fuhrleute und Bauern in die Liste aufgenommen werden und stellten die älteren *Feuerläufer* schneller frei.[9]

Aus dem Jahre 1817 sind die ersten Camberger Spritzenmeister bekannt. Sie waren für die Funktionsfähigkeit der Feuerspritze und der Geräte wie Schläuche und Leitern verantwortlich. Auch waren sie für den Einsatz der *Feuerrott* zuständig.[10]

Die jährliche Besoldung betrug für jeden der drei Spritzenmeister ein Klafter Holz, und für jeden Einsatz gab es 1 fl. 30 xr. 1821 verfügte die herzogliche Rechnungskammer, dass die jährliche Besoldung in 8 fl. umzuwandeln sei.[11]

DAS LANDESHERRLICHE EDIKT VON 1826

Mit der *«Baupolizeilichen Verordnung hinsichtlich der Feuersicherheit»* und der dazugehörigen *«Instruction für die Herzoglichen Schultheisen zur Vollziehung»* wurde am 9. November 1826 eine Reform des Feuerlöschwesens in Nassau vollzogen. Mit ihm wurde nicht wie in den alten Brand- und Versicherungsordnungen hauptsächlich die Schadensregulierung geregelt, sondern vieles in Richtung vorbeugender Brandschutz neu getan.[12]
Zunächst geht die Verordnung auf die baupolizeiliche Feuersicherheit ein. Bei den Vorsichtsmaßnahmen steht an erster Stelle, dass die Hausbesitzer es dulden, dass die Schornsteine mindestens viermal im Jahr gereinigt werden müssen. Jede Familie muss ein großes Gefäß mit Löschwasser vorrätig halten und einen Feuereimer besitzen. In allen Gemeinden des Herzogtums sollen brauchbare Löschgerätschaften wie Feuerspritzen, Leitern und Einreißhaken vorhanden sein oder angeschafft werden. Alle Geräte, besonders die Feuereimer, sind mit dem Namen der Gemeinde zu versehen. Jede Gemeinde hat so viele Feuereimer auf ihre Kosten anzuschaffen, wie es Familien dort gibt, und diese im Gemeindehaus oder Spritzenhaus aufzubewahren. Kleinere Gemeinden haben Spritzenbezirke zu bilden, wo sie gemeinsam eine Feuerspritze zu unterhalten haben.
Der Schultheiß hat den Einsatz zu leiten und Anweisungen zu geben. So kann er verfügen, Gebäude niederzureißen, um dem Feuer Einhalt zu gebieten. Neu war auch, wenn ein requiriertes Pferd beim Einsatz verlustig wird, dass die Gemeinde Ersatz zu leisten habe.
In acht Paragraphen sind die Regeln für die Rettungsmannschaft aufgestellt. Hier wird erstmals ein *Rettungscorps* genannt, das bei einer Feuersbrunst *«zum Retten von Menschen, Haustieren und Effecten»* bestimmt ist. Das *Rettungscorps* hat sich einmal im Jahr zu versammeln und mit der Spritze zu proben.
Dass die *Feuerrott* stets einsatzbereit sein musste, war damals so wichtig wie heute bei unseren Feuerwehren. Nur lag der Unterschied darin, dass es bei einem Brand lange dauerte, bis die nachbarliche Löschhilfe eintraf und dann unter Umständen schon der halbe Ort abgebrannt war. Wir kennen die verheerenden Ortsbrände in unserem südlichen Landkreis aus Ohren (1826), Dauborn (1836), Kirberg (1850) und Niederselters (1854).

DIE FREIWILLIGEN FEUERWEHREN

Es dauerte noch lange, bis sich die ersten Freiwilligen Feuerwehren bildeten. Mit ausschlaggebend war der große Brand in Hamburg, der vom 5. bis 8. Mai 1842 wütete und 75 Straßen mit 4.212 Wohnhäusern und drei Kirchen vernichtete. 100 Menschen kamen dabei ums Leben.[13]
Um 1846 entstanden im süddeutschen Raum die ersten Freiwilligen Feuerwehren. Von hier aus verbreitete sich diese erste große *Bürgerinitiative* zögerlich in den 30 deutschen Einzelstaaten aus. Am 27. Juli 1850 brannte in Wiesbaden die alte Mauritiuskirche ab. Das war wohl Anlass, die erste nassauische Freiwillige Feuerwehr in Wiesbaden zu gründen.[14] In der Nachbarschaft, in Mosbach-Biebrich, entstand 1851 wohl die nächste Freiwillige Feuerwehr.[15]
In unserem Raum gab es 1864 die ersten Ansätze zur Bildung einer Freiwilligen Feuerwehr in Limburg. Doch erst in preußischer Zeit, 1867, gründete sie sich aus den Reihen des Turnvereins.[16]

Interesse an einem gezielten vorbeugenden Brandschutz hatten auch die Feuerversicherungen. So schenkte 1860 die Aachener und Münchener Feuerversicherungsgesellschaft der Gemeinde Dombach eine *zweirädrige abprotzbare Handdruckspritze*.[17] Diese Feuerspritze hat sich erhalten und wird heute von der Freiwilligen Feuerwehr Bad Camberg bei historischen Übungen vorgeführt. 1866 schenkte die gleiche Versicherung der Stadt Limburg eine große Saug- und Druckspritze.[18]

IN PREUßISCHER ZEIT:
DER NASSAUISCHE FEUERWEHRVERBAND

1866, eine neue Ära begann. Herzog Adolph musste sein Land verlassen, Preußen annektierte das Nassauer Land. Die Bevölkerung nahm die neue Staatszugehörigkeit gelassen hin. Reformvorschläge waren in den letzten Jahren seitens der Regierung blockiert worden, und man hoffte, dass der Anschluss an das moderne Preußen einen Fortschritt für das Land bringe. So entwickelte sich langsam die Gründungsphase der Freiwilligen Feuerwehren in der *Provinz Hessen-Nassau.*

Neben Limburg wurde 1869 in Hadamar eine Freiwillige Feuerwehr gegründet. Zunächst änderte die preußische Verwaltung für die Feuerwehren wenig. Erst am 21. Juni 1882 wurde die alte Nassauische Feuerpolizeiverordnung aufgehoben und durch die Preußische ersetzt. Hier wurde auch die Errichtung von *Pflichtfeuerwehren* geregelt, wenn es keine Freiwillige in der Gemeinde gab. Das führte in den 80er und 90er Jahren zu vielen Neugründungen.[19]

Am 27. Juli 1872 gründeten die Freiwilligen Feuerwehren des Regierungsbezirks Wiesbaden den *Nassauischen Feuerwehrverband.* Mit dabei waren die Kommandanten von Hadamar, Limburg und Weilburg.[20]

Trotz politischer Veränderungen behielt der Verband mit Stolz seinen Namen und führt in seinem Wappen den nassauischen Löwen. Auch auf den Helmschildern und Koppelschlössern der Feuerwehren war in früheren Jahren der nassauische Löwe zu sehen.

Heute sind im Nassauischen Feuerwehrverband 25.000 aktive Feuerwehrleute zusammengeschlossen, die in 872 Feuerwehren ihren Dienst verrichten. Hinzu kommen 10.700 Jugendliche, die in 733 Jugendfeuerwehren organisiert sind. In unserem Kreisgebiet gab es vor der Gebietsreform zwei Feuerwehrverbände, die von Limburg und von Oberlahn. Seit 1975 sind sie im Kreisfeuerwehrverband Limburg-Weilburg vereinigt.

Mit 2.750 Aktiven, davon etwa 200 Frauen, in 111 Feuerwehren ist der Kreisverband die größte Hilfsorganisation des Landkreises. Sie alle nehmen ihren freiwilligen Dienst gegenüber ihren Mitbürgern ernst unter dem alten Wahlspruch:

«Gott zur Ehr – dem Nächsten zur Wehr».

[1] Lange, Ulrich, 175 Jahre Nass. Brandversicherungsanstalt. In: 25 Jahre Freiwillige Feuerwehr Schwickershausen. Bad Camberg 1982, S. 51ff.

[2] Kunz, Manfred, Dort wo es so häufig brannte. In: Freiwillige Feuerwehr Bad Camberg, ein Lesebuch zu ihrer Geschichte. Bad Camberg 1998, S. 34f.

[3] Stadtarchiv Bad Camberg (künftig StABC) XXVII-7-1.

[4] StABC XI-2-12.

[5] StABC XXVII-7-12 und II-3/9.

[6] Propping, Dr., Landrat, Die Nassauische Brandversicherungsanstalt – Denkschrift. Wiesbaden 1907, S. 74.

[7] Fuchs, Gerd; Brill, Gerhold, Landesfeuerwehrverband und Brandversicherer. In: 50 Jahre Landesfeuerwehrverband Hessen. Kassel 2004, S. 104ff.

[8] HHStAW 356-3357, S. 62, 65.

[9] StABC XXVII-5-19.

[10] Kunz, Manfred, Feuerspritzen - Pumpen 1750-1988. In: 90 Jahre Freiwillige Feuerwehr Bad Camberg – Festschrift. Bad Camberg 1988, S. 29ff.

[11] StABC XV-141-1 Blatt 103.

[12] Verordnungsblatt Herzogtum Nassau, Nr. 17 vom 16.12.1826.

[13] Magirus, Conrad Dietrich, Das Feuerlöschwesen in allen seinen Theilen, Ulm 1877, Nachdruck Zürich 1978, S. 57.

[14] Sack, Georg; Schamberger, Rolf, Landesfeuerwehrverband und Brandversicherer. In: 50 Jahre Landesfeuerwehrverband Hessen. Kassel, 2004, S. 68f.

[15] Sack, Georg, 150 Jahre Freiwillige Feuerwehr Biebrich 1851-2001. In: 150 Jahre Freiwillige Feuerwehr Wiesbaden-Biebrich. Worms, 2001, S. 71.

[16] Arnold, Hans, Die Geschichte der Stadt Limburg - Aus der Sicht des Brandschutzes und der Feuerwehr. Limburg 2004, S. 22f.

[17] StABC Urkunden zur Gemeinderechnung Dombach, 1860, S. 2, 82-86.

[18] Wie Arnold (Anm. 16), S. 22f.

[19] Amtsblatt der Königlichen Regierung zu Wiesbaden, 1882, Nr. 589, S. 235ff.

[20] Wie Arnold (Anm. 16), S. 21f.

Die historische Feuerlöschgruppe der Freiwilligen Feuerwehr der Stadt Bad Camberg mit ihrer Handdruckspritze von 1860.   *Foto: Manfred Kunz*

HERZOG ADOLPH UND DAS ENDE DES HERZOGTUMS NASSAU

VON MONIKA JUNG

Nach dem Tode Herzogs Friedrich August von Nassau am 24. März 1816 ging die Herzogswürde an die Linie Nassau-Weilburg über. Wilhelm von Nassau-Weilburg wurde der zweite Herzog von Nassau. Seine Schwester Henriette von Nassau-Weilburg hatte 1815 Erzherzog Karl von Österreich geheiratet, obwohl sie evangelisch war und nicht zum katholischen Glauben übertrat. Sie war die Mutter der Habsburger Erzherzöge Albrecht und Karl Ferdinand und die Urgroßmutter des 1914 ermordeten Thronfolgers Franz Ferdinand. Zudem brachte sie den evangelischen Brauch, einen Weihnachtsbaum mit Kerzen aufzustellen, nach Österreich.

Herzog Wilhelm von Nassau vermählte sich mit Luise von Sachsen-Hildburghausen. Am 24. Juli 1817 wurde ihnen im Biebricher Schloss der Erbprinz Adolph Wilhelm Karl August Friedrich geboren. Als dieser acht Jahre alt war, starb seine Mutter, und Herzogin Pauline von Württemberg wurde seine junge Stiefmutter. Für sie ließ Adolph in Wiesbaden das *Paulinenschlösschen* bauen.

Adolph und seine Geschwister Moritz und Therese bekamen nun noch drei Stiefgeschwister, von diesen wurde Sophia von Nassau (*6. Juni 1857) durch die Eheschließung mit Kronprinz Oskar II. von Schweden 1872 Königin von Schweden und Norwegen. Sie setzte sich durch ein großes soziales Engagement für ihre Untertanen ein und war die Urgroßmutter des heutigen Königs Karl Gustav von Schweden.

Erbprinz Adolph erhielt zunächst Privatunterricht und besuchte ab 1837 mit Bruder Moritz die Universität in Wien. 1840 übernahm er die Regentschaft im Herzogtum Nassau, 1844 heiratete er die 17-jährige Großfürstin Elisabeth Michailowna, eine Nichte des Zaren Nikolaus I., die schon ein Jahr später im Kindbett starb. Um seine Frau auf orthodoxem Boden zu beerdigen, ließ er in Wiesbaden auf dem Neroberg die Grabeskirche im russisch-byzantinischen Stil errichten, daneben entstand ein russischer Friedhof. In zweiter Ehe wurden ihm von Adelheit von Anhalt-Dessau drei Söhne und zwei Töchter geboren.

Als Regent lag auch Herzog Adolph die Landeswohlfahrt am Herzen, er regelte die Zehntablieferung neu und schuf eine einheitliche Besoldungsgrundlage für Offiziere und Zivilbeamte. 1838 wurde der Bau der nassauischen Eisenbahn begonnen und die Schiffbarmachung der Lahn geregelt. 1848 brachte die Revolution für Herzog Adolph die Bewährungsprobe. Während 30.000 Menschen sich um das Biebricher Schloss drängten, hielt sich Herzog Adolph in Berlin auf. Minister von Dungern bewilligte vorab die von August Hergenhahn übermittelten Forderungen der Nassauer. Herzogin Pauline sowie ihr Sohn Nicolas leisteten mit ihrer Person und Unterschrift für diese Erklärung Sicherheit und Bürgschaft. Zu den neun Forderungen des Volkes gehörten die Presse- und Meinungsfreiheit, gleiches und geheimes Wahlrecht, eine neue Verfassung mit Grundrechten sowie Trennung von Justiz und Verwaltung.

1864 feierte Herzog Adolph sein 25-jähriges Regierungsjubiläum. Die Nassauer ehrten ihren geliebten Herzog durch dreitägige Feierlichkeiten zu diesem Jubiläum.

Jedoch schon zwei Jahre später wird die schwarz-weiße Preußenfahne über dem Herzogtum aufgezogen. Der Deutsche Bund spaltete sich 1865 in zwei Blöcke, pro preußisch und pro österreichisch. Der Friede des Bundes wurde durch die eigenmächtige Annexion Holsteins durch Preußen zerstört. Der preußische Ministerpräsident Otto von Bismarck hatte diesen Krieg provoziert, um für Preußen die führende Position in Deutschland zu erreichen. Auf Antrag von Österreich, welches den Vorsitz im ständigen Bundestag in Frankfurt einnahm, wurde daraufhin am 14. Juni 1866 die Mobilmachung gegen Preußen beschlossen. Herzog Adolph stellte seine Truppen Österreich zur Verfügung, da er treu zum Deutschen Bund stand und seine Wiener Lehrjahre eine Verpflichtung auf die Politik der Donau-Monarchie bedeuteten. Zudem musste er auch den verwandtschaftlichen Beziehungen Rechnung tragen. Neben seiner Schwester Henriette, die Erzherzog Karl ehelichte, hatte auch Prinzessin Hermine von Anhalt-Schaumburg, eine Nichte Fürst Friedrich-Wilhelms, Erzherzog Joseph geheiratet und somit eine enge Bindung zum Hause Habsburg geschaffen.

Die Bundestruppen waren wackere Soldaten, doch war die Oberleitung schlecht, jeder Truppenteil stand für sich. Es gab kein Ineinandergreifen der Truppen wie 50 Jahre zuvor gegen Napoleon. Die Entscheidungsschlacht bei Königgrätz am 3. Juli 1866 bedeutete nicht nur das Ende des 1815 gegründeten Deutschen Bundes, sondern auch das Ende der Souveränität des Herzogtums Nassau. Daran konnte auch der Sieg Nassaus über Preußen am 12. Juli 1866 vor den Toren Nastättens in der Schlacht bei Zorn nichts ändern, denn es handelte sich hierbei nur um ein für den Kriegsverlauf unerhebliches Scharmützel. Aus Limburg nahmen an diesem Feldzug Dr. Heinrich Menges und Dr. Johann Wolf

sowie der Feldwebel G. Lavel und der Unterleutnant F. Brückmann teil. Aus Elz kamen Johann Martin und Johann Knops. Her. Menke stammte aus Hadamar und Feldwebel Jung-Diefenbach aus Lindenholzhausen.[1]

Die Niederlage der Reichsarmee zwang Herzog Adolph, sein Land zu verlassen. Am 8. September 1866 hielt er die Abschiedsparade zu Günzburg ab. Nach der Verlesung des Tagesbefehls entließ er mit bewegten Worten und Mahnungen seine nassauischen Truppen, den Offizieren stellte er frei, in Pension oder in preußischen Dienst zu treten. Noch heute steht an dieser Stelle ein Denkmal zum Gedenken an das letzte Lebewohl Herzog Adolphs an seine treue nassauische Armee.

Das Herzogtum Nassau war kein selbstständiger Staat mehr, eine tausend Jahre alte Dynastie war entthront. Das Herzogtum wurde von Preußen annektiert und zusammen mit der Freien Stadt Frankfurt und dem Kurfürstentum Hessen zur preußischen Provinz Hessen-Nassau zusammengefasst. Provinzhauptstadt wurde die bisherige kurhessische Residenzstadt Kassel. Nassau und Frankfurt bildeten den Regierungsbezirk Wiesbaden. Leiter der neuen preußischen Zivilverwaltung wurde Gustav von Diest, vorher Landrat von Wetzlar. Von 1867 bis 1869 war er der erste preußische Regierungspräsident von Wiesbaden. Im Amtsblatt konnte man lesen: *«Der Oberbefehlshaber der Mainarmee, Herr Generallieutnant Freiherr von Manteufel ermächtigt G. v. Diest die Administration des Herzogtums Nassau zu übernehmen».*[2]

Der Annexion des Landes durch Preußen standen weite Kreise der Bevölkerung nicht ablehnend gegenüber, wohl vorwiegend aus wirtschaftlichen Gründen. War doch die nassauische Wirtschaft in dem Jahrzehnt von 1850 bis 1860 aufgeblüht. In Nassau produzierte Ausfuhrgüter

(Eisenerz, Wein, Mastochsen, Marmor von der Lahn und Krüge aus dem Kannebäckerland) wurden fast ausschließlich nach Preußen geliefert, und Nassau wurde zum bedeutendsten deutschen Erzrevier. Leider verunsicherte Herzog Adolph die nassauische Wirtschaft mit seiner Orientierung an Österreichs Haltung in Bezug auf Wirtschaft und Politik. Aber nicht nur wirtschaftliche Fragen belasteten das Bürgertum, auch die politischen Errungenschaften der Revolution von 1848/49 waren durch Herzog Adolph zu Beginn der 50er Jahre wieder aufgehoben worden und störten das Verhältnis zwischen herzoglicher Regierung und Bürgertum. Die nassauischen Liberalen sahen, dass der energische Kampf der Fortschrittspartei in Preußen zum Parlamentarismus und freiheitlichem Rechtsstaat führte und beschlossen daher, am 1. März 1863 in Limburg ebenfalls eine Fortschrittspartei zu gründen. Dazu versammelten sich 400 liberale Persönlichkeiten aus ganz Nassau, um ihre Ziele in einem Wahlprogramm festzulegen: Niederlegung des autoritären Obrigkeitsstaates, gewählte Volksvertreter und Gründung eines liberalen Verfassungsstaates mit kommunaler Selbstverwaltung. Jedoch bestanden in politischer Hinsicht Bedenken gegen das Regiment Bismarcks. Die nassauische Fortschrittspartei beschloss daher schon im August 1866, dass die Grundsätze ihres Limburger Programms von 1863 weiterhin Gültigkeit hätten. Wichtigster Punkt sei die Fortsetzung des freiheitlichen Strebens, auch unter preußischer Herrschaft. Man sagte *Ja* zum deutschen Nationalstaat unter preußischer Führung und der erhofften wirtschaftlichen Prosperität jedoch mit kritischer Distanz zum Regiment Bismarcks. Als Zentren der linksliberalen Opposition galten die Wahlkreise Limburg und Wiesbaden. Die Sorge um die Zukunft aus wirtschaftlicher und politischer Sicht

veranlasste nassauische Unternehmer, Abgeordnete und städtisches Bürgertum sich mit Petitionen an König Wilhelm I. zu wenden und ihre Zustimmung, ja sogar Bitte um Eingliederung Nassaus in den preußischen Staat kundzutun. Verständlich blieb jedoch das Bewusstsein der Bevölkerung, ein *Nassauer* zu sein, man fand darin eine landsmannschaftliche Identifikation innerhalb des riesenhaften, sich von der Memel bis zum Rhein erstreckenden preußischen Staatsgebildes. In der Erinnerung war ihnen das Leben im Herzogtum lieb und teuer. Noch jahrzehntelang hing in vielen nassauischen Bauernstuben das Bild des ehemaligen Landesherrn Herzog Adolphs, wurde die nassauische Fahne am Geburtstag des *Herzogs* gehisst, und man fühlte sich als *Muß-Preuße.* Seine erneute Regentschaft im Großherzogtum Luxemburg war daher für viele ein stiller Triumph.

Die Verwaltung im annektierten Herzogtum sollte unter Wahrung der nassauischen Eigentümlichkeiten der preußischen angeglichen werden. König Wilhelm I. von Preußen erließ am 22. Februar 1867 dazu eine Verordnung über die Neuordnung der Verwaltungsbehörden. Aus dem Herzogtum Nassau, der Freien Stadt Frankfurt, dem Kreis Biedenkopf, einem Teil des Kreises Gießen und der Landgrafschaft Hessen-Homburg wurde der Regierungsbezirk Wiesbaden gebildet, der in zwölf Kreise eingeteilt wurde: Dillkreis, Ober- und Unterwesterwaldkreis, Ober- und Unterlahnkreis, Rheingaukreis, Ober- und Untertaunuskreis, Stadtkreis Wiesbaden, Landkreis Wiesbaden, Stadtkreis Frankfurt und den Hinterlandkreis (Kreis Biedenkopf). An die Spitze dieser Landkreise traten wie überall in Preußen Landräte. Dabei blieb die nassauische Amtsverfassung zunächst noch bestehen. Die Ämter hielten sich als Unterteilung der Kreise: Im Oberlahnkreis blieb Weilburg die Kreisstadt mit den Ämtern Weilburg, Hadamar und Runkel. Der Unterlahnkreis mit der Kreisstadt Diez behielt die Ämter Diez, Limburg, Nassau und Nastätten.

Der erste Landrat[3] im Amt Diez war Berthold Marcellius Johannes Edmund Nasse, sein Büro befand sich in der so genannten Rezeptur in Diez und war neben dem Landrat besetzt mit einem Kreissekretär und einem Kreisboten. Er erhielt ein Jahresgehalt von 1.200 Talern sowie eine Dienstaufwandsentschädigung von 1.100 Talern. Völlig beseitigt wurde die nassauische Amtsverfassung durch die Kreisordnung für die Provinz Hessen-Nassau 1885, als aus den zwei Kreisen 18 kleinere Kreise gebildet wurden, so auch der Kreis Limburg mit dem Amt Limburg, dem ein Teil des Amtes Idstein, Camberg sowie des Amtes Hadamar zugeteilt wurde.

1867 besuchte König Wilhelm erstmals offiziell das Nassauer Land und machte Station in Weilburg, Runkel, Diez und Limburg. In Limburg fuhr die königliche Reisegruppe unter dem Geläut aller Glocken ein. Zur feierlichen Vorstellung erschien neben Bischof Dr. Blum das gesamte Domkapitel, um den neuen Landesherrn zu begrüßen.

Herzog Adolph gelangte 1890 in der Nachfolge des nassauisch-oranischen Stammes auf den Thron der Großherzöge von Luxemburg. Auf dem Wiener Kongress 1814/15 war das Großherzogtum Luxemburg dem ottonischen Zweig des Hauses Nassau zugewiesen worden, und der walramische Zweig erhielt ein Erbfolgerecht auf Luxemburg, falls die ottonische Linie im Mannesstamm aussterben sollte. Dies trat 1890 ein, als König Wilhelm II. der Niederlande ohne männlichen Nachkommen starb. Seine Tochter Wilhelmine wird Königin der Niederlande, während Luxemburg dem Ex-Herzog Adolph von Nassau zufällt.

Ein Gedenkstein bei Günzburg erinnert an Herzog Adolph, der am 14. November 1905 verstarb.

Herzog Adolph lebte seit 1866 vorwiegend auf seinem Schloss Hohenburg bei Lenggries in Oberbayern. Der neuen Aufgabe als Großherzog Adolph I. von Luxemburg nahm er sich mit großer Gewissenhaftigkeit und Besonnenheit an. Er erwarb in seiner 15-jährigen Regentschaft ein hohes Ansehen und starb am 17. November 1905. Während alle deutschen Fürsten in der Novemberrevolution 1918 zur Abdankung gezwungen wurden, blieb den Nachfahren Herzog Adolphs der Thron erhalten bis in die heutige Zeit. Seit dem 7. Oktober 2000 ist Großherzog Henri von Luxemburg (* 16. April 1955) der sechste luxemburgische Herrscher der Dynastie von Nassau-Weilburg. Sein Vater Jean war von 1964 - 2000 Großherzog von Luxemburg, Herzog von Nassau, Prinz von Bourbon-Parma, Pfalzgraf am Rhein, Graf zu Sayn, Königstein, Katzenelnbogen und Diez, Burggraf von Hammerstein, Fürst von Mahlberg, Wiesbaden, Idstein, Merenberg, Limburg und Eppstein. Er besuchte am 9. Juni 1990 Weilburg. Anlass war der 100. Jahrestag der Thronbesteigung seines Großvaters Herzog Adolph von Nassau. In Weilburg wurden der Großherzog und seine Gattin Charlotte, Schwester des Königs Boudouin von Belgien, von Bundespräsident Richard von Weizsäcker und dem hessischen Ministerpräsident Walter Wallmann begrüßt.

---

[1] *HStAWiesbaden Abt. 202 Nr. 691ff (Herzoglich-Nassauische Militärverwaltung, Personalakten).*

[2] *Amtsblatt No. 237 vom 10.10.1866.*

[3] *Storto, Fred: Hundert Jahre Unterlahnkreis 1867-1967, Diez.*

Weitere benutzte Literatur:
- *HHStW: Akte 402.7 Militärische und zivile Besitzergreifung Nassaus durch Preußen*
- *Herzogtum Nassau 1806-1866. Politik-Wirtschaft-Kultur. 1981*
- *Jäger, Wolfgang, Staatsbildung und Reformpolitik. Politische Modernisierung im Herzogtum Nassau zwischen Französischer Revolution und Restauration (=Veröffentlichungen der Historischen Kommission für Nassau 50) Wiesbaden 1993k*
- *Lerner, Franz, Wirtschaft- und Sozialgeschichte des Nassauer Raumes 1816-1964. Herausgegeben von der Nassauischen Sparkasse anläßlich der 125jährigen Wiederkehr des Tages ihrer Gründung am 22. Januar 1840.*
- *Walter, Die Herzogliche Brigade im Feldzug 1866.*

WOHER KOMMT EIGENTLICH DER NAME WALDHAUSEN?

VON PETER PAUL SCHWEITZER

Waldhausen bei Weilburg ist das hochinteressante Beispiel eines Namens, der zwar völlig falsch verstanden wird, aber dennoch die Erinnerung an längst vergangene Jahrhunderte und ihre Geschichte weiterträgt.

Im *Goldenen Buch der Abtei Prüm* findet sich die etwa um 1100 angefertigte Abschrift einer Urkunde von 881, in der ein gewisser Priester *Helprad* Rechte und Eigengut *in pago qui uocatur superior logana in fine uel marka uualthusa* (= im Gau, der Obere Lahn genannt wird, im Gebiet oder auch der *Mark Walthaus*) der Abtei überträgt. Die Nennung *uualthusa* gilt als Ersterwähnung von Waldhausen.

Unter den übertragenen Gütern in der *Mark Walthaus* wird auch ein *Bifang*, ein Neurodegebiet, das im Westen an den *odinesbach* (= Odersbach) grenze, erwähnt. Das macht deutlich, dass die *Mark Walthaus* nicht mit der späteren Gemarkung Waldhausen gleichgesetzt werden kann, sondern einen wesentlich größeren Umfang gehabt haben muss.

Aber der Name der Mark *walthusa* verrät uns, dass er 881 keine Siedlung bezeichnen sollte: *-husa* ist nämlich Singular und dazu Nominativ und kein lokativer Dativ. Diesem Namen steht auch nicht als Bestimmungsteil *wald-* (= Wald in Gemeinbesitz) voran, weil man Wald im Gemeinbesitz als Weidegebiet in fränkischer Zeit nicht als Siedlungsland verwandte, weshalb die Namen Waldheim und Waldhausen nördlich der Mainlinie auch nur höchst selten vorkommen, um so zahlreicher aber Holzheim und Holzhausen, Siedlungen an Stellen von (privatem) Nutzwald.

Es steht vielmehr *walt-* (= Recht, Macht, Gewalt) da, ein Wort, das wir nur noch in Ableitungen kennen, in *schalten und walten*, in *verwalten, Gewalt* und *Verwaltung*. Die Mark heißt also nach einem Haus der (damaligen öffentlichen, königlichen) Gewalt, *Walthaus*, und man geht wohl nicht fehl, darin den einstigen rechtlichen Mittelpunkt der so benannten Mark zu sehen.

Doch damit beginnen die Fragen: Was für ein *Walthaus* war das? Da im hohen und späteren Mittelalter eben im gleichen Gebiet ein Gericht Heimau (später Löhnberg) ganz in der Nähe des Ortes Waldhausen besteht, kann im 881 genannten *Walthaus* ein Vorläufer dieses Gerichtes gesehen werden.

Dem scheint *-haus* zu widersprechen, trafen sich doch die frühen Gerichte angeblich unter freiem Himmel oder in heiligen Hainen. Für die fränkischen Gerichte trifft das aber nicht zu. Nach der Fortschreibung der Lex Ribvaria durch die Karolinger sollten die Termine der Königsgerichte, die die Gaugrafen im Auftrag des Königs abhielten, in festen Gebäuden stattfinden, zunächst in Vorräumen von Kirchen, später in eigens von den Gaugrafen zu errichtenden Gebäuden.

So hatte schon 818/819 Ludwig der Fromme im Artikel 14 seines Königgesetzes bestimmt: ... *Kleinere Termine aber halte der Gaugraf entweder innerhalb seines Machtbereichs oder wo er tätig werden kann. Wir wollen jedenfalls, dass vom Gaugrafen am Ort, wo er Termin halten soll, ein Haus erbaut werde, damit wegen der Sonnenhitze und des Regens das öffentlich Notwendige nicht unterbleibe.*

Das *Walthaus* dürfte also ein Gerichtshaus des Grafen des Oberlahngaus gewesen sein. Als *-haus* ähnelte es den fränkischen Gerichten auf dem Knoten an den *Königswiesen,* Hahrehausen *(harahus)* geheißen, und dem auf dem *Heidenhäuschen (harahus)* bei Hadamar, wo auch archäologische Gebäudereste nachgewiesen sind. Der nach der Prümer Urkunde übertragene *Bifang* des *Helprad* grenzte übrigens im Osten an Königsland.

DOCH WOHER KOMMT DANN DER ORTSNAME WALDHAUSEN?

Aus den umfangreichen Übertragungen des *Helprad* an das Kloster Prüm, die auch ein Herrenhaus samt Nebengebäuden und einer Reihe von Unfreien umfassten, dürfte sich das Dorf Waldhausen entwickelt haben, denn Prüm nennt im Goldenen Buch um 1100 diesen seinen Besitz *uualthuson* (= bei den Walthäusern). Das könnte heißen, dass das Walthaus mit diesem verkauften Herrenhaus identisch oder kombiniert war. Jedenfalls zeigt dieser Eintrag unter der Urkundenabschrift an, dass um 1100 *uualthuson* schon nicht mehr Name der Mark, sondern der des lokalen Besitzes des *Helprad* war. Der Name der Mark lautete inzwischen bereits – so vermute ich – *Heimau,* auch wenn dieser Name erst 1254 nachgewiesen ist. Nachweislich ist jedenfalls vor 1179 Königsland aus dieser Mark an die Grafen von Nassau gelangt, denen später dann das neue Gericht *Heimau* gehörte.

Das im Tal gelegene Dorf Waldhausen zählt heute 1.417 Einwohner (Stand: Juni 2002).
Foto: Simone Frohne

ÜBER FORCHHEIM UND WEILBURG NACH DEUTSCHLAND

VON ARMIN M. KUHNIGK

Im Jahr 2006 werden es 1100 Jahre her sein, dass der Sohn des Grafen im Oberlahngau seinem bei Fritzlar am 27. Februar 906 von Adalbert von Babenberg erschlagenen Vater Konrad dem Älteren das Geleit zur Grablege auf die Stammburg *Wilineburch* (Weilburg) gab. Laut dem Chronisten Regino von Prüm nahmen auch die Mutter Konrads des Jüngeren, die trauernde Glismuoda, sowie seine jüngeren Brüder Eberhard und Otto daran teil. Glismuoda überlebte ihren Ältesten bis ins Jahr 924, der 912 als Frankenkönig reichlich für ihren Lebensunterhalt gesorgt hatte. Nach der durch Reichstagsurteil am 9. September

Seit 2005 steht am Landtor in Weilburg eine Stele, die an Konrad I. erinnert. Foto: Bernd Kexel

906 erfolgten Enthauptung Adalberts von Babenberg war Konrad der Jüngere als Graf des Lahngaus ein wichtiger Helfer des letzten ostfränkischen Karolingerkönigs Ludwig IV., *des Kindes,* geworden. Ob dieser ihn auch zum Frankenherzog oder Herzog von Thüringen erhoben hat, bleibt unsicher. Noch in König Ludwigs IV. letztem Lebensjahr 911 finden wir Konrad dreimal auf königlichen Hoftagen, nämlich zu Bierstadt, Frankfurt und Forchheim. In letzterem Ort hatte schon nachweislich

903 sein Vater dem letzten ostfränkischen Karolinger aufgewartet, nachdem dieser in Forchheim am 4. Februar 900 zum König gewählt worden war.

Als Ludwig das Kind am 24. September 911 gestorben war, wählten die Franken und Sachsen schon am 10. November den jüngeren Weilburger Konrad in Forchheim zum König. Die Bayern und Schwaben schlossen sich erst später der Wahl des Franken an, obwohl der fränkische Königshof Forchheim in unmittelbarer Nachbarschaft zum bayrischen Nordgau lag und als richtiger Wahlort die Wahl auch legitimierte. In Forchheim, einem politisch nicht unbedeutenden mittelalterlichen Politzentrum, wo man noch heute stolz die Kaiserpfalz präsentiert, sind die frühen Weilburger Burgherren am Königshof des Öfteren nachweisbar.

Konrad I. war der letzte in Forchheim gewählte König, abgesehen von der Wahl des Gegenkönigs zu Heinrich IV., Rudolf von Rheinfelden, Herzog von Schwaben (1077) und zugleich letzter ostfränkischer König. Nach langen fruchtlosen Kämpfen mit Heinrich von Sachsen, Arnulf von Bayern und den streitbaren Fürsten Schwabens sah sich Konrad I. zuletzt auf seine Stammlande zurückgeworfen. Seine

Kaiserpfalz in Forchheim.
Foto: Armin M. Kuhnigk

Heirat 913 mit der Witwe des 907 ge-storbenen Markgrafen Luitpold von Bayern, der Schwester Erchangers, des Pfalz-grafen von Schwaben, zahlte sich nicht aus; letzteren ließ Konrad 917 sogar hinrichten. Erzbischof und Reichskanzler Heriger von Mainz scheint schon im September 918 auf dem Fürstentag in Forchheim König Konrad, durch Ver-wundungen auch körperlich geschwächt, geraten zu haben, den Sachsenherzog Heinrich statt seines Bruders Eberhard als König zu designieren. Jedoch erst auf dem Sterbelager in Weilburg wurde durch die Entsendung Eberhards ins Sachsen-land das in Forchheim Angedachte be-schlossen und in die Wege geleitet. Einen Tag vor Heiligabend starb Konrad 918, höchstens 35 Jahre alt, auf der Weilburg, und sein Leichnam wurde zur Beerdigung ins Bonifatiuskloster Fulda überführt, wo seine Grablege heute als verschollen gilt.

Dem Weilburger Testament König Kon-rads I. ist es zu verdanken, dass unter der Herrschaft der sächsischen Ottonen der ostfränkische Teil des Karolingerreichs sachlich – wenn auch nicht namentlich – zu einem deutschen Reich oder Deutschland zu nennenden Staatsgebilde geworden ist. Unter Führung der sächsischen Dynas-tie entwickelte sich zuerst so etwas wie ein deutsches Staatsbewusstsein und deut-sche Leitkultur. Wichtige Wegstationen zu solchem Anfang waren in der Tat Forch-heim und Weilburg.

Mit dem Weilburger Testament und der Wahl seiner Begräbnisstätte trat Konrad aus dem Schatten seiner karolingischen Vorgänger heraus, die sich in Lorsch begraben ließen. Gleichzeitig setzte er sich auch von der Familientradition ab, die in Weilburg die Anfänge einer Grablege legten. Die Wahl des Reichsklosters Fulda, wo die Gebeine von Bonifatius, des großen angelsächsi-schen Missionars, der die Sachsen chris-tianisiert hatte, ruhten, scheint mit Bedacht gewählt worden zu sein.

Weilburg an der Lahn, in dessen Mauern König Konrad I. durch vier diplomatisch nachzuweisende Aufenthalte (28. Novem-ber 912; 24. April 914; 9. Juli 914 und 9. August 915) präsent war, lehnte 1891 ein Denkmal für diesen Herrscher mit der Begründung ab: «*Die Regierung und die Zeit des Königs Konrad bieten keinen Grund dafür, ein Denkmal am hiesigen Platze zu errichten, wohl aber die drin-gendste Mahnung, davon abzusehen*».[1] Daraufhin wurde auf Initiative von Pfarrer Johann Ibach von Villmar 1894 ein Denk-mal für den einzigen Konradinerkönig auf der *Bodensteiner Lay* errichtet. Seit 2005 steht am Landtor in Weilburg nun auch eine Stele, die an Konrad I. erinnert, und in Fulda bemüht man sich, seine vergessene Grablege wieder neu ins Gedächtnis zu rücken, so wie sich auch die neuere Geschichtsschreibung bemüht, diesem König zwischen Karolinger- und Sachsen-herrscher eine gerechtere Würdigung zukommen zu lassen.

[1] *Vögler, Gudrun, König Konrad I. (911-918).
Vonderau Museum Fulda 2005, S. 10.*

DER DIRSTEINER HOF,
DER SPÄTERE JESUITENHOF

VON HERBERT STEINMANN

Wer mit offenen Augen durch das alte Ahlbach geht, dem fallen verschiedene große Höfe auf. Diese gehörten in früherer Zeit Adeligen oder Klöstern, wie z. B. der Dirsteiner Hof, später der Jesuitenhof genannt. Aus der bewegten Geschichte des Hofes sollen hier einige Details wiedergegeben werden. Seinen Namen führt der Hof nach dem im 12. Jahrhundert von dem Laurenburg-Nassauer Grafen Dudo gegründeten Frauenkloster Dirstein bei Diez. Ein Brief aus dem Jahre 1225, den Struck als besonders wertvoll bezeichnet, bestätigt die Schenkung eines Hofes zu Ahlbach durch Gisela von Rifenscheit an das adelige Nonnenkloster Dirstein:

«Ein latinischer brieff under hern Gerharts, graven zu Diez, ingesigel betreffen den hoff zu Ahlbach, welchen Gisel von Riferscheit dem convent zu Dierstein erblich legirt und gegeben, also anfahnent: In nomine sanctae et individuae trinitatis Gisela matrona de Riferscheit, omnibus in perpetum, anno domino 1225.[1]»

Für die Bewirtschaftung überließ das Kloster den Bauern Grund und Boden zu unterschiedlichen Bedingungen und forderte als Gegenleistung Naturalien. Im August 1466 gehörten ca. 60 Morgen Land zum Dirsteiner Hof[2]. Ein Pachtvertrag vom 25. Januar 1485 zwischen dem Kloster und den Eheleuten Feickel besagte: *«Elisabeth Beyern von Boppard, Äbtissin, und der Konvent des Klosters Dirstein, Tr. D., verleihen dem Peter Feickel, wohnhaft zu Ahlbach, und dessen Frau Gele ihren Hof zu Ahlbach mit Zubehör an Haus, Hof, Äcker, Gärten, in Dorf und Feld, wie der verstorbene Henne Feickel ihn innehatte, auf 26 Jahre, beginnend am 22. Febr. (zu*

sanct Peters tag im lentzen zu latein cathedra gnandt), gegen 8 Ml (Malter) Korn LM (Limburger Maß), mühlengar und marktgebig, die zwischen dem 15. August (Maria Himmelfahrt) und 8. September (Maria Geburt) auf einmal nach Dirstein oder $^1/_2$ Meile Wegs darum, wohin sie oder ihr Kellner es anweisen, auf Kosten und Gefahr der Beliehenen zu liefern sind. Auch sollen sie zur Anerkenntnis jährlich ein Fastnachthuhn geben. Sterben sie vor Ablauf der Pachtzeit, so soll der älteste Erbe den Hof mit seinem Recht und Fastnachtshuhn empfangen und die übrigen Jahre aushalten. Sie sollen den Hof in gutem Bau halten. Würden die Gebäude durch Herrennöte verbrennen und verderben, so soll jenen Eheleuten das gleiche Recht wie andern Hofleuten zustehen. Verstoßen sie gegen den Vertrag, so kann das Kloster sie pfänden oder den Hof wieder zu sich nehmen. Trägt der Hof die Schuld nicht, so kann es sich an deren andere Güter und Nahrung halten.[3]»

Am 10. September 1564 wurde das Kloster säkularisiert. Damals lebten nur noch vier Nonnen und ein Pfründner oder Verwalter und seine Frau im Kloster. Das Kirchenschiff und die Choranlage wurden in den 1719 fertig gestellten Neubau des Barockschlosses Oranienstein der Fürsten von Nassau-Diez-Oranien einbezogen.

Die Einkünfte des Dirsteiner Hofes gingen seit 1584 nach Herborn an die *Hohe Schule,* der von Johann VI. von Nassau-Dillenburg (1559 - 1606) in diesem Jahr gegründeten nassauischen Akademie, einer reformierten Hochschule mit universitärem Charakter. 1650 wurde nach langem

Streit Fürst Johann Ludwig von Hadamar (1590 - 1653) Besitzer des Hofes von Ahlbach. Am 3. Oktober 1652 schenkte er den Hof den Jesuiten zu Hadamar zur Unterhaltung des von ihm am 3. Oktober 1653 gegründeten Gymnasiums, der heutigen Fürst-Johann-Ludwig-Schule. Der Hof zu Ahlbach hieß von nun an Jesuitenhof.

Nach dem Güterverzeichnis in der Hauschronik der Jesuiten *(Historia domestica)* lieferte der Hof 1700 zwölf Malter Winterweizen, einen Malter Sommerweizen, fünf Malter Gerste und einen Malter Hafer. Weitere Einträge in der Hauschronik gewähren Einblicke in das nicht immer problemfreie Verhältnis der Ahlbacher Heimberger mit den Jesuiten in Hadamar. 1702 heißt es: «*Im Dorf Ahlbach hat der Heimberger einen Streit mit uns angefangen. Er wollte einen neuen Weg durch einen Teil unseres Feldes legen lassen und sein eigenes Feld damit verschonen. Der Fürst ernannte Schiedsrichter. In Gegenwart der Herrn Räte Hungrighausen und Schwan, Superiors und Prokurators wurde das umstrittene Feld besichtigt mit dem Resultat, dass dem Vorhaben des Bürgermeisters nicht stattgegeben wurde.*» Für 1735 lesen wir: «*Der Heimberger in Ahlbach hatte unserem Hof einen Soldaten zum Winterquartier geschickt. Er musste ihn aber auf einen Beschluss der Kanzlei hin wieder ausquartieren. Wir hatten uns wegen der Verletzung der Immunität beschwert.*» Im Jahre 1748 wurde im Jesuitenhof zu Ahlbach eine neue Scheune gebaut, da die alte einzustürzen drohte. Die Ausgaben hierfür betrugen 300 Reichstaler und mehr.[4]

Als der Jesuitenorden 1773 aufgehoben wurde, fielen die Güter an Nassau-Oranien. 1806 wurde das Fürstentum Nassau-Oranien in das von Napoleon gegründete Großherzogtum Berg mit der Regierung in Düsseldorf eingegliedert. Unter französischer Verwaltung (1806 - 1813) floss der Ertrag des Hofes ab 1811 dem Universitätsfonds in Düsseldorf zu.[5] Seit 1817 gehörte der Hof dem nassauischen Zentralstudienfonds, der Stipendien für bedürftige nassauische Studenten vergab.

1866 wurden die Gebäude, ein zweistöckiges Wohnhaus, 38 Fuß lang, 20 Fuß tief (1 Fuß = 30 cm), und die dazugehörigen Stallungen, heute in der Borngasse gelegen, teilweise niedergelegt, anschließend jedoch wieder aufgebaut.

Seit 1878 war Jacob Hofmann der Eigentümer. Es folgten Josef Hilb, danach Peter Hilb, der als Pferdezüchter des bodenständigen *Nassauer Kaltblutes* weit über die Grenzen des Nassauer Landes bekannt war. Anfang 1960 wurde der bäuerliche Betrieb aufgegeben.

Das Luftbild von 1961 zeigt den Dirsteiner Hof, nachdem der bäuerliche Betrieb bereits aufgegeben worden war.

[1] *Struck,Wolf-Heino, Quellen zur Geschichte der Klöster und Stifte im Gebiet der mittleren Lahn bis zum Ausgang des Mittelalters. Bd. 3: Die Klöster Bärbach, Beselich, Dirstein und Gnadenthal, das Johanniterhaus Eschenau und die Klause Fachingen. Regesten (vor 1153) - 1634 (Veröffentl. d. Historischen Kommission f. Nassau 12, 3) 1961, S. XXXIV, S. 284, Reg. 540a.*

[2] *Struck, Klöster 3, S. 328, Nr. 649.*

[3] *Struck, Klöster 3, S. 353, Nr. 671.*

[4] *Die Hausgeschichte der Jesuiten zu Hadamar (1630 - 1772) übersetzt von Dr. Walter Michel. Hadamar. 1985, S. 826, 1353, 1448 und frdl. Mitteilung vom 14.2.1987.*

[5] *Becker, Hans, Ahlbach und seine neue Kirche. Ahlbach 1960, S. 40.*

Die Hofbesitzer (1911):
Anna Maria Hofmann, Katharina Hilb,
Theresia Hilb, Jacob Hofmann, Josef Hilb
und ein Knecht (v.r.).

128

200 JAHRE ZIEGELHÜTTE IN WÜRGES

VON KARL-HEINZ BRAUN

Wenn man von Würges in Richtung Walsdorf fährt, ist das letzte Haus am Ausgang des Dorfes auf der linken Seite das Anwesen der Familie Bermbach. Der Bauernhof mit angegliederter ehemaliger Ziegelei, im Würgeser Sprachgebrauch auch die *Ziegelhütt'* genannt, besteht schon seit 200 Jahren und befindet sich immer noch – in der siebenten Generation – in Besitz der Familie Bermbach. Während der landwirtschaftliche Betrieb im Laufe der Zeit modernisiert und verändert wurde, ist die Ziegelhütte, das Gebäude, in welchem die Ziegel geformt und gebrannt wurden, baufällig geworden, und es ist fast abzusehen, wann Dach und Fachwerk zusammenstürzen. Nur der Brennofen mit den Feuerungszügen – mit Bruchsteinen gemauert – ist fast unverändert und wird noch viele Jahre überdauern.

Bis zu Anfang des 19. Jahrhunderts gab es in Würges bereits eine Ziegelbrennerei am westlichen Ausgang des Dorfes in Richtung Wallrabenstein, die ebenfalls von der Familie Bermbach betrieben wurde. (Die Bermbachs in Würges werden heute noch sozusagen als Beinamen *die Ziegler* genannt.) Diese frühere Ziegelei wurde im so genannten *Feldbrand* betrieben, d. h. es gab kein festes Gebäude, in welchem das Handwerk ausgeübt wurde. Man war vom Wetter abhängig und musste beim Brennvorgang von Ziegeln und Mauersteinen wesentlich mehr Energie, also Brennholz, aufwenden als bei einem stationären gemauerten Brennofen.

Im Januar des Jahres 1805 beschloss der 28-jährige Ziegler (Berufsbezeichnung) Johann Georg Bermbach, den Familienbetrieb seines Vaters Johann Wilhelm zu

Alte Ziegelhütte in Würges, um 1805 erbaut.

Foto: Karl-Heinz Braun

verlassen und eine eigene Ziegelei zu errichten. Er schrieb an das Herzogliche Amt in Camberg sowie an den Gemeindevorstand von Würges den auszugsweise wiedergegeben Brief:

«Durchlauchtigster Fürst, gnädiger Fürst und Herr!
In der Gemarkung Würges befindet sich eine Gegend, welche eine Tonerde enthält, die nach der von mir angestellten Prüfung zum Ziegelbrennen vorzüglich brauchbar ist. Ich bemerke zugleich, daß der diesen Ton enthaltende Distrikt mir eine Ausbeute auf mehrere Jahre versichert. (Heutige Flur 4, Flurstück 69, Grass)
Den von mir gefassten Entschluß teilte ich den Vorstehern von Würges mit. Die abschriftliche Anlage erweiset, daß mein Vorschlag genehmigt wurde, und daß die Gemeinde Würges....mich bei meinem Unternehmen zu unterstützen bereit ist. Die eben belobte Unterstützung besteht darin, daß man mir zur Erbauung meiner Ziegelhütte einen Platz überlassen will, der mir, da er nahe an einer Hauptstraße liegt und den zu eröffneten Gruben nahe ist, jeden Vorteil gewährt, während die Entfernung des zur Anlegung eines Ziegelofens dienenden Terraines für die Ortschaft Würges keine Feuersgefahr befürchten lasset....[1]»

Er führt weiter aus, dass ein beträchtlicher Teil der im Amt Camberg zu verbrauchenden Ziegel kostspielig herbeigeschafft und dadurch Geld außer Landes gebracht werde. Und er argumentiert weiter: Die weise Anordnung, dass keine neuen Strohdächer mehr angelegt werden dürfen, habe zur Folge, dass, da Schiefer zu weit entfernt und zu kostspielig ist, mehr Ziegel zur Bestreitung der Bedürfnisse erforderlich sind als ehedem.
Auf diese Argumentation erfolgte die Zustimmung des Amtes. Der Würgeser Gemeindevorstand beschloss am 28. Januar 1805, dem Ziegler Johann Georg Bermbach einen mehrere hundert *Gänge* von Würges entlegenen (heute Flur: 3 im *Steinchen* gelegen), der Gemeinde gehörigen, aber unnutzbaren Platz zu dem Zwecke zuzuweisen, dass solcher (der Ziegler) auf demselben eine Ziegelhütte errichten könne. Unterschrieben vom Fürstlich Oranisch-Nassauischen Schultheißen Peter Becker, dem in diesem Jahr nicht mehr Kurfürstlich-Trierischen, sondern Fürstlich-Nassau-Weilburgischen Schultheiß Lewalter und Johann Wilhelm Diehl als Bürgermeister (Gemeinderechner).[2]
Nach einer landesherrlichen Verordnung von 1773 mussten alle neuen Gebäude, auch wenn es nur ein Stall war, mit Ziegeln oder Schiefer gedeckt werden. Weitere Verordnungen über den baulichen Zustand der Schornsteine, deren schlechte Bauweise häufig die Ursache von Bränden war, folgten in den Jahren 1818 und 1826. Hier war der Ortsschultheiß angehalten, in Begleitung eines Maurers, eines Zimmermanns und eines Schornsteinfegers zweimal im Jahr den baulichen Zustand der Gebäude und Hofreiten zu visitieren und eventuelle *Gebrechen* zur Anzeige zu bringen. Ab 1854 durften dann Kamine nur noch mit Ziegelsteinen gemauert werden.
Dass diese neuen Verordnungen berechtigt waren, zeigt die hohe Zahl von Bränden in dieser Zeit.[3]
Man kann davon ausgehen, dass mit wenigen Ausnahmen alle Häuser in Würges und auch Umgebung bis ins ausgehende 18. Jahrhundert mit Stroh gedeckt waren. Obwohl durch landesherrliche Verordnung von 1773 angeordnet war, dass alle neu zu errichtenden Häuser mit Ziegeldächern zu versehen seien, hielt man sich doch nicht so genau an diese Verordnung; schließlich war eine Umstellung auf ein Ziegeldach teurer als ein Strohdach, da der Dachunterbau von Strohdächern in der Holz-

konstruktion einfacher zu gestalten war, als dies bei einem Ziegeldach der Fall war. Aber auf Dauer gesehen, war das Ziegeldach doch das bessere. Es wurde langsam davon abgegangen, das Fachwerk der Häuser, Ställe und Scheunen mit den so genannten Stickstöcken, welche mit einem Lehm-Strohgemisch ausgeworfen waren, zu versehen. Man mauerte die *Gefächer* mit getrockneten Lehmziegeln, teilweise auch mit gebrannten Ziegelsteinen aus. Neu zu errichtende Kamine wurden als so genannte *Russische Kamine* (wie wir sie heute noch haben) ausgeführt. Man ging immer mehr von den innen besteigbaren, offenen Kaminen ab.

Ältere Leute erzählten in diesem Zusammenhang, dass sich die Kaminwände der alten, von innen besteigbaren Kamine dadurch, dass sich der Schornsteinfeger durch den Kamin robben musste, mit der Zeit nach außen drückten und so immer wieder reparaturanfällig wurden. Außerdem fiel Ruß und Dreck auf die zu dieser Zeit noch offenen Feuer- und Kochstellen. Der Rauch wurde durch den Rauchfang nach außen geleitet, Schinken und Würste hingen zum Räuchern im Rauchfang und fingen oft, je nachdem wie stark geheizt wurde, Feuer. Die Küchenwände waren in der Regel, bedingt durch das offene Herdfeuer, so dunkel wie in einer Schmiede.

Anfang des 19. Jahrhunderts gab es noch einen hohen Anteil von strohgedeckten Häusern in Würges, so auch in den Nachbarorten. Strohdächer waren, wie schon erwähnt, nicht unbedingt auch die billigen Dächer, da diese ständig überprüft und repariert werden mussten. So schrieb am 15. Oktober 1803 der Johannes Lewalter aus Würges (Beiname: Althannese) in sein Tagebuch: «... *hat mir der Strohdecker (Dachdecker) von Steinfischbach und sein Geselle auf dem Dach gearbeitet. Ich habe dafür 30 Kreuzer und die Kost gegeben.*» Und am 9. Oktober 1804 schrieb er: «*Die*

selben zwei haben dreiundeinviertel Tag gearbeitet pro Tag für 36 Kreuzer und die Kost.»

Ein und ein halbes Fuder Stroh wurden benötigt, um das Dach zu decken, das Fuder zu 60 Garben und dem Preis von 8 Gulden für ein Fuder.[4]

Durch die kontinuierliche Umstellung von Strohdächern auf *Festdächer* und vom *Steigkamin* auf den so genannten *Russischen Kamin* sowie der Aufmauerung der Häuser vom Bruchstein bzw. Fachwerk in Backstein stieg natürlich der Bedarf an Dach- und Mauerziegeln schlagartig an. Schon Ende des 19. Jahrhunderts hatte sich der Anteil der strohgedeckten Häuser auf ca. 35 Prozent reduziert.

So war der Bau der geplanten Ziegelhütte mehr als gerechtfertigt. Diese ist ein relativ großes Gebäude (über 150 Quadratmeter Bodenfläche und ca. sechs Meter hoch). Der Rohstoff Lehm wurde mit einem einachsigen Wagen, dem so genannten *Koben*, der von einem Pferd gezogen wurde, von der Lehmkaute in die 150 Meter entlegene Ziegelei gebracht. Hier musste das Rohmaterial, welches gezielt nur für die Herstellung von Dachziegeln oder Bodenfliesen vorgesehen war, auf einem handbetrieben *Kollergang* zerkleinert werden. Dieser Vorgang war erforderlich, um zu vermeiden, dass gröbere Steine mitverwendet wurden, die nach dem Brennen zu undichten Stellen im Dachziegel geführt hätten. In einer Grube von drei mal drei Metern und einem Meter Tiefe wurde dann der Lehm mit Wasser versetzt und mit den bloßen Füßen solange gestampft, bis die Masse die richtige Konsistenz hatte. Nun ging es an das Formen. Es gab nur drei verschiedene Produkte: Dachziegel, Bodenfliesen und Mauerziegel, auch Backsteine genannt. Man benutzte in der Regel Holzformen, die auf Bretter gelegt wurden. Bei den Dachziegeln war der Aufwand etwas größer, denn man musste mit den Fingern die Oberfläche in Form bringen und die so genannte Nase zum späteren Aufhängen auf die Dachlatte gesondert anbringen. Die Dachziegelformen waren aus Metall gefertigt. Nach dem Trocknen der Produkte auf langen Regalen – das ganze Gebäude war für diesen Vorgang schon mit durchbrochener Ausmauerung der Fachwerke versehen, damit die Luft ungehindert Durchzug hatte – wurde *der Ofen gesetzt*. Zuerst kamen die Backsteine, welche so aufgestapelt wurden, dass die heiße Luft freien Durchzug hatte, danach wurden die Dachziegel aufgeschichtet und zum Schluss die Bodenfliesen. Der Brennofen, ein relativ großer Raum, nahm ein Drittel der Fläche im Untergeschoss der Ziegelei ein. Dieser war mit Luftschächten versehen und aus Bruchsteinen gemauert. Große gewölbte Stollen, die so genannten Züge, sorgten für die erforderliche Luftumwälzung. Zum Anheizen wurde nur das Holz der Fichte benutzt, um schnell eine große Hitze zu erreichen, danach wurde die Feuerung mit Eichenholz (zu 90 Prozent Abfallholz) aufrecht erhalten. Ein Brennvorgang dauerte zwei Wochen, und während dieser Zeit musste der *Ziegler* mit seinen Helfern bei Tag und in der Nacht bereit sein, den *Brand* zu überwachen. Für diese *Wachen* hatte die Ziegelei einen besonderen Raum, welcher zum Aufenthalt sowie auch für das Übernachten geeignet war. Heute noch wird erzählt, dass man sich die lange *Brennzeit* in geselliger Runde mit Freunden und Helfern beim Kartenspiel in diesem Raum verkürzte. So mancher Tropfen Apfel- oder Beerenwein, für dessen hervorragende Qualität die *Ziegelhütt'* damals bekannt war, wurde hier verköstigt und viele Dorfgeschichten zum Besten gegeben. Man hatte oder nahm sich Zeit und machte sich keine Hektik. Die Menge der Backsteine von

einem *Ziegelbrand* war ausreichend, um die Hälfte des Kellers eines Wohnhauses zu mauern; Dachziegel reichten für ein ganzes Dach.

Die Endprodukte waren, verglichen mit den heutigen Ziegeleiprodukten, nicht immer gleichmäßig in der Form, aber die Haltbarkeit war sehr gut. Es gibt heute noch alte Remisen und Stallgebäude in Würges und Umgebung, die mit diesen Baumaterialien gebaut sind und deren Zustand noch relativ gut ist.

Die hier genannten Dachziegel waren 32 mal 14 mal 1,5 Zentimeter groß, die Ziegelsteine – auch Backsteine genannt – zum Mauern von Kellerwänden bzw. Ausmauern der Fachwerkgefächern hatten die Maße 24 mal 12 mal 5,5 Zentimeter.

Wenn man bedenkt, wie hoch der Aufwand an Arbeitskraft und Brennholz zum erzielten Endprodukt stand (1.000 Backsteine kosteten im Jahre 1837 = 10 Gulden), dann konnte der Ziegler mit seinem Handwerk keinen Reichtum erwerben. Nur zusammen mit dem Betreiben einer Landwirtschaft kam man *über die Runden*.[5]

Im Jahre 1936 wurde der Ziegelofen zum letzten Male angeheizt; eine Rentabilität war nicht mehr gegeben, denn die in Camberg neu errichteten so genannten *Ringöfen* arbeiteten wesentlich rationeller.

[1] *Bad Camberg, Stadtarchiv, Nr. XXIII/6-19.*

[2] *Braun, Karl-Heinz; Müller, Erich, Würges in der Geschichte. Hg. vom Magistrat der Stadt Bad Camberg. 1984, S. 142f..*

[3] *Aus der Sammlung landesherrlicher Edikte und anderer Verordnungen des Herzogtums Nassau vom 1.7.1816; § 6 vom 17.1.1806; Verordnungsblatt des Herzogtums Nassau Nr. 23 vom 27.11.1854.*

[4] *Bad Camberg-Würges, Pfarrarchiv der katholischen Kirche, Notizbuch des Johannes Lewalter.*

[5] *Interview des Autors mit dem Sohn des letzten Zieglers, Arnold Bermbach, im Janur 1997.*

Eine jüdische Hochzeit

Die «Ketubah», der Ehevertrag von Fanny Marx aus Münster und Moses Goldschmidt aus Homburg vor der Höhe

Von Christa Pullmann

5. Mose, 24, 1:
«Wenn jemand ein Weib nimmt und ehelicht sie und sie findet später keine Gnade vor seinen Augen ..., so soll er einen Scheidebrief schreiben ...»
Mischna, Traktat Nedarim IX, 5:
«Sogar, wenn du das Haar deines Hauptes verkaufen müsstest, du gibst ihr die Eheverschreibung.» (Rabbi Akiwa)

Bis auf den heutigen Tag wird nach den Vorschriften der *Thora* ein Ehevertrag vom Bräutigam und Zeugen unterschrieben, in dem die Pflichten des Mannes gegenüber seiner Frau festgelegt werden. Auch eine evtl. Scheidung wird geregelt.[1] Dann erst wird unter der *Chuppa,* dem Traubaldachin, durch einen Rabbiner die Trauung vollzogen. Der Bräutigam steckt der Braut einen Ring an den Finger. Danach werden sieben Segenssprüche über einem Becher Wein gesprochen, und der Bräutigam zertritt ein Glas oder wirft es auf den Hochzeitsstein im Synagogenhof, um an die Zerstörung des Tempels in Jerusalem zu erinnern. Manchmal trägt er über seinem Anzug ein weißes Hemd, sein künftiges Totenhemd, um darauf zu verweisen, dass wir auch im Glück des Todes gewiss sein sollen. Der Ehevertrag, die *Ketubah,* oft ein wunderschön verziertes Dokument, bleibt im Besitz der Frau.
In den Akten der Jette Marx, Witwe von Isaak Aaron aus Münster, fand sich der Ehevertrag ihrer Tochter Fanny von 1825, der aus dem Hebräischen ins Deutsche übersetzt in Auszügen wiedergeben wird. Wie die *Wimpel* aus Weyer, so ist diese *Ketubah* aus Münster etwas Besonderes:

«Mit Gottes Hülfe!
Gutes Glück treibe hervor und bringe in die Höhe wie das Kraut eines bewässerten Gartens die Worte dieses Bundes und dieses Contracts, welchen die zwey Partheyen geschlossen und verabredet haben auf dem Trauungstag als Mittwoch, 12. im Monat März, im Jahr 5585 in Homburg vor der Höhe, nehmlich die Frau Rebbe[2] Isaac Goldschmidts Wittwe und ihr Herr Sohn, der Bräutigam Moses Isaac Goldschmidt dahier auf der einen Seite und Frau Jettche Isaac Aarons Wittwe und ihre Tochter und Braut Jungfer Fradel oder Fanny von Münster, Amt Runkel, Herzogthum Nassau auf der anderen Seite.
Vor uns unterschriebenen Zeugen haben diese Partheyen auf alle Weise, wie es nur vortheilhaft seyn kann, über alle Worte dieses Vertrages, der hier nun folgt, den Mantelgriff[3] gemacht. Ehrfurcht für den Ewigen ist alles Wissens Anfang.
Zuvörderst hat der Bräutigam, Moses Isaac Goldschmidt, die Jungfer Braut, Fanny Israel vermittelst eines goldenen Trauurings geehelicht und geheyrathet, auch sie unter den Trauhimmel geführt nach den Rechten Moses und der Israeliten. Sie hat auch den Trauring angenommen, nach Gebrauch und eingeführter Weise. Frau Rebbe obgedachte Goldschmidts Wittwe hat ihrem Sohn Moses Goldschmidt die Summe von 4320 fl. (schreibe: Viertausend drei Hundert und zwanzig Gulden) zur Aussteuer und zwar dergestalt gegeben, nehmlich an baarem Geld Eilf Hundert Neun und Vierzig Gulden acht Kreuzer, sage fl. 1149,8 Kr und an Ausstand Waare nach vorgelegtem Verzeichnis der Mutter Fl. 3170, 52 Kr, Sa 4320 fl.

Ferner gab sie ihrem Sohn an Immobilien ein Drittel von ihrem ganzen Haus Nr. 375 mit, ein Drittel Garten, Keller, Stallungen, Hof und Speicher. Dann ein Drittel von ihrem halben Wohnhaus Nr. 10 in hiesiger Judengasse und im Mann Stand zwischen Simon Nachdendorf und Gebrüder Rothschild in hiesiger Synagoge bewerkställigte nicht nur gedachtem Ehepaar vermittelst Herrschaftlicher Gnade den Schutz und Annahme unter jüdischer Gemeinde auf ihre alleinige Kosten[4], sondern möblirte für ihre Rechnung zwey Zimmer sehr anständig, kleidete sowohl ihren Sohn als auch Schwiegertochter mit Ehrenkleidern für Sabbath und Feiertage, gab Ehrenbraut- und Hochzeitsgeschenke ihrem Stande gemäß und brachte sie vor der Trauung den ... Chatjes Brief[5] von ihr

zwei hier wohnhafte Söhne Latzar und Bär Goldschmidt unentgeldlich bei. Frau Jettche, Isaacs Wb. hingegen gab als Mitgift ihrer Tochter Fanny ohne einen Abzug die Summe von 3000 fl. (Schreibe dreitausend Gulden) ... zum Teil in Bargeld oder Obligationen, zahlbar ohne Aufschub an Moses Goldschmidt ...

Ferner gab sie ihrer gedachten Tochter ein vollständiges Gericht Bett-Weißzeug und sonstiges Hausgereths, so wie auch Ehren- und Hochzeitsgeschenke ihrem Stand gemäß, gab auch ihrer Tochter die Versicherung vermittelst Starrbrief, daß nach diesem Inhalt ihre Tochter Fanny so wie einer ihrer Söhne als Erben eingesetzt sein soll. Die Hochzeit wurde auf vorstehendem Datum dahier in Homburg, und zwar auf beiderseitige Kosten vollzogen und gefeiert.

Das Foto zeigt einen Hochzeitsstein auf einem der «Wimpel» von Weyer mit der Aufschrift: Mazel tov = viel Glück.   Foto: Christa Pullmann

Von nun an soll gedachtes Ehepaar in Liebe, Freundlichkeit leben, weder er ihr noch sie ihm etwas in der Welt verhehlen, verbergen und vorbehalten. Sollte aber, welches nicht geschehen möge! Herr Moses Goldschmidt sich gegen seine Ehegattin Frau Fanny davon oben Meldung geschehen so betragen, daß sie es nicht länger aushalten könne und darüber klagen müßte, so soll er ihr sogleich und ohne Verzug fünfzehn Gulden zu ihrem Unterhalt geben und eben so viel hernach alle Monate, so lange der Zwist dauert. Er soll auch ihre Kleider und Kleinodien, die zu ihrem Leibes Anzug gehören, geben. Vornehmlich aber soll er mit ihr für (vor) jüdischem Richter, worunter sie stehen, und zwar innerhalb 14 Tagen, wenn sie es von ihm verlangen wird, erscheinen. Auf den Ausspruch von diesem Richter soll die ganze Sache der Streitigkeiten ankommen. Wenn sie sich darauf nun wieder verglichen haben, so soll die Frau Fanny zu ihres Mannes Hause zurückkehren und alles, was an baarem Gelde, Kleider und Geschmeide noch vorhanden ist, mit zurück bringen.»

Nun folgen genaue Regelungen über Zahlungen beim Tod des Ehemannes Moses oder seiner Frau Fanny, gestaffelt nach verbrachten Ehejahren, je nachdem ob Kinder geboren wurden oder nicht.

«Alles Vorstehende haben gedachte Partheyen und dieses Ehepaar vor uns unterschriebenen Zeugen vermittelst Handgelübde und Mantelgriff und schwerem Bann ganz vollkommen, nicht Scheinkontrakt, auch nicht ein bloßer Entwurf zu befestigen und zu bestätigen auf sich genommen. Zu mehreren und zu rechtskräftigen erschienen die Partheyen, dieses Ehepaar in Gegenwart deren Zeugen eigenhändig zur Unterschrift

Rebbe Frau Isaac, Jettche Frau Israel, Moses, Sohn der Eheleute Isaac Goldschmidt, Fradel Tochter Isaak, die Frau

Moses Goldschmidt. David Löb Wolf, Judenschaftsdiener und beglaubigter der hiesigen Israelitischen Gemeinde, als Zeuge Löb Baer Baruch, Vorsänger, und Beglaubigter der Israelitischen Gemeinde dahier als Zeuge. Daß diese Übersetzung obenen Original Hebräischen Eheparts wörtlich gleichlautend sind, wird vermittelst meiner Unterschrift attestirt.»

---

[1] HStAW, Abt. 239, Nr. 778. Vor der Hochzeit wird dies alles ausgehandelt. Das sind die so genannten. «Tnaim», die schon bei der Verlobung aufgesetzt werden. Wenn sämtliche Bedingungen bis zur Hochzeit erfüllt sind, werden diese «Tnaim Achronim» zusätzlich zur Ketuba mit ihr zusammen unterschrieben.

[2] «Rebbe» ist ein Ehrentitel für einen gelehrten Laien, der kein Rabbiner ist.

[3] Der halachiche Ausdruck hierfür lautet «Kinjan Sudar». D. h., um den Ankauf, in diesem Falle der Braut, durch den Ring, das Brautgeld usw. symbolisch zu bekräftigen, hielten früher, von Babylonien bis zur Moderne, der «Verkäufer», in diesem Falle der Rabbiner und der Bräutigam als «Käufer» den Zipfel oder Rand des Obergewandes, des Mantels, mit beiden Händen fest. Heutzutage halten nach der Unterschrift des Ehevertrages der Rabbiner und der Bräutigam ein Taschentuch an beiden Enden fest und heben es in die Höhe. Symbolische Handlungen bei Verträgen sind sehr wichtig, es kann auch das Ausziehen von Schuhen sein. Wie bei Hiob, Kap. 2, 12-13, «Und da sie ihre Augen aufhoben von ferne ... ein jeglicher zerriss sein Kleid ... und saßen mit ihm auf der Erde sieben Tage und sieben Nächte ...». Heute schneidet man im Todesfall ein Revers am Anzug oder Mantel ein.

[4] Die Brautmutter besorgte also auch für das junge Ehepaar den Schutzbrief für Juden.

[5] Chatjes-Brief ist jiddisch. «Chássene machen» ist ein Kind verheiraten. Hebräisch heißt es Chalitza. Originaldokument im HStAW Abt. 239, Nr. 778. Nach dem 5. Buch Mose, Kap. 25, 5-10, also nach der Thora, sollen die Brüder des Bräutigams bei seinem evtl. Tod und wenn die Ehe kinderlos geblieben ist, die Witwe heiraten, um den Bestand der Bruderehe zu sichern und dem Bruder „einen Namen zu geben". Die Braut sollte aber zustimmen, ohne weitere Forderungen zu stellten. Sehr schön wird das im Buch Ruth Kap. 4 geschildert. Da der rechtmäßige Erbe Ruth, die kinderlose Witwe aus Moab, nicht heiraten will, wird dies Boas tun.

WEN WÄHLEN WIR?

VON FRANZ-KARL NIEDER

Wir leben in einer Demokratie. In einer Demokratie herrschen nicht mehr die Fürsten, eigentlich auch nicht die Parteien, sondern hier bestimmt das Volk über sein Geschick. Und das Volk artikuliert seinen Willen durch Wahlen. Im Jahr 2006 stehen wieder Kommunalwahlen an, so auch die Wahlen zur Stadtverordnetenversammlung. Die folgenden Zeilen möchten auf dieses Ereignis hinweisen und *Entscheidungshilfen* geben.

1891 war in Preußen eine neue Städteordnung in Kraft getreten. Sie bedeutete einen weiteren Schritt von der alten Bürgergemeinde hin zur Einwohnergemeinde. Nur der war früher Mitglied einer Gemeinde mit allen Rechten und Pflichten, der in diese Gemeinde aufgenommen worden war, und diese Bürgeraufnahme kostete Geld. Ab 1891 spielte nicht mehr die Bürgeraufnahme, sondern der Wohnsitz eine größere Rolle. *«Das alte Bürgerrecht ist erloschen, und Bürger ist jetzt gleichbedeutend mit Einwohner.»* Mit der neuen Städteordnung kam eine neue Wahlordnung. Die Stadtverordneten wurden auf sechs Jahre gewählt; alle zwei Jahre schied ein Drittel der Mitglieder aus; man konnte jedoch neu gewählt werden. Nach der Wahl von 1891 wurde durch das Los bestimmt, wer nach zwei und wer nach vier Jahren ausschied. Alle zwei Jahre gab's also eine Stadtverordnetenwahl, alle zwei Jahre entsprechende Wahlversammlungen, alle zwei Jahre Wahlkampf. Es war eine *Dreiklassenwahl*. Die Wähler wurden nach ihrer Steuerleistung in drei Klassen eingeteilt, sozusagen vom Finanzamt. Zunächst wurde die Gesamtsteuersumme aller Wähler errechnet. Dann wurde, von oben beginnend, so lange addiert, bis das erste Drittel der Steuersumme erreicht war.

Somit standen die Wähler der ersten Klasse fest. In gleicher Weise wurde die zweite und dritte Klasse ermittelt. Bei der Stadtverordnetenversammlung 1891 waren in Limburg in der ersten Klasse 66 Personen, in der zweiten 166 und in der dritten 700 Personen wahlberechtigt. Dennoch wählte jede Klasse die gleiche Anzahl an Abgeordneten, nämlich acht Personen. Demokratisch war das und auch von oben her nicht gewollt. Es versteht sich von selbst: Wahlberechtigt und wählbar waren nur Männer; Frauen durften noch bis 1919 auf die politische Gleichberechtigung warten! Im Vorfeld der Wahl gab es nun große Aktivitäten. Die Parteien riefen zu Wahlversammlungen auf, selbstverständlich zu getrennten Wahlversammlungen für die einzelnen Klassen. Eine 50er Kommission, wohl parteipolitisch nicht gebunden, versuchte, einen eigenen Wahlvorschlag zu machen. Da es keine Stimmzettel gab, wurden in den einzelnen Wahlversammlungen Wahlempfehlungen ausgesprochen.

In Limburg fand die Wahl für die dritte Klasse am Donnerstag, Freitag und Samstag (10. bis 12. September 1891) von 9.00 bis 1.00 Uhr (= 13.00 Uhr) und von nachmittags von 3.00 bis 6.00 Uhr, am Samstag nur bis 5.00 Uhr) statt. Die zweite Klasse wählte am Montag (14. September) von 9.00 bis 1.00 und nachmittags von 3.00 bis 5.00 Uhr, die erste Klasse am Dienstag (15. September) nachmittags von 2.00 bis 5.00 Uhr. *«Als Wahllokal für alle Klassen ist der Saal links am Eingang in dem Elementarschulgebäude an der Hospitalstraße bestimmt.»* Über den Wahlakt legte die Wahlordnung fest: *«Die Wahl selbst erfolgt, indem der aufgerufene Wahlmann an den zwischen der Wahl-*

versammlung und dem *Wahlkommissarius* aufgestellten Tisch tritt und den Namen desjenigen nennt, dem er seine Stimme gibt. Den vom *Wahlmann* genannten Namen trägt der *Protokollführer* neben den Namen des *Wahlmannes* in die Wahlmännerliste ein, wenn der *Wahlmann* nicht verlangt, den Namen selbst einzutragen.» Das Wort *Wahlgeheimnis* war damals ein Fremdwort. – Demokraten, Liberale, Sozialdemokraten und Zentrum lehnten das Drei-Klassen-Wahlrecht als undemokratisch ab; dennoch blieb es bis kurz vor der Revolution von 1918 in Kraft.

Vielleicht können wir heute dem damaligen Wähler ein paar Entscheidungshilfen geben. Nachher ist man ja immer klüger. Schauen wir uns also die damaligen Parteien an. Da waren die Liberalen, die *Freisinnigen.* Ihr großes Verdienst ist es, den Gedanken an Freiheit und Gleichheit im 19. Jahrhundert geprägt und sich für die Durchsetzung von Freiheitsrechten eingesetzt zu haben. Nur nebenher sei gesagt: die bürgerlichen *Freisinnigen* taten sich dann später schwer, das einmal für die Bürger erkämpfte Freiheitsrecht auch an den *vierten Stand*, die Arbeiter, weiterzugeben. Religion war damals nicht die stärkste Seite der *Freisinnigen*. Die Kirchenthesen wurden zwar erst später formuliert, aber die *Freisinnigen* unterstützten Bismarck beim so genannten Kulturkampf gegen die katholische Kirche. Dann war da das Zentrum, stärkste politische Kraft in der Bischofsstadt Limburg. Ohne das Zentrum ging dort nichts; Limburg war tiefschwarz. Das Zentrum war der politische Arm der katholischen Kirche. Diese forderte zwar auch Freiheit, meinte aber eine Freiheit für die Kirche; die Freiheit des Einzelnen, z. B. dem Staat (und der Kirche) gegenüber, war für die Kirche kein Thema. Schließlich wurden vom Papst auch Sätze der *Freisinnigen* im *Syllabus* als falsch bezeichnet. Kein

Wunder, dass zwischen Zentrum und *Freisinnigen* wenig an Übereinstimmung, teilweise sogar Feindschaft vorhanden war. Limburg war fest in der Hand des Zentrums, das dort mit einer respektablen Zweidrittelmehrheit die anderen Parteien an die Wand spielen konnte. In manchen Orten, die heute zur Stadt Limburg gehören, konnte es sogar die fast beängstigende Mehrheit von 90 Prozent der Sitze erreichen. Nur am Rande sei vermerkt: gerade Limburg und die *90-Prozent-Orte* waren später weithin immun gegen die *braune* Ideologie der Nazis.

Gegen Ende des 19. Jahrhunderts formierte sich eine neue politische Kraft, die Sozialisten. Sie hatten anfangs große Probleme mit der Frage, wie sie ihr Ziel, eine größere Gerechtigkeit für die Arbeitenden, erreichen wollten. Die einen dachten mehr an eine Weltrevolution und an Waffengewalt – zu allen Zeiten ein probates, wenn auch letztlich unwirksames Mittel –, die anderen wollten nur politische Mittel einsetzen. Bismarck und der Kaiser gehörten nicht zu den Freunden der Sozialdemokraten; in den Sozialistengesetzen versuchten sie, was im Kulturkampf gegen die katholische Kirche nicht gelungen war; jedoch auch den Sozialisten gegenüber versagten solche Verbote. In Limburg, der Kaufmannsstadt, taten sich die Sozialdemokraten zunächst schwer; Zentrum und *Freisinnige* saßen bereits fest in ihren Sätteln. Im Lauf der Zeit schaffte die Partei dann respektable Ergebnisse, nicht so sehr in Limburg, wohl aber im Deutschen Reich.

Nun könnte man meinen, bei dieser Konstellation sei damals ein Konsens der Parteien nicht denkbar. Dem war aber nicht so. Die Liberalen lehnten 1877 Bismarcks Pläne zur Erhöhung der indirekten Steuern und zur Einführung eines Tabakmonopols als Eingriff in das Wirtschaftsleben ab. Und so vergaßen *Freisinnige* und

Zentrum ihre alten Gegensätze und sind sogar ein Zweckbündnis (gegen Bismarck) eingegangen. Sie einigten sich, für die Reichstagswahlen 1884, 1887 und 1890 in jedem Wahlkreis nur mit einem Kandidaten anzutreten, und zwar von jener Partei, die 1881 die meisten Stimmen erhalten hatten. Und so kam es, dass bei den Reichstagswahlen 1884, 1887 und 1890 im für Limburg zuständigen Wahlkreis nur der Kandidat der Liberalen aufgestellt und von den Limburger Zentrumswählern mit großer Mehrheit gewählt wurde.

Diese drei politischen Parteien, die Liberalen, die Sozialdemokraten und das Zentrum haben sich gegen die Monarchie und für ein demokratisches Deutschland eingesetzt. Sie wurden die tragenden Kräfte der Weimarer Verfassung und anfangs auch der Weimarer Republik. Man spricht von der Weimarer Koalition; ein Sozialdemokrat wurde der erste demokratisch gewählte deutsche Reichspräsident: Friedrich Ebert.

Im Vorfeld der Stadtverordnetenwahl von 1891, der ersten nach der neuen Städteordnung, hat es viele Versammlungen, Besprechungen, Diskussionen gegeben. War es des Guten zuviel? Mit humorvoller Feder hat damals Georg Link den Wahlkampf im Lahnanzeiger vom 15. September 1891 skizziert; gefunden wurde das Gedicht (wie auch das folgende) im Privatarchiv von Friedel Kloos.

Der Wahlkampf.

Wär dieser Wahlkampf nur vorüber,
Man hat ja weder Rast noch Ruh',
Mein Mann bekam das Wählerfieber
Und trinkt noch vieles Bier dazu.

Kaum tagt es, fängt er an zu rennen,
Läuft zu Bekannten hin und her,
Läßt sich die Auserwählten nennen
Und meint, daß mancher besser wär'.

Das Wohl der Stadt mach' ihm viel Sorgen,
Er sei als Bürger auf der Hut,
Und sitze er auch bis zum Morgen,
Das käm' der ganzen Stadt zugut.

Man müsse in die Zukunft schauen,
Dazu gehöre viel Verstand,
Und will man eine Großstadt bauen,
So liegt das jetzt in uns'rer Hand.

Die Stadt durchbrach bereits die Schranken,
Nie war ein solcher Aufschwung da,
Dem Bürgerausschuß müßt ihr's danken,
Der sagte doch zu allem: Ja.

Wenn wir uns keine Mühe sparen
Und geh'n nicht um den Brei herum,
Bekommen wir nach wenig Jahren
Sogar auch ein Gymnasium.

Der Sack wird sich gewaltig heben,
Verliert er auch dabei die Ruh',
Wenn wir den Durchbruch noch erleben
Vom Rechtsweg nach dem Dome zu.

Wird unser Eifer niemals müde,
Dann wird, eh' hundert Jahr' vergeh'n,
In unserm schönen Stadtgebiete
Der Schafsberg in der Mitte steh'n.

Das giebt dann schöne Sommersitze,
Wenn er mit Willen ist bebaut
Und von der höchsten kahlen Spitze
Ein prächtig Rathhaus niederschaut.

Durch kluge Wahlen kann es glücken,
Daß auch der große Wurf gelingt,
Den Steuersatz herab zu drücken,
Der nur um viele Schoppen bringt.

Die Polizeistund' sei begraben,
Geh' jeder völlig frei nach Haus,
Wollt ihr am Abend Ruhe haben,
So wählt sittsame Bürger aus.

Wird unser weiser Plan gelingen
Und stimmen auch die Gegner ein,
Dann können wir begeistert singen:
Lieb Vaterstadt magst ruhig sein!

Georg Link.

Verantwortlicher Redakteur: Fritz Machmer
in Limburg a. d. Lahn.
Lahnwasserwärme: 18 Grad R.

Zwei Jahre später, 1893, stand – das wurde bereits berichtet – erneut eine Stadtverordnetenwahl an. Ein Drittel der 1891 in jeder Steuerklasse Gewählten schied aus, ein Drittel wurde neu gewählt. Es hat wohl deutlich weniger an Wahlwerbung und Wahlversammlungen gegeben, so dass sich die Frage stellte:

Wen wehle m'r ?

M'r heert nix, seegt d'r Philipp zum Gevadder,
's is alles mäusistill uff baade Dhal.
Wos woar des vor zwaa Joahr a laud Geschnadder
Schon wochelang vor uns'rer Stadtratswahl.

Denk ich an des Geriß un all des Wese,
Do werd m'r heud d'r Kopp noch doll un voll –
Un jetz des Schweie! – 's is aach nix zu lese –
Waaßt Du vielleichd woas des bedeude soll?

Doau Schläächder! seegt der, schläächder, dommer Hannes,
Doau host kaa'n Ahnung von d'r Bolidik.
Is so e Frag aach werdig eines Mannes,
der doch seid lange Joahrn schon sieht zurick?

Im Stille riste sich die zwaa Bardeie
Uf Dod un Lewe - wie sich's mag gestalde –
Sieg oder Tod. So dhud e Jeder schreie -
im Iww'rige – bleibd alles ja bei'm Alde.

Des glaab Du net! – D'r Philipp ruft's vermesse:
E neuer Geist steckt in de Wehler drin,
Die hawwe doch so manches net vergesse
Un stimme jetzt gewiß in anner'm Sinn.

Gih haam mit Deine Aeppel ! Wos däi wolle? –
Seegt d'r Gevadder – Leeh' dich uff dein Ohr –
Aus uns'rer Wahlorn gihd bestimmd die volle
Erbrobde alde Garde stolz hervor.

Des is net woar. Ich kennt' d'r drei schon nenne,
Die wolle iwwerhaupt net meh'n enei'n -
So seegt d'r Philipp – Ach! des is zu Flenne,
Seegt d'r Gevatter – Des ist alles Schei'n.

Wer a'nmol hot im Stadthaussaal beradhe
D's Wohl d'r Stadt mit sorgeschwerem Blick,
Un soll dann net meh'n stimme mit und dhade –
So Aaner tritt soleicht doch net zerick.

Die bleiwe All! Dhud se nor widder wehle.
Ich geb'mein Sege aach recht gern dezu.
Wus solle sich die Anner'n erscht noch quele.
Stimmt mit, do hot die arm Seel' widder Ruh'.

Den unbekannten Verfasser des Gedichtes – es stand im Limburger Anzeiger vom 15. November 1893 – plagten wohl weniger ideologische und grundsätzliche Fragen der einzelnen Parteiprogramme. Den *«zwaa Bardeie»* geht es ums Überleben, es geht *«uf Dod un Lewe»*. So sagten sie wenigstens; aber *«im Iww'rige – bleibd alles ja bei'm Alde»*. Aha, Parteienverdrossenheit nennt man so etwas heute, über 100 Jahre später. Oder auch Resignation? *«Dhud se nor widder wehle. Ich geb'mein Sege aach recht gern dezu. Stimmt mit, do hot die arm Seel' widder Ruh'.»* Heute ist das ganz ganz anders, oder? Was meinte schon viel früher *Kohelet* im Alten Testament: *«Nihil novum sub sole.»* Es gibt nichts Neues unter der Sonne.

Fotos: Simone Frohne

METZGERGESELLENVEREIN BRÜDERSCHAFT LIMBURG:

100 JAHRE FAHNENWEIHEFEST

VON DR. RÜDIGER FLUCK

«Vom herrlichsten Sommerwetter be-günstigt», so berichtete der Limburger Anzeiger in seiner Ausgabe vom 18. Juni 1906, *«konnte sich das Fahnenweihefest des hiesigen Metzgergesellenvereins 'Brü-derschaft' nach allen Seiten voll entfalten und zu einem schönen Volksfest gestalten. In dem glänzenden Festzug, welcher sich*

Limburger Metzgermeister waren durch den Vorstand ihrer Innung vertreten und man hatte diesen Herren einen Wagen zur Verfügung gestellt. Drei Musikkapellen, sowie einige Trommler- und Pfeifer-abteilungen waren im Zuge vertreten, sowie zahlreiche Fahnen und Banner, ganz so, wie sie an dieser Stelle bereits der

Feldpostkarte zur Fahnenweihe 1906.

Archiv: Heinz Müller, Limburg

von 3 Uhr ab durch die festlich ge-schmückten Straßen der Stadt bewegte (an der Spitze die prächtige Gruppe der Radfahrer), gaben zahlreiche Metzger-gehilfenvereine von auswärts und sämt-liche Limburger Vereine, das Festkomitee, die Ehrenjungfrauen in üblicher Weise dem festgebenden Verein das Ehrengeleite. Die

Reihe nach aufgeführt wurde. Aber auch ein mit Bändern geschmückter Ochse marschierte strammen Schrittes im Fest-zug mit, gefolgt von zwei ebenfalls auf-geputzten Metzgerhunden. Eine Gruppe von Metzgergesellen folgte dem Schlacht- und Dienstvieh, mit Beilen ausgerüstet; überhaupt machte dieses Arrangement

143

der Festveranstalter, zumal es vorher auch nicht angekündigt war, einen ausgezeichneten Eindruck auf die Zuschauer, die in riesiger Menge sich den Zug ansahen und ihm auf den Festplatz folgten. Hier angekommen vollzog sich der Weiheakt besonders feierlich; Fräulein Selma Gerolstein sprach den Prolog. Der Obermeister der Fleischerinnung Limburg, Herr Metzgermeister Franz Schaden, hielt die Festrede, namens der Meister, die Gesellen zu ihrem Ehrenfeste beglückwünschend, sie ermunternd allezeit Eintracht untereinander und ein gutes Verhältnis zu den Meistern zu pflegen. Auf das Blühen, Wachsen und Gedeihen des Metzgergesellenvereins 'Brüderschaft' brachte er ein Hoch aus. Die vereinigten Gesangvereine Limburgs: 'Eintracht', 'Evangelischer Kirchenchor', 'Liederblüte' und 'Gutenberg' trugen als Festlied unter der Leitung des Gesangs- und Musiklehrers Josef Keul den Kreutzerschen Chor 'Das ist der Tag des Herrn' feierlich vor. Herr Schaden weihte hierauf die Fahne und übergab sie dem Fahnenträger, Metzgergehilfen Rickle (bei Herrn Baier). Der Fahnenträger gelobte, sie stets in Ehren zu halten, so sehr es nur in seinen Kräften stehe. Nunmehr erfolgte in einer langen Reihe die Überreichung von Ehrengaben. Es spendeten Fahnenschleifen: Die Limburger Frauen und Jungfrauen der Metzgerschaft, der hiesige Bäckergehilfenverein, der Metzgerklub 'Wiesbaden', der Fleischergesellenverein 'Wiesbaden', ferner die Metzgergesellenvereine zu Mainz, Offenbach, Fulda; sodann ein Trinkhorn die Braugehilfen Limburgs; einen Pokal der Metzgerverein 'Frankfurt'; Fahnennägel die Metzgergesellenvereine zu Coblenz, Hanau, Gießen, Biebrich-Mosbach und Oberlahnstein. Sämtliche Spender beglückwünschten hierbei den festgebenden Verein in herzlichster Weise. Der Vorsitzende desselben, Metzgergehilfe Karl

Dillmann, Hospitalstraße dahier, dankte in warmen Worten und gelobte, dass der Verein sein neues Banner stets als ein Zeichen der Treue untereinander, der Treue gegen die Meister und in treuer Gesinnung gegen die Einwohner der Stadt mit Pflege der Liebe zu Kaiser und Vaterland tragen werde. Und so klangen diese schönen Worte denn auch in ein kräftiges 'Kaiserhoch' aus. Damit war der eigentliche Festakt beendigt und nahm nunmehr das Volksfest auf dem mit Buden der verschiedensten Art und mit Wirtszelten gut besetzten Festplatz unter Beteiligung einer, wie schon erwähnt, großen Menschenmenge den schönsten Verlauf. Ein gegen 6 Uhr sich drohend ankündigendes Gewitter ließ es bei dieser Drohung bewenden und so war auch des Abends der Festplatz noch sehr gut besucht. Der Waffenreigen des Turnvereins Limburg e.V., der zum Abendprogramm gehörte, fand höchst beifällige Aufnahme. Den fremdem Vereinen wurde mit Musik und Fahne das Ehrengeleite zum Bahnhof gegeben und lobten dieselben sehr die Limburger Gastfreundschaft und die geschickte Anordnung der Festveranstaltung. Heute, Montag, ist Fortsetzung des Volksfestes und wird am Abend ein größeres Feuerwerk abgebrannt werden.» Nach dieser stimmungsvollen Schilderung des Geschehens sei noch die alte Aufzeichnung über den Weg und die Aufstellung des Festzuges erwähnt: «Der Festzug bewegt sich von der oberen Schiede ausgehend durch die Bahnhofstraße, obere Grabenstraße, Bischofsplatz, Barfüßerstraße, Salzgasse, Fahrgasse, Brückengasse, untere Grabenstraße, Diezer Straße, Werner-Senger-Straße, Hospitalstraße zurück zur unteren Grabenstraße und durch die Landgerichtsstraße zum Festplatz auf dem neuen Marktplatz.
Die Vereine werden in dem Zuge nach folgender Ordnung erscheinen:

Radfahrer, Freiwillige Feuerwehr, Trommlerchor, Musikkapelle, die Kriegervereine
'Teutonia' und 'Germania', Metzgergesellenvereine Wiesbaden, Fulda, Langen-
schwalbach, dann wieder ein Trommlerchor, Turnverein 'Jahn', dann wieder
Metzgergesellenvereine Wiesbaden, Ober-
lahnstein, Wetzlar, Herborn, Mainz,
Gießen, Offenbach, Frankfurt, Hanau, Bieb-
rich-Mosbach. Hierauf wiederum ein
Trommlerchor, Turnverein Limburg e.V.,
MGV 'Eintracht', 'Evang. Kirchenchor',
'Liederblüte', Gesangsquartett 'Guten-
berg', kath. Männerverein 'Unitas', Eisen-
bahnhandwerker, dann wieder ein
Trommlerchor, der evang. Männer- und
Jünglingsverein, Fahrbeamtenverein, Lo-
komotivbeamtenverein, Postverein, Klub
'Edelweiß', Brauer, Bäcker, Musikchor,
Ehrenkomitee, die Herren Metzger-Meister,
Festgruppe, Festjungfrauen, der fest-
gebende Verein und die Glieder der
Freiwilligen Feuerwehr machen den
Schluß des, wie eben angeführt, sehr
reichlich gestalteten Zuges, den ihre
Kameraden hinter den Radfahrern eröffnen. – Wir wünschen den Metzgergesellen Limburgs, die im Interesse
unseres leiblichen Wohles von früh bis spät
emsig tätig sind und an deren braven Sinn
wir im Hinblick auf unsere Gesundheit in
wärmster Weise appellieren, dass ein
wolkenklarer Festhimmel an den be-
wussten Tagen über Altlimburgs Fluren
sich wölbe und infolgedessen das Fest
einen schönen Verlauf nehme, den sich die
Veranstalter wünschen dürfen.»
Das Fest der Fahnenweihe am 17. Juni
1906 war sicher für Limburg und die
damalige Zeit ein herausragendes Ereignis. Auch am darauf folgenden Montag
gab es nach dem Frühschoppen noch
reichlich Unterhaltung mit einem Konzert,
Kinderspielen, Turnübungen des Turnvereins *Jahn* und einem großen Feuerwerk
der Feuerwerkes Karl Rösch jr.

Gegründet wurde der Metzgergesellenverein Brüderschaft bereits im Jahre 1896,
damals noch unter dem Namen *Brüderlichkeit* und entwickelte in den ersten
Jahren seines Bestehens bereits beachtliche Initiativen; Ball mit Christbaum-
verlosung in der *Alten Post* (Dezember
1897 und 1901), Konzert auf der Wilhelms-
höhe (1907), am zweiten Osterfeiertag
(1910) Tanzkränzchen bei August Behr
(Lahneck), 15-jähriges Stiftungsfest am
20. November 1911 mit Tanzvergnügen in
der Turnhalle, Metzgerball an Neujahr
1912, Festball in der *Alten Post* 1913,
Weihnachtsfeier in der *Alten Post* 1914,
von der damals auch der Nassauer Bote
berichtete: «*Die Säle waren dicht besetzt.
Nach einem von Frl. Orth vorgetragenen
Prolog dankte der Vorsitzende des Vereins,
Herr Wenz, den Anwesenden für ihr Erscheinen. Er wies in seiner Rede besonders auf die Schwierigkeiten im Fleischer-
Gewerbe hin und gelobte im Namen der
Gesellen Treue zu den Meistern. Er schloß
seine Ausführungen mit einem Hoch auf
die Meister. Obermeister Stahl dankte im
Namen der Meister für die freundliche
Einladung und das Gelöbnis der Treue.
Sein Hoch galt dem Verein Brüderschaft.
Aus dem weiteren Verlauf der Feier verdient noch eine genußreiche Tombola, die
manche freudige Überraschung brachte,
Erwähnung.*»
Am 30. Januar 1921 beging man zum
ersten Mal nach dem Kriege einen Metzger-
Ball in der *Alten Post*, 25-jähriges Stiftungsfest am 1. Januar 1922 mit Konzert
und Tanz in der *Alten Post* und einen Ball im
Preußischen Hof 1923 und 1927. Nach
dieser Zeit wird es still um den *Metzgergesellenverein Brüderschaft Limburg.* Am
1. Mai 1933 war die Fahne bei einem
Festzug der Handwerkerschaft in Limburg
zum letzten Mal öffentlich zu sehen, ab
1940 durften keine Vereinsfahnen mehr
öffentlich mitgeführt werden.

Am 1. Mai 1933 wurde die Fahne des Metzgergesellenvereins zum letzten Mal in Limburg öffentlich gezeigt.
Foto: Archiv Friedel Kloos

Nun wurde nach mehreren Jahrzehnten im Jahre 2004 die Traditionsfahne der Limburger Metzgergesellen im Keller der Kreishandwerkerschaft in Limburg wieder aufgefunden. Die wertvolle seidenbestickte Fahne zeigt auf der einen Seite auf rotem Samtgrund ein Lamm mit einer Fahne, auf der das Trierer Kreuz abgebildet ist. Darüber in einer kunstvoll verzierten goldenen Umrandung ist ein unbekanntes Wappen mit einer Krone abgebildet (möglicherweise das Wappen des Stifters der Fahne) mit der Umschrift *Metzgergesellenverein Brüderlichkeit Limburg*. Das Lamm ist eigentlich ein christliches Symbol, aber auch schon lange ein Zeichen des Fleischerhandwerks. Dieses Zeichen ist bereits an dem berühmten Knochenhaueramtshaus, dem Zunfthaus der Fleischer, in Hildesheim abgebildet und soll seine Erklärung bei Abraham finden: «*Geschlachtet hat schon Abraham dem lieben Gott sein Opferlamm für Isaak, seinen lieben Sohn, so alt sind auch die Metzger schon.*» Auf der anderen Seite der Fahne ist auf hellem Untergrund das Limburger Wappen zu sehen, welches sich im oberen Bereich noch einmal wiederholt. «*Ohne Fleiß kein Preis*» und «*Einigkeit macht stark*» heißt es in der Umschrift. Im Limburger Wappen ist der Schild mit dem Isenburger Doppelbalken falsch gestickt worden, wie der Limburger Historiker Johann Georg Fuchs festgestellt hat. Normalerweise zeigt das Wappen zwei weiß-rot geschachtete Balken, die noch einmal horizontal geteilt sind. In den Ecken der Fahne sind Arbeitsgeräte des Metzgerhandwerks abgebildet; Haken, Messer, Spalter, Säge, Beile und einige heute nicht mehr gebräuchliche Werkzeuge.

Im vergangenen Jahr hat die Fleischerinnung Limburg-Weilburg beschlossen, die historische Fahne restaurieren zu lassen.

- Anzeige -

EIN BROTDIEBSTAHL BLIEB UNGESTRAFT

VON DR. HUBERT WAGENBACH

Wie sich die Zeiten wandeln! Diese so oft gebrauchte Redewendung kann auch uneingeschränkt auf die Nahrungsmittelversorgung der Bevölkerung übertragen werden.

In vielen Ländern Afrikas und den Ländern Lateinamerikas gehört Hungersnot zur Tagesordnung. Dieses Übel wird auch in absehbarer Zeit nicht vollkommen zu beheben sein. Aber auch hierzulande gab es bis Mitte der 50er Jahre des vorigen Jahrhunderts spürbare Nahrungsmittelknappheit. In viel stärkerem Maße, als das heute der Fall ist, zerstörten in früherer Zeit Unwetter, Mäusebefall und Krankheiten die ohnehin knappe Ernte. Zwei schwere

Kilometerlange Märsche mussten in Kauf genommen werden, um bei den Landwirten um ein Stück Brot zu betteln.

So ist es auch nicht verwunderlich, wie aus der Chronik der Kirchengemeinde des Hadamarer Stadtteils Oberweyer und hier speziell einem von Landrat Robert Büchting (15. August 1905 - 30. Juni 1919 Landrat des Landkreises Limburg) handschriftlich verfassten und vertraulich zu behandelnden Schreiben an Pfarrer Adam Bick von Oberweyer (1888 - 1911) und alle Pfarrer des Kreises Limburg zu entnehmen ist, dass zwei Oberweyerer Buben im Jahre 1909 nachts in das Backhaus eingebrochen sind und Brot gestohlen haben.

Robert Büchting war Landrat des Landkreises Limburg
vom 15. August 1905 bis 30. Juni 1919.

Weltkriege mit allseits geschlossenen Grenzen brachten der Bevölkerung, vorrangig den großen, kinderreichen Familien, die Sorge, ein Mindestquantum an täglichem Brot auf dem Tisch zu haben.

Der nachstehend abgebildete Brief des Landrats ist in so genannter *Deutscher Schreibschrift* abgefasst und wird in der heutigen, so genannten *Lateinischen Schreibweise* abgedruckt.

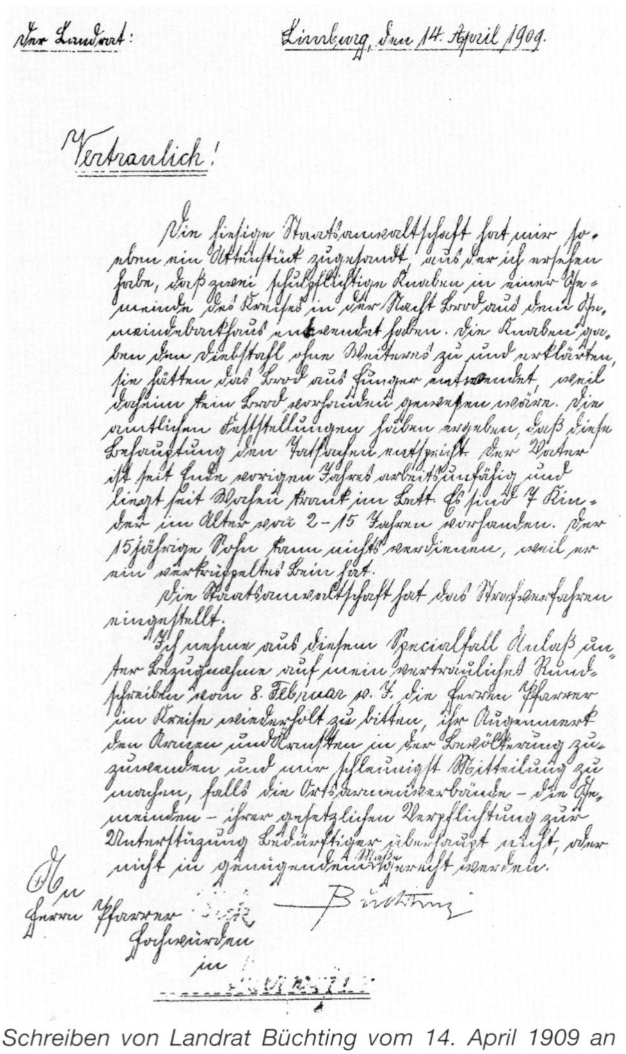

Der Landrat   Limburg, den 14. April 1909

Vertraulich !!!
Die hiesige Staatsanwaltschaft hat mir soeben ein Aktenstück zugesandt, aus der ich ersehen habe, daß zwei schulpflichtige Knaben in einer Gemeinde des Kreises in der Nacht Brod aus dem Gemeindebackhaus entwendet haben. Die Knaben gaben den Diebstahl ohne Weiteres zu und erklärten, sie hätten das Brod aus Hunger entwendet, weil daheim kein Brod gewesen wäre. Die amtlichen Feststellungen haben ergeben, daß diese

Behauptung den Tatsachen entspricht. Der Vater ist seit Ende vorigen Jahres arbeitsunfähig und liegt seit Wochen krank im Bett.
Es sind sieben Kinder im Alter von zwei bis 15 Jahren vorhanden. Der 15-jährige Sohn kann nicht verdienen, weil er ein verkrüppeltes Bein hat.
Die Staatsanwaltschaft hat das Strafverfahren eingestellt.
Ich nehme aus diesem Spezialfall Anlaß unter Bezugnahme auf mein vertrauliches Rundschreiben vom 8. Januar diesen Jahres, die Herren Pfarrer im Kreise wiederholt zu bitten, ihr Augenmerk den Armen und Ärmsten in der Bevölkerung zuzuwenden und mir schleunigst Mitteilung zu machen, falls die Ortsverbände – in den Gemeinden – ihrer gesetzlichen Verpflichtung zur Unterstützung Bedürftiger überhaupt nicht, oder nicht in genügendem Maße erreicht werden.

Büchting

Schreiben von Landrat Büchting vom 14. April 1909 an Pfarrer Bick von Oberweyer.

An
Herrn Pfarrer Bick
Hochwürden
in Oberweyer

Bleibt zu hoffen, dass derartige Notzeiten endgültig der Vergangenheit angehören. Um diese Nahrungsmittelknappheit möglichst schnell zu beenden, setzte nach dem Ende des Zweiten Weltkrieges, die so genannte *Erzeugungsschlacht* ein, eine Mengenproduktion um jeden Preis. Durch Steigerung des agrarischen Fachwissens, einer besseren Bodenbearbeitung und eines gezielten Einsatzes von Dünge- und Pflanzenschutzmitteln gelang es bereits Ende der 50er Jahre, die Bevölkerung hierzulande ausreichend mit Nahrungsmitteln zu versorgen, wenn auch nicht in der Vielfalt, wie das heute bei europaweit geöffneten Grenzen und weltweiten Handelsbeziehungen möglich ist.

Bereits Anfang der 80er Jahre drohte eine Übersättigung der Nahrungsmittelmärkte mit entsprechenden Absatzschwierigkeiten und Preisrückgängen der erzeugten Produkte. Im Jahre 1984 wurde zunächst die Milchquotenregelung, eine Begrenzung der Milchproduktion je Betrieb, eingeführt. Wer zukünftig mehr Milch erzeugen wollte oder musste, war auf die Anpachtung oder den Ankauf gegen entsprechendes Entgelt aus Betrieben angewiesen, die ihre Milchproduktion verringerten oder vollständig aufgaben. Milch wurde also zur Handelsware. Die so genannte *Milchmengengarantieverordnung* ist auch heute noch in Kraft.

Ab dem Jahre 1987 wurden erstmals staatliche Beihilfen für Flächen gezahlt, auf denen auf freiwilliger Grundlage keine Produktion mehr erfolgte. 1991 wurde dann verpflichtend festgelegt, dass zehn Prozent der Getreide- und Rapsanbaufläche stillzulegen waren. Im Jahre 2005 erfolgte insofern eine Erweiterung der Stilllegungsfläche in Hessen auf 8,81 Prozent des gesamten Ackerlandes. Die Zahlung von Beihilfen auf diese Flächen erfordert keinerlei Produktion. Es können alternativ so genannte *Nachwachsenden Rohstoffe* (NAWARO), so z. B.

Körnerraps zur Biodieselherstellung, angebaut werden. Jedenfalls dürfen auf diesen Flächen keine Nahrungsmittel produziert werden. Bei einem geforderten Minimum an Pflegeaufwand kann man trefflich darüber streiten, ob mit diesen Flächen das Bild der Natur aufgewertet wird.

So waren im Jahre 2004 im Landkreis Limburg-Weilburg insgesamt 1.597 Hektar in die Flächenstilllegung einbezogen. Erfahrungsgemäß läuft aus wirtschaftlichen Erwägungen die Flächenstilllegung nicht auf den ertragreichsten Böden. Bei normaler Bewirtschaftung und dem Anbau von Brotgetreide (Roggen, Weizen) ist ein sicherer Ertrag von 60 dt/h zu erwarten (1 dt = 100 Kilogramm). Auf den stillgelegten Flächen in unserem Landkreis könnten folglich 9.582.000 Kilogramm Brotgetreide wachsen. Mit 86 Kilogramm Brotverbrauch je Kopf der Bevölkerung sind die Deutschen Europameister im Brotverzehr. Bei einem Ausmahlungsgrad von durchschnittlich 70 Prozent kann aus einem Kilogramm Brotgetreide ein Kilogramm Brot gebacken werden. Mit der vorgenannten Brotgetreidemenge aus den stillgelegten Flächen des Landkreises könnten also sage und schreibe 111.418 Personen in Deutschland mit dem täglichen Brot versorgt werden. In den Hungerländern ist die Zahl sicher noch höher.

Wenn in den übersättigten Regionen so riesige Nahrungsquellen nicht ausgeschöpft werden, ein großes Fachwissen für landwirtschaftliche Produktion vorhanden ist, das Klima und die Bodenqualität eine ordnungsgemäße Nahrungsmittelproduktion erlauben, Nahrungsmittel langzeitig haltbar gemacht und über weite Strecken transportiert werden können, gleichzeitig aber weltweit täglich tausende von Menschen und Kindern verhungern, dann müsste sich das Gewissen regen und ernsthafter denn je über die Verteilung der Nahrungsgüter auf der Welt nachgedacht werden.

VON GRÜN UMHÜLLT:
DIE BURG VON MERENBERG

Foto: Werner Eisenkopf

150

1933 BIS 1935:
STRAFTATEN UND IHRE AHNDUNG IN LÖHNBERG

VON BIRGIT DAUER

Die Top 10 der Straftaten in den Jahren 1933 - 1935 wird angeführt mit über 50 Delikten von Hühnern, Kühen (auch nur Vieh genannt), die auf fremdem Grund (mit Mengenangabe) weiden und dem Zusatz *unbefugterweise* oder *unrechtmäßigerweise*, gefolgt von Fuhrwerken und Fahrrädern ohne Beleuchtung bzw. Glocke oder Absicherung mit über 30 Delikten.

Das Entwenden von Obst, Kartoffeln, Wasser am Sauerborn, Korn und Viehfutter beläuft sich auf über 20 Delikte, ebenso Ruhestörung, Verstoß gegen die Polizeistunde oder auch Beleidigung. Gleich oft wurden Verbotsmissachtungen geahndet, wie Laufen oder Fahren über fremden Grund.

Das Schlusslicht bilden die Verstöße (fünf bis 15 Ahndungen): Die Pferde in der Kälte stehengelassen, Straßen nicht vorschriftsmäßig gereinigt, Unrat zum Nachbarn geworfen, Sense ohne Schutz transportiert, gegen die Eichvorschriften verstoßen.

Zur Anzeige gebracht wurden diese Straftaten von Privatpersonen, dem Gemeindeschulzen, Oberlandjäger später Hauptwachtmeister, Flurhüter, Förster und Nachtwächter. Um das verhängte Strafmaß zu verdeutlichen, sei daran erinnert, dass die Arbeitslosigkeit 1933 bei sechs Millionen lag, dass ein Arbeitsloser sieben Reichsmark in der Woche erhielt und ein Laib Brot 30 Reichspfennige kostete.

LÖBE 030 K-10
(STRAFVERFÜGUNGEN BELEGE 63 - 116
VOM 4. SEPTEMBER 1933 BIS 27. JANUAR 1934)

Am 2. August 1933[1] *auf dem Acker des A.B. auf dem Ziel Klee entwendet*
        Strafe: 1 RM oder im Unvermögensfall 1 Tag Haft

Am 16. August 1933 im Sauerbornsfeld von Weizenhausten
        des Landwirts A. Z. Ähren entwendet
        Strafe: 1 RM oder im Unvermögensfall 1 Tag Haft

Am 1. September 1933 auf dem Ziel von dem Acker des W.S. Kartoffeln entwendet
        Strafe: 4 RM oder im Unvermögensfall 1 Tag Haft

Am 6. September 1933 die Adolf Hitlerstrasse mit einem Langholzfuhrwerk ohne das
        hintere Ende der weit herausragenden Ladung in irgend einer
        Weise kenntlich gemacht haben
        Strafe: 2 RM oder im Unvermögensfall 1 Tag Haft

Am 13. September 1933 die Umgehungsstrasse mit einem Fahrrad ohne dieses
        beleuchtet zu haben befuhren
        Strafe: 1 RM 30 RPF oder im Unvermögensfall 1 Tag Haft
        (30 RPF für Auslagen)

Am 5. Januar 1934 in der Verkaufsstelle ein Gewicht bereit gehalten haben das zur
        Nacheichung nicht rechtzeitig vorgelegt war
        Strafe: 1 RM oder im Unvermögensfall 1 Tag Haft

LöBe 010 K-03
(Strafverfügungen Belege 86 - 212
vom 03. April 1934 bis 14. Januar 1935)

Am 3. April 1934 Gäste in Ihrer Gastwirtschaft geduldet u. bewirtet haben
Strafe: 3 RM oder im Unvermögensfall 1 Tag Haft

Am 3. April 1934 An den von Menschen bewohnten Orten mit einem
Schießgewehr geschossen hierdurch eine Fensterscheibe
zerdrümmert und Menschen gefährdet. Ohne im Besitz eines
Erlaubnisscheins zu sein
Strafe: 2 RM oder im Unvermögensfall 1 Tag Haft

Am 5. April 1934 Hühner auf fremden Grundstücken weiden ließen
Strafe: 1 RM oder im Unvermögensfall 1 Tag Haft

Am 12. April 1934 die Bahnhofstraße mit einem Fahrrad befuhren
[Übertretung des § 366 10 STGB der §§ 11.39 und 47
der Straßenverkehrsordnung vom 20.3.34 in Verbindung der
Vorordnung des Regierungspräsidenten vom 11.12.33]
Strafe: 1 RM oder im Unvermögensfall 1 Tag Haft

Am 17. April 1937 Unrat und Gartenabfälle auf das Grundstück des A.P. getragen
zu haben
Strafe: 2 RM oder im Unvermögensfall 1 Tag Haft

Am 20. April 1934 dass Sie über bestellte Felder und Äcker in dem Wingerte sowie
über die Weide des H.K. gelaufen sind
Strafe: 2 RM oder im Unvermögensfall 1 Tag Haft

Auf Ihrem Acker in der Mittelsgewann an beiden Ecken die
Wegdreiecke mit geackert und bearbeitet haben.
Strafe: Kein Eintrag

Am 26. April 1934 Ihr im Gemeinde Wald Löhnberg Dist. 33 gekauftes Holz Nr.
307. 2rm B.u.K. abgefahren, ohne den Abfuhrschein eingelöst
zu haben
Strafe: 2 RM oder im Unvermögensfall 1 Tag Haft

Am 19. April 1934 bei der Verladestelle der Fa. U. in Löhnberg über das Wiesen-
grundstück gefahren sind
Strafe: Kein Eintrag

Am 24. April 1934 auf einem verpachteten Wege auf dem Ziegel Futter für die
Hasen geholt.
Strafe: 1 RM oder im Unvermögensfall 1 Tag Haft

Am 11. Mai 1934 in der Lahn mit einer Handangel gefischt zu haben ohne im
Besitz eines Fischereischeines bezw. Erlaubnisscheines zu sein
Strafe: 1 RM

Am 23. Mai 1934 in der Gastwirtschaft B. nach eingetretener Polizeistunde trotz
Aufforderung nicht entfernten
Strafe: 3 RM 15 RPF (15 RPF für Auslagen)

Am 19. Juni 1934	im unteren Grund eine Kuh in den Wiesen auf der anderen Seite des Baches Weiden liesen
Strafe:	2 RM
Am 25. Juni 1934	das Gras in dem Graben zwischen der Weide bei der Försterei und dem Grundstück der S. Ww, ohne dazu befugt zu sein abgemäht haben
Strafe:	1 RM
Am 11. Juli 1934	daß Sie über den an E. E. verpachteten Weg z. Ziel wollten
Strafe:	3 RM
Am 14. Juli 1934	den Hammersbacherweg trotzdem derselbe gesperrt war befahren zu haben
Strafe:	1 RM oder bei Unvermögen 1 Tag Haft
Am 22. Juli 1934	Ihr Sohn H. gegen Abend im Garten der H. Aprikosen entwendet und über den Zaun gestiegen zur Mauer
Strafe:	2 RM oder im Unvermögensfall 1 Tag Haft
Am 26. Juli 1934	die Strasse mit einem Fahrrad befuhren auf der Schulter eine Sense hatten ohne diese abzusichern u. trotz Warnung keine Änderung herbei führten
Strafe:	3 RM oder im Unvermögensfall 1 Tag Haft
Am 2. September 1934	die vor Ihrem Grundstück in der Strasse ... (an 12 Straftäter adressiert) Ortsstrasse nicht vorschriftsmässig gereinigt haben bezw. hatten
Strafe:	1 RM oder im Unvermögensfall 1 Tag Haft
Am 17. September 1934	Sie haben am Sauerbrunnen trotz Warnschild und besonderen Hinweis Wasser in größeren Mengen entnommen
Strafe:	2 RM 15 RPF (15 RPF für Auslagen) oder im Unvermögensfall 1 Tag Haft
Am 21. September 1934	Bereits verkauftes Obst (Äpfel) an der Niedershäuser Strasse ohne dazu berechtigt zu sein gepflückt
Strafe:	5 RM oder im Unvermögensfall 1 Tag Haft
Am 6. Oktober 1934	ohne zwingenden Grund durch die Wiesen am Hinterstenkopf gefahren
Strafe:	2 RM oder im Unvermögensfall 1 Tag Haft
Am 13. Oktober 1934	etwa 10 Tauben auf dem ausgestellten Grundstück des W.L. trotz Verwarnung haben fliegen lassen
Strafe:	1 RM oder im Unvermögensfall 1 Tag Haft
Am 15. - 19. Oktober 1934	auf Ihrem Grundstück XY eine Autogarage ohne Baugenehmigung errichtet zu haben
Strafe:	20 RM oder im Unvermögensfall 4 Tage Haft
Am 5. November 1934	in der Wetzlarerstrasse durch überlautes schreien und nachahmen von Tierstimmen ruhestörenden Lärm verursacht haben. Von dem Nachtwächter zur Ruhe ermahnt wurde er gegen diesen frech und setzte die Ruhestörung fort
Strafe:	2 RM

Am 27. Dezember 1934 hat Ihr Sohn B. in der Bergstrasse durch überlautes schreien
und Beleidigungen gegen mich (= Gemeindeschulzen) *mit*
noch anderen jungen Burschen groben Unfug verübt
Strafe: 5 RM

Am 13. Januar 1935 *Ihr Shn E. hat gestern eine Strassenlampe in der*
Waldhäuserstrasse mit einem Schneeball entzwei geworfen
Strafe: *3 RM zu der Geldstrafe treten 15 RPF bare Auslagen*

LöBe 030 K-06
(STRAFVERFÜGUNGEN BELEGE 46 - 188
VOM 21. MÄRZ 1935 – 27. JUNI 1935)

Am 5. März 1935 *sein Pferd bei erheblicher Kälte ohne ersichtlichen*
Grund mehrere Stunden auf der Obertorstrasse stehen
lassen und sich selbst während dieser Zeit in Wirtschaften
aufgehalten
Strafe: *2 RM zu der Geldstrafe treten 30 RPF bare Auslagen*

Am 30. März 1935 *haben Sie ohne Genehmigung und nachdem Sie wiederholt*
darauf hingewiesen wurden Hecken usw. verbrannt
Strafe: *2 RM zu der Geldstrafe treten 30 RPF bare Auslagen*

Im April 1935 *unbefugterweise die Be.- bezw. Entwässerungsanlage*
absichtlich beschädigt zu haben
Strafe: *2 RM zu der Geldstrafe treten 10 RPF bare Auslagen*

Am 19. April 1935 *Sie haben in der Vorderstrasse in Löhnberg gemeinsam*
eine Prügelei veranstaltet, wodurch ein grosser Lärm und
Menschenauflauf entstanden ist. Die Anwohner der
Vorderstrasse wurden in erhebliche Unruhe versetzt
Sie haben dadurch die öffentliche Ruhe und Ordnung
erheblich gestört.
Strafe: *5 RM zu der Geldstrafe treten 30 RPF bare Auslagen*

Am 10. Mai 1935 *mit einem Handwagen im Wald angetroffen u. einer Axt*
Strafe: *2 RM zu der Geldstrafe treten 30 RPF bare Auslagen*

Am 27. Juni 1935 *Bei einer Besichtigung einen Tag später die Feststellung*
gemacht dass Sie in der Königswiese auf dem Grundstück
des K. S. unberechtigt mit dem Fuhrwerk Ihres Schwagers
gefahren haben ferner dieser Feldweg keinen
Holzabfuhrweg darstellt.
Strafe: *2 RM zu der Geldstrafe treten 20 RPF bare Auslagen oder im*
Unvermögensfall 1 Tag Haft

---

[1] *Jeweils das Tagesdatum der Ausfertigung des Schreibens.*

DAS KRIEGSENDE IM SÜDLICHEN KREISGEBIET

VON DR. PETER SCHMIDT

Die 60. Wiederkehr des Kriegsendes 1945 hat Anlass zu einer Rückbesinnung gegeben, die sich in einer Sammlung von Zeitzeugenberichten in der Presse und anderen Veröffentlichungen niederschlug. Darin kommt vor allem die Zivilbevölkerung zu Wort, die das Geschehen nur passiv erlebte. Naturgemäß kommt sehr häufig die Angst und Ungewissheit zum Ausdruck, die sie beim Vormarsch der Amerikaner und den Verteidigungsversuchen der deutschen Truppen erlebte. Sehr häufig wird geschildert, dass der Durchhaltewillen deutscher Soldaten als größere Gefahr empfunden wurde als der bevorstehende Einmarsch der Amerikaner.

Die Stimmen der aktiv Beteiligten, der Soldaten, fehlen in diesen Berichten, was nicht wundert, ist doch die Informationserschließung sehr viel schwieriger. Die deutschen Truppen waren in Auflösung, die schriftlichen Unterlagen der unteren Befehlsebene, falls überhaupt noch geführt, gingen oft verloren. Es gibt, anders als bei den Amerikanern, keine leicht erreichbaren Traditionsverbände der Wehrmacht auf Divisions- oder Bataillonsebene. Es ist bzw. war aber dennoch nicht unmöglich, militärische Zeitzeugen zu befragen. Dem Autor gelang es in den späten 80er Jahren, für das Kriegsende in Bad Camberg sowohl deutsche als auch amerikanische Soldaten aufzuspüren und schriftliche Quellen zu besorgen.[1]

Nach diesen Angaben wurde Bad Camberg vom 3. Bataillon des 385. Infanterieregiments der 76. Infantry Division der 3. US Armee unter General Patton erobert, dessen kommandierender Offizier vor Ort Hauptmann Clagett in einem Brief von den Ereignissen berichtet. Verteidigt wurde es in den Tagen vor Ostern von versprengten Kräften der 6. SS-Gebirgsjägerdivision, der Kampfgruppe Raithel, dessen Be-

Hauptmann Rudersdorf (2. v. l.) mit Kameraden, das letzte Bild, das er nach Hause schickte.

fehlshaber vor Ort der Untersturmführer/ Leutnant Alfred Steurich war, der 1989 an seinem Wohnort interviewt werden konnte. Ebenso wurde mit dem Panzerfahrer Eberhard Hilger gesprochen, der mit einem Beutepanzer (Sherman) durch Erbach ins Weiltal fuhr, wo er ihn wegen Treibstoffmangels stehen lassen musste. Aus amerikanischer Sicht waren die Kämpfe um Bad Camberg durchaus beachtlich.

Ebenso ist vom Raum Niederselters/ Eisenbach bekannt, dass es zu relativ schweren Kämpfen kam. Auf dem Friedhof in Oberselters sind sechs deutsche Soldaten begraben, die bei den Kämpfen im so genannten Winterholz, einem kleinen Waldstück zwischen dem Dorf und der Autobahn, ums Leben kamen. Heute noch sind kreisförmige Vertiefungen im Wäldchen erkennbar, die von den Kämpfen stammen könnten. Eisenbach wurde durch Artilleriebeschuss schwer beschädigt. Für diese Kämpfe wurde nicht mehr der Versuch unternommen, deutsche Soldaten ausfindig zu machen. Der zeitliche Abstand erscheint zu groß. Von amerikanischer Seite wurde dank des Internets ein Kriegsteilnehmer namens Mitchell Kaidy gefunden, der in seinem knappen maschinenschriftlichen Tagebuch unter seinen Stationen auch Niederselters erwähnt, aber erst nach den Kämpfen dort eintraf. Er teilt mit, dass er nach 60 Jahren, die inzwischen vergangen sind, keine direkten Erinnerungen an diesen Ort mehr hat.[2]

Kaidy gehörte dem 345. Regiment der 87. Infanteriedivision an, die parallel zur oben genannten 76. Infantry Division der 3. US Armee im Süden nach dem Rheinübergang bei Boppard die deutschen Truppen vor sich herjagte. Militärische Unterlagen der Einheit werden in den National Archives der USA aufbewahrt. Die folgenden Texte sind wortgetreue Übersetzungen der *After Action Reports* der 87. Infanteriedivision für die letzten Märztage 1945 bzw. des Berichts des 345. Infanterieregiments. Die Ortsnamen wurden entsprechend dem Original zitiert. Erläuterungen des Autors finden sich in eckigen Klammern:

«28. März – Das 345. Regiment setzte um 6.00 Uhr den Angriff fort mit dem 1. und 3. Bataillon. Der Widerstand variierte zwischen nicht vorhanden und stark. Am Ende des Tages hatte das 345. Regiment Kirberg erreicht und damit eine Strecke von 16 Meilen geschafft. Das 346. Regiment begann seinen Vormarsch um 7.00 Uhr in einer Marschsäule von Bataillonen und es gelang, alle vorgesehenen Ziele einzunehmen. Die Regimentsbefehlsstelle des 347. wurde in Lindenholzhausen eingerichtet, ein Punkt vor den vorderen Elementen. Der Vormarsch hätte noch schneller erfolgen können, wenn nicht Truppen der 1. Armee[3] die Grenzen der 3. Armee missverstanden hätten und es gab deswegen eine Menge Durcheinander auf unseren Straßen. Das 347. Infanterieregiment sammelte sich mit dem 1. Bataillon in Bernassau-Scheuern [= Bergnassau-Scheuern] und dem 3. Bataillon in Duinacker [= Gutenacker]. Die Kampfgruppe Sundt ging den ganzen Tag mit dem Ziel vor, Katzenelnbogen einzunehmen. Der Kampfgruppe Sundt wurde darüber hinaus befohlen, nach Niederselters vorzustoßen und die Autobahn Limburg-Frankfurt südwestlich Niederselters zu durchschneiden. Wegen des schnellen Vormarschs war die Kommunikation auf Funk beschränkt. Die Kampfgruppe Dodner folgte der Kampfgruppe Sundt nach Holzhausen. Das Divisionshauptquartier wurde um 8.30 Uhr in Dachsenhausen eingerichtet ...

29. März – Das 345. Infanterieregiment setzte den Vormarsch fort, trotz Beschuss durch schwere Artillerie, Gewehr- und

Maschinengewehrfeuer und überschritt die Autobahn in der Nähe von Niederselters. Das 345. Regiment säuberte die Wälder südlich und östlich Niederselters, in denen sich eine Gruppe von fanatischen Truppen aufhielt, an der die Front bereits vorbeigerückt war. Das 346. Regiment setzte den Vormarsch um 11.00 Uhr fort. Wegen des starken Verkehrs, verursacht durch die 9. Panzerdivision [der 1. Armee], wurde sie in der Gegend von Weilmünster aufgehalten und konnte ihr Ziel, die Kampfgruppe Sundt bei Grossen-Linden abzulösen, nicht erreichen ...
30. März - Das 345. Infanterieregiment setzte den Vormarsch um 7.30 Uhr fort. In den letzten drei Tagen hatte das Regiment starken, fanatischen Widerstand der verschiedensten Art erlebt und konnte nicht so schnell vorangehen wie die anderen Divisionseinheiten ...»
Der Bericht von Oberleutnant Gilbert Procter im Auftrag des kommandierenden Offiziers des 345. Infanterieregiments für den Monat März 1945, datiert vom 9. April 1945, beschreibt die Auseinandersetzungen um Niederselters in einem mehr erzählenden Ton: «Am 29. [März] *erteilte uns die Division die Aufgabe, etwa 35 Meilen nordöstlich unserer gegenwärtigen Position vorzugehen. Oberst Sugg entschied, der beste Weg, diesen Auftrag zu erledigen, sei es, das 2. Bataillon auf Panzer bzw. Panzerabwehrkanonen und deren eigenen Transportmittel zu setzen und loszuschicken. Er benutzte die Lastwagen des 334. Feldartilleriebataillons, um sein 1. Bataillon zu transportieren und ließ sie dem 2. Bataillon folgen. Das 3. Bataillon sollte zurückbleiben und auf Transportmöglichkeit warten. Abmarsch war um 7.30 Uhr.*
Der Vormarsch begann pünktlich, das 2. Bataillon rückte vor und nahm die Ortschaften Kaltenholzhausen, Kirberg, Dauborn und Eufingen ohne jeden Widerstand ein.

Als die Kolonne nach Niederselters hineinrollte, der nächsten Ortschaft an der Strecke, erhielten sie einige Salven von 120 mm Granatwerferfeuer. Sie rollten einfach durch, aber als sie sich der nächsten Ortschaft (Eisenbach) näherten, wurden die beiden führenden Panzer von einer Jerry [deutschen] Panzerabwehrkanone angegriffen. Einige Männer der F-Kompanie wurden verletzt oder getötet. Die Panzer zogen sich zurück und die F-Kompanie saß ab und ging daran, den Wald nördlich[4] der Straße zu säubern. Sie erhielten intensives Gewehrfeuer aus dem Wald gegenüber der Straße. Leutnant Thomas, kommandierender Offizier der F-Kompanie, stellte eine Linie von Einzelkämpfern auf und forderte Unterstützung durch Panzer und Panzerabwehrkanonen zum Beschuss des Waldes an. Dies geschah, aber der Feind setzte seine Heckenschützenfeuer fort. Major Henry entschied sich, die E-Kompanie hinter den vom Feind besetzten Wald zu schicken, um ihn herauszujagen.
Hauptmann Rudersdorf führte seine Kompanie nach Süden und griff Jerry [= deutsche Panzerabwehrkanone] unter dem Feuerschutz seiner eigenen Maschinengewehre an.
Seine Kompanie erfuhr starke Gegenwehr und er selbst erhielt eine Verletzung, die sich später als tödlich erwies. Er war einer der besten Offiziere des 2. Bataillons und hatte in mehr als einer Situation gezeigt, dass er eine Menge Mut hatte.
Leutnant Mitchell übernahm das Kommando der E-Kompanie, reorganisierte sie und führte sie noch einmal nach Süden, diesmal mit starker Artillerieunterstützung. Es war jetzt 18.00 [Uhr] und es wurde schnell dunkel. Leutnant Mitchell brachte seine Panzer und Paks auf eine Erhöhung hinter seiner Kompanie und nach den Artilleriesalven beschoss er den Wald mit 30 und 50 mm Kaliber Maschinengewehr-

158

Erinnerungstafel an Hauptmann Rudersdorf in der kleinen Gedenkstätte für die Gefallenen aller amerikanischen Kriege aus Richland Center an der Hauptstraße des Ortes. Als Todesdatum ist der 31. März angegeben.

feuer. In der Abenddämmerung ging er hinein, um den Feind hinauszuwerfen. Sie erhielten immer noch beträchtliche Gegenwehr.

In dieser Nacht trieben sie 6 Gefangene heraus und fanden 10 Tote. Mehrere von ihnen waren SS-Soldaten, was den harten Widerstand erklärte.

Aber das 2. Bataillon säuberte den Wald und stellte Posten auf.

In der Zwischenzeit überholte das 1. Bataillon das 2. [Bataillon], *um die Höhe nordöstlich von Eisenbach zu erreichen. Sie nahmen sie ohne Widerstand und legten ihre Befehlsstelle in die Ortschaft. Auch Major Henry richtete sich in Eisenbach ein. Das 3. [Bataillon] blieb in Hohlenfels* [= Hohenfels]. *Die Befehlszentrale des Regiments wurde in Dauborn eingerichtet. An diesem Tag wurden 252 Gefangene gemacht … Sie* [= 1. Bataillon, gefolgt vom 3. und dem 2. am Schluss] *traten um 7.30* [des 30. März] *aus der Gegend von Eisenbach zum Vormarsch an. Sie trafen auf Minenfelder außerhalb von Hainchen* [Haintchen] *(der nächsten Ortschaft). Mehrere Zivilisten kamen zu den Panzern und zeigten ihnen, wo sie lagen.*

Die Pioniere hatten sie schnell beseitigt und die Kolonne war wieder auf dem Weg…»
Über das Internet erhielt der Autor Information über den Heimatort des zwischen Ober- und Niederselters tödlich verwundeten Hauptmanns Ralph E. Rudersdorf. Er stammte aus Richland Center, Wisconsin. Da zufällig seit längerer Zeit persönliche Kontakte des Autors zu diesem Ort bestanden, konnte die Familie Rudersdorf ausfindig gemacht werden. Ein 83-jähriger Bruder und ein Neffe des Gefallenen, den die Familie *Oscar* nannte, überließen dem Autor die beiden Bilder. Von ihnen war auch zu erfahren, dass er einen Bauchschuss erlitten hatte.

[1] *Das Ergebnis wurde in der Vereinszeitschrift «Historisches Camberg», Nr. 15, 1990, veröffentlicht.*

[2] *www.87infantrydivision.com/History/ 345th/Medium/Documents/87-345-01055.pdf..*

[3] *Diese hatte den Rhein u. a. bei Remagen überschritten und stieß schnell auf der Autobahn nach Süden vor. Ihre 9. Panzerdivision nahm Limburg und patrouillierte schon am 29.3.1945 bis nach Niedernhausen.*

[4] *Für Kenner der Topographie ist diese Angabe problematisch, denn es gab/gibt nördlich der Straße Niederselters-Eisenbach keinen Wald.*

Auskunft erteilt:
Verkehrsamt der Gemeinde
Waldbrunn
65620 Waldbrunn/Ww.
Hauser Kirchweg
Tel. (0 64 79) 20 90

WALDBRUNN Westerwald
Wo Gewerbe und Fremdenverkehr zusammenpassen

Der Fremdenverkehrsschwerpunktort Waldbrunn im Westerwald liegt mit seinen fünf Ortsteilen Ellar, Hausen, Fussingen, Lahr und Hintermeilingen im Feriengebiet „Westerwald-Lahn-Taunus" in einer landschaftlich einmaligen Region am Fuße des südlichen Westerwaldes. Der Ortsteil Fussingen ist mit dem Prädikat „Staatlich anerkannter Luftkurort" ausgezeichnet".

Ab 1. 1. 1971 schlossen sich die Gemeinden Ellar und Hintermeilingen zur neuen Gemeinde Ellar zusammen. Es war dies der erste freiwillige Zusammenschluß von Gemeinden im Landkreis Limburg-Weilburg. Die Gemeinden Hausen, Fussingen und Lahr bildeten ab 1. 1. 1972 die Gemeinde Waldbrunn. Aufgrund der kommunalen Gebietsreform wurden die Gemeinden Ellar und Waldbrunn ab 1. 7. 1974 zu der neuen Gemeinde Waldbrunn/Westerwald im neuen Landkreis Limburg-Weilburg zusammengeschlossen.

Durch diesen Zusammenschluß wurde es möglich, gemeinsam für die Bevölkerung Projekte voranzutreiben, die wahrscheinlich mit den Mitteln der einzelnen Gemeinden nicht realisierbar gewesen wären. So verfügen heute rund 6200 Einwohner über ausgezeichnete Sozial- und Freizeiteinrichtungen. Jeder Ortsteil verfügt über moderne Sport- und Spielplätze, Dorfzentren und Gemeinschaftseinrichtungen. Darüber hinaus gibt es in allen Ortsteilen ausreichende Möglichkeiten zur Teilnahme an kulturellen Veranstaltungen der Ortsvereine.

Rund 90 km lange, gepflegte, bequeme und markierte Wanderwege mit ausreichender Anzahl von Ruhebänken verbinden die Ortsteile miteinander. An den schönsten Stellen sind Grill- und Rastplätze mit Schutzhütten eingerichtet.

Die Gemeinde Waldbrunn verfügt über vier Grundschulen. Weiterführende Schulen befinden sich in Waldernbach, Hadamar, Weilburg und Limburg.

Seit Bestehen der Großgemeinde konnten die örtlichen Wasserversorgung, das Brandschutzwesen, die Abwasserbeseitigung und die Sportanlagen ständig um- und ausgebaut werden, wodurch ein moderner Stand erreicht wurde. Das Trinkwasser wird ausschließlich im Gemeindebereich gefördert.

Durch die Umweltfreundlichkeit seiner Gewerbebetriebe und seiner zentralen reizvollen Lage kann Waldbrunn einen hohen Wohn- und Freizeitwert vorweisen und sich als Wohngemeinde präsentieren.

Die Gemeinde bemüht sich, neue Baugebiete auszuweisen und zu erschließen, um den Bedürfnissen der Bürger und der Nachfrage von außen gerecht zu werden.

Weiterhin werden Anstrengungen forciert, neue Arbeitsplätze zu schaffen. In erster Linie denken die Verantwortlichen daran, umweltfreundliche Gewerbebetriebe anzusiedeln, die sich mit den bereits vorhandenen Unternehmen ergänzen sollen.

Gewerbegelände ist in den Ortsrandanlagen der Ortsteile Hausen und Fussingen vorhanden bzw. in Planung.

Strukturell läßt sich über Waldbrunn sagen, daß die Gemeinde viele Auspendler hat. Günstige Verkehrsverbindungen, wie die nahen Bundesstraßen B 49, B 54, B 8 und die Autobahnen Köln-Frankfurt und Siegen-Gießen tragen dazu bei, daß man schnell und problemlos an den Arbeitsplatz und wieder nach Hause gelangen kann.

Die zentrale Lage wird aber auch durch die Entfernung zu den größeren Städten dokumentiert: Zur Kreisstadt Limburg sind es rund 16 km, nach Weilburg/Merenberg rund 11 km, zur Landeshauptstadt Wiesbaden rund 60 km, zum Wirtschafts- und Industrieballungsraum Rhein-Main rund 75 km und Rhein-Ruhr rund 120 km. Abschließend läßt sich wohl feststellen, daß die Kombination einer ausgezeichneten Verkehrslage mit hohem Freizeitwert ein gutes Umfeld für Wohnen, Arbeiten und Freizeit in der Gemeinde Waldbrunn/Westerwald darstellt.

GELEBTES LEBEN!

VON RENATE KAßNITZ

Wir haben dieselbe Schulbank gedrückt,
jung, sorglos, ohne zu überlegen.
Wir haben vieles nicht ernst genommen,
denn wir wussten noch nichts vom Leben.

Jetzt hatten wir wieder Klassentreffen,
sind noch nicht alt, auch nicht mehr jung.
Die Schulzeit schweißt uns fest zusammen,
mit der schönen Erinnerung.

Die ersten Falten im Gesicht
sind Straßen, die Richtung Alter gehen.
Doch die Kerben in der Seele sieht man nicht,
von unserem gelebten Leben.

Einer versteht den anderen,
ohne viel darüber zu reden,
denn keiner ist verschont geblieben
vom geliebten – gelebten Leben.

DE SCHAAD!

VON DIETER KASTELEINER

Et iss lang her, suu 35 - 40 Johr, als ich noch en Schulboub wor.
Nochdem die Schul wor aus, die Hausoffgowe gemocht,
do gungs raus en de Wald, fast jeden Doch.
Do hummer da Häusjer gebaut, mer mochte Schnitzeljocht,
mer hun die eschte Ziggarette gepafft,
halt alles dott, worr mer dehamm nit dourft.
An Platz ower goub`s uum Dorfesrand,
eh Wäldche, vuu uss all de Schaad genannt.

De wor bei uss Kenn de absolute Hit,
wott`s do alles goob, mer glabt`s jo nit.
Eisch muss ess beschreiwe, domet mer`s verstieht,
worimm de Schaad wor bei alle Kenn un ach gruße Leut beliebt.

Dott wor en Wald, wie soll eisch`s suu, do wor halt ewe alles druu.
Off em klaane Hibbel aus Kiss, do wor de gewoose
met Sträucher, Kribbelkiefern un ach Hoose.
En de Mitt, do woor en Muld met Wasser gefüllt,
suu en klaane Teich, wie mer`s halt kinnt.

Um Rand, do logge die Kiss Staa dorchenanner
un zwischedrenn, do flitze die Feuersalamander.
Em Teich wourn Kaulquappe, klaane un gruuße,
dej hun mer versucht ze fange mit metgebrochte Dose.
En dem Wald, do gob`s Moos uu ville Ecke,
dott hun mer geholltt fier Weihnochte det Krippje ze decke.
Mer spillte do Cowboy und Indianer,
do kunnste dich verstecke, dich fand suu laascht kaaner.
Wott soll eisch suu, eisch mach kaa Geschiss,
fer us wor dott des reinste Paradies.

Aanes Dogs, mer härte dott met Schrecke,
do dout die Industrie den Platz entdecke.
Der schnöde Mammon hot gelockt,
un die Behörde hott ganz schnell joo gesocht.
Prodeste vuu uss un anern Leut, hot die gornit intressert.

Es word gebaggert un gebuddelt, bess de Kiss wor all,
un schließlich wor`s en Grub, grod goud genuch noch fer`n Obfall.
Su kum`s da aach, es iss nitt ze klaabe,
jeder kunnt sein Müll obloode.
Später do kuume ach Firme dobei,
dej kippte ern Dreck ach noch do nej.

Nor will heut kaaner mer wisse,
wott dej alles hun do nen geschmisse.
Nor aan`s iss sicher, un dot is kann Fimmel,
uu manche Doch stinkt`s bei uss bess zomm Himmel.

Wott frujer wor e Paradies, is heut nur noch Niemandsland,
ingezäunt met *Betrere Verbore Schilder* em de Rand.
Heut dink eisch zerick met Herzelad
uh mein schiene alde Schaad!

Otto Müller – mit dem deutschen Expeditionskorps nach China

Von Julius Wagner

Otto Müller war das älteste von drei Kindern des Lehrers Heinrich Müller (* 21. August 1849). Die ersten Schulstellen des Vaters waren Straßeneberbach und Altendiez. Hier heiratete er Marie Luise Huth, ein Nachbarskind aus Schadeck. Auch Heinrichs jüngerer Bruder Wilhelm war Lehrer. Heinrich und Wilhelm entstammten aus der Bauernfamilie des Johann Peter Müller und der Margarethe Jung. Otto, am 11. Juni 1874 in Schadeck geboren, wurde nach dem Abitur aktiver Artillerieoffizier und nahm 1900 mit dem deutschen Expeditionskorps an Kämpfen in China teil. Er heiratete in Nürnberg, wo er beim 8. bayerischen Feldartillerieregiment *Prinz Heinrich von Preußen* Dienst tat, die Nürnberger Kaufmannstochter Paula Pröbster, eine bekannte Turnierreiterin. Zu Beginn des Ersten Weltkrieges fiel er bereits am 7. September 1914 an der Westfront als Hauptmann und Batteriechef bei Réméréville.

Otto führte auf seiner Fahrt nach China, wo er an den Kampfhandlungen des so genannten Boxeraufstandes teilnahm, ein Tagebuch, dessen Eintragungen in gekürzter Form wiedergegeben werden. Die Aufzeichnungen schildern die Schiffsreise durch das Mittelmeer und den Suezkanal bis nach Sumatra. Von den Kampfhandlungen gibt es keine Notizen mehr. Otto Müller kehrte 1901 nach Deutschland zurück, und sein Heimatort Holzappel ehrte ihn am 15. Oktober 1901 mit einem Fackelzug.

Von Jüterborg über Bremerhafen nach Port Said

«Am 6. September 1900 3.06 (Uhr) nachm. Abfahrt der 2. schw. Haub. Batt. und der 8. (Gebirgs)Batt. von Jüterborg. In Magdeburg tausende von Menschen am Bahnhof. In Hannover 11 Uhr nachts Unmenge von Menschen am Bahnhof – Vertreter der Stadt und des Militärs.*

7. (September) Ankunft in Bremen. Man kann sich kaum retten vor lauter Liebesgaben. In Bremerhafen 8.33 (Uhr) vormittags Einschiffung auf den Lloyddampfer Roland. Geschütze und Fahrzeuge sind am Tage zuvor verstaut worden. Um 10.30 (Uhr) Verlesen der Depesche seiner Majestät des Kaisers von der Lloydhalle. 11.15 (Uhr) lichtet Crefeld die Anker. Ihr folgt unter brausenden Hurrahs der Besatzung und der Zuschauermenge Roland. Als drittes und letztes Schiff verlässt Valdivia den Hafen. Fahrt bei ruhiger See durch die Wesermündung, vorbei an den Wasserforts. Nun beginnt die Dünung, kurzer Wellenschlag. Das 2. Frühstück wird noch mit gutem Humor eingenommen. Dann beginnt die Seekrankheit. In jeder Kabine mit 4 qm sind 4 Herren untergebracht. Mittags bei frischer Luft auf dem Deck; die englische Küste kommt in Sicht, schroff abfallende hohe Kreidefelsen von der Brandung umspült. Gegen 2 Uhr kommt Dover mit romantisch gelegener Citadelle Dovercastle.

Blick auf die englische Küste.

Der sonst so gefürchtete Canal zeigt sich von seiner schönsten Seite, mit herrlicher Fernsicht, ruhiger See, sodass die Spuren der Seekrankheit verschwinden.

Am 9. (September) *mittags verlassen wir den Canal (Crefeld und Valdivia sind noch in Sicht). Wir nähern uns der Küste Frankreichs bei etwas trüber gewordenem Wetter. Deutlich erscheint die vor der französischen Festung Brest vorgeschobene Fischerinsel Quessant; kahle Felsenriffe ohne jegliche Vegetation. Oben auf dem Plateau eine Menge Fischerdörfchen. Für die Schiffer ist die Insel wichtig wegen ihrer zwei Leuchttürme. Der Kapitän setzt beim Passieren derselben das Signal 'Auf Roland alles wohl'. (Diese Signale werden telegraphisch nach Bremen gegeben und erscheinen in den Zeitungen.)*

Am Sonntag, den 9.9., dem Geburtstag des Großherzogs von Baden, war um 10 Uhr Gottesdienst. Oblt. Calzmann hält die Predigt. Protestanten und Katholiken singen in Eintracht 'Ein feste Burg', begleitet von der schnell formierten Schiffskapelle. Nachmittags Festrede des Majors Borcken-Hagen zu Ehren des Großherzogs.

Nach dem Bade am 10. (September) begebe ich mich zum Kapitän auf die Kommandobrücke. Plötzlich Backbord voraus kleine Springbrunnen. Das sind Wale, ruft der Kapitän. Gleich ist alles auf Deck. 10-12 dieser Burschen, hier eine Seltenheit, begleiten uns eine halbe Stunde. Man versammelt sich auf der Kommandobrücke, um einen herrlichen Vollmondabend zu genießen. Stille herrscht an Bord. – Wenn doch die Lieben in der Ferne das alles mitgenießen könnten. – Plötzlich blitzt Backbord voraus der Leuchtturm von Cap Villano an der Nordwestküste Spaniens auf. Wir haben also den gefürchteten Golf von Biscaya bei schönstem Wetter durchfahren. Im Abstand von 10 Seemeilen (18,550 km) umfahren wir Südsüdwest die Nordweststrecke Spaniens. Um 12 Uhr grüßt noch der Leuchtturm von Cap Finisterre.

Am 11. September Aufstehen um 6 Uhr, dann Baden, um $1/2$ 7 Uhr erster Kaffee. Um 8 Uhr versammelt sich alles auf dem Promenadendeck, um das erste Frühstück einzunehmen. Die Verpflegung von Offizieren wie Mannschaften ist großartig. Eine bessere Reklame konnte der Lloyd kaum machen. Um 8.30 (Uhr) beginnt der Dienst, dauert bis 10 Uhr, besteht größtenteils aus Instruktionen und Freiübungen, damit den Leuten das Blut nicht zu dick wird. Die Instruktionen erstrecken sich auf Geographie und Geschichte der Länder, die passiert werden, auf Körperpflege, Waffenpflege und alles dessen, was für den künftigen Feldzug von Belang ist. Dann konzertiert die von Angehörigen der an Bord befindlichen Truppenteilen zusammengestellte Kapelle. Die Offiziere verbringen die Zeit bis zum 2. Frühstück mit Sprachstudien. (12.30 Uhr). Es ist keiner unter uns, der nicht mindestens zwei Fremdsprachen beherrscht. Ich bin der zweitjüngste auf dem Schiff. Heute wird bei herrlichem Wetter zum erstenmal an Deck gegessen. Die Messe der jüngeren Offiziere liegt im hinteren Teil des Zwischendecks, also da, wo jede Bewegung des Schiffes doppelt empfindlich wirkt. Um dorthin zu gelangen, muß man an den Maschinenräumen vorbei. Der heiße Ölqualm reicht, um einem den schönsten Appetit zu verderben, zumal wenn man noch nicht ganz von der Seekrankheit genesen ist. Nach dem 2. Frühstück ist Siesta bei Kaffee bis 3 Uhr auf dem Promenadendeck. Dann beginnt wieder der Dienst und dauert bis 5.30 Uhr. Die Fahrt geht hart an der Küste von Portugal entlang. Um 3.40 Uhr fahren wir zwischen Cap Carvoeiro und den Berlengainseln durch. Die portugiesische Küste steigt nicht so schroff wie die englische. Cap

Carvoeiro liegt wie eine Bastion vor der Küste. Die Berlengainseln sind mit ihren kahlen Felsenriffen von den Schiffern sehr gefürchtet. Eine überraschende Erscheinung sind Scharen von springenden Schweinsfischen. Es sind warmblütige Säugetiere. Eine neu aus dem Nebel auftauchende Naturschönheit; wir befinden uns vis à vis dem westlichsten Punkte Europas. Direkt aus dem Meer steigt ein Felsblock von 1700 Fuß an. Den Gipfel krönt das königliche Schloss Zintra. Auf halber Höhe des Felsenkolosses liegt ein weiteres Schloss aus weißem Marmor: Mafra. Auf der Spitze des Felsens (Cap la Roca) ein Leuchtturm. Das Cap deckt gleichzeitig die Mündung...

Leuchtturm auf dem Felsen Cap la Roca.

13. (September) *sechs* (Uhr) *morgens Cap de Garde* (Spanien). *Kein Land mehr. Abends starker Wind.* 9.30 (Uhr) *abends erstes afrikanisches Leuchtfeuer passiert. – Nachts bewegte See.*
14.9. *windstill, schönes Wetter. Küste von Algier. Erster Wald und Rebengelände. Hohe Berge direkt an der See.* 8.15 *Uhr Höhe von Leuchtfeuer Cap Bucaroni. Bordkapelle spielt. Wetterleuchten über der Wüste Sahara; Elmsfeuer.* 9.30 *Cap de Fer.*
15. (September) *Fratellifelsen – Inseln der tunesischen Küste.* 8.30 (Uhr) *Stadt Bicerta,* 11.30 *Uhr Inseln Cembra und Cembrette, Felseneilande,* 1.30 (Uhr) *Cap Bon,* 6.00 (Uhr) *Cap auf Insel Pentellaria,*

bewegte See. In der Nähe vulcanische Inseln, letztes Land. 7.30 (Uhr) *Höhe von Sizilien.*
16.9. Sonntag. *In der Früh Gottesdienst. See ruhig.*
17.9. *starker Seegang mit Sturm, alles seekrank, Wellen schlagen über Bord.* 8.15 (Uhr) *Höhe von Creta.*
18. (September) *Kein Land. Fahrt in historischem Gewässer (Schlacht bei Abukir).*
19. (September) *Früh reges Leben an Bord. Alles freut sich in strahlend weißen Anzügen auf Land.* 10 (Uhr) *kommt Port Said in Sicht, Lotse geht an Bord. ...Wir trauen unseren Ohren nicht, mächtig ertönt 'Heil dir im Siegerkranz' und ein Hurrah-Geschrei ohne Ende. Unsere schlimmsten Feinde scheinen das also doch nicht zu sein. Dann rauschen wir an Franzosen und Engländern vorbei. Überall herzlich willkommen geheißen (unsere Kapelle spielt die Marseillaise und God save the Queen). In Port Said wunderbare Läden, und wenn man zu handeln versteht, sehr billig. Während der Mittagszeit wird gar nicht gearbeitet. Alles liegt im Dreck auf der Straße und schläft. Betteln thut jeder. Das einzig anständige und reelle Haus ist das Warenhaus von Simon Arzt. An der Küste steht eine ägyptische Strandbatterie, sechs Kruppsche Canonen, die Mannschaft gut disziplinierte Araber. Wunderbare Araberpferde und Ställe. Ferner vorzüglich organisierte Polizei. Kleiner Betteljunge Hahsan Bismarck ist unser Führer, 6 Jahre alt, spricht Englisch, Französisch, Deutsch und Arabisch, soweit man es eben braucht. Kennt weder Vater und Mutter, schläft auf der Straße, ist jedoch von einer rührenden Anhänglichkeit und mit einem Rieseneifer beseelt, uns mit allen Sehenswürdigkeiten bekannt zu machen. Abfahrt abends 8 Uhr unter den Klängen der Schiffskapelle. Lotse bleibt durch den Suezkanal an Bord.*

VON PORT SAID BIS COLOMBO

Der Hafen von Port Said.

20.9. Fahrt im Kanal mit halber Kraft. Der Kanal ist 1¹/₂ mal so breit wie die Lahn bei Limburg und hat 16 Ausweichstellen. Länge beträgt 85 Seemeilen (ca. 140 km). Rechts und links Sandwüste mit kleinen Oasen. Der Kanal selbst stammt von den alten Ägyptern, 1865 zum ersten Mal befahren, 1869 für große Schiffe eröffnet, gebaut von Lesseps. Die Aktien repräsentieren jetzt das 35-fache des Nennwertes. Unser Schiff zahlt ca. 6000 Mark. Es wird in Tonnengehalt, die Ladung und jeder Passagier mit 8 Mark berechnet. In Suez treffen wir 1 amerikanisches, 1 türkisches Militärtransportschiff. Außerdem zwei deutsche Salondampfer Weimar und Kronprinz. Riesige Ovationen. Wir ersetzen Trinkwasser und dampfen ins Rote Meer. Es herrscht eine Bombenhitze. Bis 2 Uhr bleibt man auf Deck.

21.9. früh morgens liegt links das Sinaigebirge, zackige Felsmassen mit seinen durch einen Sattel getrennten 2 Spitzen.

Das Sinaigebirge.

Ödes Felseneiland ohne Baum und Strauch. Die Hitze wird tropisch. Wir befinden uns im Wendekreis des Krebses.

22.9. Die Hitze steigt bis auf 36 Grad. Alles erscheint in Pyjamaanzug; Mannschaft läuft barfuß. Verbot mit dem wachhabenden Seeoffizier zu sprechen wegen der Gefährlichkeit des Fahrwassers. Wir befinden uns in der Höhe von Mekka und Medina. Gegen Abend kommt der Wind aus Südost. Ist zwar sehr heiß, da er aus der arabischen Wüste kommt, aber doch frische Luft. Die Nacht verbringen wir fast alle auf Deck.

23.9. Sonntag. In der Früh herrliches Bad im Schwimmbassin auf Deck (Es wird ein großes Segel ausgespannt, mit Wasser gefüllt und da plätschert nun das gesamte Offizierskorps drin rum). Die Mannschaften werden sämtlich pro Tag mindestens 2 mal abgespritzt. Ist immer ein Volksfest. Um 10 Uhr Gottesdienst. Um 11 Uhr wird, seitdem es so heiß ist, statt der üblichen Bouillon mit belegten Brötchen jetzt auch für die Mannschaft Citronenlimonade gereicht. Nur ein Glück, daß wir soviel Eis dabei haben. Wir essen täglich noch frisches Obst (Trauben, Datteln, Orangen) außer dem eingemachten und getrockneten. Man studiert die in Port Said erhaltene Post. Die Feldpost arbeitet mit Präzision. Briefe und Zeitungen, welche am 14. in Deutschland abgegangen sind, haben wir über Berlin-Genua am 19. (September) schon in Port Said erhalten. Dienst ist wegen der Hitze sehr reduziert, findet von früh 7 - 10 Uhr statt. Am Abend sehen wir zum erstenmal das bekannte Meerleuchten. Die vom Kiel durchfurchten Fluten scheinen wie das Eisen am Ambos Funken zu sprühen, ja mit einiger Phantasie könnte man die schäumenden Fluten für fließendes Erz halten.

24.9. Heute scheinen wir einen Hitzerekord schaffen zu sollen. Früh 6 Uhr sind es bereits 38 Grad im Schatten. Die Hitze steigt nachmittags bis auf 46 Grad. Um die Leistung der Heizer wirklich mal beurteilen zu können, begebe ich mich in den Kesselraum. Eine öligriechende Glutwelle von 60 bis 70 Grad schlägt einem entgegen und benimmt einem den Athem. Fast alle Stunde wird einer ohnmächtig herausgetragen und durch Bereiben mit Eisstücken und Eingießen von Cognac und Eis wieder zum Bewusstsein gebracht, um dann nach kurzer Pause wieder hinunterzusteigen. Die Mannschaft hat heute auch einen schlimmen Tag. Wie die Mücken fallen die Leute. Stabsarzt, Schiffsarzt, Sanitätsunteroffiziere haben nicht Hände genug, um die Scheintoten aus ihrer Ohnmacht ins Leben zurückzurufen. Jeder fasst zu, wo er kann. Gott sei Dank geht alles gut vorüber. Die Hitze bleibt während der ganzen Nacht. Offiziere und Mannschaft schläft auf Deck (nackt!). Das Lachen bleibt nicht aus, wenn man sich den dicken Major vorstellt, der noch vor vierzehn Tagen im elegantesten Anzug in Berlin 'Unter den Linden´ herumstiefelte und jetzt nur mit der Badehose bekleidet, gemütlich die Cigarre rauchend herumstolziert. Der einzige Punkt, wo die Etiquette noch siegreich sich behauptet, ist beim Essen. Dort erscheint alles immer in tadellosem Weiß. Allerdings ist der Anzug nachher erledigt und reif für den Wäscher. Am Nachmittag fahren wir zwischen einer Unmenge von Klippen und kleinen Inseln durch; der Kapitän weicht nicht von seinem Posten. Abends 11 Uhr erreichen wir die engste Stelle, den Südausgang des Roten Meeres. Mit der Fahrt durch die Straße von Bab el Mandeb, eingeengt durch die Insel Perim, haben wir den weitaus gefährlichsten und aufreibendsten Teil unserer Reise hinter uns. Alles atmet auf.

25.9. Früh morgens. Das Seewasser hat sich merklich abgekühlt und das Bad wirkt erfrischend. Temperatur ist noch über 33 Grad, aber es weht eine leichte Brise. Wir befinden uns im Golf von Aden. Delphine umschwärmen das Schiff und belustigen uns mit ihren tollen Sprüngen. Gegen 9 Uhr kommt Aden in Sicht. Rechts und links ein steil abfallender ca. 1800 Fuß hoher, stark befestigter Felskegel in dem herrlichen Golf von Aden. Ein Ausgangspunkt und Zufluchtsort für ein englisches Geschwader. Wir haben den Kurs geändert und fahren in gleicher Richtung mit dem Äquator, dann später nach Süden und auf die Südspitze von Ceylon zu. Von Interesse ist vielleicht noch, was ich eben über Aden erfahre. Die Stadt liegt auf dem östlichen Felskegel. Es regnet dort jahrelang nicht und schon deshalb legten die alten Sabäer in den Fels gehauene Wasserbassins an. Aden war im Altertum Haupthandelsplatz für Weihrauch und Myrre. Hier wohnte die Königin von Saba, die Königin des hochentwickelten Volkes der Sabäer.

26.9. Uninteressante Fahrt durch den Golf von Aden. Es weht ein leichter Südwest-Monsun. Ziemlich hoher Seegang.

Am Morgen des 27. (September) kommt Cap Gardafui und später die Insel Sokotra in Sicht. Wir fahren in den Indischen Ozean ein.

Am 30. wird nachmittags zur Unterhaltung ein Drachenschießen veranstaltet. Habe selbst einmal die Flasche runtergeholt auf 250 m mit dem Karabiner. Preis: Eine Pulle Mumm-Sekt. Mit der Mauserpistole schieße ich die Schnur vom Stopfen ab. Mehr Glück als Verstand! Allgemeines Freudengejohle. Preis: eine weitere Pulle. Der Abend verlief sehr feucht. Die Stimmung ist gedrückt, da wir Colombo nicht anlaufen sollen. Wir fahren unter beschleunigter Order und da darf ohne Grund nicht angelegt werden. Seit Aden ist uns kein Schiff begegnet. Wir empfinden unsere Einsamkeit; es dauert noch 9 Tage bis wir an Land kommen.

1. Oktober. Das Eis geht zu Ende, es könne bis nach Singapore nicht mehr reichen. Hurrah, jetzt müssen wir Colombo anlaufen. Gegen 9 Uhr vormittags kommt die Koralleninsel Minikoi in Sicht. Minikoi ist berühmt als großes Rattennest. Die Insel liegt zwischen den Malediven und den Laccadiven. Ein wunderbarer Wald von Cokospalmen zieht sich über die Insel. Ein ungewohnter Anblick. In der Nähe des Schiffes ragt sich einmal etwas aus dem Wasser heraus, es entpuppt sich als eine riesige Schildkröte, welche hier in einer Meerestiefe von 1800 - 2000 m dem Fischfang nachgeht. Noch eine Überraschung. Ganze Schwärme fliegender Fische fallen rechts und links vom Schiff ein wie Heuschrecken. Gegend Abend sehen wir Rauch am Horizont aufsteigen. Wir kommen näher und erkennen am Schornsteinzeichen die Arcadia, welche vier Tage vor uns von Bremerhafen abgefahren ist und unsere Munitionskolonnen an Bord hat. Das wird ein Wiedersehen in Colombo. Crefeld wartet dort schon auf uns.

VON COLOMBO NACH SINGAPORE

Der englische Lotse kommt an Bord. Alles ist gespannt auf die Kriegsnachrichten. Der Kerl nutzt diese Gelegenheit aus und lügt das Blaue vom Himmel: Kriegserklärung zwischen England und Deutschland einerseits, Frankreich und Russland andererseits. Donnerwetter, das war doch nicht so ohne, doch wir werden bald eines Besseren belehrt. Wir fahren in den herrlichen Hafen von Colombo ein. Wir sind auf alles gefaßt. Wir werden mit Hurrah und Musik empfangen. Wir spielen 'Die Wacht am Rhein' und 'Deutschland, Deutschland'. Der deutsche Consul kommt an Bord. Das Schiff ist umschwärmt von arabischen Händlern, die mit ohrenbetäubendem Geschrei ihre Waren feilbieten. Die Offiziere begeben sich truppweise (Mannschaft geschützweise unter Aufsicht eines Unteroffiziers) an Land, um sich die Stadt anzusehen.

Am Land sitzen schon die Wechsler da, um uns tüchtig über die Löffel zu barbieren. Wir treten über eine wundervolle, glasüberdeckte Landungshalle in die Stadt ein. Imposante Bauten rechts und links, wunderbare Straßen. Hier sind Kutscher und Pferd dieselbe Person. Wir besteigen diese Rikschas und in rasendem Tempo ziehen uns die flinken Burschen durch die Straßen. Wir besichtigen die Stadt, die wunderschönen Kasernenanlagen der Engländer, deren Dienst hauptsächlich in Fußballspiel und Criket besteht, die jedoch, außer Dienst was Haltung, Benehmen und Anzug anlangt, einen sehr guten Eindruck machen und richtig angefasst, sicherlich vorzügliche Soldaten abgeben würden. Um 8 Uhr fahren wir zu 4. zum deutschen Consul Freudenberg und seinem Sohn (die ich beide von Wiesbaden her kannte). Liebenswürdig aufgenommen erfuhren wir dort die ersten genauen Nachrichten über die politische Lage. Rückfahrt ins Bristolhotel, wo wir außer unseren Kameraden sämtlich russ., franz. und engl. Offiziere von den Transportdampfern trafen, mit denen wir bis zum Morgen zusammengeblieben und uns ganz famos vertragen haben. Die Engländer waren erst vor kurzem mit einem Transport gefangener Buren nach Colombo gekommen. Die engl. Offiziere sind ganz famose Leute, haben allerdings vom Dienst blitzwenig Ahnung. Sie sind eben Sportsleute auch. Gegen früh 4 Uhr suchen wir unser Schiff wieder auf, das um 5 Uhr abdampfen soll. Daraus wird jedoch nichts, da das Eis noch nicht zur Stelle ist. Infolgedessen wird die Abfahrt auf den nächsten Tag, 3. X. mittags 2 Uhr angesetzt, um auch den Leuten Gelegenheit zu geben, nach dem 4-wöchigen Aufenthalt auf dem Schiff wieder mal Land unter die Füße zu bekommen.

Am 4. (Oktober) strömt dann auch alles in Herrgottsfrühe dem Land zu – mit Ausnahme von mir – mich trifft nämlich heute der Schiffsdienst, da ein Offizier an Bord bleiben muss. Die Zeit wurde mir nicht lang, zum Photographieren boten sich viele dankbare Objekte. Eine Menge Händler kamen an Bord. Ein Goldarbeiter war sogar bereit, mir einen Ring nach China mitzugeben unter der Bedingung, dass ich denselben erst zahle, wenn ich bei meiner Rückkehr gefunden, daß er gut sei. Kleine Singhalesenbengels umschwammen stundenlang das Schiff und tauchten nach Geldstücken. Gegen 1 Uhr kam ein russischer Offizier mit Frau an Bord und bat um die Erlaubnis, bis Singapore mitfahren zu dürfen, da ihm sein Schiff vor der Nase davongefahren sei. Um 2 Uhr lichten wir den Anker, fahren in südlicher Richtung die Küste von Ceylon mit ihren hohen Bergen und Palmwäldern im Blick. 10 Uhr abends erreichen wir das Südkap Point de Galle, ändern den Kurs und fahren östlich auf das Nordkap von Sumatra zu.

5. X. Wunderbare Temperatur, starker Südostmonsun, sehr grobe See. Am Nachmittag und Abend verschiedene Regenschauer, eine große Wohltat für uns. Wir trinken einige Pullen und übergeben die leeren Flaschen mit ulkigen Flaschenposten den Fluten des Indischen Ozeans.

6. X. Nach dem Dienst Berlatschspiel, ähnlich wie auf den Märkten zu sehen, wo man mit Blechscheiben so lange auf eine Zahl wirft, bis sie ganz zugedeckt ist. Der Lloyd sorgt für Mannschaft und Offiziere famos. Dabei hat jeder die Verpflichtung, sich für 3,00 Mk Getränke zu leisten. Das muß vertilgt werden. Das Wetter ist wunderschön mild. Hätte nicht gedacht, daß es so nahe beim Äquator so angenehm zu leben sei. Gegen Abend kommen in Sicht die Inseln Pulo Bras und Pulo Weh, nördlich von Sumatra.

7. X. Heute sind wir genau einen Monat auf dem Wasser. Beim Frühgottesdienst hält Oblt. Colzmann eine wunderbare Predigt. Bei uns gibt es eben alles. Wir sind nicht nur Elite – sondern auch Universaltruppe. Jetzt erledigt alles die Briefe an die liebe Heimat. Auf Steuerbordseite erscheint die Nordküste von Sumatra. Wir befinden uns also in der Malaccastraße, die wegen ihrer großen Hitze Berühmtheit genießt wie das rote Meer. Uns zeigt sie sich von ihrer angenehmsten Seite. Die Nordküste von Sumatra erscheint flach; im Hintergrund erheben sich mächtige feuerspeiende Bergriesen.

8. X. Die ganze Nacht hindurch hats in Strömen geregnet. Am Morgen furchtbarer Nebel. Der Kapitän bleibt auf der Brücke bis Mittag. Später das schönste Wetter. Man kann sich gar nicht denken, daß es noch vor so kurzer Zeit geschüttet hat. Wir fahren dicht an der Südwestküste von Hinterindien entlang mit Laubwäldern und im Hintergrund hohe blaue Berge. Unvergeßlich das Wetterleuchten von gestern abend – dunkle Nacht, Wolkenberge über den Vulkanen von Sumatra und ein Aufblitzen an mindestens 10 Stellen gleichzeitig.

MEI SCHEE KLAA NEST

VON URSULA GROLIG

E loo neulich hot jemand wirrä mich gesoat:
«Woas willst dau da, dohenne aus deim klaane Nest,
wo die Welt mät Brärä zougenaalt es!»

Do hun ich em irschte Moment goar ne geweßt,
woas ich antwurte sellt off so en Mest.

Doch da hun ich emol nosimeliert, un mir ging e Licht off,
un häi es mei Antwurt droff:

Wie en so´em klaane Voelsnestche lebt mer bei us noch sicher un woarm,
un es ess kaaner ganz reich und kaaner ganz oarm!

Mä säit sich, mä kennt sich, mä grießt sich un schwätzt e keitche off Platt mätsomme
un dout em Noachber alsemol die Post oa de Bräibkaste mätnomme,
dout aach häi un do emol en die Noachberschaft laafe,
sich äbbes ze lehne, woas mär vergässe hat enzekaafe.

De waaßt bei de meiste Leu, wo de droa best,
un ob dich aaner beäbbelt oder verzappt nur Mest.

De brauchst oa kaaner Ampel zu woarde,
un henner oder vierm Haus es en scheene Goarde.

Es sein ville Sache so erfreulich, groad wie bei mir häi neulich:
Do konnt ich jeden Doach woas annerschter hirn,
zoum Beispill: *«Brauchste Ruutroiwe oder Miern;*
eisch hun fir dich aach Quetsche un Birn;
willste Zucchini oder Kirwes hoa;
bei mir kannste där Brembern blecke, es sein noch en Masse droa.
Eisch hun fir dich e Kirbche Pfirsisch do steh,
däi sein dess Juhr allminanner wunnerschee!»

Lait jemand em Krankehaus, scheckt mär en scheene Gruß oder en Bloumestrauß,
hot jemand en ronde Geburtsdoach, geht mär zoum Gradeliern en sei Haus.

Eschenau im Kerkerbachtal.

Bei em Begrebnis doun die Noachberschweibsleu Kaffee koche,
die Mannsleu doun droa,
un bei alle alte Leu iwwer 70 em ganze Durf, wärn Reiheweck un Kaffee hie gedroa.

Oam Ustersamsdoach gehn die Kenn vo Haus ze Haus un mache Nestercher aus Moos
un hun en Spaß ganz groß,
wann se Ustern e bundisch Ei dren fenne
oder so e klaa soiß Usterdenge.

Fassenoacht gehen se aach rond, ob gruß, ob klaa,
do gitt's Geld un Zuckerstaa,
un owens sommelt die Juchend Speck und Eier,
da gitt's beim Backe fir alle Leu en lustig Feier!
Iwerhapt, däi ville Feste em ganze Juhr,
do hilft jeder mät und bleibt bei de Spur!

Fierschte mol en de Urlaub fir vill Geld
un guckst dich emol im in de weire Welt,
wo alles es so rasch, so laut, so bundisch, so gruß un so breit,
kaaner guckt nom annern, un all hun se ka Zeit!

Woas emfindste da fir e Gleck,
wann de best wirrä deham en deim Durf zereck,
säist die Wisse un de Wald, spierst die Louft
un richst die Juhreszeit oam Douft.

Da mirkste irscht, wie briwiligiert de best,
dehamm ze sei, en so em scheene klaane Nest!

SAURE MILCHSUPPE (FÜR 3 PERSONEN)

Zutaten:
1 l Vollmilch
125 g Schmand
1 TL Salz
2 ½ gehäufte EL Mehl
1 TL Butter

Das Mehl mit etwas Milch in einer Schüssel verrühren, so dass eine dünncremige Masse entsteht. Den Schmand hinzugeben und gut verrühren.

Die restliche Milch mit dem Salz bei gelegentlichem Umrühren aufkochen lassen und vom Herd nehmen. 2 Schöpfkellen von der heißen Milch unter Rühren in die Schmandcreme geben, damit nichts klumpt. Das Ganze nun langsam in die heiße Milch geben (unter ständigem Rühren) und bei schwacher Hitze zum Kochen bringen. Dabei 5 Minuten immer rühren und köcheln lassen, bis die Suppe sämig wird. Nun die Suppe vom Herd nehmen und die Butter unterheben.

FÜR DIE EINSENDUNG DES REZEPTES BEDANKEN WIR UNS
BEI MONIKA KASTELEINER AUS LIMBURG-LINDENHOLZHAUSEN.

Weitere Rezepte finden Sie auf den Seiten 184, 187, 190, 195, 203, 210 und 213.

Foto: Hubert Lübke

ALLZUVIEL IST UNGESUND

VON WILLI SCHOTH

Meine Eltern betrieben eine kleine Landwirtschaft. Dazu gehörte auch ein Baumstück auf dem Ohlenberg (heute Frankenhang). Besonders auffällig an dem Baumbestand waren zwei Birnbäume von prächtigem Wuchs. Sie waren in der näheren und weiteren Umgebung geschätzt und wegen der herrlich schmeckenden, süßen, mittelfrühen Birnen sehr gefragt. Waren die Birnen reif, so war es schwierig, sie vor Feinschmeckern zu schützen. Tagsüber hielt sich der Verlust in Grenzen, denn da wachte das scharfe Auge des *Feldschütz*, der erfahrungsgemäß die Schwerpunkte der Bedrohungen kannte. In der Dämmerung aber waren die süßen Früchte den Besuchern preisgegeben, wohl auch preiswert. Meine Großmutter, eine tüchtige Bauersfrau, beorderte mich eines Tages zum Tatort, indem sie sagte: «*Dau bäst gruß un stack, geh off dèt Baamsteck und geb oacht, däß dii Bjään net geklaut wään!*» Ich ging gerne, denn das Birnenessen hatte sie mir ja nicht verboten. Auf dem Hirtenplatz traf ich unsere *Rotte* (Schulfreunde).

«*Wu willst dau da hii!?*» «*No èm Uhlèbäg, off die Bjään oacht gewwè!*»
«*Määr gewwè mät oacht!*», riefen sie und schlossen sich mir an. Auch der lange Bernhard war dabei.
Dann ging es über die Birnen her. Bernhard war von enormer Länge. Er griff nicht nach den Früchten, sondern biss sie direkt von den Ästen ab. «*Wänn doat mai Grußmammè wisst*», dachte ich und hatte ein schlechtes Gewissen.

Doch die Bäume hingen so voller Birnen, dass der Verlust gar nicht auffiel.

Am anderen Morgen aber gab es in der Schule ein Nachspiel. Das zu große Birnenmahl zeigte Wirkung. Wir sechs *Plünderer* mussten mehrmals eilig die Unterrichtsstunde verlassen und die stillen Örtchen aufsuchen, auf denen es seltsam laut zuging.
«*Doat hott mèrr dèvu, wänn mèrr annern Leu helfè dout*», jammerten alle. Ja, allzu viel ist eben ungesund!

Schwarz - rot - Geld

Von Willi Schoth

Am 7. April 1945 setzten die Amerikaner den Bäckermeister Josef Friedrich, genannt *Dee Schwoatz*, als Elzer Bürgermeister ein. Die aus freien und geheimen Wahlen vom 27. Februar 1946 hervorgegangen sieben Gemeindevertreter wählten ihn wieder.

Kein gerade schönes, aber ehrenvolles, arbeitsreiches Amt. Galt es doch, den Scherbenhaufen des Krieges wegzuräumen und einen ganz neuen Anfang zu machen. Das hieß, die Hemdsärmel hochzukrempeln und zuzupacken.

Dee Schwoatz konnte nicht nur zupacken, es zeigte sich auch, dass er ein Meister der Finanzierung war mit der Begabung, die Weichen richtig zu stellen und die Geldquellen sprudeln zu lassen.

Aus der alten Zentrumspartei hervorgegangen, war er nun, treu der Tradition, überzeugter CDU-Mann, während im neugebildeten Land Hessen die Sozialdemokraten regierten. *Dee Schwoatz* war geradeaus und bis an die Grenze des Möglichen kritisch.

Wieder einmal war die Gemeindekasse leer. Friedrich liebte auch hierin den direkten, unbürokratischen Weg und fuhr nach Wiesbaden, um eher zum Erfolg zu kommen. Die zuständigen Herren empfingen ihn mit finsteren Mienen. Kaum hatte er sein Anliegen vorgetragen, erhielt er die Antwort: «*Alles schön und gut, aber man hört keine schönen Sachen von Ihnen. Es ist selbst bis hierher nach Wiesbaden durchgedrungen, wie sehr Sie die sozialdemokratische Landesregierung kritisieren und über sie herziehen!*»

Dee Schwoatz sah rot und sagte: «*Aich waaß net, woat Jär gehäät hott, oawwèr èt hett schlämmèr kommè konnè. Seid froh, dääß aich net allès gèsoat huu, woat aich vu auch waaß!*» Daraufhin sahen die roten Herren schwarz. Zwar ist deren Reaktion nicht genau überliefert, aber es muss gewirkt haben, denn Friedrich bekam, was er wollte, und in *seinem* Elz ging es weiter aufwärts!

De Zylinderhout

Von Walter Kurz

En Weilburch off´m Flohmaad,
doa hun sich zwa Leut´ woas gesaat,
un woas sich doa zougetroa,
dess will aich au soa:
En Fraa soa o em Stand
su en aale Zylinderhout
un setzt´ ih ganz gewandt
off's Haupt un zog en Schnout.

«Lejb Fraa, der Zylinderhout
stieht ihne owwer gout»,
sät der Mann, «*un zoum Gleck*
hun aich aach su e Steck!»
«*Oaner scheckt, mei lejwer Mann*»,
sät dej Fraa: «*Jetz´ owwer stopp,*
wej doch jeder sej kann,
hun aich aach nur oan Kopp!»

DI HÜNFELDENÄ SENIORENTORNSTUNN

VON GERTRUD PREUßER

Mondogsmoinds telefoniän mä
em Dorf rundmerim:
Wä fiät un wä fit ess
zom Seniorenträning.

Wann de Fortornä Schwenk kimmt
un drikt off de Knobb,
dreeje miä ussä Runde,
torne weirä: non stop.

Ussä Fitnessgimenastik,
däi leit foll em Trend,
dobei wän fu ennwennisch
di Schlagge ausgeschwemmt.

Jezt doun mä uss straffe
un deene un regge,
off di Foisspizze stelle
un di Orm ganz huuch stregge.

Di Mussik stimmeliät uss,
spillt wunnäschi leise,
miä fedreeje di Hels
no de Folksliidäweise.

Di Käbbäschä aus'm Flegge
sen nit immä do,
iä Stadtjubiläum,
dos helt se em Oorm.

Di Uänä hon's gout,
wune discht uu d'm Wald;
's hot schun immä gehaase:
Häi wään di Leut alt.

Di Linderä Freschäschä
komme gehibbt,
obwool aus de Domstadt,
sen se nit ausgeflibbt.

Fu Neesbach, di Aanzisch
hot Maliä met de Hift,
mä hoffe bes di Ilse
uss baal wirrä trifft.

Di Hiringä komme
frisch, frölisch un frei.
Di Helma woo krank,
se ess wirrä en de Rei.

Di Dawenä halle still
fiäm Postamt en Naum;
di Änna steit enn
un ess bestens en Form.

Di Miisfällä hon kaa
Transbordschwirischkeit,
se komme se Fous,
aach wann's reent und wann's schneit.

Ussä Resi, däi hot nau
em Himmel iä Rou,
rifft fu owwe: *«Macht weirä!
Isch gugge eusch zou.»*

De *«Tiroler Hof»*,
dä woo 2004
zwa mol exderoo geschmiket
met Bloumegeziä.

Weil ussä Seniorin
feiät siwwezisch Lenze,
Juniorin Annemarie do,
dout met fuffzisch Juä glenze.

Un jedesmol lowe miä
de Hermann Schwenk,
dä jed Übung mettornt,
met jedem Gelenk.

Daa kimmt de Herr Schardt
odä Frau Völker febei,
un gukt, ob häi noch jemand
obseschlebbe sei.

Su mache miä als weirä
un immäfort.
Häi em Miisfällä Saal
es de rischdische Ort.

VATER, SOHN UND DER HÄUFELER

VON KURT ENGELMANN

In den 30er Jahren benutzten die kleinen Landwirtschaften in Barig-Selbenhausen, es waren überwiegend Nebenerwerbsbetriebe, beim Kartoffelanbau einen *Häufeler*. Das war ein pflugverwandtes Gerät, vorne ein eisernes Rad und hinten anstelle der Pflugscharen zwei an ihrem Ende nach den Seiten verstellbare *Streichbleche*, die mit einer spitz zulaufenden Führungssohle verbunden waren. Beim Durchfahren zwischen zwei Kartoffelreihen wurde von den *Streichblechen* die Erde zur Seite zu den Kartoffelpflanzen bei- und hochgedrückt. Die sich entwickelnden Kartoffelknollen müssen stets rundum mit Erde bedeckt bleiben. Kartoffelknollen, die während ihrer Wachstumszeit mit dem Tageslicht in Berührung kommen, werden grün und damit ungenießbar *(Solanin)*.

Die Mehrzahl unserer kleinen Landwirtschaften in Barig-Selbenhausen bearbeiteten ihre Äcker mit Kuhgespannen als Zugtiere. So wurde der *Häufeler* auch von einer Kuh gezogen. Das Tier wurde am *Zahmkedchje* (zahm, gezähmt) geführt. Das war eine leichte, aus kleinen Kettengliedern hergestellte Kette, die man der Kuh am Kopf anlegte. Wer die Kuh führte, musste darauf achten, dass das Tier nicht hin- und herging und dabei die Kartoffelstöcke vertrampelte; außerdem konnte der *Häufeler* aus der geraden Richtung rutschen und Kartoffelstöcke aus der Reihe drücken – (Kartoffeln lagen im Licht und wurden grün).

In der folgenden *wahren* Begebenheit hatten Vater und Sohn ihr Arbeitsgerät zum Kartoffelacker gebracht. Der *Häufeler* mit der Kuh davor stand in der Ausgangsstellung, bereit zur Arbeit.

«Doa wolle mer moal», sagte der Vater zu seinem Sohn Willi, *«un edz gräij emoal de Bläß ohm Zahmkedchje un laad se schieh schdrag durch de Reih.»*

Es kam aber, wie es kommen musste. Der Willi war nicht ganz bei der Sache; die *Bläß* war es dann auch nicht. Sie trampelte hin und her über die Kartoffelstöcke; der Vater stolperte hinter seinem *Häufeler* herum, und sein Gemütszustand wurde immer gereizter. *«Hü!»*, brüllte er schließlich los und hielt sein Fuhrwerk an. Willi und die *Bläß* guckten sich ganz erschrocken um. Da entlud sich auch schon ein Gewitter. *«Woas es doa haud luus»*, schrie der Vater, *«de Bläß drambeld als off de Kadoffelschdäg erim un de Ploug kimmd aach als aus de Richdung. Doas giehd doch su ned weirer. Aich häd bei meim Voarrer su de Kou laare selle; der häd mer woas annerschd gesaad».* Darauf antwortet der Sohn: *«Joa sei schdell, woas wirschd dau aach fiehrn Voarrer gehord hu.»*

Der Vater: *«Aich had allemoal awwer en bessern wäij dau.»*

Es ist nicht bekannt, ob die Arbeit auf dem Kartoffelacker friedlich zu Ende gebracht wurde.

EINE KARTOFFEL

VON GERHARD HECKELMANN

September 1996. Schöne Spätsommertage. Vor einigen Tagen haben wir unsere Kartoffeln ausgemacht. Es war eine gute Ernte in diesem Jahr mit vielen Kartoffeln. Das Sprichwort von dem *dümmsten Bauer, der die dicksten Kartoffeln erntet,* fiel mir ein. Mit einem dankbaren Gefühl habe ich die Knollen aus der feuchten Erde genommen. Aber was ist heute, im Zeitalter des Überflusses, schon eine Kartoffel.

Eine Begebenheit aus meiner Kindheit steigt in meiner Erinnerung hoch: Im Frühjahr 1945 ging der schreckliche Krieg zu Ende, den man später den Zweiten Weltkrieg nannte. Die großen Städte wie Frankfurt/Main waren durch die vielen Luftangriffe zum großen Teil zerstört. Die Versorgung der Stadtbevölkerung mit Lebensmitteln, zum Ende des Krieges schon mehr als mangelhaft, brach zeitweise zusammen. Die Menschen in den Städten fingen an zu *hamstern* und zu *schrotteln*, das heißt, den Versuch zu machen, diejenigen Güter, welche die Luftangriffe überstanden hatten und in dieser Notzeit entbehrlich schienen, gegen Lebensmittel einzutauschen. Diejenigen, welche nichts zum Tauschen hatten, mussten praktisch betteln.

So stand denn eines Tages, möglicherweise im Frühsommer 1945, ein halbwüchsiger Junge vor unserer Haustür und bat um eine Kartoffel. Als ich mich nach einem entsprechenden Kopfnicken meiner Mutter umdrehte, um in den Keller zu gehen, rief der Junge mir nach, bring mir zwei Kartoffeln mit. Im Keller lag noch ein ansehnliches Häuflein Kartoffeln. Ich nahm zwei oder drei Knollen und gab sie dem Jungen, der schon einige in seiner Tasche hatte und darauf erfreut und dankbar weiterging. Vielleicht war in seinem Kopf schon das Bild von dampfenden, aufgeplatzten *Quellkartoffeln.* Der Hunger tat weh, wenn es wochen- oder monatelang nichts Richtiges zu essen gab.

Nur eine kleine Episode aus einer vergangen Zeit. 50 Jahre zurück. Unvorstellbar in einer Zeit des Überflusses. Vielleicht war ich vor einigen Tagen bei meiner Kartoffelernte deshalb froh und dankbar.

ANGEBRANNT

VON WILFRIED HOFMANN

Wenn deine Frau im Lehnstuhl sitzt,
und dort einen ’Courths-Maler’ liest,
wenn sie in den Roman versinkt,
wenn es dann aus der Küche stinkt,
wenn dir schon etwas Böses schwant,
dann ist das Essen angebrannt !

Wenn sie die Fassung dann verliert,
tu’ so, als wäre nichts passiert.
Sag: «Schatz, wir gehen heute aus,
wir speisen einmal außer Haus,
ich zahl’ das Essen und den Wein»,
dann wird sie froh und glücklich sein!

Fazit :
Von solchen Kleinigkeiten kann doch die Welt nicht untergeh'n,
warum sollst du dich ärgern, das Leben ist doch viel zu schön!

Besuchen Sie uns

... zum Frühlingsfest   vom 19. - 22. Mai
    zum Altstadtfest   vom 23. - 25. Juni
    zu den Rheingauer Weintagen   vom 27. - 30. Juli
    zum Flohmarkt   am 3. September
    zum Oktoberfest   vom 20. - 24. Oktober
    zum Christkindlmarkt   vom 1. - 23. Dezember

Wir freuen uns auf Sie!

www.limburg.de

BLAUER DUNST

VON GÜNTER GRAN

Karl-Heinz war ein aufgeweckter Junge, der sich unter anderem gerne dem Lesen von Indianergeschichten aus Karl Mays vielen Bänden widmete. Das könnte vielleicht auch der Anlass sein, dass er zu jedem Streich, wenn irgend möglich, zu haben war.

Wenn *Winnetou* mit *Old Shatterhand* die Friedenspfeife rauchte, musste diese Begebenheit auch in heimischen Gefilden möglich sein. In Ermangelung alles Rauchbaren wie Pfeife, Tabak, Zigaretten und Zigarren hatte man das *Raucherholz* entdeckt. Es wuchs in einem alten Steinbruch, der mittlerweile ziemlich zugewachsen war.

Streichhölzer besorgte der kleine Kurt, dessen Vater unter anderem auch Zigaretten verkaufte. An letztere war nur sehr selten heranzukommen, da der Verkauf der *Overstolz* oder *Eckstein*, wie die meistverkauften Marken hießen, überwiegend schachtelweise erfolgte.

«*Mein roter Bruder*», hatte Karl-Heinz in der Rolle des Old Shatterhand zu Christian gesagt, «*lasst uns das ´Kalumet´, die Pfeife des Friedens zwischen dem weißen und dem roten Mann rauchen, auf dass der Frieden immerwährend erhalten bleiben möge.*»

Kurt hatte das *Holz*, dessen Stängel hohl war, angesteckt, und Christian hatte einen kräftigen Zug des Rauches genommen. Unverzüglich begann er zu husten – aber der Indianer kennt ja keinen Schmerz. Auch dann nicht, wenn es dabei dem Christian speiübel wurde und er nahe daran war, sich zu übergeben. Seine Mutter, die Gertrud, hatte sofort die Blässe im Gesicht des Jungen bemerkt, als der sich über den Hof in die Scheune zu schleichen versuchte. Er wollte keinesfalls zu Hause auffallen.

«*Komm doch bitte einmal zu mir hier her*», hatte die Mutter gerufen. «*Erwischt*», murmelte Christian noch vor sich hin, bevor er sich

sehr verhaltenen Schrittes zu seiner Mutter begab. Verraten jedoch würde er die Kumpels nie. Darauf hatte er das große Indianerehrenwort gegeben. Ausreden gab es ja genug.

«*Das muss irgendwie von einem Apfel herrühren*», hatte er auf die Frage der Mutter nach der Ursache der augenscheinlich wahrzunehmenden Übelkeit geantwortet.

Die Rauchereispäße endeten eines Tages abrupt, nachdem der Vater von Karl-Heinz in dessen Hosentasche eine halb aufgerauchte Zigarette gefunden hatte.

Diesem Fund jedoch war eine große Aufregung in dem gesamten Dorf vorausgegangen. Der Schullehrer wurde um Aufklärung gebeten herauszufinden, was diese bösen Buben so alles angestellt hatten. Ihm als Respektsperson würde dies bestimmt gelingen. Zunächst hagelte es Nachsitzen. Außerdem gab es ja auch noch einen sehr brauchbaren Haselnussstock, mit dem die auferlegten Strafen sofort vollzogen wurden.

Was jedoch war geschehen, dass sich solche Aufgeregtheit breit machte? Karl-Heinz, der Anführer der Gruppe um den Christian, den kleinen Kurt sowie den ängstlichen Georg, hatte sich mit seinen Freunden verabredet. Am nächsten Sonntag sollte das Fußballspiel auf dem Sportplatz des Nachbardorfes besucht werden. In Ermangelung von Fahrrädern konnte diese Aufgabe nur zu Fuß erledigt werden.

Mit Bedacht hatte man für den Hinweg eine Route gewählt, die überwiegend durch den Wald führte und sich somit der Überwachung durch die älteren Burschen und die Erwachsenen entzog. Somit wähnte man sich verhältnismäßig sicher und könnte sich, wie die Großen, endlich einmal dem Genuss einer Zigarette hingeben. Der kleine Kurt musste den Stoff besorgen, zumal dieser bei der letzten Indianerzusammenkunft erzählt hatte, dass es nunmehr Zigarettenschachteln gäbe, die nur drei Zigaretten enthielten. Alles Taschengeld wurde daraufhin zusammengelegt und war gerade genug, die Zahlung zu bewerkstelligen, ohne dass dies zu Hause auffallen konnte. Freudestrahlend hatte Kurt am Treffpunkt Marktplatz verkündet, dass alles in Ordnung sei und man jetzt loslegen könne.

Der Weg führte zunächst an der Straße entlang, um diesen nach etwa hundert Metern nach links auf einem wenig benutzten Waldweg fortzusetzen. Die bisherige Steigung endete auf einem ehemaligen Aussichtspunkt, der auf einem anerkannten Hügelgrab errichtet worden war. Die umliegenden Steine und der geometrische Punkt in Form eines Würfels dienten als Sitzgelegenheit. Voller Erwartung hatten Karl-Heinz und Christian den kleinen Kurt bedrängt, nun endlich die Dinger auszupacken, man könne es kaum noch erwarten.

Da bei vier Buben und nur drei vorhandenen Zigaretten nicht ein jeder eine Zigarette bekam, entschied Karl-Heinz, dass jede Zigarette von jedem geraucht werden sollte. Mit dieser Lösung war man insgesamt zufrieden, wenn auch der ängstliche Georg zunächst leise Bedenken insofern hatte, dass ein jeder die Zigarette in den Mund nahm. Aufgrund der Gegebenheit jedoch, dass auch er sein Taschengeld geopfert hatte und nun nicht als Spielverderber angesehen werden wollte, blieb es bei einem undefinierbaren Brummeln. Karl-Heinz machte den Anfang. Zunächst hatte er vor lauter Aufregung ein Streichholz abgebrochen. Dann nahm er einen so tiefen Zug, so dass er zu Husten begann und zusätzlich auch noch die Tränen beiderseits an den Wangen herunterliefen. Damit waren die nachfolgenden Buben gewarnt. So tiefe Züge mussten absolut unterlassen werden. Kaum hatte Christian die Zigarette zum zweiten Male von Karl-Heinz übernommen und zum Mund geführt, erhob sich von umstehenden Bäumen her ein lautes

Geschrei, was schreckhaft den Buben in die Glieder fuhr. Diese Gelegenheit nutzten Hans und Wilfried, um mit Indianergeheul hinter den Bäumen hervorzubrechen und auf die vier Sünder zuzulaufen, die einen sehr verdutzten, ängstlichen Eindruck machten.

Karl-Heinz hatte sich als erster gefangen und schnaubte: «*Wo kommt ihr Blödmänner denn auf einmal her?*» «*Erwischt, erwischt*», riefen Hans und Wilfried, als sie die vier Buben erreichten. Christian hatte versucht, so schnell es eben ging, die glimmende Zigarette zu verbergen. Der Qualm, der jedoch von ihr über seinen Rücken abzog, verriet ihn.

«*Du brauchst die Zigarette überhaupt nicht zu verstecken. Wir haben es gesehen, dass ihr alle geraucht habt.*» Dabei machte der Hans eine altkluge Miene, gepaart mit einer gewissen Überheblichkeit, denn nun waren sie einmal die Sieger. Ansonsten bestimmten immer die anderen, was zu geschehen hatte. Waren diese doch fast zwei Jahre älter.

«*Jetzt können wir uns aussuchen, wem wir diese interessante Neuigkeit erzählen. Was meinst du denn dazu? Dein Vater wartet bestimmt schon voller Neugierde*», hatte Wilfried zu dem kleinen Kurt gesagt. «*Und unser Lehrer – der freut sich ganz besonders. Der wartet schon darauf, euch mal wieder die Hosen stramm zu ziehen*», ergänzte Hans und grinste dabei wie ein Honigkuchenpferd.

In Karl-Heinzens Kopf arbeitete alles überschlagend, um eine andere Situation herbeizuführen, die den beiden anderen Buben wieder die Oberhand entriss. Die Falten auf der Stirn und das Flackern in seinen Augen waren deutlich erkennbar.

Dieser Zustand dauerte jedoch nicht lange und wich einem spitzbübischen Lächeln.

«*Wollen wir nicht gemeinsam die Pfeife des Friedens miteinander rauchen, so wie es die Indianer tun. Da wir keine Pfeife haben, nehmen wir symbolisch dafür eine Zigarette.*»

Wilfried und Hans sahen sich fragend an und wussten im Moment nicht weiter. Diesen Augenblick nutzte der Christian und drückte

Hans die brennende Zigarette zwischen Zeige- und Mittelfinger. Gleichzeitig ermunterte er ihn, einen Zug zu nehmen. Er sei dann der nächste, ihm würde der Kurt und so weiter folgen.

Wilfried hatte nicht aufgepasst. Seine Lippen waren zu feucht, so dass der Tabak an denselben hängen blieb und er kräftig zu spucken begann. Das Spucken wurde noch verschlimmert durch ein gewaltiges Husten, welches wiederum die Tränenflüssigkeit anregte.

«*Gott, geht mir das schlecht*», murmelte Wilfried und ließ sich ins Laub nieder. Die Zigarette war nicht mehr zu gebrauchen und deshalb ausgelöscht, bevor die nächste und letzte angezündet werden konnte.

«*Es wird nicht gekniffen*», hatte Karl-Heinz zu dem Hans und dem Wilfried gesagt. «*Jetzt sitzen wir zusammen in einem Boot und müssen zusammenhalten.*» Die gleichen Symptome wie bei Wilfried tauchten nunmehr auch bei dem Hans auf. Der Gesichtsausdruck wechselte auf eine weitere ansteigende Blässe mit zunehmender Übelkeit. Letztere führte sowohl beim Hans als auch bei Wilfried zum Erbrechen, begleitet von einem Schütteln, das die gesamten Körper erfasste. «*Bitte, bitte helft uns doch*», war die gemeinsam vorgetragene Bitte, die von einem Meer der Tränen hervorgebracht wurde.

Dem Georg wurde als Ersten die ernsthafte Lage bewusst. Der sonst so zurückhaltende Bub drängte zum Aufbruch, und zwar in Richtung nach Hause. Dazu suchten die Übeltäter zwei kräftige Äste, auf die Wilfried und Hans gepackt werden konnten. Ein Sitzen auf die jeweils miteinander verbundenen Hände schied aus, zumal beide Buben erbärmlich nach Erbrochenem rochen. Auf den eigenen Beinen konnten sie ebenfalls nicht stehen, da ihr Körper noch immer wie Espenlaub zitterte. Das Auffinden von stärkeren Ästen gestaltete sich etwas schwierig. Äste gab es ja genug. Entweder waren sie zu dünn oder aber zu morsch, dass sie das Gewicht der beiden Buben aushielten.

Immer wieder musste nach neuen Tragestangen gesucht und gleichzeitig die Umgebung beobachtet werden, um ja nicht aufzufallen.

So lange man sich innerhalb des Waldes befand, war die Befürchtung, entdeckt zu werden, nicht so groß. Das letzte Stück des Weges führte jedoch über die Straße am Dorfeingang und war von allen Seiten einzusehen.

Ausgerechnet der Vater von Christian war mit dem Fahrrad unterwegs in Richtung des nachbarlichen Sportplatzes. Jetzt galt es, sich hinter den letzten Bäumen zu verstecken und keinen Laut von sich zu geben.

Es dauerte wohl Ewigkeiten, bis sich endlich eine Lücke auftat, um zu dem Hochbehälter zu gelangen. Dort wurden Hans und Wilfried abgesetzt und ihnen angedroht, ja nichts zu verraten.

Gegen Abend getrauten sich die beiden nach Hause. Den Versuch, an der Dickwurzwäsche Hosen, Schuhe und Strümpfe abzuwaschen, schlug fehl. Die Mutter von Hans hatte die Bescherung gesehen. Eine gründliche Säuberung war vonnöten.

Was um Gottes Willen überhaupt geschehen sei, wollte die Mutter wissen, was Hans mit einem unwissenden Kopfschütteln zu beantworten versuchte.

Die Mutter von Wilfried war entsetzt, als sie ihren Sohn wandelnden Schrittes über den Hof kommen sah. Nach einer gründlichen Reinigung des Knaben versuchte sie, den Doktor aus dem Nachbardorf telefonisch bei der Poststelle zu erreichen, was jedoch an diesem Sonntag fehl schlug.

Mittlerweile hatten sich die Geschehnisse in dem Dörfchen insoweit herumgesprochen, dass mittlerweile eine Vergiftung Ursache gewesen sein sollte.

Als aber der Vater von Karl-Heinz den Zigarettenstummel in der Hosentasche seines Sohnes gefunden hatte, war der Fall aufgeklärt. Gesühnt wurde das Märchen von der Vergiftung zu Hause mit dem Kochlöffel und in der Schule mit dem Haselnussstecken.

DIE MODDERSPROACH

VON CHRISTINA DAHMEN

Us Oma hot mir´s oft verziehlt, wenn mir su worn beisomme,
wie sich des met der Moddersproach frujer hot ausgenomme:

Mei Oma, Lewwersch Herthasche, kunnt schun als Kend schee schwetze.
Uff alles, wos die Modder soaht, doat es aan druff noch setze.

Es wor noch kaa drei Joahr alt worn, do hiert mer schun die Nochbern raune:
´Wos des schun alles schwetze kann, ei do kannste doch nur staune.´

Do kom die Dande aus Berlin – die Lewwersch mol besuche,
mer setzte sich zum Esse hin – bei Kaffee un aach Kuche.

Die Dande wollt` su gern mol hiern, wie`s Herthasche su sprach
un redete alsfort uff`s en, es sollt doch mol wos sage.

Doch´s Herthasche verweigert sich un kniff de Mund zesomme,
su oft die Dande es prowiert, es will eraus nix komme.

*´Ei Herthachen, ich hab´ gehört, dass du schon so schön sprichst,
nun kam ich extra aus Berlin, und du antwortest nicht!´*

Uff amol taut des Maadche uff, des Eis, des scheint gebroche!
Es guckt ganz strack die Dande o – un da hot es gesproche:

´Dau´, winkt es ob un schittelt sich – die Dande sieht es mit Entsetze.
´Wenn dau wos vo mir wisse willst, liehr dau ierscht mol richtig schwetze.´

SCHLEMMEN NACH LUST UND LAUNE

FILETTOPF

1 Schweinelende	in Scheiben schneiden, würzen mit Salz, Pfeffer, Streuwürze, evtl. Oregano oder Majoran. Panieren, kurz anbraten und in eine feuerfeste Form legen.
1 Zwiebel	klein schneiden und kurz andünsten.
1 Dose Champignons	mit etwas Brühe zufügen.
1 Becher Sahne, etwas Wein, 1 kl. Ecke Schmelzkäse, 1 P. Rahmbratensoße	einrühren, evtl. mit etwas Salz und Pfeffer, Majoran würzen, dann über die Lendchen in die Auflaufform geben. Im Backofen bei 200 Grad 20 Minuten mit Deckel und 20 Minuten ohne Deckel backen.

FÜR DIE EINSENDUNG DES REZEPTES BEDANKEN WIR UNS
BEI SIGTRUD SCHNEIDER AUS LIMBURG-LINDENHOLZHAUSEN.

DE WALLFOHRT FIER HONNERT JOHR

VON JOSEF QUERNHEIM

Oktober wor et, de Leut worn gericht
fier de Wallfohrt bei de Mutter Gottes vu Beselich.
De Pastor hot om Sonndog vu der Kanzel gesoht,
om Mittwuch geh mer, aach wenn schleecht Werer droht.
De Franz, de kom heim un soht fier sei Katt:
Wot doun aich da uh do? Ett Kättche wor platt.
De Uzug vu der Huchzet, de es doch noch gout,
de Schouh vum Maat en denn naue Hout.
De Krog vu dem Hemb, de doun aisch noch wäsche,
de es nur besje staabig vum letztemol Dresche.
Dot bondische Sackduch en de Auer met der Kett,
su wärst de staffeiert, en richtisch nett.
De Franz doocht bei sich, de Daberner Korn,
de muss ower aach met sons sein aich verlorn.
Aich dou däi gout Blus uh un den lange wollene Rock,
dot Kettche met dem Kreuz un de leinene Innerrock.
Die Innerbux met dene Spetze passt aach noch derzou,
un vu user Huchzet vu dumols de Schouh.
Su doocht et Katt, su kennt et geh,
et ess erscht Oktober, et gitt noch kenn Schnee.
Om Mittwuch da, morjens em ocht,
huu sich all off de Socke gemocht.
De Philipp, de Schorsch, der Karl en der Toni,
et Hannett, et Rees, et Bäb un et Loni.
Su ging et om Dorf naus, der Schorsch trou de Fuh,
daa kom der Pastor, de Leu hennedru.
Et ging aach gout vieru, i Zweierreihe,
Rusekränz wurn gebäät en vill Litaneie.

Un ab un zou wor et net ze vermeide,
dot et Lis verzallt vu sei persönliche Leide.
Et wur aach verzallt iwwer Dit un Dot,
und dot de Sau wirrer mol de Rutlaaf hot.
Ganz henne et Reesje, ging schu mol aus der Reih,
met seim schwache Bleesje, musst dot schu mol sei.
No zwo Stonn wor mer fier Beselich,
do dee et ganz socht u et Reene sich.
Dot Katt hatt sich schnell ihrn Rock geschnappt,
en vu henne iwwer de Kopp geklappt.
Doch harret sich net iwwerloocht,
dot et de Innerrock hat met huchgemoocht.
Et sog aach schee aus, dot es ker Jux,
wollene Hose en de leinene Spetzeinnerbux.
Et Kattche läis ower net eer sich mache,
vorne worn se om Bääre en henne om Lache.
Jetz fäil et off, jetz wor et em klor,
de Franz wor et schold, wie et schu immer wor.
Konnst dau da naut soo, aich sei blamiert bes off de Knoche,
de Franz hot gelacht, aisch glaabt, dau hättst daisch su versproche!
De Wallfohrt wor rem, im Dorf lacht mer noch lang,
iwwer de Wallfohrt met dem scheene Sonneoffgang.

SCHÖNSTE ROSE MEIN

VON MARGA GEIS

Schau ich dein Bild an, schönste Rose mein,
so füllt mit Freude sich mein Herz,
doch denk ich an das Leben dein,
schleicht sich hinzu auch Weh und Schmerz.

Wo bist du, wo ist deine Pracht,
dein Duft so zart und lind?
Verwelkt bist du und über Nacht
hat dich verweht der Wind.

So ist auch unser Leben hier
ein kurzer schöner Schein.
Was bleibt, ist die Erinnerung
von unserm Erdensein.

SCHLEMMEN NACH LUST UND LAUNE

CHINAKOHLEINTOPF

(FÜR 4 PERSONEN)

250 g gemischtes Hackfleisch in 2 EL Öl anbraten,
2 Zwiebeln würfeln und dazugeben,
$^1/_2$ Chinakohl in Streifen schneiden,
2 Möhren klein schneiden,
4 mittelgroße Kartoffeln in Würfel schneiden
und 1 Stange Lauch in Ringe schneiden,
alles zum angebratenen Hackfleisch geben und mit einem $^1/_4$ Liter Fleisch- oder Gemüsebrühe auffüllen. Mit Salz, Pfeffer und Paprika würzen und 15 Minuten dünsten. Mit frischer Petersilie den fertigen Eintopf garnieren.

FÜR DIE EINSENDUNG DES REZEPTES BEDANKEN WIR UNS BEI ANETTE HOLM AUS RUNKEL-ARFURT.

WIE DIE SCHORLE ENTSTAND

VON HELMUT PLESCHER

Wer kennt es nicht, das köstliche Erfrischungsgetränk an heißen Tagen? Ein Glas Weißwein oder Apfelsaft mit einem Schuss Mineralwasser. Immerhin ist der Begriff nicht nur lokal begrenzt. Der Duden kennt ihn und der Brockhaus auch. Nur beim Brockhaus heißt es: «*Herkunft unklar*». Dem kann abgeholfen werden.

Napoleon I., der große Franzosenkaiser, erhob Pierre François Charles Augereau – einen seiner Pferdeknechte und Sohn eines Hausknechts und einer Obsthändlerin – zum Herzog von Castiglione und setzte ihn 1813 als Militärgouverneur für die Großherzogtümer Würzburg und Frankfurt ein. Doch im Kreise seiner gebildeten Stabsoffiziere fühlte sich der einfache Mann nicht wohl. Er suchte lieber die bürgerlichen Weinhäuser auf. Da ihm aber der berühmte *Würzburger Steinwein,* die *Innere Leiste*, der *Pfaffenberg* oder die

Abtsleite – und wie die bekannten Lagen noch heißen mögen –, zu stark war, ließ er sich aus Niederselters Krüge mit Mineralwasser kommen und mischte vor den Augen der entsetzten Bürger die für sie unvereinbaren Elemente Wasser und Wein. Der Franzose pflegte vor dem ersten Schluck immer seinen Trinkspruch «*Toujours l'amour*» («*Immer die Liebe*») anzubringen. Die seiner Muttersprache unkundigen Mitgäste verstanden so etwas wie *Schurlemurle* oder *Schorlemorle* und setzten dies schließlich in die Kurzform *Schorle* um. Der gespritzte Wein machte schnell die Runde und mit ihm dieses etwas unverständliche Wort.

Unsere Heimat, genauer gesagt Niederselters, war dabei der wesentlichste Geburtshelfer.

Quelle: Merian-Heft Würzburg Nr. 7 / XXV.
(Anmerkung des Verfassers: Das Heft erschien 1973)

DI FASSENOOCHT FIÄ 75 JUÄ, 1931 BEI MILLÄJOKOBS

VON GERTRUD PREUßER

Wäi mei Schwestä Madda schun fort en di Schul woo, do hon eisch off de goure Stobb, hennäm Kläräschank die Babbdeggelschochdel met meim Rotkebbschekostüm häfiägehollt – eisch sen jo iäscht di Ustän en di Schul gange. Fast alle klane Marräschä woon domols e Rotkebbsche un di Bouwe en Kloon. Es woo no de Foiränzeit un off'm Hääd un off'm Kischedisch logge fäiä gruse Bläschä foll Hewekliis zom Offgi. Di Mamma hot mä zwischedosch rasch des weis Schäzzje un des Blusje gebiilt un hot meisch odou hälfe: Des ruut Reggelsche met Goldlizz un e Sammetleibsche met Goldlizz un des Rotkebbsche aach met Goldlizz.

De Babba woo goo nit do. Dä hot sei grus Raas gemocht no Italien, do, wu e schun immä mol hiwollt, weil e sisch fiä Geschischde un Ausgrabunge intressiät hot. Fiäm läschde Weltkriisch, do horre en ussäm Godde 54 fränkische Greewä met fille Dibbe un Gleesä un Schmuk un Waffe ausgegrowe – fachmennisch! En de Wuunstobb stann noch en Rest fu dene Dibbe un Gleesä off'm Bischäschank. Di annän Funde sen em Landesmuseum en Wisboore. Fu Italien hot de Babba uss bundische Usichtskoode geschikt.

Also, die Mamma hot de rund Breerä off de Hääd gestellt un hot ugefange, däi fille Krebbel se bagge em haase Eele un off'm offenische Feuä. Eisch hon mei klaa Ustäaaiäkäbsche en de Orm gehunke un sen iwwä di Gass bei *Milläsch* gange. Fiä de Hausdiä hon eisch «Ho ho ho! Di Fassenocht ess do! Di Fassenocht ess wirräkomme, hot die Schou met Witt gebunne. Ho ho ho! Di Fassenocht ess do!» gesunge. Di Milläschmoddä hot schun di iäschde Krebbel fäddisch un hot mä en Digge ens Käbsche gedo. Wos hot dos su gout geroche bei Milläsch un bei uss – bess en de Hobb. Häi draus hot di Irma, däi damols bei uss woo, noch des Strugenist fiä de Scheuä sesommegekiät. De Fritz un *Oeschleeäsch Albät* woon met'm Fuäwäk unnäwegs un hon Rommel aus de Kaut geholl. De Grus Duä stann off – heieieiei – wä kimmt daa do alles? En ganze Schworm Mannsleut, jo, feine, junge Bäsch sen dos, komme erennspaziät – met schwozze Hoit off, do stigge feine bundische Schäisbuderuse dru. Dos

gob dä feleischt e «*Hallo!*» met de Irma. Se kome fu Eisebach, do, wu ussä Irma Berschet häwoo. Se hon se en di Mitt genomme un sen als weirä dem goure Geroch nogange – en die Kisch. «*Mmm, wäi gout*», un se lange zou, grood, wäi die iäschde Krebbel fäddisch sen. Di Mamma schitt'n rundemerim e Schnebsje en. «*Häi kunne mäsch aushalle!*» ruffe se un lache. Ochheijee, di Mamma muss aach noch no de Muk gugge, däi grood heut moind iä Fäggel mescht. Di Mamma leeft en de Seustall un di Irma dout iä sauwä *Dehamerims-Schäzz* uu un dreet dizeit di Krebbel em schwemmende Fett erim – un di junge Bäsch nomme se grood aus de Pann un weliän se odlisch em Dellä foll Zuggä. «*Haai, wäi gout!*» lache se anns iwwäsannämol. «*No dem lange Masch häieriwwä hommä Hungä! Irma, dau best ussä Glik!*» Di Mamma rannt hi un hä. Em Stall musse oochtgäwwe, bes di Muk kaa Fäggelsche duutleie dout odä wumeelisch aans beist.

Di Eisebeschä Mannschaft hot sisch gemiitlisch im de Kischedisch gesezt un senge un lange un fezeele sisch. Eisch kräie baal Angst fiä su fill Doschenannä – un die iäschde Fassenoochdä komme aus de Nochbäschaft un senge iä «*Ho ho ho...!*» Dene doun eisch jedem en Krebbel ausdaale. Di Mamma ess als off'm Sprung un rannt hi un hä un wäd goonit mi fäddisch met dene fille Mannsleut. Eisch stiin deszwische un giin un di Hausdiä – un hi un hä.

Offamol, do kimmt de Briifbott des Duä erenn un rifft: «*Do, holl emol dei Moddä!*» Eisch ranne bei di Mamma en de Seustall. Di Mamma kimmt – un es ess ä goo nit geheuä. «*Häi, e Telegramm!*», seet de Oddobott. Eisch sen ganz äschrogge – dä hot nuä en Zeddel un goo kaa Posttasch imhenke. Di Mamma ess aach äschrogge un dout des Telegramm fiälese: «*Bin gut mit dem Wasserflugzeug in Tunis gelandet! Gruß, Julius.*» «*No, dos do, dos do! – Irma laaf grood emol bei Stesings, bei mein Brourä - e silt emol*

komme! – Wos ess dos en Zufäsischt häi!!» Se rannt en de Stall un gleisch wirrä renn bei di Krebbel un bei di lustische Fassenochdä. Kozz droff stiit di Stesings Oma off de Trebb un rifft ganz neiz: «*Hilda, dä ess bei de Schwozze, dä kimmt nit mi wirrä!*» Se hot sich off'm Dobb ereimgedreet un – giit wirrä fort un heescht de klaa Duä zou – noch, dosdoo!

Do kimmt aach grood des Fuäwäk en de Hobb gefoon met'm Woo foll Rommel. De Albät un de Fritz spanne di Geul aus un laare se en de Stall zum Ausschänn. De Fritz gibt'n Wassä, Howwä un en Orwel Haa. Di Eisebeschä mache sisch nau aach off de Weg un ruffe: «*Halt Eusch mundä!*» «*Des annä Juä komme mä wirrä!*» De Albät hot'n noch ewenk gout zougeredd un se kräie noch e Schnebsje engeschitt. «*Worre! Meräi!*» rifft de Albät noch. Dos woo domols de Dawenä Fassenoochtsgrus.

«*Do, laaf emol bei Willems un holl drei Maggiwäffel, sost kräie mä jo heut naut ens Dibbe, eisch mache noch rasch en Grizzbrei.*» Des Rotkebbsche leeft rasch bei *Willems* im di Ek. «*Owwä iäscht muste senge!*», seet de Reinhold Knapp. Un dofiä gibt e mä fäiä digge Hembänzuggästa. An stobb eisch grod ens Maul – mei Henn sen ball se klaa fiä di Wäffel un die Zuggästaa. Eisch doun's ens Schazzje.

Di Mamma un di Irma kräie noch alles off di Rei. Di Muk hot elf Fäggelschä gemoocht, owwä di Mamma muss als noch hi- un häläafe, bes alles gout ausgiit un di Fäggel aach all trenke doun bei iärä Moddä. Un di Madda kimmt aus de Schul. Wo es de Middog noch gäwwe hot, dos waas eisch nit mi – owwä de Babba es em 27. Febbä wirra aus Afriga serik komme met seim Koffä, wu laudä bundische Bildäschä droffgekleebt woon – un e hot zwi digge Lawastaa fum Vesuv metgebroocht. Dä hot jo domols noch geraacht un hot Feuä gespukt. Daa horre noch en klaa Wölfin aus Rom ausgepakt un en dunkelrure Feez aus Afriga.

Foto: Hubert Lübke

BLATT IM WIND!

Es reckt sich und es streckt sich,
das kleine Blatt am Baum;
dreht sich nach der Sonne,
das Leben ist ein Traum.

Es wird immer größer,
jeden Tag ein kleines Stück;
lässt sich von Sonnenstrahlen streicheln,
das Leben ist ein Glück.

Dann rütteln Wind und Regen
an dem starken Ast.
Zur Erde schwebend, denkt es noch,
das Leben ist eine Last.

Jetzt liegt es auf der Wiese
und ist ganz welk und braun;
ach, wie schön war doch das Leben,
dort oben auf dem Baum.

VON RENATE KAßNITZ

SCHLEMMEN NACH LUST UND LAUNE

APFELSTRUDEL

250 g Mehl
1-2 EL Öl
1 Prise Salz
$1/2$ l Wasser zu einem Teig kneten.

Der Teig wird auf einem weißen Tischtuch so lange ausgerollt, dann ausgezogen, bis das Tischtuch mit einer hauchdünnen Teigschicht bedeckt ist.

Die Füllung: 1 - 1$1/2$ kg Äpfel raspeln
20 g Fett (Schweineschmalz)
50 g Rosinen
1 - 3 EL Weckmehl (Paniermehl)
3 EL Zucker
und Zitronenschale zu einer Masse verrühren.

Nun wird die Füllung auf der linken Seite des Teigendes verteilt, der Teig einmal vorsichtig umgeschlagen und dann bis ans andere Ende gerollt. Der lange Strudel kommt nun auf ein gefettetes Backblech und wird bei 150 Grad ca. 20 bis 30 Minuten gebacken.

FÜR DIE EINSENDUNG DES REZEPTES BEDANKEN WIR UNS
BEI ISABELLA FRENSCH AUS MENGERSKIRCHEN-PROBBACH.

APFELSCHALEN

VON GERHARD HECKELMANN

Es ist Herbst. Die Äpfel färben sich. Im Garten unter unserem alten Apfelbaum liegen im Gras schon viele gelbe und grüne Äpfel.

Man kann die Früchte nicht alle selbst verarbeiten und muss Freunde und Bekannte fragen, ob sie nicht einen Korb voll Fallobst gebrauchen können. Aber die Bereitschaft, ein paar Äpfel entgegenzunehmen, ist gering. Mir kommt da ein Ereignis in den Sinn, welches schon 50 Jahre zurückliegt. Etwa 1946/47, als der Krieg zu Ende war, das öffentliche Leben sich zaghaft normalisierte, die Schulen wieder ihren Betrieb aufnahmen, kam der aus Schlesien stammende Lehrer Horst Schönfeld nach Dauborn an die Schule und übernahm hier die größeren Klassen. Ich muss damals in der vorletzten oder letzten Klasse gewesen sein. Lehrer Schönfeld, der etwa 40 Jahre und alleinstehend war – er hatte seine Frau in den Wirren des Krieges verloren –, bewohnte die kleine Dachwohnung in der *neuen Schule*. Er zog bald einige ältere Schüler zu kleineren Arbeiten, z. B. Hefte beschriften oder Ähnliches, heran. So kam ich eines Nachmittags in die kleine Wohnung unter dem Dach des Schulhauses. Es war ein warmer Herbsttag, und die Sonne schien durchs geöffnete Fenster. Vor dem Fenster – auf der Fensterbank – lagen in einem Kästchen Apfelschalen in der Sonne zum Trocknen.

Ich war erstaunt, denn Apfelschalen kamen bei uns ins Schweinefutter. Später fand ich heraus, dass, nachdem die Äpfel geschält und zu Dörrobst verarbeitet worden waren – in Dauborn sagte man *Schnetze mache* –, man aus den getrockneten Apfelschalen einen guten Tee herstellen konnte.

So wurde in dieser Zeit, die Leute nannten sie später die *schlechte Zeit* – da Lebensmittel und sonstige lebensnotwendige Güter mehr als Mangelware waren – der ganze Apfel genutzt.

Es ist wieder Herbst. Unter dem alten Apfelbaum im Garten liegen viele Früchte im Gras.

DIE KUH – ODER DER OSTERBRATEN 1945

VON WERNER JUNG

Das Ende des Krieges war zum Greifen nah. Der Beschuss von Bahnanlagen, Truppenbewegungen auf Straßen und Schienen durch amerikanische Tiefflieger war an der Tagesordnung.

Am Donnerstagabend, dem 22. März, kam mein Freund Krolli (Walter Fachinger) mit der Mitteilung, dass wir für seine Verwandtschaft, die eine Metzgerei betrieben, am nächsten Tag im Schlachthof von Limburg eine Kuh abholen sollten.

Für die damalige Zeit hieß das: zu Fuß nach Limburg und mit der Kuh zu Fuß zurück. Die Metzgerfrau beteuerte, dass die genannte Kuh Fleischlieferantin für die Gemeinde Lindenholzhausen zum Osterfest sei. Somit war uns die Wichtigkeit unserer Aufgabe bewusst. – Gesagt, getan!

Wir trabten dann auch in der Frühe des nächsten Tages gegen 8.00 Uhr über die B 8 nach Limburg. Für damals hieß das: zwei Telegrafenmasten, die die Straße säumten, gehen und fünf Masten laufen. So erreichten wir in einer guten halben Stunde unser Ziel. Uns wurde das Tier ausgehändigt. Doch der Anblick der besagten Kuh verschlug uns den Atem. Ein Gestell, dürr, besetzt mit vier Beinen, einem Kopf und einem Schwanz. Genauso spärlich wie die Osterration, so dünn und abgemagert war das Tier, das wir nach Hause bringen sollten.

Aber wie?

Es ergaben sich drei Möglichkeiten:

Den Weg über die alte Lahnbrücke durch Limburg und dann die B 8 entlang – oder über die alte Brücke nach Eschhofen und dann übers Feld nach Hause – oder durch den Schleusenweg Richtung Autobahnbrücke, die Böschung hoch, dann über die Autobahnbrücke, die B 8 entlang nach Hause.

Nach einiger Zeit stand unser Entschluss fest: Wir treiben die Kuh über die Autobahnbrücke, denn der Weg durch die Stadt mit den hämischen Blicken von Passanten auf unsere dürre Kuh kam für uns nicht in Frage. So brachen wir auf, den Schleusenweg entlang in Richtung Autobahnbrücke. Doch die steile Böschung zur Autobahn hoch wurde von der Kuh nicht akzeptiert. Sie war weder durch das Drehen des Schwanzes noch durch das Ziehen am Strick fortzubewegen. Den Mut verloren wir dann ganz, als die Kuh etwa in der Mitte des Steilhanges urplötzlich kehrtmachte und im Galopp uns am Strick durch Sträucher und Dornenhecken hinter sich herzog.

Die Zeit verging. – Wie wir die Kuh auf die Autobahn brachten, bleibt mir bis heute ein Rätsel. Es war vollbracht! Wir waren mit der Kuh auf der Autobahn und das andere Ende der Brücke zum Greifen nah! Doch dann nahte das Unheil. Die Sirenen der Stadt Limburg meldeten Fliegeralarm, und mit dem Sirenengeheul nahte ein SS-Soldat auf einem Fahrrad. Er schrie uns an, sofort die Autobahn zu verlassen, denn auch eine Kuh mit zwei Begleitern sei ein willkommenes Übungsziel für feindliche Tiefflieger. Als er auch noch unsere Personalien samt die der Kuh aufnehmen wollte, waren wir froh, dass das Nahen von Tieffliegern ihn von seinem Vorhaben abbrachte, denn es hätte einer längeren Erklärung bedurft, warum zwei junge Burschen vom Jahrgang 1927 sich als Viehtreiber betätigen und nicht wie ihre Alterskameraden als Vaterlandsverteidiger tätig waren. Dieser Weg also entpuppte sich als Irrweg.

Mit schnellen Schritten ging es zurück über die alte Lahnbrücke, um über den Lahnuferweg über Eschhofen unser Ziel zu erreichen. Das Rattern der Bordkanonen und Bombeneinschläge konnte sogar die Kuh bewegen, einen leichten Trab einzulegen. Wir dachten, im Schutze des Domfelsens schnell über diesen Weg nach Eschhofen zu kommen.

Aber schon erreichte uns der zweite Schock in Form eines nervösen Luftschutzmannes, der sich entsetzte, dass wir es wagten, mit einer Kuh die Tieffliegerangriffe zu durchbrechen. Wir wurden massiv bedrängt, im Felsen-Bunker unter dem Dom Schutz zu suchen. Die Kuh banden wir an einen Baum am Lahnufer. Wir durften uns sogar am Ausgang des Bunkers aufhalten, um ab und zu einen Blick nach außen zu riskieren, denn es lag ja nahe, dass jemand die angebundene Kuh als Beutegut mitnehmen wollte.

Das Heulen der Bomben und die krachenden Einschläge kamen, wie sich später herausstellte, vom Beschuss eines Zuges, der unter der Autobahnbrücke Halt gemacht hatte. Und genau dorthin hat sich unsere Kuh in Bewegung gesetzt, nachdem sie sich losgerissen hatte.

Nach Beendigung des Fliegeralarms nahmen wir unsere Kuh dort wieder in Besitz und setzten unseren Rückmarsch fort. Um auch in Eschhofen kein Aufsehen zu erregen, nahmen wir den Friedhofsweg in Richtung *Geisel Höll*, um den Weg nach Hause abzukürzen.

War es die große Aufregung für die klapperige Kuh oder die Ahnung des Tiers von dem, was es erwartete? Jedenfalls legte sich die Kuh ohne Vorwarnung in den Feldweg nieder und war mit bestem Willen nicht zum Aufstehen zu bewegen.

Aber uns ging es nicht besser. Wir waren immerhin seit heute Morgen um 7.00 Uhr unterwegs, ohne einen Bissen zu essen. So legten wir uns solidarisch neben unser Tier, das einem eigentlich Leid tat. Hatte es doch mit uns gemeinsam den ereignisreichen Tag geteilt und Bomben und Granaten getrotzt, um jetzt den letzten Gang zum Schlachter anzutreten. Nach ca. einer halben Stunde waren wir samt Kuh bereit, unsere letzte Strecke anzugehen.

Gegen 18.00 Uhr erreichten wir dann unseren Bestimmungsort, die Metzgerei. Dort wurden wir auch reichlich mit einem halben Pfund Fleischwurst belohnt. Ob und wie wir auch einen Rinderbraten am Osterfest bekamen, weiß ich nicht mehr. Er hätte mir bei allem Hunger auch nicht geschmeckt.

DE GLOINISCHE MAA

VON MONIKA KASTELEINER

Ihr Leu, aisch hun kaan naue Spliin –
bei mer, doo gids kaa Hällowiin!
Wot i America ganz schi,
det nimmt mer med, buxeert`s hej hi
un verkääft det dene Junge
fir ´obercuul´ un nau erfunne!

Debaj waas doch Gruus un Klaa,
no`m Kriesch gob`s bei uus schun
de gloinische Maa!
Mer Kenn stanne net im Rofuland
mem Blasdigkirwis i de Hand.
Wambejergerlande rond em`d Haus!
Doo zejd`s am jo dej Stinkstremb aus!

Mer brauchde uus kaan
Schniggschnagg kaafe;
mer sen als Kenn i`d Fäld gelaafe.
Wuar gefrääd: *«Wu willst dau hi?»*
Häis ed: *«Aisch muß raume gi!»*
Diggroiwe ausrobbe, woar dä Kluu,
un jerer wolld dej Diggsde huu!
Mei Omma kraischd: *«Dej Säuerei
kimmt mer net hej i de Bäu!»*

Ze finft sen mer daa i de Schauer
un hun gefuhrwerkt wej en Bauer.
Met de Messer wuar als remhandiert,
uus es dabaj goar naut basseert –
nor poor Digge-Roiwe-Brogge
hunge i dem Schoof sei Logge.
«Komm, aisch schnetze der dej Aache!»
*«Naa – dot will aisch selwer mache!! –
Gih mol baj de Leo loo –
hagg demm de Roiwedeggel oo!»*
Wot hun mer uus als disbedeert - - -
un jed mool es mer det Maul falleert!

Dä Josch hott fir maisch Mais geklaut,
weil – so en Gloinisch Roiwebraut,
dej hot kaa Kabb off, det es klower –
mei Rommel dej krajd Maisehower!

En Stägge hun mer daa ganz socht
inne i dej Roib gemoocht,
daa kimmt en klaa Kirz i dej Hohl,
weil det Denge leuschde soll –
Deggel droff un dorch dej Hecke
doun mer em Deustern dej Leu erschrecke!

Hoowel`s Zill dout Schraj un mäschd en Satz,
stolwert iwwer dej schwozz Katz,
leid de lange Weg em Mest
un stingt ewaile wej de Pest!

Mer hun gelacht un sen gerannt,
det Zillsche hot uus net erkannt,
kraischd: *Laads Baggasch!»* un plätzt fir Wuud
un es schu 40 Jower duud !

So woar ed mol, un ed woar schi,
Gloinische Maa – made i Germany !!!

DER GLOINISCHE DEUWEL

VON GERHARD HECKELMANN

Ab etwa Mitte September wurde in meiner Jugendzeit in Dauborn mit der Kartoffelernte begonnen. In meinem Kopf ist noch das Bild von den Bauern mit ihren Pferden und den umgebauten Leiterwagen, wenn sie des Mittags nach dem Essen ins Feld fuhren. Auf den Leiterwagen fuhren immer mehrere Frauen und größere Kinder als Kartoffelleser mit. Abends gegen 18.00 Uhr kamen die Fuhrwerke, beladen mit den Säcken voller Kartoffeln und den fleißigen Lesern, wieder ins Dorf zurück. Im Anschluss an die Kartoffelernte begann die Ernte der Futterrüben, in Dauborn *Rommel* genannt. Auch hier wurden Frauen und Kinder zum Auf- und Abladen gebraucht. Wir Kinder nutzten diese Zeit, wo jeden Abend die Dunkelheit früher einsetzte, um mit einem *gloinischen Deuwel* im Dorf herumzulaufen. Die Anfertigung des *gloinischen Deuwels* ging folgendermaßen vor sich: Wir suchten uns eine der zahlreich vorhandenen Futterrüben aus, schnitten mit einem scharfen Messer deren oberen Teil ab, höhlten die Rübe aus und schnitten dann Löcher ins Vorderteil, die Augen, Mund und Nase darstellten. Einige ins Mundloch gesteckte Streichhölzer galten als Zähne. Anschließend machten wir ein Loch in den Wurzelteil der Rübe und steckten dort eine Bohnenstange hinein.

Nun wurde noch, meist mit viel Mühe, eine Kerze im Inneren der Rübe befestigt. Brach die Dunkelheit an, wurde die Kerze angesteckt, der obere Teil der Rübe wieder aufgesetzt, mit einem Nagel oder Hölzchen festgemacht und los ging es. Mit Gebrumm und Geheul erschienen wir vor den erleuchteten Fenstern der Häuser, hielten die Stange mit dem beleuchteten *gloinischen Deuwel* hoch und versuchten, die Leute und Kinder zu erschrecken. Aus heutiger Sicht war es ein harmloses Vergnügen, im Schutze der Dunkelheit zwischen den verspätet heimkehrenden, mit der Petroleumlampe beleuchteten Bauernfuhrwerken umherzulaufen und zu versuchen, ängstliche Gemüter zu erschrecken. Selbst der beginnende Weltkrieg konnte uns Kinder nicht von diesem Herbstvergnügen abhalten. Gerne denke ich heute an diese vergangene Zeit zurück. Kam dann die Nacht, ging es schnell wieder nach Hause. Ein erlebnisreicher Tag war vorüber.

SCHLEMMEN NACH LUST UND LAUNE

KÜRBISSUPPE

500 g Kürbisfleisch 🎃 1 Zwiebel 🎃 2 EL Butter
$^1/_2$ l Brühe 🎃 Salz, Pfeffer, Zucker, Muskat
600 g roher Schinken 🎃 100 g süße Sahne

Kürbisfleisch und die geschälte Zwiebel würfeln und in heißer Butter andünsten. Die Brühe dazugeben und 15 Minuten köcheln lassen, pürieren und abschmecken. Zum Schluss die Sahne und den in dünne Streifen geschnittenen Schinken dazugeben und das Ganze noch einmal kurz erhitzen.

FÜR DIE EINSENDUNG DES REZEPTES BEDANKEN WIR UNS BEI ANITA GRÄBER-PAPENBERG AUS WEIDENHAHN.

BISCHOF LAAF, DE CHRISTMANN KIMMT

VON BERNHARD P. HEUN

Dem Schorschje vuu de Briggegass
moacht's Leut se foppe immer Spass.
Uu Christmanns Haus, dej goldisch Schell
wollt's Schorschje zeije moal ganz schnell.

Doach wii e sich aach recke doat
e kuum nit druu, verleert de Moat.
Doo kuum aus seiner Borweskersch
de Bischof, - soah den klaana Zwersch:

*«Ei Schorschje, laß für Dich mich schelle,
weil Du noch nicht so groß bist, gelle!»*
Doat Schorschje rannt, Hochwürden
vernimmt:
«Bischof laaf, de Christmann kimmt!»

***

Die im vorliegenden Mundartgedicht
angesprochene Episode soll sich während der
Amtszeit des Limburger Bischofs Augustinus
Kilian (1913 - 1930) ereignet haben.

*Das Foto aus der Zeit um 1920 zeigt das besagte
Haus in der Barfüßergasse Nr. 6, aus dessen
Eingangstür der damalige Geschäftsinhaber
August Christmann Junior herausschaut.*

Foto: Archiv Friedel Kloos

DER RUF DER GLOCKEN!
VON RENATE KAßNITZ

Hörst du die Glocken rufen,
zur Taufe, Kommunion und Konfirmation?
Sie laden dich ein zum Beten,
mit einem bittenden Ton.

Sie läuten zur Hochzeit,
den Festen das ganze Jahr.
In Freud und Leid im Leben
sind die Glocken für dich da.

Hörst du den Ruf der Glocken?
Sie begleiten dich ein Leben lang.
In guten und in schlechten Zeiten,
bis zu deinem allerletzten Gang.

BIBEL-SUPPE

Um sich einmal auf ganz originelle Weise mit der Bibel zu beschäftigen, kann man versuchen, eine Bibelsuppe zu kochen. Das Rezept kann uns dabei helfen, eifrig in der Bibel zu blättern. Und wo etwas nicht ganz eindeutig ist, muss man nach bestem Wissen und Gewissen beim Kochen selbst entscheiden.

Man nehme:
        2 Liter Joh. 4,7
        2 - 3 TL Mt. 5,13
        ein wenig vom 3. Gewürz aus Mt. 23,23
        250 g Mt. 22,4
        150 g Lk. 15,15
        und (falls vorhanden) auch ein paar Hebr. 4,12.
Das ganze biblische Inventar lasse man dann anderthalb Stunden kochen.

Zur Steigerung der Erbaulichkeit füge man hinzu:
        150 g vom 3. aus Lk. 11,42
        (was der Garten so hergibt,
        wonach es dem Gaumen verlangt).
Unbedingt 150 g vom Inhalt der Lk. 15,16, welche dort den Schweinen schmecken. Damit es ganz apart wird, fügen wir die letzten 3 Ingredienzien von Nr. 11,5 hinzu (bitte: in Maßen!). Schlemmer machen es allerdings nicht ohne das 2. aus, Mt. 23,23.

Achtung an alle Köchinnen und Köche:
«Geht und forscht sorgfältig nach...
und wenn ihr es herausgefunden habt, berichtet mir!» (Mt. 2,8)

FÜR DIE EINSENDUNG DES REZEPTES BEDANKEN WIR
UNS BEI GERTRUD RHEINSCHMITT AUS BAD CAMBERG-ERBACH.

FRÜHLINGSTRAUM

VON WALTER STAMM

Ich möchte in einer Wiese liegen
voll Veilchenduft und Sonnenschein.
Ich möcht den sanften Wind genießen,
der mich umweht ganz zart und fein.

Die Augen zu und alles spüren,
das Glück, die Freude immerzu.
Mit meiner Hand das Gras berühren,
ganz tief in mir die Seelenruh.

Am blauen Himmel ziehen Kreise
die Vögel ohne Schwingenschlag,
und in der Nähe rauscht ganz leise
ein kleiner Bach froh in den Tag.

Ich möcht dem Herrgott danke sagen
für jeden Tag, für jede Stunde.
Ich möcht ihn viele Dinge fragen,
doch träumend, sinnend schweigt mein Mund.

Ferdinand Graf von Zeppelin

Unglückstage in Echterdingen und Weilburg im Spiegel des Gedichts «Zeppelins Unglückstage» von Hans Eschelbach

Von Eugen Caspary

Nicht nur Echterdingen in der Nähe von Stuttgart, sondern auch Weilburg an der Lahn markieren in der Geschichte der deutschen Luftschifffahrt Schauplätze schwerer Rückschläge und Niederlagen zu Beginn einer von dem ganzen deutschen Volk enthusiastisch begrüßten Entwicklung. Entgegen allen von Fachleuten geäußerten Zweifeln am Erfolg eines solchen Vorhabens war es Graf Ferdinand von Zeppelin, einem pensionierten hochrangigen Offizier, gelungen, in der Montagehalle bei

Manzell am Bodensee nach mehreren Misserfolgen im Jahre 1908 ein Luftschiff zu bauen, das wirklich flugfähig war. Nach seinem spektakulären zwölfstündigen Jungfernflug durch die Schweiz startete es zu einem Flug entlang des Rheins bis Mainz und Frankfurt. Überall wurden Graf Zeppelin und sein Luftschiff – das vierte, dessen Bau das ganze Vermögen des Konstrukteurs aufgezehrt hatte – von der Bevölkerung mit Jubel und Glockenläuten begrüßt. Das Lebenswerk des 1908 70-jährigen Grafen wurde als ein nationales Ereignis gefeiert. Der jahrhundertealte Wunschtraum der Menschheit, Herr der Lüfte zu werden, schien in Erfüllung gegangen zu sein.

Diese Hochstimmung wich jedoch tiefer Bestürzung, als – vermutlich durch Blitzschlag – das in Echterdingen zwischengelandete Luftschiff in Flammen aufging und völlig zerstört wurde. Dieses Unglück traf nicht nur den greisen Erbauer schwer, sondern die gesamte Nation. Aber statt sich enttäuscht abzuwenden und den mittellosen Grafen Zeppelin seinem Schicksal zu überlassen, fand man sich in allen Teilen Deutschlands spontan wieder in der Bereitschaft, in einer breit angelegten Spendenaktion, die sechs Millionen Mark einbrachte, die Weiterarbeit der *Luftschiffbau Zeppelin GmbH* Friedrichshafen zu ermöglichen.

Im Kriegsministerium war man auf die besondere Leistungsfähigkeit dieses Unternehmens aufmerksam geworden und von der Verwendbarkeit von Luftschiffen für militärische Zwecke überzeugt. Deshalb hatte man den Ankauf des fünften Zeppelin-Luftschiffs beschlossen und – zusammen mit zwei von anderen Firmen gekauften Luftschiffen – als künftigen Standort Köln bestimmt.

Um die Einsatzfähigkeit vor dem Forum der Öffentlichkeit zu demonstrieren, hatte Kaiser Wilhelm II. für den 22. April 1910 zu einer Luftschiffparade nach Bad Homburg v. d. H. eingeladen. Über deren Verlauf und über die für das Zeppelin-Luftschiff verhängnisvollen Folgen berichten Heinrich Schwing[1] ausführlich und Kurt Weber in konzentrierter Form. Webers Artikel ist die folgende Darstellung entnommen: «*Alles klappte, nur der Rückflug gestaltete sich wegen schlechten Wetters schwierig. Er musste um zwei Tage auf den 24.4. verschoben werden. Z II (d. h. das Zeppelin-*

Luftschiff) mit einer Stammbesatzung von 28 Mann unter dem Kommando des Hauptmanns von Jena machte am frühen Nachmittag dieses Tages eine Zwischenladung im Hof Blumenrod südlich von Limburg, um Gas nachzufüllen. Das Luftschiff wurde mit Stahltauen an einem eingegrabenen Leiterwagen vertaut. Am folgenden Tag, an dem der Weiterflug nach Köln stattfinden sollte, verschlechterte sich das Wetter wieder, nachdem es sich zwischendurch normalisiert hatte. Soldaten zweier Kompanien des in Diez stationierten Bataillons des Infanterie-Regiments 160 sicherten das unbesetzte Schiff zusätzlich mit Seilen, die sie in der Hand hielten. Um 13.00 Uhr zerriss ein orkanartiger Windstoß die Haltetaue. Das Schiff war nun führerlos in der Luft. Die Soldaten mussten die Halteseile schnell loslassen, um nicht mitgerissen zu werden. – Der frisch mit Gas gefüllte Zeppelin trieb schnell nach Osten ab und wurde schon zehn Minuten später von Weilburg aus gesichtet. Nun ging alles sehr rasch. Vor der Guntersau

sank das Luftschiff fast auf den Wasserspiegel der Lahn, wurde dann von einem Windstoß über den Bahndamm getrieben, ... schließlich auf den bewaldeten Hang unter dem damaligen Kurhotel ´Webersberg´ gedrückt, wo es in der Mitte zerbrach.[2]»

In der einschlägigen Literatur - sei es im Bereich der Lokalgeschichtsschreibung oder der Luftfahrtgeschichte bzw. Luftfahrttechnik – sind die genannten beiden Unglücke in Echterdingen 1908 und Weilburg 1910 ausführlich und erschöpfend abgehandelt worden. Ob sich von diesen die Zeitgenossen außerordentlich berührenden Ereignissen Dichter zu poetischen Bearbeitungen, insbesondere zu lyrischen Ergüssen inspirieren ließen, war mir bislang nicht bekannt. Als mir vor wenigen Wochen ein Band mit Gedichten des längst vergessenen Schriftstellers Hans Eschelbuch in die Hände fiel, entdeckte ich jedoch beim Blättern in diesem offenbar um 1910 erschienenen Buch[3] nachstehendes Gedicht:

ZEPPELINS UNGLÜCKSTAG
Das war ein Tag, an dem der Neid selbst schwieg!
Der Mann, der da nach jahrelangem Ringen
als Herrscher siegreich in die Lüfte stieg,
wie war er groß im Wollen und Vollbringen!
Ganz Deutschland folgte seinem Siegesflug,
hell klangen alle Glocken in die Runde,
groß und erhaben war die Weihestunde,
die Deutschlands Ruhm bis in die Wolken trug!

Der Dämon Sturm sah rasch sein Reich bedroht,
und brüllte auf und warf zum Sprung sich nieder.
Er schwor dem greisen Sieger jähen Tod:
«*Dein stolzes Werk, du siehst es niemals wieder!*»
Aus Drachenflügeln schnob der Sturm heran,
zerriss das Schiff mit seinen plumpen Krallen,
spie Blut und Flammen, ließ nur Trümmer fallen
und flog mit Hohngelächter drauf hindann.

Ein Schmerzensschrei geht durch das deutsche Land,
und Freund und Feinde sich vereinen,
um warm zu drücken deine treue Hand,
und um dein Unglück stille zu beweinen.
Du aber, der du Jahre nicht verzagt,
o, schöpfe Trost aus deines Volkes Lieben.
Das Schiff ist hin, der Schiffsherr ist geblieben,
dein ist der Sieg, der alles du gewagt!

Wir aber, deine Brüder, helfen gern;
Die große Stunde soll uns klein nicht finden.
ein neues Schiff begrüße dich als Herrn,
als Sieger, dem wir Ehrenkränze winden. –
Ein Liebesopfer! Kommt! Die große Stunde schlägt,
versäumt sie nicht; denn schnell entflieht die rasche!
Ein neuer Phönix steige aus der Asche,
der Deutschlands Ruhm bis zu den Sternen trägt!

Vergeblich sucht man in moderneren und älteren vor dem Zweiten Weltkrieg erschienenen Literaturgeschichten nach Eschelbach. Auch in Killys großem Literaturlexikon *Autoren und Werke deutscher Sprache* hat er keinen Platz gefunden. In Killys *Deutscher Biographischen Enzyklopädie* (2001) und in Wilhelm Lindemanns *Geschichte der deutschen Literatur* (1915) wird er erwähnt. Eschelbach, so hebt Lindemann hervor, gebe seiner Lyrik (u. a. *«Lebensbilder»*) vor allem volkstümliche Sangbarkeit, Herzlichkeit und Frohsinn. Es fehlten jedoch auch nicht die *«innigen religiösen Klänge»*. Der Eschelbach gewidmete Lexikonartikel in der *Biographischen Enzyklopädie* von 2001 enthält neben den Lebensdaten (*1868 in Bonn, † 1948 in Innsbruck) Hinweise auf seine berufliche Laufbahn, zunächst als Lehrer in Köln und später – nach dem Erfolg vor allem seiner weitverbreiteten Lyrik – als freier Schriftsteller und *Vortragsmeister* in Bonn. Er veröffentlichte auch zahlreiche Erzählungen und Romane aus dem Bereich Heimatdichtung und biblische Literatur.

Eschelbach gibt in seinem vierstrophischen Gedicht *Zeppelins Unglückstag*, dem man natürlich keinen besonderen literarisch-künstlerischen Anspruch zuerkennen kann, der Stimmungslage in der deutschen Bevölkerung in dem halben Jahrhundert vor Ausbruch des Ersten Weltkriegs Ausdruck. Die Verse der ersten Strophe feiern den Schöpfer des Luftschiffs mit Pathos und superlativischem Lobpreis als Nationalheld und sein Werk, das sich anschickt, die Herrschaft in den Lüften zu erobern, als nationales, das deutsche Vaterland überhöhendes Großereignis.

Mit diesem emphatischen Lobpreis steht das Geschehen der zweiten Strophe im Gegensatz. Die personifizierten und dämonisierten Naturgewalten Sturm und Feuer zerstören in der Gestalt eines todbringenden Drachens unter Hohngelächter das stolze Luftschiff. Je furchtbarer das Unglück, desto spontaner und fester ist die die gesamte Nation durch alle Schichten und Klassen gebundene Solidarität mit dem so schwer getroffenen Schöpfer des Luftschiffs! Er bleibt im

Augenblick der Niederlage dennoch Sieger, und er darf des neuen Sieges sicher sein in der Gewissheit, dass die ganze deutsche Nation ihm zur Seite stehen wird. In der letzten Strophe reiht das lyrische *Ich* sich in die Gemeinschaft der Helfer ein und appelliert an alle, mit ihrem *«Liebesopfer»*, ein neues Luftschiff erschaffen zu helfen, das wie *«ein neuer Phönix aus der Asche»* *«Deutschlands Ruhm bis zu den Sternen trägt»*.

Auf welches der beiden oben beschriebenen Katastrophen sich Hans Eschelbachs Gedicht unmittelbar bezieht, steht wohl zweifelsfrei fest. Denn die hier enthaltenen Hinweise auf die Explosion und die nach der Vernichtung des Luftschiffs im Jahre 1908 spontan sich über die ganze Nation verbreitende Opferbereitschaft mit dem Ziel des Baus eines neuen Luftschiffs deuten auf die Ereignisse des Unglücks bei Echterdingen hin. Man darf aber auch eine Verbindung zwischen der Aussage des Gedichtes und der Zerschmetterung des führungslosen Luftschiffs am Webersberg in Weilburg erkennen. Denn die im Gedicht ausgedrückte Stimmungslage und der allgemeine nationale Schmerz über den Verlust eines mit so hohem nationalen Symbolgehalt verknüpften Zeppelin-Luftschiffs waren hier wie dort ebenso ähnlich oder fast identisch wie die Hoffnung auf die Weiterführung des Luftschiffbaus.

[1] *Wilinaburgia (Ehemaligen-Zeitschrift des Weilburger Gymnasiums) Heft Nr. 93 - Mai 1960, S. 5-8.*

[2] *Weilburg an der Lahn. Lexikon zur Stadtgeschichte. Hg. vom Kreisausschuß (Kreisheimatstelle) des Landkreises Limburg-Weilburg. Limburg-Weilburg 1997, S. 477.*

[3] *Lebenslieder, Neue Gedichte, Bonn (Veritas Verlag) o. J; S. 58 f.*

LÄCHELNDE ROSE

VON MARGA GEIS

Tief hinab und tränenschwer
beugt dein Haupt sich nach dem Schauer,
trägst an deiner Blüte schwer,
schöne Rose wie in Trauer.

Doch schon bald erstrahlt die Sonne,
und mit ihrem warmen Licht
zaubert sie trotz deiner Tränen
dir ein Lächeln ins Gesicht.

SCHLEMMEN NACH LUST UND LAUNE

MÖHRENSUPPE MIT LAUCHZWIEBELN

FÜR 4 PERSONEN

Zutaten:		
	400 g	Möhren
	1 Bd.	Lauchzwiebeln
	1	Zitrone
	700 ml	Gemüsebrühe
	150 ml	Weißwein
	50 g	Butter
	50 ml	Sahne
	1/2 Bd.	Schnittlauch
	je 1 Prise	Salz und Zucker
		Pfeffer aus der Mühle

Zubereitung: Möhren und Zwiebeln schälen und würfeln. Die Butter in der Pfanne erhitzen und beides unter Rühren anschwitzen. Zitronensaft, Wein, Gemüsebrühe und Zucker zugeben und ca. 25 Minuten köcheln lassen. Sahne angießen und mit dem Pürierstab fein pürieren.
Die Suppe mit Salz und Pfeffer abschmecken.
Schnittlauch in Röllchen schneiden und darüber streuen.

FÜR DIE EINSENDUNG DES REZEPTES BEDANKEN WIR UNS BEI THOMAS KLEIN AUS LIMBURG-OFFHEIM.

BESUCH

VON HEINZ HAMM

Wenn alles blank und sauber ist,
kein Flöckchen Staub zu sehn,
wenn die Gardinen fast schneeweiß,
die Fenster blank und schön,
glänzt alles wie im Bilderbuch
– kommt k e i n Besuch.

Wenn's ganze Haus nach Grünkohl riecht
und ich bin nicht rasiert,
wenn grad im Flur der Meister Cromm
die Lampe repariert,
steht alles Kopf, trotz Scheuertuch
– d a n n kommt Besuch.

RUNKEL
an der Lahn

Die Stadt Runkel liegt in einem Talkessel zu beiden Seiten der Lahn, welche die natürliche Grenze zwischen Taunus und Westerwald bildet. Runkel, im Jahre 1159 erstmals erwähnt, hat viele Sehenswürdigkeiten wie die Burg mit Museum, die steinerne Lahnbrücke aus dem 14. Jahrhundert, Reste der Stadtmauer, Fachwerkhäuser.

Auskünfte erteilt:

Stadtverwaltung Runkel
Burgstraße 4 · 65594 Runkel
Tel. (0 64 82) 9 16 10 · Fax (0 64 82) 91 61 44

Firma Schäfer Allendorf:

Kleine Chronik eines 100jährigen Hauses
Von der Dorfschmiede zum modernen Metallverarbeitungsbetrieb

Lange bevor die Eisenbahn die Wege zwischen den Städten unserer Heimat verkürzte und ein Traktor die mühevolle Feldarbeit erleichterte, waren es Kühe und Pferde, die als Zugtiere beim Gütertransport oder in der Landwirtschaft eingesetzt wurden.

Für die Gesunderhaltung der Tiere war nicht zuletzt ein fachgerechter Hufbeschlag erforderlich und so gehörte die Schmiede in jedes Dorfbild der damaligen Zeit.

In einem jener Kleinbetriebe hat unser Unternehmen seinen Ursprung, genauer in der 1885 in Allendorf bei Weilburg gegründeten Schmiede von Christian Schäfer.

Hufbeschlag und Wagenbau gehörten zu den Hauptaufgaben des jungen Unternehmers, der schon drei Jahre nach der Firmengründung die Meisterprüfung mit Erfolg ablegte und von nun an den Betrieb mit einem Gesellen und einem Lehrling erweitert fortführte.

Der Umstand, daß in dieser Zeit das Eisenerz aus der nahegelegenen Grube Gilsenhag noch mit Pferdewagen nach Weilburg transportiert werden mußte, führte zur ersten Blütezeit des Unternehmens.

Als Christian Schäfer bereits im Jahre 1909 im Alter von 47 Jahren verstarb, war es vor allem das Verdienst seiner Witwe Helene Schäfer, daß die Schmiede weitergeführt werden konnte.

In beispielloser Selbstaufopferung meisterte sie mit ihren Söhnen die schwere Arbeit an Amboß und Esse und sicherte so den Fortbestand des Unternehmens.

1919 übernahm ihr Sohn Rudolf im Alter von 20 Jahren den Betrieb und legte die Meisterprüfung des Schmiedehandwerks ab.

1957 erfolgte die Übergabe des Betriebes an dessen jüngsten Sohn, den heutigen Firmenchef Rudolf Schäfer jun., der sich zunächst auf die Produktion von Ersatzteilen und Transportbehältern spezialisierte.

Schon bald wurden die räumlichen Verhältnisse der Schmiede zu klein für das schnell expandierende Unternehmen. 1962 wurde am Ortsrand von Allendorf eine Werkshalle errichtet, der 1969 in einem weiteren Bauabschnitt zwei Betriebsgebäude folgten.

Um den stetig ansteigenden technischen Ansprüchen gerecht zu werden, wurde im Jahre 1981 eine Fertigungshalle für Filter- und Spezialmaschinenbau angegliedert. Gerade die hierdurch erreichte moderne Ausstattung und unsere qualifizierten Fachkräfte gewährleisteten die Überwindung der bisherigen wirtschaftlichen Krisenzeiten und lassen uns zuversichtlich in die Zukunft blicken.

HEIMATGEFÜHLE

VON ERICH BECKER

Wie kommt es, dass die Bäume gedenken
zu reden, um uns etwas zu schenken.
Unterm Lindenbaum saß ich oft als Kind,
lauschte, wie die Blätter rauschten im Wind,
als sagten sie *«Fühl Dich bei uns zu Haus»*,
gern besuch ich ihn bald und ruh mich aus.

Wie kommt es, dass ein Weg wundervoll ist,
bin oft, so dass man es wohl nie vergisst
an Roggenfeldern vorbei gegangen,
zum Heiligenhäuschen zu gelangen,
zu der Kapelle durch Wiesen und Wald,
möchte manchmal dort hin, und zwar recht bald.

Wie kommt es, dass ein Berg mehr ist als Stein,
wenn ein Dorf sich anschmiegt, niedlich klein.
Hab mir fernab eine Brücke gebaut,
von der man gut auf das Dorf hinabschaut.
Für den Moment, wenn das Heimweh ist da,
bleibt mein Heimatdorf Gott sei Dank ganz nah.

Wie kommt es, wenn ich *Erde* betrachte,
im Geist jedoch auf etwas anderes achte.
Was profan überall Humus und Sand,
wird nun zum Stück lieb gewordenem Land.
Wo ich vor langem die Kindheit verbracht,
es ist die Heimat, an die ich gedacht.

So kommt es, dass man sich fühlt ausgebrannt,
da die Seele nirgendwo Ruhe fand.
Wenn unruhig Geist macht trüb den Sinn,
dann zieht es mich zur Heimaterde hin.
Sie schafft es, dass Glücksgefühl überquillt,
und verborgene Sehnsucht wird gestillt.

Foto: Erich Becker

Das Heiligenhäuschen steht im Wald zwischen Winkels, Probbach und Dillhausen.

DE KASTANJEBAAM

VON URSULA KREMER

Et wor emol en Kastanjebaam,
de stun äm volle Saft.
Do kum en mords Gewirrerstorm
un hot en hinweggerafft.

Erscht fluh en gruße, dicke Ast
genau off die Weschespänn
un da noch off de Pavillion;
zom Glick satz do grod kaaner drän.

Da hieß et, de wär änwinnisch hohl
un morsch bes off de Grund.
Un su schlu dim orme Kastanjebaam
sei allerletzte Stund.

Mittwuchs kum die Feuerwehr
met allerei Geräte.
Die Dauwe fluhe aus dim Baam
und funge u ze bete.

Zwaa Stun später log e im
un wor gedauneklaa;
und traurisch satze drimerim
de Däuwerisch un sei Fraa.

Un su sitze aach die Nochbern hej
off em Trauerschank halt ewe.
En Kastanjebaam-Trauerschank -
hot's su wot schun jemols gewe?

Egol, Schnaps ist Schnaps un hie is hie.
Vum Grill her rischt's schun lecker.
Mer tränke off de duure Baam
und die Gastgeber, dot Ehepaar Baecker!

KONTRASTE

VON JOSEF QUERNHEIM

Herbstzeit ist es, Mitte September, draußen ist es noch schön warm. Feine Fäden wehen durch die Luft. In den Gärten gehen die Rentner ihrer Lieblingsbeschäftigung nach. Der Lohn vieler Mühen, die Erntezeit ist da. Heute Morgen im Supermarkt im Nachbarstädtchen: Geschäftige Mitarbeiter bauen einen neuen Verkaufsstand auf, und man reibt sich verwundert die Augen.

Schokoladennikolause stellt man darauf und Marzipankartoffeln. Printen und Plätzchen stehen neben Kartons mit weißgepuderten Christstollen – in feiner Folie verpackt – und warten auf den ihnen zugedachten Platz auf den Tischen. Auch die vertraute Tageszeitung achtet nicht mehr auf ihr Gewicht und wird täglich etwas umfangreicher. Wenn man sie aufschlägt, fallen einem als erstes die bunten Prospekte entgegen. Es gibt keinen Zweifel mehr, in längstens dreieinhalb Monaten ist Weihnachten. Man freut sich darauf, dass nun in spätestens vier Wochen die etwas eintönige Musikberieselung in den Verkaufsräumen endlich von Weihnachtsliedern abgelöst wird. In der Reiseecke hängen bunte Poster an den Wänden. Weißer Strand, blaues Meer, Palmen und junge schöne Menschen. Reisen über Weihnachten bis ins neue Jahr hinein, in die Sonne, das wär's doch. Auch das abendliche Fernsehprogramm bemüht sich nach Kräften, mit der Werbung schon eine weihnachtliche Stimmung herzustellen. Es ist schon verwunderlich, wie man die vergangenen Lebensjahre ohne diese Waren überhaupt überstanden hat.

Unwillkürlich denkt man an die Notzeit seiner Jugend nach dem verlorenen Krieg und an die Anspruchslosigkeit der Leute zurück. Weihnachten 1946. Heute auch mir fast unvorstellbar. Seit Mitte Dezember liegt reichlich Schnee. Unsere Kleidung ist mehr als ein Provisorium. Schuhe von den Eltern, mindestens drei Nummern zu groß. Papier in die Spitzen, und schon passen sie. Alte Militärtarnhosen mit billigem Zellwattefutter, Unterhosen vom Vater, von der Mutter etwas geändert. Ein einigermaßen passend gemachtes Hemd von einem amerikanischen GI, getauscht gegen ein paar Eier auf einem Schwarzmarkt. Darüber ein Pullover, von der Großmutter unten und an den Ärmeln etwas verlängert. Die Wolle dazu stammt aus einer Weste, welche man aufgezogen hatte, aber in der Farbe überhaupt nicht dazu passt. Überhaupt, man trägt heute gerne Kontrast. Da die Grenze zur französischen Besatzungszone direkt hinter dem Dorf verläuft und die Straßen dorthin mit Schlagbäumen abgesperrt sind, werden die wenigen Autos von den Grenzern scharf kontrolliert. Auch Fußgänger müssen sich diesen Kontrollen unterziehen, und wehe wenn diese etwas bei sich haben, das auch nur entfernt nach Schwarzmarkt oder Hamsterware aussieht. Etwas Mehl oder ein paar Eier, alles wird beschlagnahmt. Alles Betteln und Weinen hilft da nichts. So wird es Heiligabend.

Morgens steht in der Ecke ein wunderschöner Christbaum, wie jedes Jahr bunt geschmückt, die Kerzen sind dieselben der vergangenen Jahre und nur etwas kurz gesungen. Aber bei gutem Willen langt es auch für dieses Jahr wieder. Vor einigen Tagen hat die Mutter Plätzchen gebacken. Richtiges Mehl hatte sie. Zwar sehr dunkel ausgemahlen, aber besser als dieses komische Pulver aus Mais, aus dem man dieses gelbsüchtige Brot macht, das man aber nur mit größtem Widerwillen hinunterwürgt. Auf die Lebensmittelkarten hat es als Sonderzuteilung einige Gramm Butterschmalz und Kubazucker gegeben, und so wird gebacken. Als Stift im ersten Lehrjahr habe ich meinem Brüderchen einen Bauernhof gebastelt und für die Mutter einen Nähkasten. Für den Vater habe ich fünf amerikanische Zigaretten auf dem schwarzen Markt erstanden, das Stück zu sieben Reichsmark. Ein fürstliches Geschenk, wenn man bedenkt, dass ich für fünf Mark eine Woche lang arbeiten muss. So wird es Abend, und unsere Familie findet sich still in der Wohnstube zusammen.

Der Christbaum wird angezündet und das Lied der stillen Nacht gesungen. Dann gibt es die Geschenke. Vater bekommt von Mutter Zigaretten der Sonderzuteilung von ihrer und Großmutters Raucherkarte. Sein eigenes Kontingent hat er vorher schon als blauen Dunst gen Himmel geschickt. Mein Schwesterchen bekommt ihre alte Puppenküche, selbstverständlich neu tapeziert und möbliert. Von der Patin noch ein Jungmäd

chenbuch. Antiquarisch natürlich. Mutter freut sich über einen Kleiderstoff, den Vater, Gott weiß woher, beschafft hat. Für Großmutter gibt es ein Viertel richtigen Bohnenkaffee und ein Kopftuch. Für mich gibt es einen von der Großmutter gestrickten Schal und Handschuhe. Dazu noch eine Mütze und von meiner Patin ein Buch. Tom Sawyer und Huckleberry Finn. Gedruckt auf grauem Papier, aber neu. Dazu gibt es für jeden einen Teller mit Plätzchen. Süß, aber etwas braun, das kommt vom Zucker. Solchermaßen reich beschenkt, gehen wir nachher durch den frischen Schnee zur Christmette. Der Pfarrer liest die Weihnachtsbotschaft und vom Frieden auf Erden. Jeder denkt für sich an die vergangenen schlimmen Kriegsjahre zurück und wünscht sich nichts sehnlicher als diesen Frieden für uns Menschen und unser so schlimm geschundenes Land.

SCHLEMMEN NACH LUST UND LAUNE

WINTERZAUBER – (QUARKDESSERT)

Zutaten:
1 Becher Magerquark
1 Becher Schmand
1 Becher Naturjoghurt
1 Becher Sahne
Saft von ½ Zitrone
1 Päckchen Vanillesoße ohne Kochen
Honig, Zimt, Zucker, Vanillezucker
200 g zerbröselten Spekulatius

Zubereitung: Quark, Schmand und Joghurt mit Zitronensaft
und Vanillesoßenpulver verrühren, mit Zimt, Zucker,
Vanillezucker und Honig abschmecken.
Steif geschlagene Sahne unterheben. Abwechselnd mit
dem zerbröselten Spekulatius in eine Glasschüssel füllen.
Am besten über Nacht kalt stellen und durchziehen lassen.
Mit Sahnetupfen und Spekulatiusbrösel garnieren.

FÜR DIE EINSENDUNG DES REZEPTES BEDANKEN WIR UNS
BEI SIGTRUD SCHNEIDER AUS LIMBURG-LINDENHOLZHAUSEN.

Ein Kindertraum in der Weihnachtszeit

VON WALTER STAMM

Schau Mutter, wie schön leuchtet das Abendrot!
Bäckt heute das Christkind Weihnachtsbrot?
So ist es, mein Schatz, du weißt es genau,
sonst wäre bestimmt der Himmel ganz grau.
Ich träumte heut` Nacht, sprach nun das Kind,
ganz hell war der Himmel, fast wurde ich blind.

Es kam auf mich zu, mir wurde ganz bang,
dann rief es «bleib stehn», dich such ich schon lang.
Die Stimme war schön, sie klang glockenrein,
das konnte doch nur das Christkindlein sein.
Nun war es bei mir und gab mir die Hand,
es war, als wär ich im Zauberland.
Dann legt es etwas in meinen Schoß,
ein Kästchen mit einem goldenen Schloss.
Den Schlüssel gebe ich dir nicht im Traum,
er hängt Heilig Abend am Weihnachtsbaum.
Und plötzlich war`s dunkel, ich war ganz allein,
da wachte ich auf im Mondenschein.

BEHARRLICHKEIT

VON WILFRIED HOFMANN

Dies ist eine Geschichte,
die hat mein Opa mir erzählt,
sie handelt von 'ner alten Dame,
die sich ein Leben lang gequält.
Im Winter war's, während des Krieges,
und diese Zeit war bitter arm,
da ging ein Ofenrohr kaputt,
die Tante saß in dichtem Qualm.
So machte sie sich auf den Weg,
in Limburg/Lahn, der schönen Stadt,
fragt nach in mancher Warenhandlung,
ob man ein Rohr zu kaufen hat.
Die gute Oma hatte Pech,
damals war alles knapp.
«Wir haben nichts auf Lager»,
so wies man sie stets ab.
Die Frau ging ganz betrübt nach Haus,
was sollte sie nur machen,
sie saß in ihrem kleinen Zimmer,
die Kälte machte ihr zu schaffen.
Am nächsten Morgen, schon recht früh,
da ging die Suche weiter,
sie ging ins große Fachgeschäft,
und fragte nach dem Leiter.

Sie stampft den Krückstock auf die Erde,
und schreit dem Chef ins Ohr:
*«Ich geh hier nicht mehr aus dem Laden,
ohne ein neues Ofenrohr!».*
Sie setzte sich auf einen Stuhl,
und sprach: *«So es Gott walte,
bleib ich hier eine Ewigkeit,
bis ich ein Rohr erhalte!».*
Am Abend, als der Laden schloss,
da sollt sie das Geschäft verlassen,
sie sagte: *«Nein, ich bleibe hier,
das könnte euch so passen!».*
Die Tante ließ sich nicht vertreiben,
sie blieb allein die ganze Nacht,
dabei tat sie kein Auge zu,
und hat nur an das Rohr gedacht.
Am Morgen kam der Chef persönlich,
und sagt': *«Wenn Sie jetzt endlich gehen,
dann kriegen Sie ihr Ofenrohr,
doch will ich Sie hier nie mehr sehn!».*
Das Rohr kam noch am selben Tag,
die Oma, sie gewann ihr Spiel,
das zeigt, mit viel Beharrlichkeit,
da kommt man meistens an sein Ziel !!!

BESUCH IM ZOO

VON WILFRIED HOFMANN

Die Löwen brüllen in dem Käfig,
es ist ganz furchterregend,
warum sind sie denn heut' so böse,
was ist denn nur so weltbewegend?
Da hat der Wärter uns belehrt,
das heut' doch Mittwoch sei,
da wären sie stets missgestimmt,
denn mittwochs gibt's Kartoffelbrei.
Er meint: *«So kommen Sie doch morgen,
dann sind Sie gut beraten,
da sind die Tiere wieder friedlich,
denn morgen gibt es Schweinebraten.»*

Bei'm Menschen ist es ja nicht anders,
so geht's mir durch den Sinn,
schmeckt 'mal das Mittagessen nicht,
dann ist die gute Laune hin!

Nikolaus vor dem Haus

Von Ursula Grolig

«Nikolaus, komm in unser Haus, leer Dein volles Säcklein aus,
stell dein Eselchen auf den Mist, dass es Heu und Hafer frisst!»

So übten wir Kinder schon den ganzen Tag unser Sprüchlein für den Nikolaus am heutigen Abend.

Unsere Mutter aber versuchte, uns schonend beizubringen, dass in diesem Jahr der Nikolaus nicht in unser Haus kommen könne, weil unsere Kühe im Stall die Maul- und Klauenseuche hatten.

Niemand durfte in unser Haus kommen, und am Hofeingang war ein dicker Teppich aus Sägemehl aufgestreut, der jeden Tag mit einer komisch riechenden Flüssigkeit begossen wurde. So sollten angeblich die Bakterien gehindert werden, zu den Nachbarställen zu krabbeln. Am Hoftor prangte ein großes Schild mit der Aufschrift: *«Maul- und Klauenseuche! Betreten verboten!!!»*

Wie sollte da ein heiliger Mann wie der Nikolaus in unseren Hof kommen? Der würde doch keine Gebote übertreten oder Verbote missachten!

Mutter tröstete uns, sie habe für uns Plätzchen gebacken, und Großvaters Walnüsse, die eigentlich erst Weihnachten auf den Gabentisch sollten, dürften wir schon heute haben als Entschädigung dafür, dass der Nikolaus nicht persönlich kommen könne.

Wir aber waren traurig und meinten, wenn der Nikolaus nicht ins Haus kommen dürfe, dann könne es doch zumindest der Knecht Ruprecht tun, wenn er sich die Schuhe am Sägemehlteppich gut abputze, denn er sei ja nicht so eine heilige Person und dürfe ein bisschen was Ungesetzliches machen.

Mutter hatte ihre liebe Last, uns dieses Fünkchen Hoffnung auszureden, und bescherte uns schon gegen 17.00 Uhr, bevor sie in den Stall zum Füttern ging, mit Plätzchen und Walnüssen, damit wir endlich aufhörten zu quengeln.

Dann begann es zu schneien, und wir drückten uns die Nasen an den Fensterscheiben platt, um die Schneeflocken im Licht der Straßenlaternen tanzen zu sehen. Wie toll von dem Nikolaus, dass er uns wenigstens Schnee brachte!

Als die ganze Familie gegen 19.00 Uhr beim Abendessen saß, klopfte es von der Straßenseite aus an unser Küchenfenster, und Stiefelabsätze scharrten dumpf im Schnee. Wir waren alle sehr erschrocken, auch Mama, und so musste Papa zum Fenster gehen und nachschauen.

Er öffnete es einen Spalt, und von draußen ertönte eine heisere Stimme: *«Wohnen hier die Kinder Ilse, Christel und Werner? Ich bin der Nikolaus und hab` auch den Knecht Ruprecht mitgebracht, der hat ein Säcklein Geschenke für Euch dabei!»*

Wir stürmten ans Fenster und jubelten und sahen zwei dick verschneite Gestalten mit langen Mänteln und großen Mützen auf der Straße stehen mit einem kleinen weißen Bündel. *«Wollt Ihr das Säckchen haben?»* Wir brüllten wie aus einem Munde: *«Jaaa! Jaaaa! Jaaaaa!»*

«Dann sagt mir zuerst einmal Euer Nikolaus-Sprüchlein auf!»

Wir stotterten unser «*Esel-auf-dem-Mist*»-Verslein ziemlich ängstlich herunter, obwohl wir es doch tagsüber so gut geübt hatten. Das Säckchen wurde uns daraufhin durchs Fenster geschoben, und der Schnee darauf zerfloss in der warmen Küche sofort zu Wasser, noch ehe wir ihn zum gegenseitigen Kämpfchen benutzen konnten.

Mutter reichte den beiden verschneiten und durchgefrorenen Gestalten zwei Tassen heißen Kaffee raus und jedem ein doppeltes Brot mit Butter und Schinken.

Im Sack waren drei selbstgebackene Lebkuchenmänner, silberne Walnüsse und eine Menge bunter *Wischerln* (so nannte sie Tante Vera, unsere Flüchtlingsfrau). Es waren kleine Schokoladenstückchen in buntes ausgefranstes Seidenpapier eingewickelt, die später auch ein schöner Schmuck für den Weihnachtsbaum waren, allerdings nur mit einer Nuss gefüllt, denn die Schokolade hatte sich bis dahin längst verflüchtigt!

An diesem Abend kam mein Glaube an den Nikolaus wieder halbwegs zurück, denn ich hatte wegen verschiedener Gerüchte schon gar nicht mehr so recht an ihn glauben mögen!

Erst lange Zeit später erfuhr ich, dass sich Onkel Albert und Tante Lotte im Nachbardorf, sechs Kilometer weit entfernt, trotz Kälte und Schneetreibens aufgemacht hatten, eine Stunde zu laufen, um bei uns wegen der Maul- und Klauenseuche den Nikolaus und den Knecht Ruprecht zu vertreten.

Sie erzählten später, dass ihnen unsere Freude und natürlich der Kaffee und das Schinkenbrot eine solche Kraft gegeben haben, dass sie glaubten, der einstündige Heimweg habe nur zwanzig Minuten gedauert!

S<small>CHLEMMEN NACH</small> L<small>UST UND</small> L<small>AUNE</small>

B<small>UCHTELN MIT</small> W<small>EINSCHAUMSOßE</small>

F<small>ÜR DIE</small> B<small>UCHTELN</small>

$^3/_4$ Pfund Mehl
2 - 3 Eier
1 Prise Salz
1 Päckchen Vanillezucker
60 - 80 g (1 Deka) Zucker
60 - 80 g (1 Deka) Butter
1 Beutel Trockenhefe
etwas Milch (2 - 3 EL)
2 - 3 EL Rum

Alles zu einem trockenen Hefeteig kneten. Daraus walnussgroße Stücke in eine gebutterte Pfanne setzen und etwas aufgehen lassen. Mit Butter bestreichen, im Backofen bei 200°C knusprig braun backen und warm mit Weinschaumsoße servieren.

F<small>ÜR DIE</small> W<small>EINSCHAUMSOßE</small>…

…1 EL Gustin mit etwas kaltem Wasser anrühren. $^1/_4$ Liter Weißwein, 100 g Zucker, den Saft einer halben Zitrone, $^1/_2$ Päckchen Vanillezucker und 3 Eier hinzufügen und die Masse auf gelindem Feuer mit dem Schneebesen schaumig aufschlagen bis zum Kochen.

F<small>ÜR DIE</small> E<small>INSENDUNG DES</small> R<small>EZEPTES BEDANKEN WIR UNS</small> BEI M<small>ARIA</small> P<small>OHL AUS</small> L<small>IMBURG</small>.

«WILDNIS» IN HADAMAR

VON ERICH BECKER

Ein halbes Jahrhundert lebe ich nun in der reizenden Kleinstadt Hadamar, die ich im Laufe der Jahre mit meiner Kamera durchforstet habe. Unzählige Motive habe ich auf die sprichwörtliche Platte gebrannt. Doch was ich vor kurzem – nur wenige Gehminuten vom Stadtkern entfernt – entdeckte, möchte ich den Lesern des Jahrbuches nicht vorenthalten.

Am Anfang der Entdeckungswanderung in die abseits gelegene Zone musste ich erst ein kleines Stück asphaltierte Straße entlang des rechten Ufers des Elbbaches bis zu einem umzäunten Werksgelände einer industriellen Anlage zurücklegen. Da man von dort aus nicht mehr am Bach entlang laufen konnte, bog ich rechts in einen nicht für Fahrzeuge aller Art zu benutzenden schmalen Weg bis zum Bahndamm ab. Diesen begleitete ich dann ein Stück, um dann endlich die letzten Zeugen der Bautätigkeit von Menschen zu verlassen und in einem wenig begangenen Waldweg die ersten Spuren von Natur zu genießen. Noch lohnte es sich nicht, die Kamera in Anschlag zu bringen, denn im Verlauf der lehmigen Wegstrecke zwischen lichtundurchlässigen Bäumen waren nur Sträucher und Wegpflanzen am Rande zu sehen.

Doch plötzlich, circa 100 Meter vor mir, schien die Sonne durch die Kronen der Bäume und Sträucher und ließ das Laub goldgelb und weinrot glänzen. Weiß Gott ein Lichtblick, ein Hoffnungsschimmer auf eine eventuell stimmungsvolle Aufnahme einer Herbstlandschaft. Beim Erreichen dieses von der Sonne überfluteten Geästs wurden meine Erwartungen auf gute Aufnahmen nicht nur erfüllt, sondern bei weitem übertroffen (siehe links). Vor mir war der Elbbach abrupt aufgetaucht, plätscherte aber jetzt rauschend wie zu einem Gebirgsbach verwandelt über Steine und hineingefallene Äste an mir vorüber, bildgestalterisch ideal von zwei Baumstämmen mit herbstlich gefärbten buntem Weinrebenlaub eingerahmt und einem Vordergrund mit dicken Steinen und wild wachsenden Uferpflanzen dazwischen.

Ich konnte nicht umhin, diesen Moment des ursprünglichen Zustandes der Natur auf dem Filmstreifen zu verewigen. Doch als ich meine Blicke auf der Suche nach weiteren Motiven in dieser weithin unbekannten Umgebung Hadamars stromabwärts gleiten ließ, wurden meine Neugier und Erwartung auf weitere ungewöhnliche Bilder entfacht. Vor allem aber ein in Sichtweite quer zum immer enger werdenden Bachbett im Dunst liegender grüner Streifen verbarg etwas Geheimnis-

volles. Jedenfalls bot sich in diesem Paradies für Heimatfotografen, in dieser Symbiose von Wasser und Wald, dieser unberührten Natur mit dem Wildwuchs von Pflanzen ein unerschöpflicher Reichtum an Aufnahmemöglichkeiten an. Leider wurden meinen Ambitionen für den Moment Grenzen gesetzt, denn an dieser Stelle war für Spaziergänger und Wanderer das Vordringen in die *Wildnis von Hadamar* wegen der Dornensträucher, Baumstümpfe und sogar Schlingpflanzen Endstation.

Wäre nicht einige Tage später ein hilfsbereiter Hausmitbewohner als Begleiter eingesprungen, so hätte ich in meinem Alter wohl nie den weiteren Lauf der Elb mit dem schon bei meiner ersten Wanderung unerreichbaren dschungelähnlichen Wirrwarr von Bäumen und Sträuchern mit dem rätselhaften Hintergrund entdecken und enträtseln können.

Nach einem mühsamen Schlagen eines Pfades erreichten wir immer in einiger

Entfernung zum nicht mehr sichtbaren Bach endlich wieder *Elbwasser* und damit die mysteriöse Stelle. Der grüne Querstreifen entpuppte sich als ein schmaler, mit Moos bewachsener und mit einem Balken versperrter Holzsteg zum anderen Ufer, der ebenso wie die dort stehende baufällige Bude bezeugte, dass schon vor uns andere Leute dieses Stück Natur betreten und ihr ursprüngliches Aussehen für ihre besonderen Zwecke verändert hatten. Dieser *zivilisatorische* Eingriff ließ meine Gedanken *rückwärts* wandern in eine Zeit, in der die Hadamarer Landschaft noch vollkommen ohne die baulichen Eingriffe von Menschen ausgesehen haben mag.

So richtete ich meine Kamera auf diese imposante Vielfalt eines wenig beachteten Naturgebietes, um für die Bürger unserer Stadt etwas von der urwüchsigen Schönheit der Wildnis am Rande unserer Stadt wenigstens im Bild festzuhalten (siehe oben).

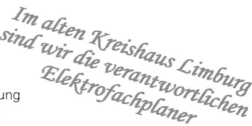

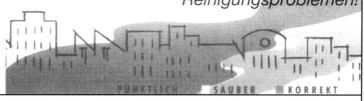

Villmar
an der **Lahn**

Zentrum des Lahnmarmors im Herzen des Landkreises

Villmar und seine Umgebung sind das Zentrum des Lahnmarmors, eines wegen seiner reichen Farbigkeit hochgeschätzten, polier- fähigen Kalksteines. Die Entstehung dieses Kalksteines führt weit in die Erdgeschichte zurück, ins Devonzeitalter vor 380 Mio. Jahren. Der Lahnmarmor wurde vermutlich schon vor 2000 Jahren abgebaut. Als Schmuckstein fand er vielfache Verwendung an »prominenten« Stellen. So z. B. im Mainzer, Berliner und Würzburger Dom, Abtei St. Matthias in Trier, Eremitage in St. Petersburg und in der U-Bahn in Moskau, in der Eingangshalle des Empire-State-Building von New York und im Palast des Maharadjas von Tagore in Indien.

Der Marktflecken Villmar besteht aus den 1970/71 im Zuge der Ge- meindegebietsreform zusammengeschlossenen Ortsteilen Villmar, Aumenau, Seelbach, Falkenbach, Langhecke und Weyer. Bürger- meister des Marktfleckens Villmar durch Direktwahl der Bürger ist seit dem 1. Juli 1994 Hermann Hepp.

Heute hat Villmar 7.500 Einwohner und erstreckt sich über eine Fläche von rund 46 km², davon sind alleine 1.100 ha Wald. Diese Fläche liegt am schönsten Teil der Lahn zwischen Marburg und Lahnstein.

Sehenswürdigkeiten: Lahn-Marmor-Museum, Naturdenkmal »Unica-Bruch«; Marmorbrücke mit Statue Hl.Nepomuk, Brunnenplatz mit Steinmetzdenkmal, König-Konrad-Denkmal, Pfarrkirche St. Peter u. Paul, Kammerrat Schmidt'sches Haus in Weyer, Schieferbruch in Langhecke.

Villmar, sehens- und erlebenswert zu jeder Jahreszeit! Besuchen Sie auch den traditionellen Weihnachtsmarkt, der jährlich am 2. Adventwochenende stattfindet.

Touristinfo: Marktflecken Villmar, König-Konrad-Str. 12, 65606 Villmar, Tel. (0 64 82) 60 77 20, Fax 60 77 18 • e-mail: ingrid.pohl@villmar.de

www.villmar.de

FAMILIENGESCHICHTLICHE SPURENSUCHE IM GOLDENEN GRUND

VON JOSEF J. G. JUNG

In den 20er Jahren des vorigen Jahrhunderts begann der amerikanische Staatsbürger Herbert C. de Roth mit dem Sammeln von familiengeschichtlichen Unterlagen. In diesem Zusammenhang forschte er auch nach dem Ursprung seiner Namensfamilie, um eine väterliche Stammreihe zu erstellen und entfernte Verwandte mit dem Namen Roth aufzufinden. Jahrelange umfangreiche und aufwendige Ermittlungen in Archiven und Kirchenregistern in Österreich, Ungarn, Rumänien, Jugoslawien und in der Tschechoslowakei führten ihn damals schließlich nach Deutschland in den Kreis Limburg und in dessen Goldenen Grund, wo viele der sehr verbreiteten Namensträger Roth ihre Wurzeln haben.

Der Familienname Roth weist möglicherweise auf Rod an der Weil als Herkunftsort hin. So gab es bereits im 16. Jahrhundert in Camberg einen Schultheiß, der sich Thönges von Roth nannte. Von ihm stammten möglicherweise der 1607 in Haintchen erwähnte Ludwig von Roth ab sowie der ebenfalls im ersten Viertel des 17. Jahrhunderts im gleichen Ort bezeugte Daniel von Roth, der vielleicht der Vater des dortigen Schultheißen Johannes Roth war. Dieser Johannes Roth ist der Stammvater einer weit verzweigten Nachkommenschaft, zu der auch Herbert C. de Roth zählt. Letzterer konnte feststellen, dass seine väterlichen Vorfahren nach acht Generationen auf jenen zurückgehen. Über diese Vorfahren und ihr familiäres Umfeld enthält die von Herbert C. de Roth 1938 abgeschlossene Familiengeschichte Roth, zu der inzwischen einige neue Erkenntnisse vorliegen, interessante Begebenheiten fest.

Aus Hasselbach, das übrigens bis 1972 zum damaligen Kreis Limburg gehörte, stammte der bereits erwähnte Johannes Roth. Er war 1647 Schultheiß in Haintchen, wo seine Familie schon früher vorkommt. In einer Einwohnerliste der Kellerei Camberg von 1659 wird er mit seiner Ehefrau Anna Margaretha genannt sowie mit den Söhnen Johann Thönges (24 Jahre), Johann Wilhelm (22 Jahre) und Philipp (16 Jahre). Der jüngste Sohn übte von 1685 bis 1705 ebenfalls das Amt des Schultheißen in Haintchen aus.

Der 1637 geborene Johann Wilhelm Roth wurde Schultheiß in Hasselbach, wo er 1678 den Neubau seines Hauses vollendete. Es handelt sich um das heute noch vorhandene schmucke Fachwerkhaus in der Limburger Straße 17 (vormals Langgasse 1)

Stammhaus der Familie Roth in Hasselbach, Limburger Straße 17, von Wilhelm Roth 1678 errichtet.   *Fotos: Josef Jung*

mit einem reich verzierten fränkischen Erker, dessen Kartuschen lateinische und deutsche Inschriften sowie die Hausmarke Roth enthalten. Johann Wilhelm Roth heiratete die aus Oberbrechen stammende

Fränkischer Erker des Stammhauses der Familie Roth in Hasselbach. In den Kartuschen befinden sich lateinische und deutsche Inschriften.

Anna Maria Ursula Arthen, eine Tochter des Magisters Jakob Arthen (1594/95-1669). Dieser war Notar *aus kaiserlicher und päpstlicher Vollmacht* und kurtrierischer Schultheiß in Oberbrechen und Mensfelden. Johann Wilhelm Roth verstarb am 29. April 1690.

Ihm folgte sein 1674 geborener Sohn Adam als Schultheiß von Hasselbach nach. Von diesem ist das Emblem des Familienwappens ROTH auf einem Lacksiegelabdruck von 1723 überliefert (Hessisches Hauptstaatsarchiv Wiesbaden: 358 I 5, 2 Bl. 398 r). Ein weiterer Sohn, der ungefähr 1680 geborene Johann Simon Roth, verehelichte sich um 1702 mit der vermögenden Katharina Hoch, einer Tochter des Adam Hoch, aus Oberbrechen

Wappen der Familie Roth von 1723. Zeichnung: L. Högel, Münster

und ließ sich – wie auch sein Bruder Johann Emmerich – in diesem Ort nieder. Johann Simon Roth erwarb in Oberbrechen zu dem vom Großvater Jakob Arthen ererbten Grundbesitz weitere Liegenschaften. Als wohlhabender Landwirt übte er über 50 Jahre das Amt eines Gerichtsschöffen aus. Auch in Niederbrechen und Werschau erstand er im Laufe der Zeit umfangreiche Ländereien. Am 6. Mai 1760 starb er in Oberbrechen.

Von den zahlreichen Kindern des Johann Simon Roth – er hatte zehn Söhne und eine Tochter – übersiedelten die Söhne Heinrich, geboren 1726, und der am 13. September 1705 geborene Johann Jakob nach Niederbrechen. Dort lebte Johann Jakob Roth bis 5. Juli 1758. Er war verheiratet mit Anna Margareta Schmitt (1713 - 1766). Das Ehepaar wohnte in dem Haus Rathausstraße 19 (alte Bezeichnung: Mittelstraße 1), das der Großvater der Ehefrau Michael Alban, der Schultheiß in Niederbrechen war, 1680 erbaut hatte, wie die noch vorhandene Hausinschrift besagt. In dem Gebäude wurden am 26. April 1740 Johann Wilhelm und am 24. August 1751 Bartholomäus Roth geboren, von denen zahlreiche Nachkommen abstammen, sowie am 18. November 1745 auch deren Bruder Johann Simon Roth. Dieser verkaufte 1761 das ihm zustehende Erbteil an seinen Bruder Johann Wilhelm und verließ den Goldenen Grund für immer.

Nach der Familienüberlieferung schloss sich Johann Simon Roth um 1761 kaiserlichen Soldaten an, die in Limburg über ein Werbehaus verfügten. Diese *Kaiserliche Werbung* befand sich spätestens seit 1753 in dem Gebäude Brückengasse 2; 1802 wurde sie in das so genannte *Werner-Senger-Haus*, Rütsche 5, verlegt. Mit kaiserlichen Truppen, die in der Zeit des Siebenjährigen Krieges durch unsere Gegend gezogen sein sollen, gelangte er schließlich nach Österreich.

Von Johann Simon Roth wird berichtet, dass er in medizinischer Hinsicht talentiert war und deshalb im Laufe der Zeit das *Handwerk eines Chirurgen* erlernt hatte. In dieser Position gelang es ihm, einem *hohen Herrn* nach dessen erlittener Kriegsverletzung das Leben zu retten. Jener erwies sich sodann als Förderer für seine Fortbildung, die ihn einen *Feldscher-Physikus* werden ließ. Als solcher leistete er zumindest ab 1772 Sanitätsdienste in verschiedenen österreichischen Regimentern, avancierte vom *Regiments-Chirurgus* zum *Magistrats-Physikus* und war zuletzt seit 1788 bis 31. Oktober 1811 in Weisskirchen östlich von Belgrad in der Nähe der rumänischen Grenze stationiert. Hier verstarb er am 13. Mai 1815. Vor 1777 schloss er die Ehe mit Anna Schauer, einer am 19. Juli 1757 im damaligen Unter-Porumbach in Siebenbürgen (Rumänien) geborenen Tochter des Grundbesitzers Karl Schauer. Dessen Familie zählte zu jenen, die Anfang des 18. Jahrhunderts aus Sachsen kommend hierhin eingewandert waren.

Johann Simon Roth und seine Ehefrau Anna hatten neun Kinder, darunter den am 12. April 1784 in Czik-Szereda in Siebenbürgen geborenen Sohn Carl. Dieser hatte nach seiner Schulausbildung am 1. März 1797 die militärische Laufbahn eingeschlagen, und zwar zunächst als Fourier in einem Regiment, dem auch sein Vater angehörte. Mit diesem Regiment, das einem in Piemont stationierten österreichischen Korps zugeordnet war, zog Carl Roth I. in der Zeit der Koalitionskriege 1799 als Kadett gegen die Franzosen. Nach seiner Ernennung zum Fähnrich am 1. Juni 1800 tat er sich zum ersten Mal militärisch hervor. Bei der Belagerung von Genua verteidigte er erfolgreich einen von den Franzosen angegriffenen Engpass. 1809 erfolgte die Beförderung zum Unterleutnant. Sodann bewies er Mut und Tapferkeit bei der Erstürmung von Sandomier an der unteren Weichsel in Galizien. 1813 war es ihm mittels eines mit Brandmitteln versehenen Floßes gelungen, die hölzerne Elbebrücke bei Königstein in Sachsen zu zerstören, was das Vorrücken französischer Truppen nach Böhmen verhinderte. Bereits ein Jahr später fand seine Beförderung zum Kapitänleutnant statt. Sodann diente er insbesondere im Banat, einem früheren Bollwerk gegen die Türken im militärischen Grenzbereich zum damaligen Osmanischen Reich. Für seine Leistungen erhielt er hohe militärische Auszeichnungen.

Die weitere Karriere des Carl Roth I. erreichte ihren Höhepunkt am 31. Mai 1844 in der Ernennung zum Generalmajor der österreichischen Armee. Als solcher gehörte er – mit dienstlichem Wohnsitz in einem Landhaus in der Nähe von Belgrad – dem *Großen Generalstab* an. Bereits ein Jahr später erhob ihn König Ferdinand V. von Ungarn wegen seiner Verdienste in den erblichen ungarischen Adelsstand. Er nannte sich nun Carl von Roth. Im Zuge des blutigen ungarischen Freiheitskampfes von 1848/49 geriet er in Gefangenschaft der Aufständischen, wurde aber bald wieder freigelassen. Zum 20. Mai 1851 erfolgte seine Pensionierung nach fast 54-jähriger Dienstzeit, in der er an sieben Feldzügen des kaiserlich-österreichischen Militärs teilgenommen hatte.

Von Carl von Roth I. wird berichtet, dass er sprachlich sehr begabt war. So beherrschte er fließend Deutsch, Serbokroatisch und Rumänisch, sprach aber auch Französisch, Italienisch und Ungarisch. Ferner soll er über eine schnelle Auffassungsgabe sowie über gute Kenntnisse in Mathematik, Situationszeichnung, Geographie und Geschichte verfügt haben. Im

Ruhestand zog er sich mit seiner Familie nach Pressburg (heute Bratislava) zurück. Am 4. Juni 1864 starb er in Wien im 81. Lebensjahr. Er hinterließ seine Ehefrau Maria Martha Theresia, eine geborene Vincerotti von Weitenschlag, die aus Wien stammte und die er am 12. Februar 1817 im Dom von St. Pölten geheiratet hatte. Das Ehepaar hatte vier Töchter und einen Sohn, der am 10. Oktober 1818 in Wien zur Welt kam und wie sein Vater den Rufnamen Carl erhielt.

Carl von Roth II. trat – der Familientradition folgend – bereits am 1. November 1831 als Kadett in ein Banater Regiment ein, dem sein Vater damals als Major angehörte. Auch er erklomm in verschiedenen österreichischen Regimentern die militärische Stufenleiter und brachte es in seinem aktiven Dienst bis zum Oberst in einem Infanterie-Regiment mit der Bezeichnung *Adolf Herzog von Nassau*. In seiner 41-jährigen Dienstzeit war er zwischen 1848 und 1859 an drei Feldzügen in Italien beteiligt. In Österreich wurden nach dem gegen Preußen verlorenen Krieg von 1866 verschiedene Bereiche umgebildet. In diesem Zusammenhang erfolgte auch die Pensionierung zahlreicher Offiziere, insbesondere solcher von höherem militärischen Rang.

So ging auch Carl von Roth II., versehen mit hohen Auszeichnungen, zum 1. September 1866 in den Ruhestand. Im folgenden Jahr besuchte er die Weltausstellung in Paris und reiste weiter nach London. Am 12. November 1874 wurde ihm der Rang eines Generalmajors verliehen. Bald nach seiner Pensionierung kaufte er sich das Landgut Unter-Zellenitz im Neutraer Comitat. Dieses Gut lag am rechten Ufer der Waag, südlich von Lipotvar in der Slowakei. Hier verstarb er am 20. September 1879 im Alter von 61 Jahren. Am 16. Juni 1853 hatte er Emma Albina Rosa Machanek geheiratet, eine Tochter des wohlhabenden Eisen- und Geschmeide-handelkaufmanns Ignaz Carl Machanek aus Olmütz (heute Olomouc in Tschechien), der einer in Mähren alteingesessenen Familie entstammte.

Nach der Heirat unternahm das Ehepaar eine größere Reise, die auch nach Wiesbaden führte, wo es bei Herzog Adolf von Nassau, dem Inhaber des Regiments von Carl von Roth II., im Biebricher Schloss zu Gast war. Außerdem fand damals in Erinnerung an frühe verwandtschaftliche Verbindungen, von denen die Familie noch Kenntnis hatte, ein Besuch in Niederbrechen statt, das Carl´s Urgroßvater Johann Simon Roth vor rund 90 Jahren verlassen hatte.

Nach dem frühen Tod seiner Ehefrau am 13. Dezember 1857 heiratete Carl von Roth II. am 5. Oktober 1859 Georgia Gräfin Palffy. Ihr gemeinsamer Sohn, der am 5. Oktober 1862 geborene Wilhelm, ließ sich 1901 madjarisieren und nannte sich seitdem Szunyogh de Butedin. Die beiden Söhne aus der ersten Ehe des Carl von Roth II. hießen Carl und Adolf. Während der zweite Sohn als Professor und Fachinspektor für Niederösterreich im Staatsdienst seine Berufung fand, blieb der Erstgeborene der militärischen Tradition seiner Familie treu.

Carl von Roth III. wurde am 26. Juli 1854 in Kaschau (Slowakei) geboren. Wegen der erforderlichen Mobilität seines im Militärdienst stehenden Vaters und infolge des frühen Todes der Mutter verbrachte er seine Kindheit und Jugend zumeist bei den wohlhabenden Großeltern mütterlicherseits in Olmütz. Diese besaßen dort ein stattliches Haus mit einem weitläufigen Garten, in dem auch ein Schwimmbecken sowie ein im schweizer Stil errichtetes Gartenhaus vorhanden war. Der Junge erhielt zunächst Privatunterricht; später besuchte er Schulen in Olmütz und Budapest. Am 26. Juli 1871 trat er als

Unterpionier in die Kadettenschule in Hainburg an der Donau in Niederösterreich ein. Nach der zweijährigen Ausbildung diente er 27 Jahre lang in verschiedenen österreichisch-ungarischen Regimentern, ebenso auf dem damals recht unruhigen Balkan. Er war zuletzt über zwölf Jahre Rittmeister und verfügte über hervorragende Pferdekenntnisse. Hochdekoriert nahm er am 18. April 1901 seinen Abschied vom Militärdienst.

Carl von Roth III. war wie seine Vorväter ebenfalls ein Sprachgenie, was für ihn im Vielvölkerstaat Österreich-Ungarn von Nutzen war. An Fremdsprachen beherrschte er Englisch, Französisch, Italienisch, Ungarisch, Tschechisch sowie ein wenig Türkisch und Arabisch. Am 27. Januar 1891 heiratete er in Wien die am 30. September 1854 in Philadelphia geborene Amerikanerin Harriet Jones Tobey, die aus einer seit Mitte des 17. Jahrhunderts in der neuen Welt ansässigen Familie stammte. Das Paar lernte sich 1889 auf dem österreichischen Lloyddampfer *Semiramis* kennen. Carl von Roth III. befand sich damals auf der ersten seiner dienstlichen Seereisen in den Orient, und zwar von Triest aus über Konstantinopel (heute Istanbul) nach Beirut. Eigentliches Ziel seiner Reise war der Kauf von Stuten in Syrien und Arabien für die bosnisch-herzegowinische Pferdezuchtanstalt des österreichisch-ungarischen Militärs.

Das junge Ehepaar bezog eine Wohnung in Sarajevo, wo der Ehemann stationiert war. 1893 unternahmen beide eine dreimonatige Reise nach Amerika, um Verwandte und Bekannte der Ehefrau zu besuchen. Weitere dienstliche Reisen führten Carl von Roth III. wiederholt ins östliche Mittelmeergebiet nach Kleinasien, Syrien, Zypern, Palästina und Ägypten, wo er jeweils bei dortigen Diplomaten wohnte. In Jerusalem fand er stets Aufnahme bei einem Patriarchen. Dagegen genoss er in der Wüste bei einem Beduinenstamm das Gastrecht eines Scheichs, der ihn zum Ehrenscheich ernannte.

Nachdem Carl von Roth III. im Jahre 1901 seinen Abschied vom Militärdienst genommen hatte, lebte der Reisefreudige mit seiner Familie insbesondere in Florenz, zeitweise aber auch in Tirol, in der Schweiz, in Süditalien und an der Riviera. Carl von Roth III. verstarb am 8. Januar 1920 in Ascona am Lago Maggiore in der italienischen Schweiz. Seine Ehefrau war bereits am 24. November 1916 in Philadelphia gestorben.

Der Sohn dieser Eheleute war Herbert Carl von Roth, der am 9. Februar 1892 in Florenz geboren wurde. Er hatte später das Adelsprädikat seines Familiennamens französisiert und nannte sich seitdem Herbert C. de Roth. Nach seinem 1911 in Göttingen abgelegten Abitur reiste er mit seiner Mutter in die Vereinigten Staaten, wo er blieb und die Staatsbürgerschaft erwarb. In Amerika stand ihm eine berufliche Karriere bevor. Es

Herbert C. de Roth.
Foto: privat

gelang ihm, in der dortigen Finanzwelt in eine hervorragende Position aufzusteigen. Er beherrschte mehrere Sprachen, verfügte über ein weltmännisches Auftreten und pflegte in zahlreichen Ländern, die er oft bereist hatte, gute und zum Teil freundschaftliche Kontakte zu hohen Persönlichkeiten in Politik und Wirtschaft.

Herbert C. de Roth war verheiratet mit

einer Ägypterin namens Lydia. Er wohnte in New York, wo sich in der Wall Street seine Kanzlei befand. Seit 1948 gehörte er dem dortigen prominenten *Knickerbocker Club* an, dessen Domizil in der Fifth Avenue noch heute besteht.

Offensichtlich hatte sich in seiner Familie die Erinnerung an Niederbrechen als den Herkunftsort des Auswanderers Johann Simon Roth weiterhin aufrechterhalten. Bereits 1926 reiste Herbert C. de Roth dorthin, um Familienforschung zu betreiben. Entsprechend seinem Wunsch lernte er hier auch weitläufige Verwandte kennen, mit denen er sich sofort verbunden fühlte. Für den vornehmen und auf internationalem Parkett gewandten Amerikaner Herbert C. de Roth mit seinem ausgeprägten familiengeschichtlichen Interesse war es ein aufrichtiges Anliegen, in Erinnerung an die Verwurzelung seiner frühen väterlichen Vorfahren im Goldenen Grund jahrzehntelange persönliche Beziehungen dorthin zu pflegen. 1965 kam er letztmals zu Besuch in den Ort, den sein Vorfahre vor mehr als 200 Jahren verlassen

hatte. Noch bis kurz vor seinem Tod am 25. Mai 1972 führte Herbert C. de Roth einen regen Briefwechsel mit *Verwandten* in Niederbrechen und Lindenholzhausen.

Literatur:

Eichhorn, Egon, Wappen Oberbrecher Familien; in: Hellmuth Gensicke und Egon Eichhorn, Geschichte von Oberbrechen. Brechen-Oberbrechen 1975.

Fuchs, Johann-Georg, Limburger Altstadtbauten. Limburg 2000.

Kaethner, Rudi H. und Martha , Weilrod. Die Geschichte von dreizehn Taunusdörfern. Weilrod 1987.

von Roth, Herbert C., Geschichte der Familie von Roth. London 1938.

Wolf, Rudolf, Familiengeschichtliche Quellen von Oberbrechen. Hünstetten 1974.

Zur Geschichte der ältesten Oberbrecher Familien. In: Hellmuth Gensicke und Egon Eichhorn, Geschichte von Oberbrechen. Brechen-Oberbrechen 1975.

Magister Jakob(us) Arthen(ius) 1594/95-1669. Hünstetten 1982.

Zur Familiengeschichte von Haintchen im 17. und 18. Jh. In: Eugen Caspary und Norbert Zabel, 600 Jahre Haintchen. Selters-Haintchen 1988.

WER WAR EIGENTLICH:

KARMELITER PATER
BRUNO A SANTA CUNEGUNDE

VON ISABELLA FRENSCH

Am 23. Mai 1649 wurde Pater Bruno a Sancta Cunegunde (Cunigunda) als Theodor Verhagen mit bürgerlichem Namen in Geldern geboren. Zu dieser Zeit war Geldern nicht nur eine preußische Garnisons- und Festungsstadt, sondern auch Hauptstadt der westlichen preußischen Provinz an der Maas, zu der neben dem mittelalterlichen Amt Geldern mit Kevelaer und Wetten im Norden auch die niederländischen Gebiete um Venlo und Venray sowie Staelen, Wachtendonk und Viersen gehörten. Der genaue Zeitpunkt seines Eintrittes in den Karmeliterorden ist nicht bekannt. Im Alter von 20 Jahren legte Pater Bruno a Sancta Cunegunde am 4. März 1669 seine Profess ab.[1] Daher kann davon ausgegangen werden, dass er bereits seit zwei bis drei Jahren dem Orden angehörte, vermutlich im Karmeliterkloster zu Geldern.

Die Karmeliter kamen ihrer Klosterchronik zufolge «auf Betreiben des in Geldern gebürtigen Karmeliter Sibertus de Beka – zu Beginn des 14. Jahrhunderts nach Geldern» und erhielten zur Sicherung ihres Lebensunterhaltes jährliche Einkünfte durch den Grafen, Spenden und fromme Stiftungen seitens der Bevölkerung. Durch die Verehrung der Reliquien der Märtyrer Galenus und Valenus wurden Kirche und Kloster zum besonderen Anziehungspunkt. 1578 konnten die Reformierten Fuß fassen, und unter dem Druck der niederländischen Truppen, die Geldern besetzten, wurden die letzten fünf verbliebenen Karmeliter 1580 vertrieben. Sie kehrten 1587 mit den Spaniern zurück.[2]

Die Ordensgemeinschaft der Karmeliter führt ihren Namen auf den Berg Karmel – an der Nordspitze des 20 Kilometer langen und 552 Meter hohen Gebirgszuges in Israel gelegen – zurück, wo im 12. Jahrhundert um Berthold von Kalabrien eine Eremitengruppe lebte. Ihre verpflichtende Regel wurde von Papst Honorius III. (1226) bestätigt. Wegen der Sarazenengefahr kehrten viele Mönche nach Europa zurück. Unter Simon Stock wandelte sich die Gemeinschaft in einen Bettelorden. Mit der Erneuerung im 16. Jahrhundert durch Teresa von Avila und Johannes vom Kreuz – vom Papst 1562 genehmigt – entstand ein unabhängiger Zweig des Ordens, die *Unbeschuhten Karmeliter*, der einzige Orden mit männlichem Zweig, der von einer Frau gegründet wurde.

Pater Bruno a S. Cunegunde wurde 23-jährig am 11. Juni 1672 in Köln zum Diakon geweiht.[3] Es ist davon auszugehen, dass er – wie es damals in Köln üblich war – ein höheres Studium in Theologie und Philosophie absolviert hat (Lektorenausbildungsstätte).[4] 1673 folgte die Priesterweihe[5] an einem nicht bekannten Weiheort. Für die folgenden sieben Jahre seines Lebens fehlen nähere Angaben. Erst 1680 findet sich sein Name in Hirschhorn am Neckar wieder, wo er als Beichtvater und Prediger mit sechs weiteren Patres und drei Fratres in dem noch heute erhaltenen Kloster lebte.[6] Gemeinsam betreuten die Patres auch drei Pfarreien, was sehr ungewöhnlich für diese Zeit war, ebenso den Unterhalt einer Schule im Kloster. Alle dort lebenden Patres wurden später in andere Klöster gesendet, um dort für *frischen Wind* zu sorgen.[7]

Die von Pfarrer F. Blaesinger angefangene und fortgeführte Heßlocher Chronik hält fest: *1685 kamen nach dem Abgang von Johann Kunz die Karmeliter wieder in Besitz der Pfarrei. P. Bruno war der erste Karmeliterpfarrer. Er war hier bis 1685*.[8] Der lutherische Pfarrer von Heßloch war zuvor trotz Widerstandes seitens Kurpfalz abgesetzt und vertrieben worden, so dass Heßloch wieder katholisch wurde.[9] *Im Taufbuch der Hesslocher Pfarrei, das vom Pfarrer P. Francisco angelegt wurde, ist auf Seite 11 zu lesen, dass Pater Bruno im Jahre 1686 vier und im Jahre 1687 drei Taufen gehalten hat.*[10]

Wenige Jahre später, 1689, taucht sein Name wieder auf. Pater Bruno soll sich in Beilstein an der Mosel und in Frankfurt am Main aufgehalten haben.[11] In dieser Zeit entstand in Beilstein das *neue Kloster*, welches man heute noch besichtigen kann. 1695 findet sich der Karmeliterpater Bruno a Sancta Cunegunde allerdings in der Gottesdienstordnung für laufende Gottesdienstverpflichtungen in Frankfurt am Main wieder.[12] Sehr wahrscheinlich befand sich Pater Bruno bis zu seinem *Termin* (so wurden die Versetzungen in die Gemeinden genannt) in Probbach noch im Frankfurter Kloster. Zu dieser Zeit gab es nur zwei Gründe, warum ein Pater sein Kloster verlassen durfte. Entweder er war kein *Reformer* oder er musste seinen Eltern den Lebensabend finanzieren, wenn er aus ärmlichen Familienverhältnissen stammte. Da Ersteres auszuschließen war, war der zweite Grund für Pater Bruno nahe liegend.

In den Jahren 1697 bzw. 1699[13] kam Pater Bruno a S. Cunegunde nach Probbach, um hier bis zu seinem Tode am 28. Dezember 1709 zu wirken und die Kinder des Dorfes in der ersten Schule vor Ort zu unterrichten. *«Weite Schulwege und tiefverschneite Pfade machten aber auch im Winter den Schulweg illusorisch, so dass praktisch die Kinder fast ohne Unterricht bleiben. Eine spürbare Verbesserung*

trat ein, als 1699 ein Frankfurter Karmeliter, Pater Bruno, in Probbach seinen Wohnsitz nahm. Er nahm sich der verwahrlosten Jugend an und hielt auch Gottesdienst. Sein Tod setzte 1710 reichgesegneter Tätigkeit ein Ziel. Die dankbare Gemeinde bereitete ihm in der Kapelle eine würdige Ruhestätte».*[14] Nach langer Krankheit verstarb der Karmeliterpater im Alter von 59 Jahren: *«Am 28. Dezember verschied im Herren der bewundernswürdige, ehrenwürdige Pater Bruno, Karmeliter aus dem Kloster der heiligen Kunegunde in Frankfurt und wurde am Feste des heiligen Silvester in der Kapelle von Probbach von mir, dem jetzigen Seelsorger, bestattet. Er hatte in Probbach als dortiger Missionar bei andauernder Gebrechlichkeit 12 Jahre seinen Daueraufenthalt».*[15]

Nach mündlicher Überlieferung soll Pater Bruno a S. Cunegunde aufgrund einer Anfrage durch Elisabetha Diehl nach Probbach gekommen sein, die eine Bettellizenz für den damaligen Kapellenbau besessen sowie das Vikariehaus mit Land zur Verfügung gestellt haben soll, was allerdings nicht nachzuweisen ist. Selbst die Stifterin Elisabetha Diehl kennt nur eine mündliche Überlieferung. Ebenso unhaltbar ist die Aussage, die in der Gemeinde tradiert wird, dass es sich bei der umgebetteten Person aus der alten, inzwischen abgerissenen Kapelle um Elisabetha Diehl handeln könnte.

[1] Bamberg, Archiv der Karmeliter, Personalakte der Karmeliter. Frdl. Mitteilung von P. Matthäus Hösler, O.Carm. vom 12.5.2003.

[2] Raczek, Clemens, O.Carm., Das Karmeliterkloster zu Geldern. In: Karmel Stimmen 10. 1976, S. 295-298.

[3] Köln, Historisches Archiv des Erzbistums Köln. Frdl. Mitteilung von Rektor Meyer vom 4.6.2003.

[4] Mesters, Gondulf, O.Carm., Die Rheinische Karmeliterprovinz während der Gegenreformation (1600-1660). (= Quellen und Abhandlungen zur mittelrheinischen Kirchengeschichte 4) 1985.

[5] Bamberg, Archiv der Karmeliter, Personalakte der Karmeliter. Frdl. Mitteilung von P. Matthäus Hösler, O.Carm. vom 12.5.2003

[6] Raczek, Clemens, O.Carm., Status der Niederdeutschen Provinzen der Karmeliter 1686. In: Archiv für mittelrheinische Kirchengeschichte 37. 1985, S. 225-252, hier S. 247.

[7] Frdl. Hinweis von Dr. med. Ulrich Spiegelberg, Hirschhorn.

[8] Frdl. Mitteilung von Clemens Raczek, Mainz vom 17.12.2003, nach DDMz PfA Heßloch «Heßlocher Chornik».

[9] Festschrift zur 1200-Jahr-Feier der Gemeinde Dittelsheim-Heßloch. 1974, S. 27.

[10] Frdl. Mitteilung von Clemens Raczek, Mainz vom 17,12,2003, nach DDMz Best. 52, Nr. Heßloch 1.

[11] Bamberg, Archiv der Karmeliter, Personalakte der Karmeliter. Konventbuch Beilstein S. 236. Frdl. Mitteilung von P. Matthäus Hösler 12.5.2003.

[12] Frankfurt a. M., Institut für Stadtgeschichte, Frdl. Mitteilung durch Dr. Roman Fischer vom 18.06.2003

[13] 1697 errechnet nach den Angaben der Mengerskirchener Pfarrchronik; 1699 nach der Dillhäuser Chronik.

[14] Hörpel, Leonard, Dillhäuser Chronik. Frankfurt am Main. 1930. Ndr. 1980, S. 27.

[15] Mengerskirchen, Kath. Pfarramt, Pfarrchronik Bd. 3 (1709-1728).

CARL WEYGANDT – STAFFELER PFARRER UND GESCHÄTZTER BIENENEXPERTE

VON WILMA RÜCKER

Der Autor Waldemar Bonsels hat 1912 seine heute noch beliebten, begehrten und kindgerechten Bücher über das *Himmelsvolk* und *Biene Maja* mit ihren quirligen Artgenossen verfasst. Verfilmungen und dazu passende Liedtexte erfreuten in den 70er Jahren große und kleine Kinder. Zahlreiche Bilderbuchautoren widmeten sich ebenfalls den kleinen Lebewesen. Gut 50 Jahre vor Drucklegung von Waldemar Bonsels Büchern befasste sich bereits ein interessierter und überaus motivierter Pfarrer unserer Gegend mit dem illustren *Himmelsvölkchen*, den fleißigen Bienen.

Als rechtschaffener und engagierter Gottesmann, ausgestattet mit viel Liebe zu den kleinen und nützlichen Kreaturen unter Gottes freiem Himmel, hat Carl Theodor Weygandt, evangelischer Pfarrer im Hauptberuf, der fachlich interessierten Nachwelt ein heute noch gesuchtes und geschätztes Bienenbuch, nicht nur für Imker gedacht, hinterlassen.

Carl Theodor Weygandt, am 1. November 1843 in Patersberg, unweit von St. Goarshausen im Rheingau, geboren, Schüler an den Gymnasien Wiesbaden und Weilburg, studierte in Tübingen, Erlangen, Bonn und Herborn evangelische Theologie. Seit 1866 war er Pfarrvikar in Cleeberg, seit 1872 Pfarrer in Eschbach und ab 1885 in Flacht. Zum 1. Oktober 1901 wurde ihm die Pfarrstelle in Staffel übertragen, die er bis zu seinem wohlverdienten Ruhestand innehatte. 1921, nach 54-jähriger Tätigkeit im Dienste der Kirche, gab er die Gemeindearbeit an seinen Sohn Gustav Weygandt weiter, nachdem ihn das traurige Schicksal des Verlustes zweier Söhne im Ersten Weltkrieg getroffen hatte.

Einigen alten Staffelern ist er noch in guter Erinnerung, nicht nur wegen seiner seelsorgerischen Arbeit, sondern ganz besonders durch sein Hobby, die Bienenzucht. Der vielseitige Pfarrer hat aber auch in seiner Amtszeit erstaunlich viel geleistet. Dank seiner Initiative wurde die heute noch bestehende Frauenhilfe gegründet, eine Schwesternstation eingerichtet und die Kirche gründlich renoviert. Über seine ihm anvertrauten Staffeler *Schäfchen* bemerkte er in der Staffeler Kirchenchronik (1902, S. 62): «*Hier besteht weiter die Sitte, dass viele Männer sich sonntags werktags-*

Imkerlehrgang am 30. September 1898 bei Pfarrer Carl Weygandt (Mitte) im Flachter Pfarrgarten (Gemeinde Flacht, Bgm. Ohl/Archivar Kuhmann, genehmigt Juni 2005).

mäßig kleiden. Viele sind den Sonntags-röcken ganz entwachsen. Die Schuljugend fand ich verroht, selbst unter den Augen ihrer Lehrer spielten sie in rüdester weise, sich schlagend und werfend. Die Kinder sind von Haus aus auch wenig unterrichtet und verzogen. Religiöse Dinge sind ihnen böhmische Dörfer.»

Carl Weygandt, der Bienenliebhaber, schreibt in seinem heute noch geschätzten Buch «*Der Umgang mit den Bienen*», das nach langjährigen Forschungen 1905 im Selbstverlag erschien, dass er kein Neu-ling auf dem Gebiet der Bienenzucht sei. Seit circa 1855 arbeitete er an und mit Bienenvölkern. Über 100 Völker hatte er in dieser langen Zeit betreut, beobachtet, gefördert und deren Verhalten akribisch notiert. Er leitete eine bienenwirtschaft-liche Versuchsstation schon während seiner Amtszeit in Flacht, später in Staffel, mit jährlich stattfindenden Zuchtkursen. Durch seine vielen vergleichenden Unter-suchungen, welche er auf seiner Ver-suchsstation vornahm, profitierten nicht nur besagtes *Himmelsvolk*, die Bienen.

Durch seine Imkerreisen im In- und Aus-land, er besuchte regelmäßig Bienenstän-de berühmter Imker- und Bienenmeister, und durch seine guten Kontakte hatte er sich ein reichhaltiges Fachwissen ange-eignet. Heute noch werden seine Lehren in einschlägigen Fachzeitungen veröffent-licht. Auch als Mitbegründer der Zeitschrift «*Die Imkerschule*» und Verfasser von fach-lichen Beiträgen zur Förderung der Bienenzucht in mehreren Fachzeitschrif-ten wurde er nicht nur im heimischen Raum bekannt. Als Ehrenmitglied im Nassaui-schen Bienenzuchtverein, Ehrenmitglied der Associazone centrale d'incorraggia-mento per l'apicultura in Italia, des Hannoverschen Zentralvereins, der Ver-eine von Braunschweig und Bromberg erfuhr er große Beachtung auf seinem naturwissenschaftlichen Spezialgebiet.

In seinem Buch bringt Weygandt in den Artikeln: «*Sind die Bienen Bestien?*» oder «*Stechen die Bienen auch den Menschen in der freien Natur*» dem Nichtbienenzüchter das richtige Gespür für seine Schützlinge bei. Bienenstichbehandlungen, Unfälle im

Zuchtbetrieb, Beobachtung der Korb- und Kastenvölker, Geruch- und Tastsinn, das Verhalten von fremden oder eigenen Arbeitsbienen, den Umgang mit der Königin, über drohnenbrütige Völker, Schwarmverhalten, die richtige Imkerkleidung, Pfeifen und Schmoker und seinen talentierten Umgang mit den Bienen beschreibt er mit großem Sachverstand. Neuentwürfe für Bienenkörbe (so verwahrt das Stadtarchiv Limburg noch einen Original-Bienenkorb von ihm) und den Transport, Mobilbaubetriebe, Rähmchengrößen, Honigräume, Stapelaufstellung, die vielseitigen Arbeiten an den Bienenvölkern, Behandlung der Waben, Königinzucht, Brutkissen, Verengung der Bruträume, Einwinterung und vieles andere erforschte und beobachtete Weygandt. Sogar für den Imker im fortgeschrittenen Alter fand er noch eine Lösung: «*Und nun auf der allerhöchsten Stufe des Greisenalters*

Der Weygandtsche Bienenkorb (Stadtarchiv Limburg). Pfarrer Weygandt beim Abtrommeln der Bienenkörbe (Umgang mit Bienen, S. 76).

angelangt, ans Zimmer gebannt, muss der Mann, der ohne Bienen, der ohne den Blick in die Welt der Wunder Gottes sich nicht glücklich fühlen konnte, auf den Hochgenuss verzichten, im Umgang mit den Bienen das Leid des Lebens auf Stunden zu vergessen?» (Umgang mit Bienen, S. 103).
Für solche Fälle empfahl Weygandt die vom Edlen von Berlepsch eingeführte Aufstellung der Bienenvölker in Pavillons, praktisch gedacht für den näheren Wohnort des Imkers. Im Nachwort seines lehrreichen Buches über den «*Umgang mit den Bienen*» schreibt Carl Weygandt: «*Alle Aufgaben sind bei den veranschaulichten Hauptregeln des Umgangs mit den Bienen lösbar. Ich hoffe auch, Gelegenheit zu finden, meine teils von Bienenzüchtern, teils von den Bienen, meinen eigentlichen Lehrmeistern, gelernte Betriebsweise in ihrem vollen Umfange und im einzelnen zu beschreiben*».

Pfarrer Carl Weygandt, von den Staffelern zeit seines Lebens sehr verehrt, starb am 14. März 1928 im 85. Lebensjahr. Der Grabstein des Familiengrabes ist heute noch auf dem alten Staffeler Friedhof trotz Neugestaltung am Bestattungsplatz erhalten. Der geistliche Beruf blieb mit der Familie verbunden. Der Sohn Gustav Weygandt war ebenfalls Pfarrer in Staffel. Von 1921 bis 1951 hat er fast alle Bewohner des Dorfes getauft, konfirmiert, getraut oder beerdigt. Dessen Sohn Theo Weygandt, ebenfalls Pfarrer, war lange Zeit Militärpfarrer am Diezer Standort. Manchmal predigte er in der Diezer Stiftskirche. Der Autorin des Artikels sind seine spontanen, ohne jedes Manuskript verfassten, direkten und manchmal etwas unbequemen Predigten noch in guter Erinnerung. Er starb am 8. Juni 1992. Seine letzte Ruhestätte findet man auf dem Friedhof in Birlenbach.

DER AUSWANDERER JOHANN GROß

VON LYDIA AUMÜLLER

David Groß aus San Francisco ist ein Nachkomme des 1847 ausgewanderten Johann Groß und hat bereits seit 1997 dreimal mit seiner Frau Patti die Geburtsstätte seines Vorfahren in Villmar aufgesucht. Sie waren begeistert von dem Land ihrer Ahnen, dem schönen Lahntal. Interessante Dokumente aus dem 17. bis 19. Jahrhundert, die im Diözesanarchiv Limburg, im Landeshauptarchiv Koblenz (LHKo) und im Hessischen Staatsarchiv Wiesbaden verwahrt werden, gewähren Einblick in die Familiengeschichte.

Die Wurzeln des Auswanderers Johann Groß (*1822) lagen laut Kirchenbucheintrag in Eschhofen, denn der Vorfahre Philipp Groß (*um 1660) heiratete 1694

Der Villmarer Johann Groß um 1890 in Milwaukee.

Anna Brühl (*1657) aus Arfurt und nahm fortan dort seinen Wohnsitz. Wie aus den Akten des LHKo ersichtlich ist, besaß Philipp Groß im Jahre 1702 ein eigenes Haus, ein Pferd, hatte drei Kinder, war schuldenfrei und bewirtschaftete einen halben kurfürstlichen Hof. Er lebte also in guten Vermögensverhältnissen. 1697 wurde Sohn Heinrich geboren († 1769), der 1722 Anna Eva Dornuff (*1704, † 1779) ehelichte und 1730 als Bürgermeister von Arfurt die Urkunde zum Bau der neuen Villmarer Pfarrkirche (1746/49) unterschrieb und zudem 1745 als Sendschöffe fungierte. Aus dieser Ehe entstammte auch

noch ein 1727 geborener Sohn gleichen Namens.

Heinrich Groß (*1727, † 1790) vermählte sich 1755 mit Anna Maria Caspari (*1733, † 1790) aus Villmar, die ihm 1765 den Sohn Anton gebar. Dieser Anton nahm 1794 die Tochter des Traisfurter Hofpächters Anna Maria Löw zur Frau und lebte mit seiner Familie auf dem Vogteihof, *Beckert* genannt, wo 1796 Sohn Matthias geboren wurde. Offiziell war Anton Groß auf dem Gut von 1805 bis 1810 als Kurator tätig, legte nach Familienstreitigkeiten sein Amt nieder und zog sich in sein Haus mit Nebengebäuden in der Hintergasse im Villmarer Flecken zurück, wo er weiterhin Landwirtschaft betrieb und im Jahre 1826 verstarb.

Matthias Groß heiratete 1821 Katharina Brahm (* 1803) und betrieb ebenfalls Landwirtschaft. Er wurde am 16. Juli 1822 beim Öffnen des Scheunentores von dem dahinter befindlichen, eingespannten Pferd mit Wagen erfasst, überrollt und tödlich verletzt. Matthias Groß hinterließ seine Frau und den am 8. April 1822 geborenen, drei Monate alten Sohn Johann. Als alleiniger Erbe erhielt dieser nach dem Tode seiner Großeltern Anton und Anna Maria Groß ein beträchtliches Vermögen. Laut Testament bekam er als Vierjähriger ein Haus mit Scheune und Stall in der Hintergasse (heute Schweizergasse) sowie Äcker im Gesamtwert von 825 Gulden. Zweieinhalb Jahre später heiratete seine verwitwete Mutter Katharina Groß am 2. Januar 1825 den ledigen Bauer Adam Caspari IV. In dieser Ehe schenkte sie weiteren sechs Kindern das Leben. Fortan lebte Johann Groß mit seiner Mutter, dem

Stiefvater Adam, den Halbgeschwistern Jakob, Anna, Maria, Regina, Adam und Josef in guter häuslicher Gemeinschaft und erlernte den Beruf eines Schneiders.

Dennoch wagte Johann Groß 1847 als erster der Sippe den Sprung über den großen Teich von Villmar nach Milwaukee. Möglicherweise war er mit 25 Jahren unter den damaligen Revolutionären, die eine Flucht ins Ausland einer eventuellen Verhaftung vorzogen. Am 9. September 1847 kam er von Bremen kommend per Schiff in Milwaukee an und landete in der Huron Street. Im Juni 1851 folgten seine Mutter Katharina Caspari mit dem Stiefvater Adam und den Halbgeschwistern, zu denen er bis zu seinem Tode in den USA ein gutes Verhältnis hatte. Sein in Villmar geborener Halbbruder Jakob Caspari (*1826) lebte später als großer Farmer in Milwaukee und hieß ihn zu jeder Zeit gastlich willkommen.

Der Halbbruder Jakob Caspari
(* 1826 in Villmar, † 1898 in Milwaukee)
mit Ehefrau Anna Maria
(* 1828, † 1903 in Milwaukee)
und den Söhnen um 1890.

Kurze Zeit nach seiner Ankunft in Nordamerika lernte Johann Groß die aus Winden im Taunus stammende Katharina Brah (*1832) kennen und lieben. Sie war um 1845 ebenfalls mit ihren Eltern, Matthias Brah und Elisabeth geb. Schwank,

sowie mehreren Geschwistern nach Amerika ausgewandert. In New York gelandet, hatten sie die Absicht, nach Texas zu ziehen, aber ein deutsch sprechender Landverkäufer überzeugte sie, dass Milwaukee ein besserer Platz zum Leben sei. Das erste Dach der Neuankömmlinge war ein Zelt. Nötiges Wasser musste aus der Erde gepumpt werden. Vater Matthias Brah, von Beruf Wagner, kaufte für 230 Dollar ein 50 mal 100 Fuß (15 mal 30 Meter) großes Grundstück und eröffnete einen Wagnerhandel, der florierte, als er 1868 verstarb. Seine Tochter Katharina Brah war Mitglied der *Deutschen Frauen-Gesellschaft* der St. Peter-Kirche, welche auf der nördlichen Seite der Martinsstraße stand und in der alle Einwanderer, Franzosen, Iren, Deutsche, Inder, Gottesdienst hielten. Johann Groß und die 18-jährige Katharina Brah heirateten am 30. Juli 1850 in der Old Mary's Kirche in Milwaukee. Die Trauung nahm Reverend Dr. Salzmann vor, der spätere Pfarrer und Gründer des St. Francis (Priester-)Seminars in Milwaukee. Als Schneider eröffnete Johann Groß zunächst ein Geschäft in der Johnson Street. Im April 1853 nahm er John Noll als Partner in seine Firma auf. Die Firma *Noll & Gross* galt als eine sehr moderne Schneiderei. Das Geschäft lag östlich des Milwaukee Rivers, der damals noch ein sauberer Fluss war, in dem die Frauen die Kleider wuschen und die Kinder schwimmen konnten. Das Kellergeschoss unter der Schneiderei konnte für vielfältige Zwecke vermietet werden. Als die Söhne der Familie Groß zu jungen Männern herangewachsen waren, arbeiteten sie als moderne Vorzeigemodels in der Stadt. Wenn enge Hosen in Mode waren, mussten sie sich gegenseitig helfen, um in die schnittigen Stücke zu gelangen. Stolz spazierte Vater Johann Groß mit einem Stock mit einem goldenen Knauf durch die Stadt. Seine Kleidung war schwarz und elegant geschnitten. Dazu trug er einen Seidenzylinder nach der Sitte für Schneider zu dieser Zeit, was aber auch gleichzeitig eine Art Werbung für seine Firma war. Er war geschickt im Reimen und Dichten in seiner Muttersprache Deutsch. So annoncierte die Firma *Noll & Gross* in den deutschen Zeitungen in Versen mit einem Schuss Humor, nach dem die Menschen in dieser Zeit suchten. «*Bei Noll und Gross ist der Teufel los*», lautete es bei Sonderverkäufen, woran sich viele lange erinnern konnten. Am 16. Oktober 1864 trennte sich Groß von seinem Partner Noll und betrieb die Schneiderei fortan allein. Später gab es für sechs Söhne und eine Tochter der Großfamilie nicht genügend Arbeit in der Schneiderei, so dass sich einige eine andere Arbeit suchen mussten. Schmerzhaft war der Tod seiner geliebten Frau Katharina, die nach 28-jähriger Ehe im März 1878 in Milwaukee verstarb und in einem Familiengrab ruht.

Um 1884 kamen kleine Segelboote mit zusammengeschnürtem Holz vom Michigan-See her, die Johann Groß auf die Idee brachten, ins Brennstoffgeschäft einzusteigen. Es würde Beschäftigung für seine Söhne bringen. Im Mai 1884 wurde auf Deutsch inseriert: «*Johann Gross und Söhne, Kohle- und Holzhandel*». Das Geschäft florierte so, dass er 1893 seine Schneiderei aufgab. Die neue Firma konnte sich gewaltig vergrößern. Zum Geschäftsareal gehörten der ganze Block und der Südteil der Canal Street. Auch die Arbeitsweise änderte sich mit den Jahren. Zuerst wurden die Boote, welche Kohlen über die großen Seen von Pennsylvania brachten, mit Schaufeln entladen und der Brennstoff mit einem Pferdewagen weitertransportiert. Später waren eiserne Kübel und Dampfmaschinen erforderlich. Die Boote und die Maschinen wurden größer und moderner. Am 7. Februar 1898 ging der Lebensweg des Villmarers Johann Groß zu Ende, der zeit seines Lebens sehr beliebt war. Er blieb ein Vorbild für alle Nachkommen der Groß-Sippe in Milwaukee, so auch für den Urenkel David Groß.

Die Familie des Ahnenforschers David Groß in San Francisco 2004, Patti und David Groß (rechts) mit Kindern und Enkeln. 2002.

Buderus: System-Hersteller und Komplett-Anbieter

**Buderus bietet dem Fachhandwerk ein komplettes Produktprogramm
für die Errichtung von Heizungsanlagen:**

Niedertemperaturheizkessel: für Öl und Gas von 5 kW bis 19,2 MW. **Brennwertheizkessel:** für Gas im Leistungsbereich von 5 kW bis 19,2 MW. **Festbrennstoffheizkessel:** für Holz von 14,8 bis 52 kW. **Elektronische Regelsysteme:** für alle heiztechnischen Anforderungen von Etagen-wohnungen über Ein- und Mehrfamilienhäusern bis hin zu komplexen Heizungsanlagen mit übergeordneter Gebäudeleittechnik. **Speicher-Wassererwärmer:** integrierte, wandhängende, untergesetzte, nebenstehende und zusammengeschaltete Speicher von 70 bis 6000 Liter Inhalt. **Heizkörper:** Flachheizkörper, Gliederradiatoren, Handtuch-Radiatoren und Raumwärmer. **Handelsprogramm/Heizungszubehör:** für den heiztechnischen Bedarf: Rohre, Fittings, Arma-turen, Pumpen, Aggregate, Wärmeerzeuger, Behälter usw. **Solaranlagen:** Flach- und Röhren-kollektoren, Regel- und Kontrollsysteme, Solar-Speicher. **Kamin- und Kachelofen-Heizeinsätze:** für Gas, Öl und Festbrennstoffe von 7 bis 14,5 kW. **Kaminöfen:** für Holz von 7 bis 8 kW. **Blockheizkraftwerkmodule:** für Erdgas in fünf Leistungsgrößen von 18 bis 230 kW elektr. Leistung und entsprechend 34 bis 358 kW therm. Leistung.

232

LUDWIG VÖLPEL,
LEHRER ZU EDELSBERG (1856 - 1889)

VON ULRICH FINGER

Als am 17. Mai 1907 eine große Gemeinde auf dem Friedhof von Weilmünster zu einer Beerdigung zusammen kam, nahm man Abschied von Ludwig Völpel, Lehrer a. D., der vier Tage zuvor im 84. Lebensjahr verstorben war. Das Weilburger Tageblatt widmete dem Verstorbenen einen ausführlichen Nachruf:

«*Heute wurde der Lehrer a. D. Ludwig Völpel dahier zur letzten Ruhe bestattet. Ein großer Leichenzug von Lehrern und Geistlichen unseres Fleckens, wie auch der Gemeinden, in denen der Verblichene als Lehrer gewirkt hat, gab ihm das letzte Geleite. Mit dem Verstorbenen ist wohl einer der ältesten nassauischen Lehrerveteranen dahingegangen. Geboren 1823 zu Weilmünster, besuchte er das Idsteiner Seminar von 1839 bis 1842. Der Beginn seiner Lehrerlaufbahn reichte also noch in das letzte Dezennium der ersten Hälfte des vorigen Jahrhunderts hinein, und Völpel verkörperte somit ein langes und wichtiges Kapitel nassauischer Schulgeschichte.*
Seine erste Anstellung fand der Verstorbene 1842 in der kleinen Gemeinde Espa mit 150 Gulden Gehalt, 1846 kam er auf seinen Wunsch nach Niederseelbach, 1849 nach Wiesbaden, 1856 gesundheitshalber nach Edelsberg bei Weilburg, wo er allein 33 Jahre amtierte und am 1. Mai 1889 in den wohlverdienten Ruhestand trat, den er 18 Jahre genießen sollte.
Völpel war eine harmonisch ausgebildete Lehrerpersönlichkeit, wie sie selten vorkommen werden. Eine imponierende äußere Erscheinung, reiche Geistesgaben, energische Willenskraft, vorzügliches Lehrgeschick, schlichte, auf innerster Überzeugung beruhende Religiosität, ein ehrenwerter Charakter und eine wohltuende Bescheidenheit sicherten ihm überall einen tiefgehenden Einfluß.
Der Geistliche führte in seiner übrigens trefflichen Grabrede dazu einen hübschen Beweis an. Als im Jahre 1848 viele nassauische Gemeinden ihr Heil in ungebundener Demagogie und wilder Zerstörungswut suchten, gelang es dem 26jährigen zielbewußten Lehrer Völpel, seine Gemeinde Niederseelbach in Ruhe und Besonnenheit zu erhalten.
Die reiche Beteiligung der Gemeinde Edelsberg bei der Beerdigung, sowie die von der Gemeinde, dem Gesangverein und Privaten gespendeten Kränze legten beredtes Zeugnis von tiefer Dankbarkeit gegen den verdienten Lehrergreis ab. Sein Andenken wird bei der lebenden Generation nicht verwischt werden.
Die Lehrer der Inspection Cubach beteiligten sich in corpore an der Beerdigung und sangen am Grabe ein Lied, auch legte im Namen derselben, wie des Lehrervereins 'Untere Weil', Herr Hauptlehrer Hof einen Kranz nieder.»

«*Sein Andenken wird bei der lebenden Generation nicht verwischt werden*», schrieb der Verfasser des Nachrufes im *Weilburger Tageblatt* zum Tag der Beerdigung. Aber das war vor fast 100 Jahren. Heute ist der Name Ludwig Völpel nur noch sehr wenigen, in der Heimatgeschichte bewanderten Personen bekannt, und nur wenige alte Fotos gibt es, die ihn zeigen.

Lehrer Ludwig Völpel
(* 22. Mai 1823, † 13. Mai 1907 Weilmünster)
verheiratet mit Johanette Libbach
(* 20. Dezember 1831 Dasbach bei Idstein,
† 4. Januar 1918 Weilmünster).

Andererseits wächst das Interesse am Kennen lernen. Aus den 33 Dienstjahren des Lehrers Völpel in Edelsberg liegen 91 eng beschriebene Seiten der Schulchronik vor, die seine ausgeprägte Persönlichkeit herausspüren lassen. Lehrer zu sein in einem kleinen Dorf, das nur einen Lehrer hat. So hatte Lehrer Völpel in dieser Zeit selten weniger als 50 Kinder zu unterrichten, häufig aber mehr als 70 Kinder.

Der Lehrer wohnte mit seiner Gattin und sechs Kindern in der Lehrerwohnung im Schulhaus. Die beiden Ältesten, Ida (* 17. April 1853) und Lina (* 9. August 1855) waren noch in Wiesbaden geboren, die vier Jüngeren, Philippine Friederike (* 6. Mai 1857), Johanette Christine Margarete (* 5. Januar 1862), Otto Konrad (* 24. Mai 1864) und Johanna (* 21. Januar 1869), wurden in Edelsberg geboren. Alle sechs Kinder wurden in Edelsberg konfirmiert.

Auch im örtlichen Leben spielte der Lehrer eine Rolle. Er war als Organist in der Kirche tätig und viele Jahre Standesbeamter für die Orte Essershausen, Edelsberg, Bermbach und Laimbach und maßgeblich beteiligt bei der Gründung des Singvereins Edelsberg (1863), aus dem später der Männergesangverein *Eintracht* hervorgehen sollte.

Ludwig Völpel schrieb seine Schulchronik kurz und sachlich, nur wenige herausragende Ereignisse des Ortes und der Region hat er über das die Angelegenheit der Schule Betreffende hinaus aufgeschrieben. Aber er kam auch nicht umhin, viele historisch bedeutsame und weltgeschichtlich hervorragende Ereignisse zu beschreiben, die in Edelsberg passierten. Einige wenige Einträge seien wiedergegeben, die das Ortsleben im 19. Jahrhundert widerspiegeln und die familiäre Situation der Lehrerfamilie mit ihren Auswirkungen auf das Schulleben.

1857 – ELTERNHAUS UND SCHULE – DER ERSTE CHRISTBAUM

«Zu beklagen ist, dass das Haus für die Schule so wenig Interesse zeigt, und die Jugend, wenn es nur geschehen kann, durch allerlei Arbeiten von dem Lernen abhält. Damit nun das Haus sich mehr für die Schule interessiere, wurde auf den ersten Weihnachtstag des Abends um 5 Uhr den Kindern 1 Christbaum beschert, wobei die Wichtigkeit der Geburt Jesu mit den Kindern besprochen und mehrere Lieder gesungen wurden.

1857 – Großbrand in Edelsberg

«*In diesem Jahre wurde unser Ort durch ein Ereigniß in nicht geringen Schrecken besetzt. Es war nämlich am 27. August, als des Nachmittags um 3 Uhr plötzlich der Rufe 'Feuer! Feuer!' erscholl; und bald darauf stand das Gebäude der Gebrüder Hirschhäuser im Oberdorfe in hellen Flammen. Groß war die Bestürzung und die Verwirrung, da man hier seit sehr vielen Jahren noch keine Feuersbrunst erlebt hatte, und deßhalb auch viele nicht recht wussten, was sie machen sollten. Dabei war es auch noch übel, dass die meisten Leute auf dem Markttag zu Weilmünster waren, und welche, als sie daselbst die Trauerbotschaft vernahmen, so erschraken, dass sie mit dem besten Willen nicht schnell nach Hause kommen konnten. Bleich und verstört kamen dann endlich alle an und erhielten auch bald die nöthige Fassung, als sie sahen, dass die größte Gefahr soweit vorüber war, denn gegen 5 Uhr war schon der Gewalt des Feuers Einhalt gethan. Sichtlich hatte hier der Herr gewaltet und ewig sei es ihm gedankt, dass bei der großen Dürre und bei den mit Früchten gefüllten Scheunen unserm Dorfe nicht dasselbe begegnete, was namentlich in diesem sehr trockenen und heißen Sommer so manchen andern Orten begegnete, nämlich dass sie beinahe ganz abbrannten. Ihm haben wir es allein zu verdanken, dass nur eine Hofreithe zerstört wurde; und wenn es auch traurig ist, dass dabei 15 Stück Vieh umkamen und bis 40 Fuder Getreide verbrannten, so ist doch kein Menschenleben zu beklagen. Gut wäre es nur, wenn unsere Gemeinde durch dieses Ereigniß einsehen lernte, daß doch alles Irdische vergänglich ist, und dass nur das Geistige ewig währet.*»

1860 – Wahrer Sonnenschein

«*Wie die vorhergehenden Jahre sehr trocken waren, so war dieses sehr naß, und wurde es dem Landmann sehr sauer, seine Früchte zu ernten und auch zu säen. Die Ernte fiel ziemlich reichlich aus, und wenn auch der Ertrag der Kartoffeln gering war, so gab es doch vieles, wenn auch nicht sehr edles Obst. Überhaupt waren die meisten Gewächse in Folge des zu vielen Regens nicht so edel, als sie bei trockener Witterung geworden wären. – Möge deßhalb die wahre Lebenssonne für alle Einwohner dahier recht ungetrübt scheinen, auf dass sie alle dem Herrn auch edle Früchte darbringen könne!*»

1875 – Typhus

«*Das Wintersemester sollte den 25. October beginnen, konnte aber erst mit dem 2. Dezember eröffnet werden, da in meiner Familie der Typhus ausgebrochen war. Dieses Jahr hatte für meine Familie einen traurigen Abschluß, da 3 Kinder an Typhus darniederlagen und ich konnte nicht anders rufen, als: Mach Ende, Herr, mach Ende*

> *von aller unsrer Noth!*
> *Stärk' unsre müden Hände,*
> *und laß bis in den Tod*
> *uns allzeit deiner Pflege*
> *und Treu empfohlen sein;*
> *so gehen unsre Wege*
> *gewiß zum Himmel ein!*»

1876 – Langsame Genesung

«*Der Abschluß des vorigen Jahres war ein recht trauriger; aber ebenso traurig und noch schmerzlicher waren die ersten Wochen des neuen Jahres, da noch mehrere Glieder meiner Familie vom Typhus angegriffen wurden, so dass nur ich und eine Tochter davon verschont blieben. Es war eine harte Prüfungszeit, in der die Mutter und fünf Kinder darniederlagen; indessen war es noch gut, dass nicht alle zur gleichen Zeit in der Fieberhitze lagen, sondern immer einige auf dem Wege der Besserung waren, während* die andern bewusstlos sich in der größten Hitze befanden. Erst mit dem Februar konnte ich wieder mehr der Schule mich hingeben, da ich eine Wärterin hatte und der Unterricht im Hause des Karl Bussang erteilt wurde. Am 3ten März waren die Kranken soweit genesen, dass die Schulkinder wieder ohne Gefahr in das Schulhaus kommen konnten. Wiewohl die älteste Tochter nicht ganz hergestellt, sondern ganz schwach und unbeholfen war, so war ich doch froh, dass die übrigen Kranken sich bald erholten und wieder arbeiten konnten. Der Herr hat geholfen, er wird weiter helfen.»

1879 – KRANKHEIT, LEID UND TOD

«Obgleich auch dieses Jahr mit den Glocken freudig eingeläutet wurde und die Einwohner des Orts mit Jubel das neue Jahr begrüßten, so war dagegen im Schulhause die Stimmung eine gedrückte, da der Lehrer unwohl war und schon früh zu Bett gehen musste. Glaubte man auch, die Krankheit sei bald behoben, so sah man sich getäuscht, da sich ein gefährlicher Karbunkel bildete und den Lehrer 3 Wochen auf dem Krankenlager hielt. Ziemlich schwach konnte derselbe erst am 26. Januar wieder die Schule betreten, war aber erst zu Pfingsten völlig genesen. Der Herr hat geholfen und dafür sei er gelobt! Es muß erwähnt werden, dass im Laufe dieses Jahres die Einwohner des Orts durch 3 Todesfälle ganz besonders erschüttert wurden; es fanden nämlich 2 schon alte Personen, ein Mann und eine ledige Frau, einen schnellen Tod in der Weil und ein noch rüstiger Mann verlor 3 Tage vor Weihnachten beim Eisensteinfahren das Leben. Der Herr wolle geben, dass solches nicht mehr geschehe und dabei muß man wünschen, dass diese ernsten Predigten Gottes nicht umsonst seien.»

1885 – ARBEITSUNFALL

«Da der Lehrer am 3. Juli vom Heuwagen unglücklich gefallen war, so musste der Unterricht 3 Wochen ausgesetzt bleiben.»

Aus der Schulchronik: Letzter Eintrag mit Unterschrift des Lehrers.

1889 – ABSCHIED UND SEGEN

«Mit dem 1. Mai wurde ich auf mein An-
suchen in den Ruhestand versetzt und mir
vor meinem Scheiden von hier am 29. April
durch den Königlichen Landrat der ´Adler
der Inhaber des Königlichen Hausordens
von Hohenzollern´ überreicht.

Nach manchem Weh und Leid war es daher
für mich ein hoher, freudiger Ehrentag und
dies um so mehr, weil nicht nur mein
verehrter und stets wohlwollender Herr
Schulinspektor Moureau, sondern auch fast
alle Collegen der Inspektion sich bei dieser
Feier eingefunden hatten. Die herzliche
Ansprache des Herrn Schulinspektors wird
mir unvergesslich bleiben; auch hat mir die
Teilnahme meiner Collegen wohlgethan.
Nicht minder will ich es anerkennen, dass
der Gemeinderat in letzter Stunde sich
aufmachte und früheres Wohlwollen durch
eine Gratification von 100 Mark und ein Glas
mit Deckel bekundete; möge nun die Liebe
alles decken, was das Licht zu scheuen hat.
Das Gebetbuch der Kinder als letztes
Geschenk hat mich überaus getröstet und
erfreut, weil ich hoffe, annehmen zu
können, dass sie mich verstanden haben.
Möge der Herr mir und Edelsberg seine
Gnade stets erneuern
Edelsberg, den 1. Mai 1889
Ludwig Völpel, Lehrer.»

237

Merenberg –
Das Tor zum Westerwald

Fachwerkimpressionen
Merenberg

Dorfgemeinschaftshaus Barig-Selbenhausen

Dorfgemeinschaftshaus Rückershausen

Kirche Reichenborn

Kirche mit Dorfplatz Allendorf

Der Marktflecken Merenberg kann auf eine lange geschichtliche Vergangenheit zurückblicken. Urkundliche Erwähnung fand Merenberg bereits als Rittersitz im Jahr 1129. 1290 wurden Merenberg sogar Stadtrechte verliehen, die jedoch Anfang des 19. Jahrhunderts wieder aberkannt wurden.

Der Name Merenberg aber lebt weiter, auch als Familienname. Grafen von Merenberg gingen aus der 1868 geschlossenen Ehe des Prinzen Nikolaus von Nassau (1832-1905) und der Tochter des russischen Dichters Alexander Puschkin, Natalie (1836-1913) hervor. In dieser Namensgebung, mit der sich ein Nassauer Fürst an die ältesten Ursprünge seines Hauses erinnerte, manifestiert sich die ureigene Ausdruckskraft der alten Burgruine, mit der die Geschichte Merenbergs untrennbar verbunden ist.

Heute ist fast die ganze frühere Grafschaft Merenberg zu einer modernen Großgemeinde zusammen-gewachsen, die im Zuge der Gebietsreform 1970/71 entstanden ist. Unsere Gemeinde gehört zum Landkreis Limburg-Weilburg.

Viele Einrichtungen der neuzeitlichen kommunalen Daseinsfürsorge – Dorfgemeinschaftshäuser, Sporthallen, Kindergärten, Sportstätten, Tennisplätze, Freizeitanlagen etc. – sind vorhanden. Es bestehen gute Verkehrsanbindungen in den Raum Wetzlar/Gießen und in das Rhein-Main-Gebiet. Die Autobahnanschlüsse Frankfurt/Köln und Frankfurt/Dortmund sowie der ICE-Bahnhof in Limburg sind bequem zu erreichen.

Baugebiete in landschaftlich schöner Lage bieten auch in Zukunft die Möglichkeit zur Ansiedlung. Umweltfreundliche Industrie- und Gewerbegebiete mit direktem Anschluss an die B49 sind vorhanden. Die umfangreichen Gewerbeansiedlungen und weiträumigen Wohnbaugebiete haben es mit beeinflusst, dass die Einwohnerzahl von 1975 bis 2005 von 2.313 auf über 3.600 angestiegen ist.

WILHELM BREITHECKER – PRIESTER UND BEKENNER

VON WALTER RUDERSDORF

Kurz vor seinem diamantenen Priester-jubiläum verstarb am 4. Juli 1982 in seinem Westerwälder Heimatort Ellar Wilhelm Breithecker.

Einfach und bescheiden lebte er und stellte sein eigenes Menschsein immer seinem Priestersein nach. Er fragte nie: «*Was habe ich davon?*» Für ihn war ent-scheidend die Verpflichtung: «*Wozu habe ich den Auftrag?*»

WER WAR WILHELM BREITHECKER?

Geistlicher Rat
Dekan Pfarrer Wilhelm Breithecker
(31. Januar 1897 - 4. Juli 1982),
Ehrenbürger von Dietkirchen.

Er stammte aus einer Ellarer Bauernfamilie als zweites von sechs Kindern, geboren am 31. Januar 1897. Seine Eltern waren Wilhelm Breithecker (1870-1947) und Margareta Katharina geb. Böcher (1869-1946). Seine fünf Geschwister waren Anton, Alois, Katharina, Hermann (gefallen 1942 in Russland) und Theresia. In zäher Arbeit mussten die Eltern auf ihren Äckern den Lebensunterhalt ihrer Familie erwirt-schaften. Es war ein hartes Leben. Aber man war zufrieden. Wilhelm durfte das Gymnasium in Hadamar besuchen und wohnte im dortigen Bischöflichen Konvikt. Mitten im Ersten Weltkrieg, 1916, machte er sein Abitur. Danach war er noch zwei Jahre Soldat bis zum Kriegsende 1918.

Nach Hause zurückgekehrt, begann er sein Theologiestudium in Fulda und schloss es in Limburg ab. Am 23. Dezember 1922 weihte ihn Bischof Dr. Augustinus Kilian in Limburg zum Priester. Am ersten Weih-nachtstag 1922 konnte er in seiner heimat-lichen Pfarrkirche in Ellar seine Primiz feiern. Zunächst war er vom 16. Januar 1923 bis 26. April 1927 Subregens am Bischöf-lichen Konvikt in Montabaur, später vom 1. August 1929 bis 1. Februar 1939 Regens. Es war eine schwere Zeit unter der natio-nalsozialistischen Diktatur. Wilhelm Breit-hecker versuchte, sich aus dem Politischen herauszuhalten, doch das ließen die herr-schenden Nazis nicht zu. Sie suchten nach Gründen, das Konvikt zu schließen. Mittler-weile hatte Bischof Antonius Hilfrich am 1. Februar 1939 Wilhelm Breithecker die Pfarrei Dietkirchen übertragen, von wo aus die christliche Missionierung der Region im 6. Jahrhundert ihren Ausgang genommen hatte. Am 4. Februar war er feierlich in sein Amt eingeführt worden, und knapp einen Monat später, am 7. März, wurde er verhaftet. Diese Verhaftung hing nicht mit seiner neuen Tätigkeit zusammen, sondern ging zurück auf seine Tätigkeit als Regens im Konvikt zu Montabaur.

IM KONFLIKT MIT DEN NAZIS

Schon seit 1933 hatten die National-sozialisten in zunehmendem Maße alle kirchlichen Organisationen unterdrückt. Am 25. November 1937 folgte auch im Bistum Limburg das rigorose Verbot des Katholischen Jungmännerverbandes und seiner Gliederung sowie des Schüler-bundes Neudeutschland durch Verfügung der Geheimen Staatspolizei (Gestapo). Bischof Antonius protestierte bei der Reichsregierung, wies aber die Priester seines Bistums an, das Verbot zu beachten. Wilhelm Breithecker hielt sich daran.

Schon am 29. Juni 1933 hatte er eine heftige Auseinandersetzung mit dem dortigen Führer der Hitler-Jugend (HJ), die ihn sehr bewegt hatte, wie er in der Diet-kirchener Pfarrchronik berichtete. Noch am gleichen Tag unterrichtete er in Lim-burg Bischof Antonius darüber, weil er mit seiner Verhaftung rechnete. Heimlich hatten zwei St. Georgener Theologie-studenten Jupp Heun und Willi Neus als Schüler in Montabaur die verbotene ND-Gruppe weitergeführt. Das lieferte den Nazis einen willkommenen Vorwand.

Nach einem kurzen Besuch bei Stadtpfarrer Anton Alois Jäger im Montabaurer Pfarr-haus begab sich Pfarrer Wilhelm Breit-hecker am 7. März 1939 ins Montabaurer Konvikt zu Besprechungen mit seinem dortigen Nachfolger Regens Walter Hans aus Niederbrechen, dessen Vorfahren ebenfalls aus Ellar stammten. Doch nun kam es ganz anders. Gegen 17.00 Uhr besetzte ein 15 Mann starkes Kommando der Gestapo das Konvikt in Montabaur. Man begrüßte Breithecker mit den Worten: «Wie nett, dass Sie gekommen sind, dann brauchen wir Sie nicht in Dietkirchen abzuholen.» Er lehnte es ab, die Gestapo-männer durch das Haus zu führen mit der Begründung, dass er nicht mehr zuständig sei. In der Limburger Kirchenzeitung «Der Sonntag» (15. August 1982) berichtete

Dekan Alfons Schmidt darüber: «*Anfang März (1939), unmittelbar nach der Wahl Papst Pius XII., führte die Gestapo den großen Schlag gegen die Konvikte durch. Wegen der Abiturprüfung am Montag/Dienstag 6. und 7. März konnten wir einige Tage nach Hause fahren, als wir am Dienstag, den 7. März, abends zurück-kamen, wurde uns die Tür nicht, wie ge-wohnt, von einer Schwester, sondern von einem Schupo geöffnet. Das Konvikt war von der Gestapo besetzt. In den Fluren und in den Räumen waren Schupos postiert. Als ich die Treppe hinaufging, erblickte ich im 1. Stock, ans Treppengeländer gelehnt, meinen ehemaligen Regens Wilhelm Breit-hecker. Diesen Anblick werde ich nie vergessen. Als ich ihm die Hand zum Gruß reichte, wurde ich von der Schupo gepackt und in den Studiersaal geschleppt, wo meine Mitschüler saßen. Ich war der letzte gewesen, der ihm vor seiner Inhaftierung die Hand gereicht hatte.*»

VERHAFTUNG

Um 20.00 Uhr des 7. März 1939 wurde Wilhelm Breithecker von der Gestapo ver-haftet und zusammen mit Regens Walter Hans und Subregens Hans Heinz Manstein in einem LKW in das Frankfurter Polizei-gefängnis in der Klapperfeldstraße 5 ge-bracht. Regens und Subregens wurden nach sechs Wochen wieder entlassen. Wilhelm Breithecker blieb aber dort in Einzelhaft. Jupp Heun und Willi Neus wur-den am 12. März verhaftet und ebenfalls in dem berüchtigten Gefängnis in der Klapper-feldstraße eingeliefert. Der Gestapochef Thorn versuchte, in pausenlosen Verhören, die zum Teil bis nach Mitternacht dauerten, und mit vielen Einschüchterungsmethoden, die beiden zu dem *Geständnis* zu bewegen, dass sie im offiziellen Auftrag der Kirche und speziell der Jesuiten in St. Georgen den Bund Neudeutschland geheim weiterge-führt hatten. Das schlug fehl. Schließlich

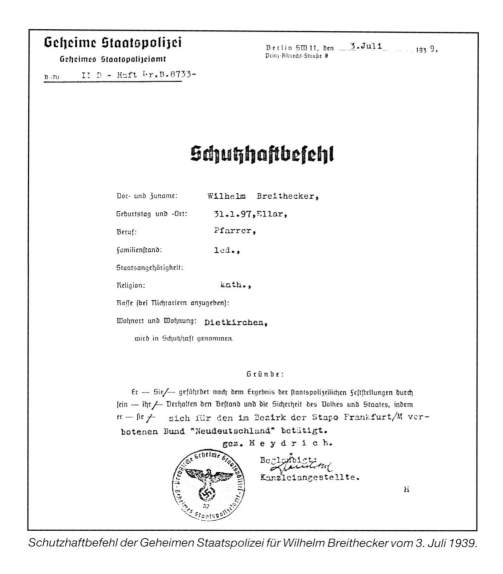

Geheime Staatspolizei

Geheimes Staatspolizeiamt

B.-Nr.   II D - Haft Nr.B.8733-

Berlin SW 11, den ...3.Juli... 193 9.
Prinz-Albrecht-Straße 8

Schutzhaftbefehl

Vor- und Zuname: Wilhelm Breithecker,

Geburtstag und -Ort: 31.1.97,Ellar,

Beruf: Pfarrer,

Familienstand: led.,

Staatsangehörigkeit:

Religion: kath.,

Rasse (bei Nichtariern anzugeben):

Wohnort und Wohnung: Dietkirchen,

    wird in Schutzhaft genommen.

            Gründe:

    Er — Sie/— gefährdet nach dem Ergebnis der staatspolizeilichen Feststellungen durch
    sein — ihr/— Verhalten den Bestand und die Sicherheit des Volkes und Staates, indem
    er — sie / sich für den im Bezirk der Stapo Frankfurt/M ver-
    botenen Bund "Neudeutschland" betätigt.

                gez. H e y d r i c h .

                Beglaubigt:
                Kanzleiangestellte.

                                                H

Schutzhaftbefehl der Geheimen Staatspolizei für Wilhelm Breithecker vom 3. Juli 1939.

entließ man sie am 24. Dezember 1939. Doch die Männer wie Wilhelm Breithecker, die treu zu ihrem Glauben und zu ihrer Kirche standen, woraus sich eine Ablehnung des Nationalsozialismus ergab, mussten kaltgestellt, d. h. zum Schweigen gebracht werden. So erhielt er am 3. Juli 1939 den roten Schutzhaftbefehl mit der Angabe des Verhaftungsgrundes:

«Er gefährdet nach dem Ergebnis der staatspolizeilichen Feststellungen durch sein Verhalten den Bestand und die Sicher-heit des Volkes und Staates, indem er sich für den Bezirk der Stapo Frankfurt/ Main verbotenen Bund 'Neudeutschland´ bestätigt: *Gez. Heydrich.»*
Schutzhaft bedeutete praktisch, dass er weder einen Rechtanwalt als Verteidiger nehmen noch einem Richter vorgeführt werden konnte. Ein Jahr blieb er im Polizeigefängnis in Frankfurt. Dem Bischöflichen Ordinariat teilte man auf Anfrage mit, er sei inhaftiert *«wegen seines absolut staatsfeindlichen Verhaltens».*

IM KONZENTRATIONSLAGER

In der Dietkirchener Pfarrchronik berichtet Breithecker selbst, dass er über die Gefängnisse in Kassel, Halle und Berlin-Alexanderplatz am 7. März 1940 in das Konzentrationslager Sachsenhausen-Oranienburg bei Berlin verlegt wurde. Die Verhältnisse in den dortigen Baracken waren unerträglich. Krankheiten, Ungeziefer und die anstrengende Arbeit forderten viele Tote. Anfangs waren 42 Geistliche aus dem deutschen Reichsgebiet dort. Im April 1940 kamen 500 polnische hinzu. Wilhelm Breithecker arbeitete zunächst zusammen mit dem am 12. Dezember 1939 verhafteten Pfarrer Emil Hurm von Hausen im *Kommando Gärtnerei außen.* Dort waren sie zwar den Unbilden der Witterung ausgesetzt, dafür aber weniger denen der SS-Schergen. Später arbeitete Breithecker in der Kleiderkammer.

Am 13. November 1940 verlegte man die Geistlichen aus dem Konzentrationslager Sachsenhausen-Oranienburg in das Konzentrationslager Dachau. Breithecker berichtet in der Pfarrchronik: «*SS-Männer mit aufgepflanztem Bajonett und Wolfshunde an der Leine begleiteten uns auf dem Wege zur Bahn. Es ging in die Nacht hinein. Keiner wusste zunächst, wohin es ging. Als der Bahnhof erreicht wurde, war uns klar, daß Dachau das Ziel war. Dort wurde den Geistlichen am 21. Januar 1941 die Erlaubnis gegeben, einen Raum der Baracke 26 als Kapellenraum einzurichten, aus dem Propagandagrunde, um dem Ausland sagen zu können, 'Wie schön es die Geistlichen im Lager hätten'.*»

Von 1942 an wurde es für die Häftlinge immer unerträglicher. Eine große Zahl starb an Typhus im Dezember 1942 sowie im Januar und Februar 1945. In einer Nacht gab es 153 Tote. Sie alle wünschten sich ein schnelles Ende ihrer Leiden. Wilhelm Breithecker arbeitete zunächst in einer Plantage für Heilkräuterkulturen, danach in der Besoldungsstelle der SS.

Am 28. März 1945 – es war der Mittwoch in der Karwoche – wurden etwa acht Geistliche gerufen und erhielten ihren Entlassungsschein. Wilhelm Breithecker war dabei. Am Tage vorher waren die Amerikaner in Limburg und Dietkirchen eingerückt. Breitheckers Weg führte nun über Freising nach Hofkirchen bei Erding. Dort erholte er sich etwa acht Wochen. Am 25. Mai 1945 kehrte er nach Limburg zurück und wurde in einer feierlichen Prozession von den Pallottinern abgeholt. In Dietkirchen wurde die Freudennachricht der Rückkehr ihres Pfarrers durch das Läuten der Glocken bekannt gegeben. Um 19.00 Uhr traf Wilhelm Breithecker – zusammen mit mehreren geistlichen Herren – am Bildstock ein. Dort wurde er vom Pfarrverwalter und einer großen Volksmenge willkommen geheißen. Danach begrüßte Bürgermeister Albert Schmitt vor dem Pfarrhaus im Namen der Zivilgemeinde Dietkirchen ihren zurückgekehrten Pfarrer. Während dessen Abwesenheit hatten u. a. Heinrich Karell und Dr. Georg Höhle Dietkirchen pastoral betreut. Wilhelm Breithecker trat nun einen Erholungsurlaub an und konnte ab 1. September 1945 seine Pfarrei wieder übernehmen.

Aus dem Bistum Limburg hatten noch vier weitere Weltgeistliche Breitheckers Schicksal geteilt: Pfarrer Emil Hurm von Hausen, Pfarrer Anton Lenferding von Frankfurt-Schwanheim, Kaplan Walter Abschlag von Frankfurt-Heddernheim sowie Kaplan Josef Hartung von Salz. Im Deutschen Reich betraf das alleine 7.155 Weltgeistliche ohne Ordensleute.

Wilhelm Breithecker wurde am 5. Februar 1947 Dekan des Dekanates Dietkichen mit den Pfarreien Arfurt, Dehrn, Dietkirchen, Eschhofen, Kirberg, Langhecke-Aumenau, Lindenholzhausen, Niederbrechen, Oberbrechen, Runkel, Villmar und Werschau. Sein Amt als Dekan nahm er sehr ernst, fuhr mit dem Fahrrad von Pfarrhaus zu Pfarrhaus und sorgte sich sehr um die Heimat-

Gemeinde Brechen

I m Mittelpunkt der fruchtbaren Landschaft des Goldenen Grundes liegt die Gemeinde Brechen. Bodenfunde lassen auf eine Besiedlung bereits in der jüngeren Steinzeit schließen. Erste Erwähnung finden Nieder- und Oberbrechen unter dem Namen „Brachina".

Am 31.12.1971 haben sich Niederbrechen und Werschau zusammengeschlossen. Oberbrechen kam am 01.07.1974 dazu.

Insgesamt umfasst das Gemeindegebiet heute 24,86 km^2. Die Gemeinde hat 6.997 Einwohner (Stand: 30.06.2005).

Das alte Rathaus in Niederbrechen.

Verkehrsmäßig ist die Gemeinde Brechen hervorragend erschlossen. Sie liegt an der Bahnlinie Limburg – Niedernhausen – Frankfurt bzw. Wiesbaden. Durch das Gemeindegebiet verlaufen die Autobahn Köln – Frankfurt und die ICE Strecke Köln – Rhein/Main. Die Bundesstraße 8 und mehrere Landes- und Kreisstraßen sichern eine sehr gute überörtliche Verbindung.

Kindergärten befinden sich in allen Ortsteilen. Eine Grund- und Hauptschule gibt es in Niederbrechen, eine Grundschule in Oberbrechen. In allen Ortsteilen stehen Spiel- und Freizeitanlagen zur Verfügung.

Mehr als 60 Vereine und Verbände geben den Bürgern die Gelegenheit ihre Freizeit zu gestalten. Sowohl sportliche, kulturelle als auch ideelle Betätigungen sind möglich.

Ein ausgedehntes Netz von befestigten Rad- und Wanderwegen lädt zu Spaziergängen, Wanderungen und zur Besichtigung der Sehenswürdigkeiten, wie z. B. die Berger Kirche, das Geländedenkmal Alteburg im Wald bei Oberbrechen, der Gefangenenturm sowie das alte Rathaus in Niederbrechen ein.

Die Berger Kirche.

Allgemeine Informationen: Der Gemeindevorstand der Gemeinde Brechen
Marktstraße 1 • 65611 Brechen

Telefon: 06438/91290 • Telefax: 06438/912950
Email: info@brechen.de • Internet: www.gemeinde-brechen.de

Öffnungszeiten der Gemeindeverwaltung: *vormittags:* Mo - Fr: 7.30 Uhr bis 12.30 Uhr
nachmittags: Mo, Di: 13.30 Uhr bis 16.30 Uhr
Mi: 13.30 Uhr bis 16.00 Uhr
Do: 13.30 Uhr bis 18.30 Uhr

vertriebenen und um die Seelsorge. Er bemühte sich darum, dass seine Amtsbrüder zum regelmäßigen Konveniat kamen und in der «*Mariana*» im Limburger Priesterseminar sich um eine zeitgemäße Verkündigung kümmerten. Die Weltmission war ihm ein Anliegen als Missionsdirektor des Bistums Limburg. Auch die Seminaristen des nahen Priesterseminars kamen nach Dietkirchen, um bei ihm zu lernen, wie man Religionsunterricht erteilt. Wilhelm Breithecker war unermüdlich tätig.

Am 27. Mai 1955 ernannte ihn Bischof Dr. Wilhelm Kempf zum Geistlichen Rat. Das war eine sichtbare Anerkennung für seine Leistungen. Zu seiner Zeit fanden umfangreiche Ausgrabungen und Renovierungsarbeiten in und um die St. Lubentiuskirche in Dietkirchen statt. Die Feier der Gottesdienste war behindert. Doch er freute sich, dass seine Kirche wieder so gut hergerichtet wurde. Er hatte ein gutes Gespür für geschichtliche Zusammenhänge. So feierte er auch regelmäßig den Lubentiustag. Für Frankreich und Rom hatte er seine besondere Liebe. Oft fuhr er mit Reisegruppen dorthin. Die Gemeinde ernannte ihn zum Ehrenbürger.

Am 1. Dezember 1970 trat Wilhelm Breithecker im Alter von fast 74 Jahren in den in den wohlverdienten Ruhestand, den er zunächst in der Nähe des Herzenberges in Hadamar verlebte, betreut von seinen beiden Schwestern. Dann zog es ihn doch wieder zurück in sein Elternhaus nach Ellar. Oft half er den benachbarten Pfarrern aus, wenn sie krank waren oder einen Urlaub antraten. 1980 zeichnete ihn der Bischof mit der Georgplakette des Bistums Limburg aus. Im Alter von 85 Jahren verstarb er in Ellar am 4. Juli 1982 und wurde auf dem heimatlichen Friedhof vier Tage später beerdigt. Dekan Alfons Schmidt schrieb in seinem Nachruf im «*Sonntag*» vom 15. August 1982: «*Unvergessen ist mir eine Stunde im Sommer 1946. In dem kleinen Sälchen in Dietkirchen erzählte er den Theologiestudenten,*

die damals noch im Priesterseminar wohnten, wie sie als Priester ohne Heilige Messe, ohne Brevier oder sonst eine geistliche Lektüre die Hölle von Dachau zu überleben versuchten. Von den menschenverachtenden und entwürdigenden Methoden des Wachpersonals hat er nie in der Öffentlichkeit gesprochen. Ungebrochen und ohne Verbitterung kam Wilhelm Breithecker aus der KZ-Haft zurück. Im letzten Jahr der Haft haben die Priester ab und zu heimlich die Heilige Messe feiern können. Er hat die heimliche Priesterweihe des Diakons Karl Leisner durch einen Mithäftling, den Bischof von Clermont Ferrand (Frankreich), und dessen Primizfeier am Stephanustag 1944 miterlebt. Die Paramente und Messgeräte waren von den Häftlingen heimlich angefertigt worden. Messwein und Hostien wurden ihnen von einem kleinen Mädchen auf die Felder gebracht, auf denen sie arbeiteten, und dort ins Lager geschmuggelt.

Es ehrt Priester Wilhelm Breithecker, dass er über seinen Leidensweg nie in der Öffentlichkeit gesprochen hat. Er hat aus diesen schweren Jahren kein persönliches Kapital zu schlagen versucht. Er trug keine Verbitterung, geschweige denn Haß in seinem Herzen.»

Benutzte Quellen:

Staudt, Alois, ein aufrechter Zeuge des Glaubens. In: «Der Sonntag». 11. Juli 1982, Seite 18.

Schatz, Klaus, Geschichte des Bistums Limburg (= Quellen und Abhandlungen zur Mittelrheinischen Kirchengeschichte) Mainz 1983, S. 280, 433 Anm. 93.

Crone, Marie-Luise. Dietkichen 1981, S. 142 – 145.

Rudersdorf, Walter, 150 Jahre Pfarrkirche Ellar. 2. Aufl. 4/1995, S. 63-67.

Eigene Aufzeichnungen.

Pfarrchronik Dietkichen. S. 101-110

Handbuch des Bistums Limburg 1956, S. 377, 389.

Dekan Schmidt, Alfons. Er trug nie hass in seinem Herzen. In: «Sonntag», 15.8.1982.

von Hehl, Ulrich, Priester unter Hitler Terror. Eine biographische und statistische Erhebung, Veröffentlichung der Kommission für Zeitgeschichte. Reihe A, Quellen 3,7 Mainz 1984, S. 581-637, bes. S. 587.

USS SPROOCH

IN MEMORIAM FRÄULEIN FRIEDA KRAMP

VON WALTER STÖPPLER

Die nassauische Mundartdichterin Fräulein Frieda Kramp würde am 10. Februar 2006 100 Jahre alt werden.

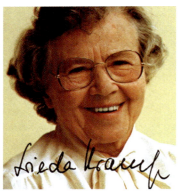

Sie wurde in Steeden als Tochter vom Schmiedemeister Jakob Wilhelm Kramp und seiner Ehefrau Marie Luise geboren. Die Einschulung erfolgte trotz Einspruch der Ärzte am 1. April 1912. Frieda hatte eine Kopferkrankung, die sie wochenlang in Bewusstlosigkeit gehalten hatte. Die Genesung machte trotzdem gute Fortschritte. Der Besuch des Lyzeums in Limburg ließ die Interessen für Fremdsprachen und vor allem Geschichte als Lieblingsfächer begeistern. Im elterlichen Geschäftshaushalt war sie lange tätig, ehe ein Platz bei der Behörde, bedingt durch die Inflation, frei war. Als umsichtige Kraft im Landratsamt Weilburg begleitete sie den Posten der Chefsekretärin und war bis Kriegsende die Vertrauungsperson im Vorzimmer des Landrates.

Nach dem Zweiten Weltkrieg wechselte Fräulein Kramp von der Behörde zur Industrie. Bei den Steedener Kalkwerken war sie wiederum als langjährige Chefsekretärin tätig. Das Leben von Fräulein Frieda Kramp war mit unzähligen Erlebnissen erfüllt. Ihre grenzenlose Liebe zur Heimat brachte sie in Mundartgedichten, in Prosa und Märchen zum Ausdruck.

Nicht nur im Hessischen Rundfunk trug sie ihre Werke vor, sondern bei vielen Mundartwettbewerben im heimischen Raum, zum Beispiel im Marmorsaal des Kurhauses von Bad Ems. Hier erhielt sie mehrere erste Preise. Bei Lesungen ihrer Werke in der Buchhandlung Witzelsburger in Limburg und im Warenhaus Karstadt lauschten viele Menschen ihren lebendigen Worten. Ein besonderer Höhepunkt war ihr Auftritt im Seminar des Institutes für Literaturwissenschaft an der Johann Wolfgang Goethe Universität in Frankfurt. Ein kleines Büchlein «... *geh froh durch`s Leewe*» (vergriffen) erschien 1981 mit dem Vorwort von Dr. Karl Hermann Mai, Wiesbaden. Es wurde erstellt vom Freundeskreis Frieda Kramp.

Ihre Werke sind voller Heiterkeit, getragen von besinnlichen und gemütvollen Wahrheiten. Sie nimmt die Wohlstand- und Wegwerfgesellschaft mit den Gedichten *Wos en Zuures, Touristik, Alles, ohne uss ze freje* und modische Werbung auf`s Korn. Sie ist in ihren Aussagen orts- und zeitgebunden, nie abstrakt, sondern anschaulich und konkret. Ihre Heimat war Steeden an der Lahn, ein Ortsteil von Runkel. Jenes Steeden, das schon die Kelten in der Steinzeit in Kalksteinhöhlen besiedelten.

Die Mundartdichterin fand ihre ewige Ruhe am 28. März 1993 in der Heimaterde zu Steeden.

Der Grabstein trägt die Inschrift:
«*Aus Gottes Hand − in Gottes Hand*».

DIE MUTIGE TAT EINES DORFBÜRGERMEISTERS IM KRIEGSJAHR 1944

VON ORTWIN KEINER

Als im März 1944 nach den heftigen Fliegerangriffen auf die Stadt Frankfurt am Main immer mehr Menschen aus ihren Wohnungen ausgebombt wurden und die Stadt verlassen mussten, fanden sie nicht selten in kleineren Wohnungen auf dem Lande Unterkunft. So meldete sich in diesen Märztagen auch eine Frau aus Frankfurt am Main bei Karl Bindenberger II. (* 13. Mai 1897; † 11. April 1979 Drommershausen), Bürgermeister von Drommershausen von 1934 - 1945 und Vorsitzender des Spiel- und Turnvereins (1933 - 1940, 1950 - 1974). Was der Bürgermeister bei ihrer Vorstellung und in den persönlichen Unterlagen sah, veranlasste ihn zu schnellem und menschlichem Handeln.

Lesen Sie selbst, was Frau Segulem nach dem Krieg an Herrn Bindenberger schrieb:

Karl Bindenberger (1977) mit seinem Urenkel Andreas auf einem Turngerät sitzend.

BRIEF IM ORIGINAL (siehe nächste Seite) MIT TRANSKRIPTION:

*Bad Homburg a. d. H.,
den 19. Januar 1947*

Sehr geehrter Herr Bindenberger!
Schon lange hatte ich die Absicht, mich mit ein paar Zeilen an Sie zu wenden.
Sicherlich werden Sie sich meiner noch erinnern können, als ich am 18. März 1944 in Frankfurt a/M total ausgebombt, und nach Drommershausen mit einem Evakuierungszug kam. Als Nichtarierin mit jüdischen Lebensmittelkarten befand ich mich in einer äußerst bedrängten Lage und wendete mich mit meinen Sorgen vertrauensvoll an Sie, da Sie seinerzeit Bürgermeister von Drommershausen waren. Es wäre Ihnen damals ein leichtes gewesen, mir als Jüdin mein Leben noch mehr zu erschweren, oder mich sogar in ein Lager zu bringen. Jedoch hatten Sie, durch Ihr menschliches Empfinden Verständnis mit meinem Schicksal, nachdem ich Ihnen erzählte, und Sie dann wußten, daß mein Mann und 1 Sohn von mir im Lager umgekommen waren. Kurz entschloßen halfen Sie mir, indem Sie meine jüdischen Lebensmittelkarten verbrannten, und sie mir durch normale ersetzten. Durch diese Hilfe, die Sie mir zukommen ließen, werde ich Ihnen stets zu Dank verpflichtet sein, und für das Risiko, welches es andererseits für Sie bedeutete, verpflichte ich mich, jederzeit für Sie einzustehen.
Mit den besten Grüßen
Frau Therese Segulem
Bad Homburg v. d. H.
Im Schlossgarten

Bad Homburg v. d. H., den 19. Januar 1948

Sehr geehrter Herr Bindenberger!

Schon lange hatte ich die Absicht, mich mit ein paar Zeilen an Sie zu wenden.

[...] erinnern Sie sich meiner noch einer [...], als ich am [...] März 1944 in Frankfurt a/M total ausgebombt und nach Dramershausen mit einem [...] kam. Als [...] mit jüdischen Lebensmittelkarten befand ich mich in einer [...] bedrängten Lage und [...] mich mit meiner Sorge [...] an Sie die Sie seinerzeit Bürgermeister von Dramershausen waren. Es wäre Ihnen damals ein [...], mir als Jüdin mein Leben noch mehr zu [...], oder mich [...] in ein Lager zu bringen. Jedoch hatten Sie, [...] Ihr [...] [...] mich meinem [...], [...] ich Ihnen erzählte, und Sie [...] [...], dass meine Mutter und 1 Schwester von mir im Lager umgekommen waren. Kurz entschlossen halfen Sie mir, indem Sie meine jüdischen Lebensmittelkarten verbrannten, und Sie mir durch [...] [...].

Durch diese Hilfe, die Sie mir gütevoll ließen, werde ich Ihnen stets zu Dank verpflichtet sein und für das Risiko, welches es andererzeit für Sie bedeutete, [...] [...] ich mich, jederzeit für Sie einzustehen.

Mit den besten Grüßen
Frau
Therese Schulem
Bad Homburg v. d. H.,
Im [...].

Josef Kramm (1925 - 2004) zum Gedächtnis

Von Eugen Caspary

Josef Kramms von früher Jugend an ge-nährte Leidenschaft für die Erschließung der Geschichte des heimischen Raumes, seiner Geburtsgemeinde Oberbrechen, des Goldenen Grundes, der Region um Limburg insbesondere, hatte zu keiner Zeit etwas mit Flucht aus der Gegenwart zu tun – im Gegenteil! Romantische Schwär-mereien ins Ungewisse oder in zeitliche und räumliche Ferne waren Josef Kramms Sache nicht. Augen und Ohren ver-schließen wollen vor Schwierigkeiten, die Menschen betrafen, für die er Verant-wortung übernommen hatte bzw. für die er sich, obwohl er dazu offiziell nicht ver-pflichtet war, von seinem christlichen Selbstverständnis her dennoch verant-wortlich wusste, kam für Josef Kramm nicht in Frage. Daher hatte sein gelegent-lich zu hörender Beiname *Der Gute Mensch von Brechen* durchaus seine Berechti-gung.

Zeitlebens sah er seine Aufgabe darin, überkommene Werte und Konventionen nicht nur zu hüten oder gar nur zu konser-vieren, sondern sie den Anforderungen der sich verändernden Zeit anzupassen und entsprechend fruchtbar zu machen, näm-lich das als wertbeständig, gut, vernünftig und als menschlich aufbauend Erkannte gegen allzu unkritisch auf den Zeitgeist setzende Zeitgenossen zu verteidigen. Aber dem Geist des Neuen, sofern er der Vernunft und der Menschlichkeit im gesell-schaftlichen Zusammenleben zu dienen versprach, verschloss er sich in seinem Denken und Handeln nie. In diesem Zu-sammenhang sei nur auf die von ihm auf Versöhnung und Frieden gerichteten Ini-tiativen hingewiesen, über die nationalen Grenzen hinweg Partnerschaften ins Le-ben zu rufen. Und in dieser Grundhaltung wurzeln auch seine freundschaftlichen Beziehungen mit ehemaligen jüdischen Bürgern und deren Angehörigen in Argen-tinien, USA und Israel.

Tradition und Fortschritt, so war seine Überzeugung, mussten sich wechselseitig befruchten. Im Einsatz für bessere Existenzmöglichkeiten in der Gegenwart – so wusste er – war das Wissen um die Vergangenheit, war das genauere Wissen, wie die früheren Geschlechter, wie die Vorfahren gelebt, gelitten, gefeiert, ge-trauert, gestritten, Frieden gestiftet, Zer-störerisches verursacht bzw. zugelassen und Aufbauendes geleistet haben, kurz war die Beschäftigung mit der Geschichte nützlich und hilfreich und für die konstruk-tive Arbeit im Hier und Jetzt unentbehrlich. Dass er als Bürgermeister zuerst von Ober-brechen und seit 1974 für sechs Jahre der Gemeinde Brechen die Chance nutzte, die Geschichte der Ortsteile Oberbrechen und Werschau – von Niederbrechen lag eine entsprechende Darstellung bereits vor – von Fachleuten, darunter Dr. H. Gensicke, der zweifellos beste Kenner der nassauischen Geschichte, erforschen zu lassen und in Buchform herauszugeben, versteht sich von selbst. Ebenso folge-richtig war auch die Gründung des Ge-meindearchivs als eine Einrichtung nicht nur in der bloßen Denkmalfunktion, son-dern als Ort, in der Vergangenheit und Gegenwart des Gemeinwesens sich be-gegnen mit dem Ziel, miteinander in einen Dialog einzutreten, um für die Gegenwart im humanen Sinn erfolgreich planen und tätig sein zu können.

Josef Kramm war von 1974 bis 1980 Bürgermeister von Brechen.

Ein besonderes Bedürfnis, das ihn viel früher bedrängte, als er es schließlich zu stillen vermochte, richtete sich auf die Berger Kirche. Zu Beginn der 80er Jahre gründete er den *Freundeskreis Berger Kirche*, der sich die Erhaltung und Pflege dieses alten Gotteshauses, die Erforschung seiner weit zurückreichenden Geschichte und vor allem – um es sachlich-nüchtern zu formulieren – die Gewährleistung seiner Funktionsfähigkeit für die Gegenwart und Zukunft zum Ziel setzte. Josef Kramms Initiative, seinem Ideenreichtum, seinem steten Drängen ist es in entscheidendem Maße zu verdanken, dass die Berger Kirche längst kein bloßes Denkmal mehr ist und keine Friedhofskirche inmitten der Ruhestätte für die Toten aus Werschau, sondern dass sie mit Leben erfüllt wurde, dass sie zu einem Ort der Begegnung geworden ist, an dem Menschen Trost suchen und finden, an dem Menschen sich die Hand zum Bund fürs Leben reichen, zu einem Ort, an dem dankbare Zuhörer der hier dargebotenen Musik lauschen; nach wie vor ist sie aber auch ein Raum der Stille, die Menschen aufsuchen, um hier innere Ruhe zu finden und neuen Lebensmut zu gewinnen. Der Möglichkeiten, die dieser vor 1.000 Jahren geweihte Ort, die einstige Mutterkirche des Goldenen Grundes, zu bieten hat, sind aber ungleich mehr!

1978 verwirklichte er einen lange gehegten Plan, sich mit Gleichgesinnten in lockerem Rahmen, aber in regelmäßigen Abständen ein- bis zweimal im Jahr an wechselnden Orten im näheren oder ferneren Umkreis in der Regel zu halbtägigen Exkursionen zu treffen, um das historische Wissen zu erweitern. Josef Kramm stand diesem Arbeitskreis bis 1999 vor. In den mehr als über zwei Jahrzehnten, in denen die Zusammenkünfte der von Jahr zu Jahr zahlreicher gewordenen Mitglieder stattfanden, weitete sich der historische Horizont innerhalb des Goldenen Grundes und über dessen Grenzen hinaus im Raum zwischen Westerwald und Taunus, zwischen Frankfurt und Limburg, zwischen Lahn und Rhein, zwischen Wiesbaden und Weilburg. Josef Kramm konnte bei vielen dieser Gelegenheiten wie kein anderer den Geist historischen Fragens und Forschens anregen und bei seinen Partnern zur Entfaltung bringen.

Was Josef Kramm gepflanzt hat, wird weiter wachsen und Früchte tragen. Über den Tod hinaus bleibt sein kreativer Geist wirksam, werden seine tief verwurzelte Menschlichkeit, seine Barrieren übergreifende Toleranz, sein gewinnender Charme, die spontane Sympathie stiftende Liebenswürdigkeit ihre Strahlkraft bewahren und dazu ermuntern, seinen Spuren zu folgen und ihm in dem Bemühen, auf dem Weg, über die Geschichte die Gegenwart menschlicher werden zu lassen, nachzueifern.

MITTELALTERLICHE KERAMIKFUßBÖDEN IM LANDKREIS LIMBURG-WEILBURG

VON NORBERT BANDUR

EINLEITUNG

Die frühesten bekannten ebenerdigen Böden des Mittelalters bestanden in unseren Breiten aus gestampftem Lehm. Später benutzte man Kalkmörtelestriche, die sich noch in den Kirchen der Karolingerzeit (8./9. Jahrhundert) nachweisen lassen. In einfachen Dorfkirchen fand diese Art des Fußbodenbelages bis in das hohe Mittelalter hinein Verwendung.

Erst durch einen allgemeinen wirtschaftlichen Aufschwung in Europa im 10. Jahrhundert begann man, die Fußböden der Kirchen und Ordenskapitel in vielen Klöstern, die damals in Mittel- und Nordeuropa entstanden, mit dauerhafteren und trotzdem preiswerten Materialien zu belegen. Es bot sich Ton als geeigneter Werkstoff an. Schon in römischer Zeit wurden Räume für untergeordnete Zwecke mit einfachen Tonziegeln ausgelegt. Ton war nicht selten an Ort und Stelle vorhanden und konnte leicht und relativ schnell verarbeitet werden. Die Formgebung erfolgte im weichen Zustand. Die nötige Härtung wurde durch Trocknung und anschließendem Brennen erzeugt.

KERAMIKFUßBÖDEN IM MITTELALTER

Zunächst begann in Mitteleuropa die Zeit der Plattenmosaikböden. Die Mosaikfliese, auch Schnittwerkfliese genannt, ist die früheste Form der Tonfliese. Wir dürfen jedoch mittelalterliche Plattenmosaikböden nicht mit römischen Stiftmosaiken mit meist figürlichen Darstellungen verwechseln. Die mittelalterlichen Einzelplatten erreichten oftmals die Größe einer menschlichen Hand. Sie bestanden aus unterschiedlich farbigen gebrannten Tonen in unterschiedlichen Formen, die zu geometrischen Mustern zusammengesetzt wurden. Meist verlegte man zwei Farben in einem schachbrettartigen Wechsel. Die einzelne Platte an sich war ungemustert. Außer mit unterschiedlich farbigen Tonen wurde die Farbpalette auch noch mit andersfarbigem Schlicker (Engobe) auf der Plattenoberfläche erweitert.

Die in ihrer Form oft sehr unterschiedlichen Einzelfliesen wurden mit Hilfe von hölzernen Schablonen aus der vorbereiteten Tonmasse ausgeschnitten. Vorbereitet heißt, die Tonmasse wurde vorher großflächig zwischen zwei gleich dicken Leisten verflacht.

Mittelalterlicher Plattenmosaikboden mit Rosette aus dem Kloster Arnstein nach F. Luthmer.

Einen gelungenen Mosaikfußboden herzustellen, setzte beträchtliches Können und große Erfahrung voraus. Bei einem runden Fußbodenmosaik (Rosette) laufen die Stücke zum Mittelpunkt zusammen. Also musste jeder einzelne Bestandteil so zugeschnitten werden, dass er an eine bestimmte Stelle im Gesamtentwurf passte.

Dies mag mit ein Grund gewesen sein, weshalb dieser aufwendige Bodenbelag mehr und mehr durch ornamentierte quadratische Fliesen ersetzt wurde. Diese konnten leichter und schneller hergestellt werden.

Eine ausgeprägte Produktion von gemusterten keramischen Fliesen begann aber erst gegen Ende des 12. Jahrhunderts hauptsächlich in Frankreich. Hierbei und bei der Verbreitung dieser Art des Schmuckfußbodens spielte der Zisterzienserorden eine maßgebliche Rolle, weswegen diese Fliesen auch als Zisterzienserfliesen bezeichnet werden. Mitte des 13. Jahrhunderts war die Herstellung von keramischen Fliesen nicht nur in Frankreich, sondern auch in England, den Niederlanden und Deutschland entlang des Rheins fest etabliert. Die Gründe für diese weite Verbreitung könnten wirtschaftlicher Natur gewesen sein. Marmor war kostspielig und musste importiert werden. Seine Bearbeitung war zeitraubend und werkzeugverschleißend.

Es ist nicht auszuschließen, dass das im Jahre 1131 von Clairvaux aus gegründete Zisterzienserkloster Eberbach im Rheingau seine ersten Mustervorlagen noch aus Frankreich bezogen hat. Im Kloster muss jedoch sehr bald eine größere Manufaktur entstanden sein, welche Fliesen in großer Stückzahl und mit verschiedenen Mustern versehen herstellte. Aus keinem anderen deutschen Kloster sind derartig viele Musterbildungen bekannt wie aus Eberbach. Die Fliesen des Klosters fanden eine weite Verbreitung. Zum einen wurden die *Modeln* an die Tochterklöster und weitere befreundete Abteien weitergegeben, zum anderen betrieben die Eberbacher Mönche aber auch mit den Erzeugnissen ihrer Manufaktur einen offensichtlich schwunghaften Handel. Die Bodenfliesen sind vermutlich auch auf dem Rhein und seinen Nebenflüssen verschifft worden. In zahlreichen Burgen und Kirchen des Rhein-

gebietes bis hinunter nach Xanten und in Hessen befinden sich Eberbacher Stücke. Durch Farbe, Tonbeschaffenheit und genaueste Übereinstimmung der Musterprägungen lässt sich bei vielen Fliesen Eberbach als Herstellungsort nachweisen. Ihre Hochblüte erlebte die Eberbacher Klostermanufaktur in der zweiten Hälfte des 13. Jahrhunderts.

Die ornamentierte Fliese hatte ein Linienmuster in die Oberfläche eingeprägt. Dabei konnte es sich um tierische, florale oder geometrische Darstellungen handeln. Letztere stellten entweder einen auf einer Platte abgeschlossenen Einzeldekor dar oder sie bildeten im Verbund von vier Fliesen einen gemeinsamen Dekor. Es gab auch Muster, die über einen Viererverbund hinausreichten.

Die ornamentierte Fliese wurde normalerweise nicht im weichen Zustand geschnitten wie die Mosaikfliese (Schnittwerkfliese), sondern in hölzerne Rahmen eingeformt. Je nach Temperaturverhältnissen war die Fliese nach etwa einem Tag durch den einsetzenden Trockenvorgang so weit geschrumpft, dass der Rahmen entfernt und die Fliese weiterverarbeitet (z. B. *hinterschnitten*) werden konnte.

Bei der Verlegung der Keramikplatten ergab sich eine Gemeinsamkeit zwischen Plattenmosaikböden und Böden mit ornamentierten Fliesen. Die Fußböden bestanden meist aus unterschiedlichen Feldern mit unterschiedlichen Kombinationen von Mosaikmustern bzw. unterschiedlicher Musterung der ornamentierten Fliesen. Diese waren deutlich durch parallel und rechtwinklig zur Wand verlegte Bänder aus einfachen – meist ungemusterten – quadratischen Fliesen voneinander abgegrenzt. Dabei erfuhr die ornamentierte Fliese innerhalb des Feldes meist eine diagonale Ausrichtung. Mitunter sind in ein und demselben Raum eines Gebäudes beide Arten des Bodenbelages ausgeführt.

VERBREITUNG IM LANDKREIS LIMBURG-WEILBURG

A. HADAMAR

Der Fundort, an dem die meisten Fliesen-muster im Landkreis Limburg-Weilburg gefunden wurden, ist die Liebfrauenkirche (Totenkirche) am Elbbachufer in Hadamar. In dem 1993 erschienenen dreibändigen Werk von Eleonore Landgraf «*Ornamen-tierte Bodenfliesen des Mittelalters in Süd- und Westdeutschland 1150-1550*» sind alleine 19 unterschiedliche Muster kata-logisiert. Das Manuskript der Bücher wurde schon 1985 abgeschlossen, und die später erfolgte Veröffentlichung konnte nach 1985 gemachte Funde nur noch teilweise berücksichtigen.

Der mittelalterliche Bodenbelag in Hada-mar wurde bei einer Restaurierung der Kirche im Jahre 1966 aufgedeckt. Er be-fand sich etwa 15 Zentimeter unter einem Plattenbelag aus dem 19. Jahrhundert und war noch relativ vollständig erhalten. Die Gesamtfläche des Bodens war in recht-eckige Felder mit Fliesen unterschied-licher Ornamentik aufgeteilt. In der Nähe des an der Südseite befindlichen Eingangs befanden sich sogar zwei Plattenmosaik-rosetten.

Die Kirche wurde zwischen den Jahren 1356 und 1379 erbaut. Ein Teil der Fliesen stammt aus der Erbauungszeit. Ob hierbei Fliesen aus Eberbach verwendet wurden, ist nicht mit Sicherheit zu sagen. Tatsache ist indes, dass das Kloster Eberbach seit dem Jahre 1190 an der Stelle des heutigen Schlosses einen Hof besaß. Die im Chor aufgedeckten Fliesen gehörten vermutlich nicht zum ursprünglichen Bodenbelag, sondern stammen aus der Zeit eines im Jahre 1446 vollendeten Umbaus. Die spätesten Fliesen wurden wahrscheinlich erst bei einer Instandsetzung in den Jahren 1597-1602 verlegt.

Der ursprüngliche Zustand des Bodens wurde nach seiner Aufdeckung leider nicht in allen Einzelheiten dokumentiert. Die nicht sehr hart gebrannten und an der Oberfläche mürben Fliesen erfuhren bei den Bauarbeiten weitere Beschädigun-gen. Bevor eine Restaurierung einsetzen konnte, wurden große Mengen der Fliesen entfernt und tauchten zum Teil später mit wechselnden Herkunftsbezeichnungen im Kunsthandel wieder auf.

Die Beschreibung aller in Hadamar auf-gefundenen Fliesenmuster würde den Rahmen dieser Publikation sprengen. Sie reichen vom *Spitzoval* (H18*) über einen doppelten *Viertelkreis (Viertelsrond)* mit *Mittelstab* (J89*) bis hin zur *Astroide (eingedrücktes Quadrat)* mit runder *Innenornamentik* (P8*).

B. BESELICH

Ein weiterer wichtiger Fundort mittel-alterlicher Fliesen im Kreisgebiet ist auch noch in jüngster Zeit die Ruine der Kloster-kirche der Prämonstratenserinnen in Be-selich in der Nähe der heutigen Wall-fahrtsstätte. Die Bauzeit der Kirche einschließlich des Westbaues liegt in der Zeit von 1170 bis 1230. Für Beselich sind bei Eleonore Landgraf vier verschiedene Muster katalogisiert.

Die ersten Fliesen in Beselich wurden im Jahre 1954 gefunden. Im Rahmen ihrer Dissertation führte Hilde Miedel mit einigen freiwilligen Helfern an drei Stellen Grabungen durch. Sie dienten in erster Linie dazu, den Grundriss der ehemaligen Klosterkirche zu ermitteln. Bei Grabungen an den Fundamenten der südlichen Stützenreihe konnten auch zusammen-hängende Teile des ursprünglichen Fliesenbodens freigelegt werden, der diagonal zur Ost-West-Achse verlegt war. Die Fliesen wiesen eine rote, creme-farbene und dunkelgraue Färbung auf. Weitere Fliesenbruchstücke befanden sich an verschiedenen Stellen im Schutt der Seitenschiffe.

Bei den aufgeprägten Mustern handelte es sich um die Darstellung eines *doppel- köpfigen Adlers* (B58*), einer *Flechtband- ornamentik* innerhalb eines *gezackten Quadrates* (N2*) und einer *Astroide* mit je einer stilisierten Lilie an jeder der vier Ecken (R10*).

Beim Eingraben von Zaunpfählen im Jahre 1978 wurden in Beselich freigelegte Fliesen- muster gefunden. Der doppelköpfige Adler wurde bisher nur hier und im Kloster Eberbach nachgewiesen.

Weitere vollständig erhaltene und verlegte ornamentierte Tonfliesen wurden im Jahre 1978 beim Eingraben von Zaunpfählen zur Begrenzung einer Viehweide in der Nähe der Klosterkirche gefunden. Dies war aber keine Erstverlegung, da die ornamen- tierten Fliesen ohne Ordnung zusammen mit glatten Fliesen verlegt waren und kein Bezug zu einem ehemaligen Gebäude hergestellt werden konnte.

Außer dem schon 1954 gefundenen Motiv des doppelköpfigen Adlers fand sich hierbei noch ein *Viertelsrond mit Lilienstab* (J76*) und ein weiteres *Flechtbandmuster* (N20*). Letzteres wurde bei Eleonore Landgraf noch nicht dem Fundort Beselich zugeordnet, so dass es sich bis hierher um fünf Beselicher Fliesenmuster handelte.

Die Klosterstätte indessen scheint immer wieder für eine Überraschung gut. Bei Tiefbauarbeiten innerhalb und außerhalb der Ruinen des Westbaues im Juli des Jahres 2001 kamen weitere Fliesen und Fliesenbruchstücke zu Tage. Die meisten waren nicht ornamentiert. Andere zeigten bereits bekannte tiefgeprägte Muster auf.

Beim Abladen des Aushubes in der Nähe der Baustelle kam eine Bodenfliese zum Vorschein, die weder vom Motiv noch von der Herstellungstechnik bisher dort nach- gewiesen werden konnte. Die in der Ver- gangenheit gefundenen ornamentierten Fliesen zeigten stets eine vertiefte Prä- gung auf. Bei der vorgefundenen – zum Glück unbeschädigt gebliebenen Fliese – war die Ornamentik erhaben als Relief ausgeführt. Während die vertieft geprägte Linienornamentik mit einem *Keramik- model* erzeugt wurde, formte man die Relieffliesen in ein *Holzmodel* ein, in dem das Negativ der Ornamentik eingeschnitzt war. Relieffliesen wurden auch zur De- koration von Wänden benutzt. Dies kann aber im vorliegenden Fall ausgeschlossen werden, da ein weiteres Bruchstück mit dieser Ornamentik auftauchte, auf dem das Relief sehr stark abgelaufen war.

Im Zuge der Tiefbauarbeiten tauchte dann noch das Bruchstück einer anderen Relieffliese mit einem weiteren Motiv auf. Beide Motive sind nicht im Katalogteil von Eleonore Landgraf enthalten und stellen somit eine kleine Sensation dar. Das bedeutet auch, dass sich die Anzahl der in Beselich gefundenen Muster auf sieben erhöht.

Sensationell sind auch Erkenntnisse aus einem schon einige Jahre zuvor bei Aufräumungsarbeiten in der Klosterruine gefundenen Fliesenbruchstück. Die Re- konstruktion ergibt die Form eines spitz- winkligen Dreiecks. Da sich diese Form nicht in den Verband von quadratischen Fliesen einordnen lässt, liegt der Schluss nahe, dass es sich um ein Fliesenstück aus einer Plattenmosaikrosette handelt, wie sie auch schon in Hadamar aufgetaucht ist.

C. GNADENTHAL

Für das ehemalige Zisterzienserinnenkloster sind von Eleonore Landgraf vier Fliesenmuster katalogisiert. Die ersten Fliesen wurden wohl schon im Jahre 1883 gefunden, weitere bei der Restaurierung des Äbtissinnenbaues 1986.

Das Kloster wurde 1235 gegründet und 1564 in ein adeliges Damenstift umgewandelt. Am Ende des Dreißigjährigen Krieges, im Jahre 1648, erfolgte die Umwandlung in ein Hofgut. Die Kirche diente fortan als Wirtschaftsgebäude. Seit einer Restaurierung vor einigen Jahren wird sie aber wieder für Gottesdienste benutzt.

Bei den Fliesen zeigen sich folgende Muster: Spitzoval mit *Füllornamentik* (H44*), *Viertelsrond mit Mittelstab* (J69*), *Viertelsrond mit Maßwerkornamentik* (L13*) und durch diagonale Linien entstandene Rauten (W95*).

D. ELKERHAUSEN

Bei der 1981 begonnenen Restaurierung der ehemaligen Wasserburg wurden Fliesen und Fliesenbruchstücke in drei verschiedenen Mustern gefunden. In seinem Buch «*Die Bau- und Kunstdenkmäler im Reg.-Bez. Wiesbaden*», Band III, aus dem Jahre 1907 erwähnt F. Luthmer «*einige Fliesen mit eingepresstem gotischen Muster*» im Obergeschoss des Gebäudes. Die Burg wird erstmals 1191 als Sitz der Herren von Elkerhausen erwähnt. Bereits 1342 kommt es zur Zerstörung großer Teile der Anlage durch Erzbischof Balduin von Lützelburg. Anfang des 15. Jahrhunderts baut eine Linie der Herren von Elkerhausen die Burg in einem kleineren Umfang wieder auf und lässt sich hier nieder.

Die Fliesen gehören wahrscheinlich zwei verschiedenen Epochen an. Zwei von

ihnen dürften in der Zeit vor der Zerstörung verlegt worden sein. Sie tauchen auch im Runkeler Burgmannenhaus auf. Die dritte Fliese könnte von einem Umbau im späten 15. oder frühen 16. Jahrhundert stammen. Die Fliesen waren mit den folgenden Mustern geprägt: *Viertelsrond mit Maßwerkornamentik* (L12*), *Vollkreis mit Durchdringung einer Astroide* (L36.1*) und *Spitzoval mit Füllornamentik* (H57*).

E. RUNKEL

Als das ehemalige Burgmannenhaus in Runkel im Jahre 1980 restauriert wurde, tauchten im Haus und unter der Hoffläche ca. 20 Fliesenbruchstücke mit zwei verschiedenen Mustern auf. Es handelt sich, wie schon zuvor erwähnt, um Fliesen mit den beiden für die ehemalige Wasserburg Elkerhausen beschriebenen Prägungen (L12* und L36.1*). Angeblich besaßen die Herren von Elkerhausen ein Burgmannenhaus in Runkel. Dies mag der Grund für die prägegleichen Fiesen sein.

F. LIMBURG

In Limburg konnten an drei verschiedenen Orten mittelalterliche Fliesen aufgedeckt werden. Es ist überliefert, dass bei der Restaurierung des Domes im Restbau des ehemaligen Kreuzgangs Bruchstücke von ornamentierten Fliesen gefunden wurden. Es soll sich dabei um das schon in Elkerhausen und Runkel gefundene Muster eines *Viertelsrond mit Maßwerkornamentik* (L12*) handeln. Die von Luthmer erwähnten Tonfliesen in der ehemaligen Schlossküche mit einem «*schönen Muster aus dem 13. Jahrhundert*» sind vermutlich 1909 bei der Erneuerung des Fußbodens entfernt worden. Möglicherweise handelte es sich um das schon im Kreuzgang gefundene Muster. Konkret tauchten Bruchstücke dieser Fliese dann auch 1976/77 bei Umbau und Restaurierung des Hauses Römer 1 (ehemaliges Burgmannenhaus) auf. Der rückwärtige Teil ist auf 1296 datiert, die Entstehung des Vorderhauses wird mit 1520 angegeben.

Auch am Fundort Limburg lässt sich eine direkte Verbindung zum Zisterzienserkloster Eberbach herstellen. Die Mönche gründeten um 1250 in der Erbach (Nähe alte Lahnbrücke) eine Niederlassung als Limburger Stadthof. Er diente auch dem wirtschaftlichen Austausch von Waren. Möglicherweise sind auch die mittelalterlichen Fliesen über diese Einrichtung nach Limburg gekommen. Die Kapelle wurde erst im Jahre 1322 gebaut.

G. DEHRN

In der Dehrner St. Nikolaus Kapelle wurden die Fliesen im August des Jahres 2001, wie schon in vielen anderen Fällen, bei Ausschachtarbeiten im Zuge von Baumaßnahmen aufgedeckt. Sie lagen ca. 35 Zentimeter unter dem neuzeitlichen Bodenniveau.

Die Entstehungszeit der Kapelle ist das 12. Jahrhundert. Im Zuge einer Renovierung 1650 wurde der ursprüngliche Chor abgebrochen und durch einen größeren ersetzt. Die Einweihung erfolgte 1652. Die aufgedeckten Fliesen wurden in dieser Zeit verlegt, dürften aber aus dem 15. Jahrhundert stammen.

Die ausschließlich im Chorbereich aufgefunden Fliesen waren mit einer einfachen Ornamentik geprägt. Es handelt sich dabei um ein *Viertelsrond mit Ranken* und *spitzer Mittelknospe* (K5*). Fliesen mit dem gleichen Motiv waren auch schon zuvor unter vielen anderen in Hadamar aufgedeckt worden.

Fliesenmuster aus der Liebfrauenkirche in Hadamar und der St. Nikolaus Kapelle in Dehrn.

SCHLUSSWORT

Viele der Fliesenmuster sind nicht isoliert an einem Ort verlegt, sondern finden sich in der näheren Umgebung wieder. Selbst wenn es keine Verbindungen innerhalb des Kreisgebietes gibt, finden wir doch eine solche zu überregionalen Klostermanufakturen wie z. B. zum Kloster Eberbach im Rheingau.

Quellenangaben:

* Die Bezeichnungen sind dem Katalogteil von Eleonore Landgraf entnommen.

Bandur, N., Neue Bodenfunde in der Klosterruine Beselich. In: Jahrbuch für den Kreis Limburg-Weilburg 2002. Hg. vom Kreisausschuss (Kreisheimatstelle) des Kreises Limburg-Weilburg. Limburg-Weilburg 2001.

Großmann, G. U., Limburg a. d. Lahn. Marburg 2000.

Gundermann, E., Ornamentierte Bodenfliesen - Funde auf der Burg Königstein, in Archäologie um Königstein. Königstein 1982.

Landgraf, Elenore, Ornamentierte Fliesen des Mittelalters, Band I - III, Stuttgart 1993.

Van Lemmen, H., Fliesen in Kunst und Architektur. Stuttgart 1994.

Luthmer, F., Die Bau- und Kunstdenkmäler im Reg.-Bez. Wiesbaden, Band III. Wiesbaden 1907.

Miedel, Hilde, Die Prämonstratenser – Klosterkirchen Arnstein, Beselich und Brunnenburg im Lahntal. Inaugural – Dissertation. Frankfurt 1956

Weimer, Josef, Bautagebuch der St. Nikolaus Kapelle Dehrn. Elz 2002.

ROMANISCHES TAUFBECKEN IN LINDENHOLZHAUSEN

VON JOSEF J. G. JUNG

Im Zentrum der im Jahre 1979 eingeweihten neuen Pfarrkirche St. Jakobus in Limburg-Lindenholzhausen befindet sich vor der mächtigen Säule ein über 800 Jahre altes sakrales Ausstattungsstück: das romanische Taufbecken aus Eifeler Basaltlava. Nach dem *Handbuch der deutschen Kunstdenkmäler für Hessen* von Georg Dehio und Magnus Backes handelt es sich hier um ein Werk des 12./13. Jahrhunderts. Der bekannte frühere Villmarer Steinmetzmeister Jakob Müller, der es 1978/79 restauriert hatte, vermutete die Anfertigung in der frühromanischen oder gar in der karolingischen Epoche. Jedenfalls handelt es sich bei diesem Taufbecken wohl um das älteste im Kreis Limburg-Weilburg, das noch in Gebrauch ist. Die ebenfalls der Romanik zugeordneten Taufbecken der Blasiuskapelle bei Frickhofen und der Kirche von Obershausen bei Weilburg werden nicht mehr benutzt. Die Taufsteine in Dietkirchen, im Limburger Dom und in Lahr sind in spätromanischer Zeit entstanden und somit jünger.

Das auf einer angepassten neuen Konsole befindliche Lindenholzhäuser Taufbecken hat eine Höhe von 48 Zentimetern und oben einen äußeren Durchmesser von 95 Zentimetern sowie einen inneren Durchmesser von

Das romanische Taufbecken des 12./13. Jhs. in der neuen Pfarrkirche St. Jakobus in Limburg-Lindenholzhausen.
Foto:
Foto-Heinz, Limburg

63 Zentimetern, so dass sich eine Wandstärke von 16 Zentimetern ergibt. Die Tiefe der Auswölbung, die nunmehr eine verzinkte Wanne für das Taufwasser enthält, beträgt 32 Zentimeter. Den äußeren Beckenrand zieren oben zwei parallel verlaufende eingravierte Linien, unter denen sich ein eingemeißelter Scheibenfries befindet. Die zehn Scheiben dieses Frieses weisen jeweils einen Durchmesser von 24 Zentimetern auf. Ansonsten hat das Taufbecken kein weiteres bildhauerisches Dekor vorzuweisen. Es entspricht somit in dieser einfachen und klaren Form dem Stil seiner Entstehungszeit.

Ungeklärt ist bis heute die Frage nach dem ursprünglichen Standort dieses sakralen Kunstwerkes. Vielleicht stammte es aus Dietkirchen und war der Vorgänger des dortigen jüngeren Taufsteins. Es kann aber auch im Mittelalter für die 1323 erstmals erwähnte Rübsanger St. Albanskirche, die sich auf dem heutigen Lindenholzhäuser Friedhof befand, angeschafft worden sein. Jene hatte nämlich die Funktion einer Kurat- oder Seelsorgekapelle für die diesseits der Lahn gelegenen Filialen der Dietkirchener Pfarrkirche, welche wegen der Entfernung und insbesondere wegen des jährlichen Eisgangs und des Hochwassers der Lahn im Winter und im Frühjahr oft nur schwerlich zu erreichen war. Solche von der eigentlichen Pfarrkirche entlegenen Gotteshäuser erhielten in früheren Jahrhunderten mitunter wohl zeitweise Tauf- und Beerdigungsrecht. So wird bereits 1420 als Begräbnisstätte der *Kirchhof* um die Albanskirche genannt.

Bei dem romanischen Taufbecken handelte es sich offensichtlich um jenes, das

Johannes Thelen, der von 1651 bis 1654 und von 1658 bis 1676 Stiftskanoniker und Pfarrer in Dietkirchen war, zwischen 1658 und 1660 in der Filialkapelle St. Jakobus in Lindenholzhausen aufstellen ließ. Pfarrer Thelen und dessen Nachfolger Philipp Hermann Lein (1676 - 1683) gewährten damals ihrem Kaplan Johann Jakob Flügel, Stiftsvikar in Dietkirchen (1673 - 1719), hinsichtlich des Pfarrdienstes in Lindenholzhausen, das damals noch keine eigenständige Pfarrei war, weitgehende Selbstständigkeit. So taufte dieser auch hier im Ort, so dass die Täuflinge nicht mehr wie ursprünglich üblich nach Dietkirchen zur Taufe gebracht werden mussten.

Der sehr rührige, aber strenge Stiftskanoniker Caspar Schorn († 1702), der 1683 das Amt des Pfarrers von Dietkirchen übernommen hatte, verbot noch im gleichen Jahr dem Kaplan das Taufen in Lindenholzhausen und verlangte außerdem die Rückführung des Taufbeckens nach Dietkirchen. Dass die hiesigen Pfarrangehörigen daraufhin verärgert reagierten, ist verständlich. Johannes Dornuff (1645 - 1729), der in Lindenholzhausen wohnende Schultheiß des kurtrierischen Kirchspiels Lindenholzhausen, zu dem auch Eschhofen, Mühlen und Dietkirchen gehörten, rief sogleich eine Versammlung der *Kirchspielgenossen* in Eschhofen ein, in der es zu dem einstimmigen Beschluss kam: «Wer in Zukunft den Pfarrer Schorn zu Hochzeit, Taufe oder einem anderen Schmaus einlädt, wird mit 4 Gulden bestraft».[1] Das war damals ein stattlicher Geldbetrag. Hinsichtlich des Taufens setzte sich letztlich Pfarrer Schorn mit seiner Forderung durch; das Taufbecken verblieb aber gegen seinen Willen in Lindenholzhausen. Und hier wurde wohl etwa zehn Jahre später auch wieder getauft.

Nach dem Abbruch der alten Kapelle in Lindenholzhausen erfolgte die Übernahme des romanischen Taufbeckens in das an gleicher Stelle 1698 neu erbaute Gotteshaus. Dieses erhielt 1725 den Rang einer Pfarrkirche, denn Lindenholzhausen löste sich in jenem Jahr von der Mutterpfarrei Dietkirchen und wurde eigenständige Pfarrei. In dem Kirchenneubau fand das Taufbecken bis zur Anschaffung des barocken kelchförmigen Taufsteins aus rotem Lahnmarmor im Jahre 1758 Verwendung. Das damals nicht mehr für zeitgemäß angesehene romanische Taufbecken wurde sodann wohl in die Albarskirche deponiert und nach deren Abbruch in den Jahren 1806/07 auf dem dortigen Friedhofsgelände aufgestellt. Hier befand es sich – den Witterungseinflüssen ausgesetzt – bis 1978. Unter Pfarrer Willi Siegmund von Lindenholzhausen (1970 - 2004) erfolgte die Übernahme dieses Taufbeckens in die neue Pfarrkirche, wo es seitdem wieder seine ursprüngliche Bestimmung erfüllt.

[1] *Eichhorn, St. Jakob Lindenholzhausen, S. 40 dem Eintrag aus dem Taufbuch (K 1) von Dietkirchen, S. 8, folgend.*

Literatur:
Crone, Marie-Luise, Dietkirchen. Geschichte eines Dorfes im Schatten des St. Lubentiusstifts. Limburg 1991.

Dehio, Georg und Backes, Magnus, Handbuch der Deutschen Kunstdenkmäler – Hessen. Berlin-München 1982.

Eichhorn, Egon, St. Jakob Lindenholzhausen, St. Alban + Rübsangen. Geschichte der Kirchen und Pfarrei Lindenholzhausen. Wiesbaden 1967.

Jung, Josef J. G., Das Gemeindezentrum. Kirche und Pfarrzentrum – Gemeinschaftshaus (in Lindenholzhausen). In: Egon Eichhorn, Hellmuth Gensicke, Josef J. G. Jung u. a., Lindenholzhausen. Beiträge zur Geschichte des Dorfes und der Wüstungen Rübsangen und Vele. Limburg-Lindenholzhausen 1993, S. 215 ff.

Struck, Wolf-Heino, Das Stift St. Lubentius in Dietkirchen. (= Germania Sacra NF 22: Die Bistümer der Kirchenprovinz Trier, das Erzbistum Trier 4) Berlin - New York 1990.

Erhaltene mittelalterliche Glocken im Landkreis Limburg-Weilburg

Von Bernhard Hemmerle

Mittelalterliche Glocken
Glockengießer im heimischen Raum

Spätestens seit Beginn des 12. Jahrhunderts sind Glockengießer an den Bischofssitzen der rheinischen Bistümer Köln, Mainz und Trier ansässig, um von dort aus das jeweilige Bistumsgebiet zu betreuen. Da die Trierer Gießer ihren Arbeitsbereich zunächst nur bis zum Rhein ausdehnen, wurde der rechtsrheinische Teil des Trierer Bistumsgebietes von Mainzer und Kölner Gießern versorgt. Dabei bildet die Lahn in der Regel die Grenze für deren Arbeitsbereiche. Aus jener Zeit sind im Kreisgebiet nur einzelne Glocken erhalten geblieben. Da diese Glocken nicht signiert sind, ist die Zuschreibung an einen Gießer nicht möglich. Dies ändert sich jedoch ab dem 14. Jahrhundert, da sich nun die Glocken durch ihre Form, die Gestaltung, der Zier und des Schmuckes, durch Inschriften und/oder Gießervermerke einer Werkstatt oder einem Gießer zuordnen lassen. Das 15. Jahrhundert ist als die Blütezeit des Glockengusses anzusehen. Die Entwicklung der gotischen Glockenrippe, die den Bienenkorb- und Zuckerhutglocken musikalisch weit überlegen war, führt dazu, dass man nach und nach vorhandene Glocken durch neue ersetzt. Wenn man davon ausgeht, dass mittlerweile fast alle Kirchen Glocken besaßen, kann man den Bedarf erahnen. Die Nachfrage nach neuen Glocken führt auch dazu, dass ehemalige Kölner Gießer nun mit eigenen Werkstätten Fuß fassen können. So *Tilman von Hachenburg* in Andernach und später in Montabaur, *Johan Bruwiler* und *Teil van Keppel* zunächst im kurtrierischen Gebiet

des Westerwaldes, später in Nassau und im Solmser Land. Die Nachfolger des *Tilman von Hachenburg, Johan van Andernach (I), Johan van Overroide, Peter van Echternach und Johan van Andernach (III)*, führen die Tradition der Andernacher Werkstatt bis 1543 weiter. Mit *Heinrich van Prüm* (Glocken 1494-1513) dringt erstmals ein Trierer Meister entscheidend über den Rhein vor und dehnt seinen Arbeitsbereich sogar bis in die Region Dillenburg aus. Der Mainzer *Conrat von Westerburg* liefert 1496 Glocken nach Limburg-Offheim und Hadamar-Niederhadamar. Belege für die Tätigkeit Frankfurter Gießer jener Zeit finden wir mit der Glocke aus dem Jahre 1517 von *Meister Steffan* in Mengerskirchen-Dillhausen. Mitte des 16. Jahrhunderts ist die Zeit der großen Glockennachfrage vorbei, und viele Werkstätten stellen daraufhin ihre Tätigkeit ein. In Köln bleibt die *Overroide-Werkstatt* bestehen, deren Meister sich nun *von Coellen* nennen. Ihre Meister *Johan von Coellen* (Glocke 1548 Hadamar-Niederzeuzheim), *Derich* und *Heinrich von Coellen* übernehmen in der Folgezeit wieder das rechtsrheinische kurtrierer Gebiet, während Mainzer Gießer den westlichen Taunus und das untere Lahngebiet beliefern.

Die Werkstätten

Cristian Duisterwalt von Köln

Er steht in der Nachfolge seines Vaters Johan und verwendet, wie andere Mitglieder der *Duisterwalt-Werkstatt,* den vom Vater (Glocken ab 1380) eingeführten Glockenspruch in deutscher Sprache:

«*(maria) heisen ich tzo gotz deinst luit man mich dunre ind ungeweder verdriven ich den leven ind doeden luden ich iohann dusterwalt gois mich.*» Oft wird wegen des begrenzten Platzes nur ein Teil des Verses verwendet. Weitere Merkmale der Werkstatt: Minuskeltype, fünfblättrige Rosette einer Mispelblüte, Kruzifix- und Heiligenreliefs.

Glocke: 1444, Weilmünster-Langenbach, Ev. Pfarrkirche.

Ev. Pfarrkirche Weilmünster-Langenbach.
Die Glocke von 1444 von Christian Duisterwalt
zeigt in einem Relief den Gekreuzigten,
darunter den hl. Antonius
mit Nimbus, Kutte und Stab.
Neben ihm ein Strauch mit einem Schwein.

JOHAN BRUWILER
(Glocken 1445 - 1457)

Als Mitglied der Kölner *Duisterwalt-Werkstatt* gießt er u. a. Glocken für Hadamar-Niederzeuzheim (*1447) und Langendernbach. Charakteristisch für *Bruwiler* ist eine gut lesbare Minuskel von 22 Millimeter Höhe, die Verwendung des rheinischen Glockenspruches «+ *(maria) heissen ich yohan bruwilre gois mich.*» Allerdings schreibt *Bruwiler* anstelle «*anno domini*» («*im Jahre des Herrrn*») «*sub anno domini*» («*unter dem Jahr des Herrn*»). Als Worttrenner werden fünfblättrige Rosetten einer Mispelblüte verwendet. In den Jahren 1447/48 scheint es zu Veränderungen im Leben *Johan Bruwilers* gekommen zu sein. So zeigt die Niederzeuzheimer Glocke eine lateinische Inschrift, bei der sicherlich ein Geistlicher Pate gestanden hat. Wenig später verlagert *Bruwiler* seinen Arbeitsbereich in die Region Dillenburg und gießt 1449 mit *Teil van Keppel* zwei Glocken für die Stadtkirche in Haiger. Danach bricht *Johan Bruwiler* mit der Kölner Tradition in mehreren Punkten. So verwendet er anstelle der deutschen Inschriften einen lateinischen Hexametervers (teilweise auch nur in Ausschnitten):

«*Sit aura pia dominum rogat ista maria est sua vox bambam potens repellere satan tonitrum rumpo mortum defleo sacrilegium voco.*» («*In freier Übersetzung: Die Luft/das Wetter sei mild, so bittet diese Maria den Herrn, ertönt diese Stimme bambam, vertreibt sie den Satan, auch Donner ich vertreibe, den Toten ich beweine, den Sünder rufe ich*»).

Daneben zeigen die Glocken eine neue Zier.

Glocke: 1447, Hadamar-Niederzeuzheim, Kath. Pfarrkirche

DIE ANDERNACHER WERKSTATT

TILMAN VON HACHENBURG
(ca. 80 Glocken 1444 - 1486)

JOHAN VAN ANDERNACH (I)
(unbez. Glocken 1475 - 1488,
signierte Glocken 1488 - 1496)

Tilman gehört zunächst einer Kölner Gießerwerkstatt an; er verlegt um 1450 seine Werkstatt nach Andernach und wechselt Mitte der 60er Jahre nach Montabaur, während die gemeinsame Werkstatt in Andernach von seinem Schüler *Jan van Andernach (I)* weitergeführt wird. *Tilman* betreut vor allem das rechtsrheinische Gebiet des Trierer Erzbistums. Seine Aufträge liegen vor allem im Westerwald, während *Johan van*

Diese Glocke von 1475 aus der Werkstatt des Tilman von Hachenburg befindet sich in der ev. Pfarrkirche Löhnberg-Niedershausen.

Andernach (I) von Andernach aus Aufträge im linksrheinischen Gebiet des Trierer Bistums ausführt. Allerdings folgt *Johan von Andernach* der auch andernorts belegten Tradition der Glockengießer, Glocken nicht zu signieren, solange der Werkstattmeister noch lebt; diese Glocken tragen die Inschrift «*in andernach gois man mich*» (Glocken 1475 - 1487). Dennoch lassen sich auch die unbezeichneten Glocken durch ihre Zier und die Verwendung der *Model* der Andernacher Werkstatt zuordnen. Nach dem Tode *Tilmans von Hachenburg* (ca. 1488) übernimmt *Johan van Andernach* die Werkstatt, wobei der Standort Montabaur wohl aufgegeben wird.
Glocke: 1475, Löhnberg-Niedershausen, Ev. Pfarrkirche

HEINRICH VAN PRÜM
(31 Glocken 1494 - 1513)

Heinrich ist Mitglied der Trierer Werkstatt *van Prüm*. Sein Arbeitsbereich lag zunächst im heutigen Kreis Ahrweiler und in der Region Koblenz. Später dehnt er sein Wirken über den Rhein hinaus bis Dillenburg aus. Seine Glocken zeigen eine Vermehrung der Zierstege; des Weiteren nimmt die Zahl der aufgegossenen Wallfahrtzeichen zu.
Glocke: 1509, Stadt- und Schlosskirche Weilburg

CONRAT ZU MENCE

Im Zunftbuch der Stadt Mainz wird er von 1496 bis 1516 als *Kannengießer* bezeugt.
Glocke: 1496, Limburg-Offheim, Kath. Pfarrkirche

MEISTER KILIGAN

Über den Gießer liegen bisher noch keine Forschungsergebnisse vor.
Glocke: 1513, Hadamar-Steinbach, Kath. Pfarrkirche

Nassauische
Neue Presse

Donnerstag, 10. März 2005
Jahrgang 60 · Nr. 58

D 4529 A
€ 1,00

Frankfurter Neue Presse

**u Besuch
ei Dr. Sex**

cher: T.C. Boyle
opft sich Kinsey vor

Kultur Seite 7

**Millionen
verpulvert**

Warum viele Klagen gegen
den Flughafen sinnlos sind

Seite 3

**Ein Chauffeur
für alle Fälle**

„Alfie" mit Jude Law
startet in den Kinos

Kultur Seite 1

**Streit um
Kandidaten**

"PD uneins über
Wen... .fragten

Seite 4

Gipfel am 17. März: Schröder lädt Merkel, Stoiber – und Fischer

Affront gegen die FDP

Berlin. Mehr als ein Jahr nach den Verhandlungen über die Agenda 2010 werden Regierung und Opposition erstmals wieder auf Spitzenebene über gemeinsame Beschlüsse für mehr Wachstum und Arbeitsplätze beraten. Bundeskanzler Gerhard Schröder lud die Vorsitzenden von CDU und CSU, Angela Merkel und Edmund Stoiber, für Donnerstag nächster Woche (17. März) zu einem Gespräch ein. Die Unionsspitze nahm die Einladung an.

Laut Regierungssprecher

gestern in vorab veröffentlichter Text von Schröders Eröffnungsrede für die Computermesse Cebit in Hannover: Danach wollte der Kanzler nun doch Maßnahmen zur Ankurbelung von Konjunktur und Arbeitsmarkt ankündigen. In seiner Rede ließ Schröder später aber die entscheidende Passage aus, nach der er laut Redetext erklären sollte, die Schritte zur Fortsetzung der Agenda 2010 werde er im Bundestag vorstellen und dann mit der Unionsführung besprechen.

**Heimischer
Architekt
als Sieger**

Brechen. Das heimische Architekturbüro André und Erich Kramm hat den europaweit ausgeschriebenen Architektenwettbewerb für die geplante Mehrzweckhalle in Niederbrechen gewonnen. Aus fast 1200 Bewerbern waren 30 Büros für die Teilnahme ermittelt worden. Die mit vier Millionen Euro veranschlagte Sport- und Kulturhalle, soll Anfang 2007 fertig sein. ▶ Lokales

Ukraine v

Mitglied der

Berlin. Der ukrainische Präsident Viktor Juschtschenko hat Deutsch-...

1200 Büros aus ganz Europa wollten vier Millionen Euro teure Sporthalle in Niederbrechen bauen

André Kramm siegte im Architektenwettbewerb

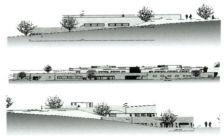

Das preisgekrönte Modell für die geplante Mehrzweckhalle in Niederbrechen stellten Architekt André Kramm, Bürgermeister Werner Schlenz, Thomas Kühr von der Bauwert Projekt Consult und der Vorsitzende der Gemeindevertretung, Karlheinz Ebel (von links) vor.
Fotos: Königstein (3)

MEISTER STEFFAN A(PPEL) VON BINGEN
(21 Glocken 1512 - 1520)

Geschütz- und Glockengießer in Frankfurt, wird dort stets *Stefan Glockengießer* genannt. 1514 erwirbt er das Bürgerrecht, 1515 wird er als städtischer Büchsenmeister angenommen. 1520 tritt er in den Dienst des Grafen *Ernst zu Mansfeld-Heldrungen*. 1521 wird er als tot erwähnt. Er signiert seine Glocken mit: *«(Meister) Steffan (von Bingen) zu Frankfurt.»*
Glocke: 1517, Mengerskirchen-Dillhausen, Kath. Pfarrkirche

JOHAN VAN TRIER
(Johan van Coellen/Collen, Johan van Düren)
(Glocken 1462 - 1502)

Mit *Johan van Trier (I)* beginnt die Tradition der Glockengießerfamilie *van Trier* in Trier. Ihm folgen u. a. sein *Sohn Gregor van Trier (I)* (Glocken 1472 - 1518), der nach 1482 in Aachen tätig wird (dort Ahnherr der *Aachener Werkstatt*) und sein Enkel *Johan van Trier (II)* (Glocken 1514 - 1541) in Trier. *Johan van Coellen* wird 1445 als Trierer Bürger erwähnt. Er kann sich offensichtlich nicht gegen die einheimischen Gießer durchsetzen und wechselt um 1465 mit seinem Sohn *Gregorius (Joris)* nach Düren. Er nennt sich anfangs auf seinen Glocken nach seinem Herkunftsort *von Trier*, später nach seinem neuen Wirkungsort *von Düren. Johan van Düren* löst später seine Werkstatt in Düren auf und begründet in Nassau eine neue Gießerei.
Glocke: 1492, Merenberg-Allendorf, Ev. Pfarrkirche

JOHAN VON COELLEN
(14 Glocken 1536 - 1548)

Der Gießer ist eindeutig der *Overroide-Werkstatt* in Köln zuzuordnen. Allerdings gibt es keinen konkreten Hinweis, ob er ein Mitglied der Familie *Overroide* war oder einheiratete. Er setzt zu dem Kreuzblumen-fries immer ein Renaissanceband unterhalb der Schriftenzeile. Eine entscheidende Neuerung bedeutet der Einsatz von größeren, christologisch bestimmten Darstellungen mit Passionsszenen in den beiden letzten Schaffensjahren. Hier ist der reformatorische Einfluss spürbar.
Glocke (Fragment): 1548, Hadamar-Niederzeuzheim, heute im Diözesanmuseum Limburg

Die Glocke aus dem Jahre 1548 von Johan von Coellen ist lediglich als Fragment erhalten. Sie verfügt über eine Sechshenkelkrone, die mit Masken verziert ist.

KATALOG DER ERHALTENEN GLOCKEN

Limburg, Dom St. Georg
Die unten abgebildete Sturmglocke *(Sterm)* wurde 1200 - 1250 gegossen, unbezeichnet, Zuckerhutform, 570 kg,

1031 mm △, Nominal: g´ +2 / -2 streuend [1]
Waldbrunn-Lahr, Kath. Pfarrkirche
St. Johannes
Glocke: um 1400, unbezeichnet, 370 kg,
880 mm △, Nominal: b´ + 6

Limburg-Ahlbach, Kath. Pfarrkirche St.
Bartholomäus
Glocke: 1406, ca. 115 kg, 590 mm △,
Nominal: g´´ - 12

Weilmünster-Langenbach, Ev. Pfarrkirche
Glocke: 1444, Cristian Duisterwalt,
810 mm △

Waldbrunn-Hintermeilingen, Kath. Pfarrkirche Maria Verkündigung
Glocke: 1446, unbezeichnet, 100 kg,
545 mm △, Nominal: c´´ -2

Limburg, Dom St. Georg
Glocke: 1447 (Uhrglocke), unbezeichnet,
ca. 260 kg, 673 mm △, Nominal: d´´+9

Waldbrunn-Lahr, Kath. Pfarrkirche
St. Johannes
Glocke: 1447, Tilman von Hachenburg,
664 kg, 1055 mm △, Nominal: g´ +3

Hadamar-Niederzeuzheim, Kath.
Pfarrkirche St. Petrus
Glocke: 1447, unbezeichnet, Gießer:
Johan Bruwiler, ca. 500 kg, 945 mm △,
Nominal: gis´ -2

Elz-Malmeneich, Kath. Pfarrkirche St.
Nikolaus
Glocke: 1448, unbezeichnet, 80 kg,
460 mm △, Nominal: h´´ -2

Hadamar, Liebfrauenkirche
Glocke: 1451, Tilman von Hachenburg,
ca. 1450 kg, 1340 mm △, Nominal: es´ +3
Es handelt sich um die klangschönste
historische Glocke im Limburger Raum.

Mengerskirchen-Dillhausen, Kath.
Pfarrkirche St. Laurentius
Glocke: 1451, unbezeichnet, ca. 180 kg,
667 mm △, Nominal: es´´ +9

Löhnberg-Niedershausen, Ev. Pfarrkirche
Glocke: 1475, unbezeichnet,
Werkstatt des Tilman von Hachenburg,
Nominal: f´´ -6

Merenberg-Allendorf,
Ev. Stephanus-Kirche
Glocke: 1492 , Johan von Düren,
Nominal: h´

Limburg-Offheim,
Kath. Pfarrkirche St. Servatius
Glocke: 1496, Conrat von Westerburg,
450 kg, 886 mm △, Nominal: a´ +9

Hadamar-Steinbach, Kath. Pfarrkirche
Glocke: 1513, Meister Kiligan, ca. 160 kg,
632 mm △, Nominal: f´ -2

Weilburg, Stadt- und Schlosskirche
Glocke: 1509, Heinrich van Prüm,
ca. 1500 kg, 1370 mm △, Nominal: dis´

Mengerskirchen-Dillhausen,
Kath. Pfarrkirche St. Laurentius
Glocke: 1517, Meister Steffan, ca. 140 kg,
615 mm △, Nominal: f´´ +11

Hadamar-Niederzeuzheim,
Kath. Pfarrkirche St. Petrus
(die Glocke befindet sich heute im
Diözesanmuseum Limburg)
Glocke: 1548 (Fragment),
Johan von Coellen, ursprünglich 1200 kg,
1270 mm Ø

---

[1] *Nominal, auch Schlagton genannt, der der Glocke
  ihren Tonnamen gibt.*

Literatur (Auswahl)

*Foersch, Hubert, Limburger Glockenbuch, Glocken
und Geläute im Bistum Limburg, Limburg 1997.*

*Hemmerle, Bernhard, Erhaltene mittelalterliche
Glocken im Westerwald - Kreis, eingestellt auf der
Homepage des Verfassers.*

*Köster, Kurt, Meister Tilman von Hachenburg.
Studien zum Werk eines mittel-rheinischen
Glockengießers des 15. Jahrhunderts. In: Jahrbuch
der Hess. kirchengeschichtlichen Vereinigung. Bd. 8
(1957).*

*Poettgen, Jörg, Kölner Glockengießer in Hessen.
Künstlerwanderungen im Spätmittelalter am Beispiel
der Kölner Meister Johan Bruwiler, Teil van Keppel
und Tilman von Hachenburg. In: Jahrbuch für
Glockenkunde 1-2 Band. Greifenstein 1989/90.*

*Ders., Glocken der Spätgotischen Werkstätten 1380
- 1550, In: Geschichtlicher Atlas der Rheinlande XII 4.*

ERNST TOEPFER – MALERISCHE IMPRESSIONEN DES NASSAUER LANDES

VON ULLRICH DAHINDEN

Unter dem Motto: «*Malerische Impressionen des Nassauer Landes*» zeigten die Runkeler Kunstfreunde zusammen mit der Stadt Runkel im Herbst des vergangenen Jahres Architektur- und Landschaftsimpressionen der heimischen Region aus dem reichen Schaffen des Idsteiner Malers Ernst Toepfer. Intensive Vorbereitungen erforderte diese als Besonderheit in der Reihe der jährlichen Kunstausstellungen im Runkeler Rathaus konzipierte Präsentation eines hochkarätigen heimischen Künstlers. Ernst Toepfer teilt das Schicksal vieler Künstlerpersönlichkeiten des ausgehenden 19. Jahrhunderts, deren Bekanntheitsgrad sich trotz hoher Qualität der künstlerischen Arbeit nur auf einen regionalen Zusammenhang beschränkt.

Ernst Toepfer, der am 4. Juni 1878 in Wiesbaden geboren wurde, gehört ohne Zweifel zu den profiliertesten Malern unserer nassauischen Heimat. Seine Kindheit und Jugend verbrachte er in seiner Geburtsstadt. Von 1893 bis 1895 besuchte der junge Toepfer die private Mal- und Zeichenschule des akademischen Zeichenlehrers H. Bouffier in Wiesbaden. Dieser attestierte seinem Schüler: «*...recht gutes Auffassungsvermögen und recht gutes Können, gepaart mit grossem Fleisse*».

Es folgten bis Mitte 1898 Studienjahre an der Großherzoglichen Akademie der bildenden Künste in Karlsruhe. Der dortige Direktor Leopold von Kalckreuth bescheinigte dem jungen Künstler: «*Talent, Fleiß, gute Fortschritte sowie musterhaftes Betragen.*»

Um sein Können zu vervollkommnen, nahm er 1898 ein für ihn künstlerisch prägendes zehnjähriges Studium an der *Königlich Akademischen Hochschule der bildenden Künste* in Berlin-Charlottenburg auf. Zwei herausragende Namen des Berliner Kunstbetriebes, an denen sich Toepfer orientierte, waren der Akademiedirektor Professor Anton von Werner (1843 - 1915) und der für ihn stilbildende Adolph von Menzel (1815 - 1905). Ende 1908 verließ er die Akademie als Meisterschüler mit eigenem Atelier.

Seine spätere Ehefrau Maria Theresia Klaus lernte Toepfer während eines Malausfluges in Brandenburg kennen. Im Jahre 1909 heiratete das Paar in Berlin. Es bestand der beiderseitige Wunsch, in die nassauische Heimat des Malers zurückzukehren. Nach längerem Suchen fand sich 1910 in Idstein das passende Objekt ihrer Wünsche. Liebevoll restauriert, ausgestattet mit altem Mobiliar und historischem Hausrat, diente es der wachsenden Familie als Domizil. Nach seiner Militärzeit und Teilnahme am Ersten Weltkrieg kehrte er, nun 40-jährig, in seine neue alte Heimat zurück.

Als realistischer Impressionist ist Ernst Toepfer in seinen Stilformen ein Künstler des ausgehenden 19. Jahrhunderts. In seinen Arbeiten werden einige der großen Kunstrichtungen seiner Zeit gestreift. Man spürt, wie Toepfer die Strömungen genau beobachtet und vieles davon für sich verarbeitet. So tauchen bei ihm häufig Anklänge an Lovis Corinth, Karl Blechen, Wilhelm Leibl und Carl Schuch auf. An neuen Tendenzen hat sich Toepfer nicht orientiert, er pflegte dagegen in seinem abgeschiedenen Malerdomizil ganz bewusst seinen Stil. Dank seines großen

WEILBURGER Coatings
EIN UNTERNEHMEN DER GREBE GRUPPE
"Kompetenz aus gutem Hause"

Die WEILBURGER Coatings GmbH, das Stammhaus der GREBE GRUPPE, hat sich seit ihrer Gründung im Jahre 1900 von einem kleinen Lohnfertigungsbetrieb zu einem bedeutenden Hersteller von industriellen Beschichtungsstoffen entwickelt. 1936 wurde das Unternehmen von Jakob Grebe erworben und befindet sich bis heute im Familienbesitz.

Die WEILBURGER Coatings entwickelt in ihren Laboratorien marktgerechte Beschichtungskonzepte, bei denen Wirtschaftlichkeit, Umweltverträglichkeit und technische Leistungsfähigkeit im Vordergrund stehen. Der hohe Ausbildungsstand unserer Mitarbeiter in Forschung und Entwicklung bietet die Gewähr für ständige Innovation.

Die WEILBURGER Coatings produziert nach modernsten Gesichtspunkten etwa 6500 t Industrielacke jährlich und konzentriert sich mit ihrem Vertriebskonzept heute auf eine Reihe von industriellen Marktsegmenten, in denen sie nicht nur in Europa, sondern auch weltweit tätig ist. Dazu zählen in erster Linie die Bereiche Haushaltsgeräte- und Ofenindustrie mit Antihaft- und hochhitzebeständigen Lacken, die Unterhaltungselektronik- und Schienenfahrzeugindustrie mit umweltfreundlichen Wasserlacken, die Abwasser-, Leuchten-, Kunststoff verarbeitende Industrie sowie die Fertigparkett-, Stuhl-, Tisch- und Sitzmöbelindustrie mit lösemittelfreien und wasserverdünnbaren Produkten.

So vielschichtig die Kulturen, so verbindend das Ziel. Unsere Welt.

Unsere Beschichtungen, Lacke und Farben schützen, erhalten und - gestalten das Leben bunter. Sie schonen die natürlichen Grundlagen des Lebens, auch weil wir umweltverträgliche Lacksysteme entwickeln und anbieten. Deshalb sind wir anerkannter Partner unserer Kunden, der lackverarbeitenden Industrien. Das gemeinsame Know-how, die Flexibilität und Zuverlässigkeit unserer Gesellschaften in Europa, Asien, Amerika und Afrika genießen einen hohen Stellenwert.

http://www.weilburger-coatings.de

WEILBURGER Coatings GmbH
EIN UNTERNEHMEN DER GREBE GRUPPE

malerischen und zeichnerischen Könnens, seinem subtilen Farbempfinden und seiner Auseinandersetzung mit den Fragen der Licht- und Schattenwirkung erlangte Toepfer eine souveräne Meisterschaft. Auffallend bei seinen Arbeiten ist der atmosphärische Zauber scheinbar be-

Jahr vor seinem Tod. Im Sommer, am 6. August 1955, verstarb er im 78. Lebensjahr, seine Frau 1963 mit 87 Jahren in Idstein.

Die in Runkel getroffene Auswahl von Werken mit regionalem Bezug belegt eindrucksvoll die Heimatverbundenheit und

Burg Runkel im Dunst, 1932, Öl auf Leinwand.

langloser Interieurs und Architekturen, wie etwa die unspektakulären Ansichten der Ruine Balduinstein oder der im Dunst liegenden Runkeler Burg, die er ohne jegliches Pathos mit geschmacklicher Sicherheit darzustellen weiß.

Ernst Toepfer lädt uns in dieser Ausstellung ein zu intensivem Schauen, wenn er sich voll Innigkeit und mit liebevollem Bezug zur Landschaft mitteilt und so den Blick auf ungewöhnliche Details lenkt.

Ansichten des Rheintales waren seine letzten künstlerischen Äußerungen ein

Liebe des Künstlers, ohne seine künstlerische Größe und Bedeutung zu schmälern. Es war den Kunstfreunden Runkel daran gelegen, die Ausstrahlung und die von ihm meisterlich beherrschten malerischen Mittel mit dieser Bildauswahl einer interessierten Öffentlichkeit zu präsentieren.

Die zahlreichen Vernissagegäste, in der Mehrzahl *Wiederholungstäter* der Runkeler Ausstellungsreihe, sowie die Besucher der folgenden Tage zollten hohes Lob den Ausstellungsmachern und der Stadt Runkel für ihr Engagement für heimische Künstler.

Kirche u. Rathaus erbaut 1561.

Gemeinde Elz

Zur Geschichte: Die erste Erwähnung des Ortsnamens findet sich in der heute nicht mehr vorhandenen Wiltrud-Urkunde des Jahres 933. Danach schenkte Wiltrud, die Mutter des Grafen Konrad Kurzbold vom Niederlahngau, dem Kloster Seligenstadt am Main den Salzehnten in der *„eliser mark"*. Die erste heute noch erhaltene Urkunde mit dem Ortsnamen wurde 1145 ausgestellt, in der ein *Cunrado de Elise*, ein Konrad von Elz, erwähnt wird. Danach taucht immer wieder in den verschiedensten Urkunden des Mittelalters und auch auf der Karte der „Hessischen Chronica" des Wilhelm Dilich von 1605 der Name *Else* auf, Anfang des 19. Jahrhunderts dann die Bezeichnung Els und in der zweiten Hälfte des 19. Jahrhunderts der heutige Name *Elz*.

Elz heute: Die Gemeinde Elz, gelegen am Rande des Westerwaldes, zählt mit ihrem Ortsteil Malmeneich derzeit 8.364 Einwohner.

In Elz bietet sich den Bürgern, aber auch den Besuchern, eine hervorragende Infrastruktur und bester Wohnwert. So verfügt Elz über zwei gemeindliche und einen kirchlichen Kindergarten, über eine Grund- sowie eine Grund- und Hauptschule mit Realschulzweig, mehrere Apotheken sowie Allgemeinmedizinische sowie Zahnmedizinische Arztpraxen. Elz verfügt über beste Verkehrsanbindungen an Straße und Schiene.

Im Elzer „Gewerbeleben" wird nahezu jeder Bereich vom Einzelhandel über das Handwerk bis zum Großhandel abgedeckt. Auch das Vereinsleben ist in Elz sehr gut vertreten. Über sechzig sport- und kulturtreibende sowie sonstige Vereine gibt es in Elz, darunter auch eine Flugsportgruppe mit Segelflugplatz, einen Reitverein mit eigener Reithalle, einen Tennisclub mit Tennishalle sowie einen Skiclub mit angegliederter Tennisabteilung.

Als größtes Volksfest im Nassauer Land ist die Elzer Kirmes weit über die Grenzen von Elz hinaus bekannt.

Zum 100. Geburtstag:

Erinnerungen an den Künstler Josef Kiefer

Von Hans-Joachim Kiefer

Josef Kiefer wurde am 2. September 1906 in Wilsenroth geboren und wuchs in einer großen Familie mit sieben Geschwistern auf. Nach der Schul- und kaufmännischen Berufsausbildung war er Angestellter bei den Katasterämtern in Hadamar und Limburg. Seit 1925 erwarb sich Josef Kiefer durch die erfolgreiche Teilnahme an Lehrgängen der Berliner Kunstschule bei Professor Dannenberg und durch ein sehr intensives Selbststudium die Grundlagen zum künstlerischen Schaffen. 1927 gründete er die Ortsgruppe Hadamar im Westerwaldverein und machte sich mit großem Engagement um die Weiterentwicklung des Vereins sehr verdient.

1935 heiratete er Olga Hoppe, Tochter des angesehenen Berliner Kunstmalers Rudolf Hoppe. Aus der Ehe gingen zwei Söhne hervor, die übrigens dem Landkreis Limburg-Weilburg beruflich sehr verbunden waren: Eberhard Kiefer war vom 14. Juli 1978 bis zu seinem frühen Tod am 25. Juni 1981 als hauptamtlicher Erster Kreisbeigeordneter und Hans-Joachim Kiefer bis zu seiner Pensionierung fast 25 Jahre als Leiter des Kreisjugendamtes tätig.

1939 zog die Familie nach Limburg. Von 1941 an war Josef Kiefer als selbstständiger Maler und Grafiker tätig. Nach Kriegsdienst und Gefangenschaft gehörte er ab 1946 dem Berufsverband Bildender Künstler in Frankfurt an und war mit seinen Werken bei verschiedenen Ausstellungen, u. a. in Limburg, Frankfurt, Wiesbaden und Darmstadt vertreten. Sein Abzeichenentwurf für den 76. Deutschen Katholikentag in Fulda wurde in einem großen, für das ganze Bundesgebiet ausgeschriebenen Wettbewerb mit dem ersten Preis ausgezeichnet.

Bemerkenswert sind auch die vielen von Josef Kiefer gestalteten Fremdenverkehrsprospekte, insbesondere der Führer durch Limburg, sowie eindrucksvolle Ehren- und Mahnmale, u. a. auch für seine Heimatgemeinde Wilsenroth.

Josef Kiefer verstand es, die vielfältigen Techniken seiner Ausdruckskraft dienstbar

zu machen: Öl- und Aquarellmalerei, Federzeichnung, Linol- und Holzschnitt, Lithographie
und Siebdruck, Relief, Glas- und Keramikmosaik
verwendete er alle gleich meisterhaft. Auch als
Fotograf verhalfen ihm sein gutes Auge und das
rechte Gespür dazu, unsere Heimat in der damaligen Zeit zu dokumentieren und damit historisch
Gewordenes der Nachwelt zu erhalten.
Von 1953 bis 1965 öffnete er als Kunsterzieher in
der Marienschule Limburg und als Referent des
damaligen Volksbildungswerkes des Kreises
vielen jungen Menschen den Zugang zur
Bildenden Kunst. Josef Kiefer war geprägt von
einer tiefen Gläubigkeit und einer besonderen
Verbundenheit zu unserer Heimat.

Ölbild: Blick auf Frickhofen (rechts Blasiusberg, ca. 1950).   *Repros: Sascha Braun*

Federzeichnung: «Tauschnee»
(Hohenholzkapelle bei Hadamar).

Viele alte Aufnahmen und Werke des Künstlers sind im Dorfmuseum Wilsenroth der Öffentlichkeit zugänglich. Auch die den Städtischen Kunstsammlungen in Limburg und der Gemeinde Elz (darunter die sehr bekannte Kirmesdarstellung siehe unten) von der Familie des Künstlers gestifteten Bilder bleiben ebenfalls der Allgemeinheit erhalten. In seinen Werken lebt Josef Kiefer, der am 20. August 1965 in Dernbach (Westerwald) verstarb, weiter.

Aquarell:
Das bekannte Elzer Kirmesbild, ca. 1950.

ENTDECKUNGSREISEN IN DIE WELT ALTER KINDER- UND JUGENDBÜCHER:

SPUREN AUS MEINER SAMMLUNG

VON OTHMAR HICKING

Bücher für Kinder sind zu allen Zeiten nicht nur auf Lesen, Blättern und Betrachtung angelegt, sondern auch auf Zerlesen, Bemalen und Zerfleddern durch die Kinder selbst – Kinderbücher sind in ihrer Existenz naturgemäß somit ständig in Frage gestellt. Hinzu kommt, dass Kinder- und Jugendbücher lange Zeit als Literatur minderen Grades betrachtet und in wissenschaftlichen Bibliotheken bis in die zweite Hälfte des 20. Jahrhunderts hinein so gut wie nie systematisch gesammelt und erforscht wurden.

Heute wären wir deshalb arm an Literaturgut *altes Kinder- und Jugendbuch,* hätte es nicht immer wieder engagierte und vorausschauende Menschen gegeben, die sich des alten Kinder- und Jugendbuches als Sammler angenommen haben, wie etwa Oscar Roesger (1843-1910), Karl

Hobrecker (1876-1949), Arthur Rümann (1888-1963), Theodor Brüggemann (*1921), Reinhard Stach (1930-2004) oder Hubert Göbels (1905-1997), dessen Sammlung sich heute in meinem Besitz befindet.

Die Funktion von Kinder- und Jugendliteratur ist vielschichtig: Vermittlung von Bildung, Unterhaltung, Hilfestellung beim Weltverständnis, Formung von Weltbildern usw. gehören und gehörten zu den ihr zugewiesenen Aufgaben.

Diese Aufgabenwahrnehmung wird zu den unterschiedlichen Zeiten natürlich auch verschieden gelöst – das Kinder- und Jugendbuch ist somit immer auch zeit-, kultur- und sozialgeschichtliches Dokument.

Wie diese Aufgabenwahrnehmung in früheren Jahrhunderten geschah, zeigen beispielhaft die nachfolgenden *Entdeckungsreisen* und dabei aufgedeckten Spuren.

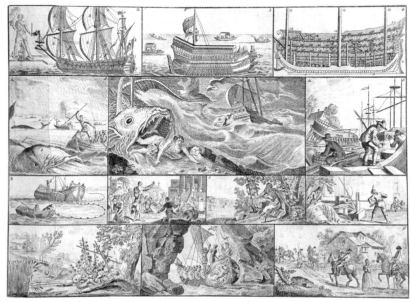

Fischfang, Schiffsbau, Wasserleitungsbau und andere Arbeiten stellt Stoy in seiner «Bilder-Akademie» für die Jugend vor. Repros: Ulrich Knapp

1. JOHANN SI(E)GMUND STOY
BILDER-AKADEMIE FÜR DIE JUGEND

In vier und funfzig Kupfertafeln und zweyen Bänden Erklärung herausgegeben von J. S. Stoy, Prof. der Pädagogik in Nürnberg.
Nürnberg: Beim Verfasser 1784

Nachdruck im KARI-Verlag Andernach erschienen und im Buchhandel wieder erhältlich.

Johann Si(e)gmund Stoy (18. Juni 1745 - 19. Dezember 1808) war Theologe, Pädagoge, Autor und Verleger. Nach mehrjähriger Tätigkeit als ev. Pfarrer gründete er 1782 in Nürnberg eine *Erziehungsanstalt* und wurde zum *Professor der Pädagogik* ernannt. Von 1773 an verfasste und edierte Stoy mehr als ein Dutzend verschiedener pädagogischer und religiöser Schriften für Kinder und Jugendliche, darunter das Lesebuch *«Der goldene Spiegel»* (1778, 5. Aufl. 1831), seine wichtigste Arbeit nach seinem Hauptwerk, der *«Bilder-Akademie»* (1784). Die *«Bilder-Akademie»* erschien zwischen 1780 und 1783 zunächst als Fortsetzungsfolge in neun Lieferungen. 1784 wurde sie dann zum dreibändigen Werk (2 Textbände, 1 Tafelband) zusammengefasst und im Selbstverlag veröffentlicht. Stoy's *«Bilder-Akademie»* ist ein groß angelegtes enzyklopädisches Bilder-Lehrbuch mit eindeutiger Lehrabsicht, das auf der Grundlage der christlichen Religion Kindern ein Gesamtbild der Welt vermitteln sollte und ihre moralische, religiöse, sachliche und lebenspraktische Bildung beabsichtigte. Gedacht war das Werk sowohl für den schulischen wie außerschulischen Unterricht. Die Kupfertafeln zeichneten verschiedene Künstler (J. R. Schellenberg, G. und D. Chodowiecki, J. G. Penzel). Gemeinsam mit Basedow's bahnbrechendem *«Elementarwerk»* (1774) zählt Stoy's *«Bilder-Akademie»*, die auch ins Französische übersetzt wurde (1789,

3. Aufl. 1814), zu den bedeutendsten enzyklopädischen Lehrbüchern des 18. Jahrhunderts.

2. PAUL MEYERHEIM
ABC

Siebenundzwanzig aquarellirte Original-Zeichnungen von Paul Meyerheim. In Farben-Holzschnitt ausgeführt von Kaeseberg und Oertel, mit Reimen von J. Trojan
Berlin: Stilke o. J. (1880)

Der Maler und Illustrator Paul Friedrich Meyerheim (13. Juli 1842 - 14. September 1915), Patenkind und späterer Freund Adolph von Menzels (1815 - 1905), lehrte

Wo auf dem Berge die Burg ihr seht,
Wo an der Brücke zum Bad es geht,
Erstieg den Birnbaum ein brauner Bär;
Der Bienen Brod lockt' ihn zu sehr.

Und auf der Bank dort liegt — o Graus! —
Ein Buch, ein Brief und ein Blumenstrauß.
Das Alles hat Bertha dort vergessen;
Wenn es nur nicht der Bär wird fressen!

Der Bär symbolisiert das B in Paul Meyerheims «ABC»-Buch.

ab 1887 an der Berliner Akademie, an der er von 1857 bis 1860 auch ausgebildet worden war, vor allem Tier- und Landschaftsmalerei. Begeistert aufgenommene Werke des Buchkünstlers Meyerheim, der auch an den «*Deutschen Bilderbogen für Jung und Alt*» (1866 - 1871) mitarbeitete, waren u. a. seine neun farbigen Illustrationen zur 35. Auflage der «*Kleinen Ausgabe*» der Grimmschen «*Kinder- und Hausmärchen*» (1887), die Holzschnitte zum «*Reineke Fuchs*» (1870) nach Goethe und insbesondere sein «*ABC*»- Buch (1880, 2. Aufl. 1916), zu dem der Jugendschriftsteller Johannes Trojan (1837 - 1915) die Verse schuf. Den Buchstaben-Tafeln des «*ABC*»-Buches vorangestellt sind zwei Seiten, auf denen in Versen Entstehungsgeschichte, Maltechnik und Reimeschmieden humorvoll erläutert werden. Die Buchstaben-Tafeln selbst sind reizvolle Bilder, in denen die unterschiedlichsten Dinge zusammengebracht sind, die je mit demselben Buchstaben beginnen. Auf der Mehrzahl der Tafeln dominieren eindrucksvolle Tiergestalten, die Meyerheim's sorgfältig betriebene Tierstudien bezeugen. 1916, ein Jahr nach Meyerheim's Tod, brachte der Verlag Stilke in einer einmaligen Auflage von 430 Exemplaren, auf Japanpapier gedruckt, eine prächtige Neuausgabe des «*ABC*» heraus.

3. THEKLA VON GUMPERT HERZBLÄTTCHENS ZEITVERTREIB

Unterhaltungen für kleine Knaben und Mädchen zur Herzensbildung und Entwickelung der Begriffe. Im Verein mit mehreren Kinderfreunden herausgegeben von Thekla v. Gumpert.
15. Bd. Mit 24 Lithographien und 14 Holzschnitten von H. Bürkner u. a. Glogau: Flemming o. J. (1870)

Thekla von Gumpert (28. Juni 1810 - 1. April 1897) war Verfasserin zahlreicher Kinder- und Jugendbücher, insbesondere aber bekannt und berühmt als Begründerin und lebenslange Herausgeberin der beiden Periodika «*Töchter-Album*» (Bd. 1 - 43; 1855 - 1897) und «*Herzblättchens Zeit-*

In «Herzblättchens Zeitvertreib» erzählt Thekla von Gumpert auch vom kleinen dummen Heinrich.

vertreib» (Bd. 1‑42; 1856‑1897). Beide Titel erschienen als Monatsschriften wie auch als gebundene Jahrbücher und machten zusammen Gumpert's Hauptwirkung aus. *«Herzblättchens Zeitvertreib»*, an dem namhafte Autoren und Künstler der Zeit mitarbeiteten, hatte jüngere Mädchen und Jungen zur Zielgruppe und verfolgte als Ziel deren Unterhaltung, Belehrung und kreative Beschäftigung. Der Inhalt der einzelnen Bände, jeder von ihnen reich illustriert mit Farb-Lithographien, Holzschnitten, Scherenschnitten u. a., setzt sich dementsprechend zusammen aus einer bunten Mischung von Erzählungen, Gedichten, Rätseln, Anleitungen zur Beschäftigung, fiktiven Briefen und naturkundlichen Artikeln. *«Herzblättchens Zeitvertreib»* wurde weit über Gumpert's Tod hinaus von wechselnden Herausgeberinnen bis zum 77. Bd. (1933) fortgesetzt. Mit dem 78. Bd. (1950) endet der Entwicklungsgang dieses über Jahrzehnte außerordentlich beliebten Jahrbuches, das von der Jugendschriftenbewegung um 1900 und in deren Folge scharf abgelehnt wurde, heute aber differenziert beurteilt wird.

4. JULIUS REYMHOLD
DIE REISE IN`S MEER

Ein Aquarium für die wißbegierige Jugend. In lustigen Reimen erzählt von Julius Reymhold.
Illustrirt von Carl Reinhardt.
Berlin: A. Hofmann & Comp. o. J. (1869)

Das Titelblatt der erstmals 1869 erschienenen *«Reise in's Meer»* nennt als Verfasser *«Julius Reymhold»*, d. i. Julius Lohmeyer (6. Oktober 1835‑24. Mai 1903). Irrig sind Meinungen, *«Julius Reymhold»* sei Pseudonym für Adolf Glassbrenner (1810‑1876) oder für den Illustrator des Buches selbst, Carl August Reinhardt

Die Taucherglocke erlaubt der wissbegierigen Jugend in Julius Reymholds die «Reise in's Meer» einen unvergesslichen Blick auf den Meeresgrund.

(1818‑1877). Julius Lohmeyer war Apotheker und Journalist, insbesondere aber Herausgeber verschiedener namhafter Jugendschriften, darunter etwa die *«Deutsche Jugend»* (1873‑1885), sowie Verfasser zahlreicher Texte für Kinder- und Bilderbücher, von denen die von O. Pletsch, F. Flinzer und C. A. Reinhardt illustrierten die größte Popularität und weiteste Verbreitung fanden. Anhand der abenteuerlichen Unterwasser-Reise eines Frosches und seines Begleiters, einer Schildkröte, gibt *«Die Reise in's Meer»* in gelungener Mischung aus Unterhaltung und Belehrung Einblick in die geheimnisvoll-wundersame Tier- und Pflanzenwelt des Meeres und in Bemühungen des Menschen, sich diesen Lebensraum mit Hilfe technischer Geräte zu erschließen. Die im Text verwendeten 69 Fachausdrücke werden in einem Anhang am Schluss des Buches verständlich erläutert. Carl August Reinhardt hat das Buch neben 16 schwarzweißen Textholzschnitten prachtvoll mit zwölf ganzseitigen, farbigen Holzschnitttafeln ausgestattet. Sie vermitteln lebendige Anschauung und tragen ganz wesentlich zum besonderen Charakter dieses bemerkenswerten Bilderbuches zu einer selten behandelten Thematik bei.

5. MORITZ HARTMANN MÄRCHEN NACH PERRAULT

Neu erzählt von Moritz Hartmann, illustrirt von Gustav Doré.
Zweite Auflage
Stuttgart: Hallberger o. J. (ca. 1870)
Nachdruck im KARI-Verlag Andernach erschienen und im Buchhandel wieder erhältlich.

Moritz Hartmann (15. Oktober 1821 - 13. Mai 1872) war österreichischer Politiker, Publizist und Autor von Gedichten, Reiseerzählungen, Novellen und Roma-

Die fantastischen Doré-Bilder aus Hartmanns Märchenbuch sind heute wieder im Handel erhältlich.

nen. Der aus Straßburg stammende französische Zeichner, Maler und Bildhauer Gustave Doré (1832 - 1883) gilt als der erfolgreichste und angesehenste Buchillustrator der zweiten Hälfte des 19. Jahrhunderts. Grundlage für Hartmann's Neuerzählung ist die von Charles Perrault (1628 - 1703) unter dem Namen seines dritten und jüngsten Sohnes Pierre Perrault Darmancour (1678 - 1700) im Jahre 1697 veröffentlichte Märchensammlung «*Histoires ou contes du temps passé*», die mit ihrem schmalen Kanon von insgesamt acht der bekanntesten der im Volksgut überlieferten Märchen (u. a. «*Rotkäppchen*», «*Dornröschen*», «*Aschenputtel*», «*Der gestiefelte Kater*»; später mit «*Eselshaut*» um ein 9. erweitert) schnell internationale Berühmtheit erlangte und wichtige Anregungen für spätere Märchensammler gab (z. B. für die Brüder Grimm). Die Erstausgabe der Perrault'schen Märchen mit den berühmt gewordenen 41 großformatigen Holzschnitten von Doré erschien 1862 bei Hetzel in Paris mit Vorwort von J. P. Stahl, Pseudonym des Verlegers Hetzel selbst (2. Aufl. 1864, 3. Aufl. 1867). Hartmann's Neuerzählung der Perrault-Märchen (1865, 3. Aufl. 1875) ist die erste deutsche Ausgabe mit den 41 Holzschnitten von Doré. Dominiert wird der Hartmann-Band zweifelsfrei durch die Doré-Bilder: sie prägen das Leseerlebnis ganz entscheidend mit.

6. JOHANN AMOS COMENIUS ORBIS SENSUALIUM PICTUS QUADRLINGIUS EMENDATUS *Nürnberg: Endter 1760*

Johann Amos Komentsky (latinisiert: Comenius) wurde am 28. März 1592 in Nivnice geboren und verstarb am 15. November 1670 in Amsterdam. Er ist einer der letzten Universalgelehrten am Beginn der Neuzeit. Neben seinen pansophischen, theologischen und didaktischen Werken erschien 1658 die Erstausgabe des «*Orbis sensualium pictus*» bei Endter in Nürnberg in deutscher und lateinischer Sprache. Das Buch beschreibt «*Die sichtbare Welt. Das ist: Aller vornehmsten Welt = Dinge und Lebens = Verrichtungen Vorbildung und Benahmung*». Die hier vorliegende Ausgabe ist viersprachig und enthält die Texte in deutscher, lateinischer, italienischer und französischer Sprache. Die Titelvignette ist der Erstausgabe entnommen. Sie zeigt das Firmament mit Sonne, Mond, Sternen und Wolken, die den Regen spenden. Die Umschrift lautet: OMNIA SPONTE FLUANT ABSIT VIOLENTIA REBUS. (Alles fließe von selbst, fern bleibe den Dingen Gewaltsamkeit). Inhaltlich umspannt der «*Orbis sensualium pictus*» einen Bogen von der Erschaffung der Welt bis zum jüngsten Gericht. Innerhalb dieses Bogens sind die Dinge und Sachverhalte der Natur und Kultur in 151 Kapiteln dargestellt und mit ebenfalls 151 Holzschnitten zu Beginn eines jeden Kapitels illustriert (Exponat). Der «*Orbis sensualium pictus*» wurde in viele Sprachen übersetzt und über die Jahrhunderte hinweg immer wieder bearbeitet. Man zählt bisher 245 Ausgaben. Er wurde zum Vorbild für das Sachbuch überhaupt.

werken und vor allem von naturkundlichen Sachbüchern. Zu Bertuch's «*Bilderbuch für Kinder*» (1790 ff.) schrieb er Bd. 1-10 (1798-1806) der ergänzenden «*Commentare für Eltern und Lehrer*». Funke's «*Naturgeschichte für Kinder*» (1808, 8. Aufl. 1830) erschien erst nach seinem Tode, herausgegeben von seinem Schwiegersohn Lippold (1767-1841), und erreichte acht Auflagen. In seiner Vorrede erläutert Funke die mehrfachen Lehrabsichten seiner «*Naturgeschichte*»: u. a. sollte sie den «*Verstand bilden*», «*Nachdenken über die Größe*» des «*Urhebers der Natur*» erwecken und richtige «*Kenntniß von der Natur*» verschaffen. Gegliedert hat Funke das Werk entsprechend der klassischen Einteilung in die drei Naturreiche «*Thierreich*», «*Pflanzenreich*» und «*Mineralreich*». Den Menschen sortiert er in das Tierreich ein und behandelt ihn dort zu Beginn. Illustriert ist der Band mit 13 kolorierten Kupfertafeln, davon zwölf ausklappbar. Sie geben Tiere und Pflanzen eindrucksvoll wieder. Das ausführliche Register erschließt den Band auch als Nachschlagewerk. Funke's «*Naturgeschichte*» war Vorbild für andere naturkundliche Kinder- und Jugendschriften, etwa für die «*Naturgeschichte für die Jugend*» (1817) von Georg Ludwig Jerrer (Pseudonym für Johann Heinrich Meynier).

7. Carl Philipp Funke
Naturgeschichte für Kinder

Verfasset von C. Ph. Funke, herausgegeben von G. H. C. Lippold. Achte, sehr vermehrte und verbesserte Ausgabe. Mit Kupfern. Leipzig: Kummer 1830

Carl Philipp Funke (13. Juli 1752 - 9. Juni 1807) war Pädagoge und Verfasser zahlreicher hoch geschätzter Kinder- und Jugendschriften, insbesondere von Lese- und Elementarbüchern, Nachschlage-

8. Alexander Friedrich Franz Hoffmann
Der neue Deutsche Jugendfreund

für Unterhaltung und Veredlung der Jugend, herausgegeben von Franz Hoffmann. Jahrgang 1859. Mit vielen Abbildungen.
Stuttgart: Schmidt & Spring 1859

Der Buchhändler und Jugendschriftsteller Franz Hoffmann (1814-1882) trat mit 15 Jahren als Lehrling in die Buchhandlung

$$x \rightarrow x^2 \rightarrow x^3$$

Beratung · Planung · Bauleitung
Hochbau · Architektur · Innenarchitektur
EU-SIGE-Koordination

seines älteren Bruders in Stuttgart ein. Ab 1839 betrieb er in Zürich, später in Goslar eine eigene Buchhandlung ohne großen Erfolg. Weitaus erfolgreicher war er mit seinen ersten Jugendbüchern wie *«Hundertundfünfzig moralische Erzählungen für kleine Kinder»* (1842) oder *«Märchen und Fabeln für kleine Kinder»* (1842). Fortan arbeitete er nur noch als Jugendschriftsteller.

1846 gründete er die Zeitschrift *«Der neue Deutsche Jugendfreund»*. Ab 1864 stellte er den Namen des Herausgebers voran als *«Franz Hoffmanns Neuer Deutscher Jugendfreund»*. Die Zeitschrift wurde über seinen Tod hinaus fortgesetzt und bestand bis 1915. Inhaltlich waren die Beiträge breit gestreut. Sie enthielten neben den erbaulichen Erzählungen Lebensbilder berühmter Personen aus Geschichte und Kultur, Beiträge über geographische und naturkundliche Themen, Reise- und Abenteuerberichte, Gedichte, Charaden und Rätsel. Die Zeitschrift war reich illustriert mit nicht signierten Bildtafeln in Schwarz-weiß als Holzschnitte und Stahlstiche, in Tondruck und farbigen Lithographien. Jeder Jahresband enthielt durchweg 24 schwarz-weiße und zwölf kolorierte Bilder.

Die Inhalte des «Deutschen Jugendfreundes» waren vielfältig. Die Stichlinge gehören in die Abteilung Lehrreiches.

1859

21.

9. Jakob Eberhard Gailer Neuer Orbis Pictus für die Jugend

oder Schauplatz der Natur, der Kunst und des Menschenlebens in 322 lithographierten Abbildungen mit genauer Erklärung in deutscher, lateinischer, französischer und englischer Sprache nach der früheren Anlage des Comenius bearbeitet und dem jetzigen Zeitbedürfnisse gemäß eingerichtet von J. E. Gailer. Dritte mit völlig umgearbeiteter französischer Übersetzung versehene und mit der Uebertragung in das Englische vermehrte Auflage.
Reutlingen: Mäcken 1835

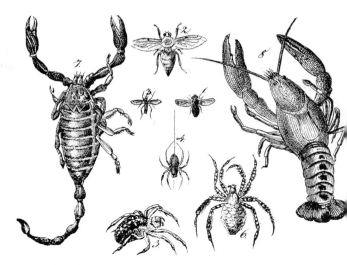

Detailgetreue Abbildung kennzeichnen den «Neuen Orbis Pictus für die Jugend».

Jakob Eberhard Gailer (10. Januar 1792 - 14. Januar 1850) war Gymnasiallehrer in Tübingen und Verfasser von einigen Kinder- und Jugendschriften, vor allem von enzyklopädischen Lehrbüchern. Mit seinem Hauptwerk, dem *«Neuen Orbis Pictus für die Jugend»* (1832, 1842), für den er u. a. Texte von C. Ph. Funke sowie Bertuch's Bilderbuch heranzog, legte Gailer eine Adaption des berühmten comenianischen Werkes für das 19. Jahrhundert vor, die zu den erfolgreichsten der Zeit zählte, hoch geschätzt wurde und fünf Auflagen erreichte. Die Erstausgabe (1832) war dreisprachig (Deutsch, Latein, Französisch). Mit der 3. Auflage (1835) trat dann erstmals Englisch als vierte Sprache hinzu. Gailers *«Neuer Orbis Pictus»* gilt als bedeutendste Neubearbeitung des *«Orbis Sensualium Pictus»* (1658) des J. A. Comenius und als fortschrittliches Werk mit einem umfangreichen Lese- und Lernstoff auf dem Stand der Zeit. Die reichhaltige Ausstattung des *«Gailer»* mit sorgfältigen Abbildungen trug zum nachhaltigen Erfolg des Werkes ganz entscheidend bei. Als Fortsetzung seines

«Neuen Orbis Pictus» veröffentlichte Gailer sein *«Wunderbuch für die reifere Jugend. Eine Gallerie der merkwürdigsten und interessantesten Werke der Natur und Kunst in Erzählungen und Bildern»* (1839, 2. Aufl. 1842).

Die vorstehende, bunt zusammengetragene Auswahl macht trotz ihrer zahlenmäßigen Begrenztheit eines deutlich: die erstaunliche Vielfalt dessen, was sich Schriftsteller, Pädagogen, Illustratoren und Buchmacher der vergangenen Jahrhunderte haben alles einfallen lassen in der Absicht, in Inhalt und Ausstattung gute und schöne Bücher für Kinder- und Jugendliche zu machen. Vergleiche zwischen Vergangenheit und Gegenwart drängen sich da auf: Wie sieht es aus mit der Qualität der heutigen massenhaften Buchproduktion? Was sind Kriterien für gute Kinder- und Jugendlektüre? Der Blick zurück in die Vergangenheit vermag da durchaus Orientierung zu geben – und so werden im gewissen Sinne aus alten dann wieder neue Kinderbücher.

SECHZIG JAHRE
«ORCHESTER JUPP SCHLITT»

VON HILDEGARD SCHUY

Das «legendäre Tanzorchester Jupp-Schlitt» mit seinem Kapellmeister am Piano.

Vor manch einer romantischen Kulisse gibt der 85-jährige Kapellmeister Josef Schlitt aus Frickhofen noch heute den Ton an, sei es bei den Konzerten in unserer Heimat, in Bayern, in Österreich oder gar auf einem Kreuzfahrtschiff. *Legenden* sind auch fast alle Musiker seines Orchesters, alleine die Männer im Saxophonsatz mit Jupp Schlitt am Piano bringen fast 500 Jahre an Alter und musikalischer Erfahrung auf die Bühne.

Das zwölf Mann starke Tanzorchester besteht ausschließlich aus Vollblutmusikern, welche klassischen Swing und Evergreens der 40er- und 50er Jahre ebenso perfekt zu Gehör bringen wie Operettenmelodien oder moderne Tanzmusik. Noch heute treffen sich die junggebliebenen Musiker alle 14 Tage zu einer zwanglosen Probe, denn für alle ist das gepflegte Musizieren ein echtes *Lebenselixier!*

Jupp Schlitt blickt auf 75 musikalisch geprägte Jahre zurück: Er war Militärmusiker und musizierte später in einem Rundfunkorchester. Schon im Jahre 1946 gründete er in seiner Heimat die *Kapelle-Jupp-Schlitt* und engagierte zehn der besten heimischen Musiker, um nach dem Vorbild der amerikanischen Big-Bands die beliebte Swingmusik zu spielen. Nach einer langen erfolgreichen Laufbahn als Kapellmeister, Dirigent, Chorleiter und Musiklehrer wollte er sich mit 80 Jahren zur Ruhe setzen, als er kurz vor der Jahrtausendwende noch einmal gefordert wurde. Einer seiner ehemaligen Musiker hatte den Wunsch, zu seinem 70. Geburtstag nochmals die schon fast vergessenen Swingmelodien aus vergangener Zeit zu spielen, von denen die damalige Jugend so begeistert war.

So fanden sich die ehemaligen Bandmitglieder wieder zusammen und feierten unter dem Namen *Tanzorchester-Jupp Schlitt* ein neues Comeback. Nun kann man beobachten, mit welcher Hingabe die betagten Profis die *Musik ihrer Generation* zu Gehör bringen. Das Orchester wird durch drei dynamische Musiker verjüngt: Am Schlagzeug Klaus Schardt (45), an der Trompete Erhard Löw (45), und die Gitarre wird gespielt von Dr. Bernhard Diefenbach (50). Doch dann macht die Altersgrenze einen gewaltigen Sprung:
Alois Reckenthaeler (70) – Posaune,
Willi Blättel (70) – Bass,

Eberhard Türk (70) – ES-Saxophon,
Karlheinz Labonte (71) – ES-Saxophon,
Manfred Regenfuß (72) – Tenorsaxophon,
Heinz Schuy (75) – Baritonsaxophon,
Heinz Noll (77) – ES-Saxophon,
Willi Zimmermann (65) – Tenorsaxophonist.
Als Star ist hin und wieder Friedel Friedrich mit seiner Trompete zu Gast. Der *absolute Spitzenstar* ist jedoch Jupp Schlitt (85) am Piano!
Auch die *Jugend von damals* ist inzwischen älter geworden und freut sich, heute nochmals bei der beliebten Swingmusik des *legendären Tanzorchester-Jupp-Schlitt* alte Erinnerungen wach werden zu lassen!

DIE MENGERSKIRCHENER NAGELSCHMIEDE KONNTEN AUCH DIE MEISTERPRÜFUNG ABLEGEN

VON ARNOLD STRIEDER

Über viele Generationen hinaus wurde in Mengerskirchen das Gewerbe der Nagelschmiede ausgeübt. Von etwa 1880 bis kurz nach dem Ersten Weltkrieg hatte es seine größte Bedeutung, was sich sowohl auf die Zahl der Beschäftigten als auch auf die Menge der hergestellten Nägel bezog. So übten in dieser Zeit zwischen 100 bis 150 Schmiede dieses Handwerk aus. Natürlich war für den überwiegenden Teil der Mengerskirchener Nagelschmiede das Gewerbe nicht Hauptberuf, sondern wurde nur als zusätzliche Verdienstmöglichkeit angesehen. Die Kleinbauern arbeiteten in ihrer Schmiede hauptsächlich während der Wintermonate oder an Regentagen.

In Mengerskirchen gab es etwa 65 Nagelschmiedewerkstätten, in denen in der Regel ein bis vier Mann arbeiteten. Mehr als die Hälfte der Werkstätten waren in Hausfluren untergebracht. Hier stellten oft Urgroßväter, Väter und Söhne die weitbekannten Mengerskirchener Schuhnägel her, die dem Schutz der Schuhsohlen vor vorzeitigem Verschleiß dienten.

Die Mengerskirchener Nagelschmiede waren wahrscheinlich nie in einer Zunft vereinigt. Das mag daran liegen, dass das Gewerbe sich hier in einer Zeit entwickelte,

Im Turmmuseum des Mengerskirchener Schlosses ist eine komplette und funktionsfähige Nagelschmiede aufgebaut.

als die Zünfte nicht mehr die Bedeutung früherer Zeit hatten. Da das Schmiedehandwerk in Mengerskirchen zudem meist als Nebenerwerbsmöglichkeit getätigt wurde, scheint die im sonstigen Handwerk übliche Berufslaufbahn vom Lehrling über den Gesellen zum Meister nur selten praktiziert worden zu sein.

Als letzter legte Wilhelm Eckert am 12. Juli 1948 die Gesellenprüfung vor der Schmiedeinnung in Weilburg ab. Das Nagelschmiedegewerbe hatte nach Kriegsende noch einmal ein kurzes Aufblühen erlebt.

Die Meisterprüfungsordnung der Handwerkskammer in Wiesbaden aus dem Jahre 1909 für Nagelschmiede forderte zur Prüfungszulassung neben dem eigenhändig geschriebenen Lebenslauf des Prüflings eine Geburtsurkunde, das Zeugnis über die bestandene Gesellenprüfung oder den Nachweis, dass der Prüfling zur Anleitung von Lehrlingen befugt ist, den Nachweis, dass der Prüfling mindestens drei Jahre lang als Geselle im Schmiedehandwerk tätig war und ein polizeiliches Führungszeugnis.

Hatte der Prüfling die Gebühr von 20 Mark an die Handwerkskammer bezahlt, durfte er die praktische und theoretische Prüfung ablegen. Die praktische Prüfung bestand in der Anfertigung eines Meisterstückes nebst dazu erforderlichen Zeichnungen und der Kostenabrechnung. Als Meisterstück kam vornehmlich die Anfertigung eines *Nageleisens* und mehrerer *Schock* verschiedener Nägel in vorgeschriebener Zeit, *Hefthaken, Kloben* sowie das Anfertigen einer *praktischen Zange* und eines *Hammers* in Betracht. Der Vorsitzende der Prüfungskommission bestimmte, in welcher Werkstatt das Meisterstück und die Arbeitsprobe herzustellen waren und wo der Prüfling Zeichnung und Kostenvoranschlag anzufertigen hatte.

Die theoretische Prüfung verlangte *Fachkenntnisse* zur Buch- und Rechnungsführung, über die gesetzlichen Vorschriften des Gewerbewesens, die Beschaffenheit des verwendeten Eisens der verschiedenen Nagelarten, die Beschreibung der Einrichtungsgegenstände einer Nagelschmiedewerkstatt, die Anfertigung von Nägeln in einem neuen Nageleisen, die verschiedenen Nagelsorten, ihre Herstellungsweise und genaue Kostenberechnung von je 1.000 Stück verschiedener Nagelarten.

DIE BESCHAFFUNG DER ERSTEN MOTORSPRITZE IN OBERTIEFENBACH

VON FRANZ-JOSEF SEHR

Die Beschaffung der ersten Motorspritze für die Bürger der Gemeinde Obertiefenbach geschah nicht ohne gewissen Druck von außen und durch die Einsicht, die Brandbekämpfung deutlich zu verbessern. Kreisbrandmeister Richard Moser schrieb am 23. Februar 1934 an das Landratsamt Weilburg: «*Der von der Gemeinde Obertiefenbach vorgeschlagene Feuerlöschverband dürfte sich wohl kaum in dieser Form ermöglichen lassen, da z. B. ja Schupbach auf die näher gelegene Motorspritze Gaudernbach zurückgreifen kann und Niedertiefenbach eine über 100 Jahre alte Druckspritze hat, die über kurz oder lang ebenfalls durch eine Motorspritze ersetzt werden muß.*

Bei der Weigerung von Obertiefenbach, eine Motorspritze selbständig anzuschaffen, wäre es wohl in Erwägung zu ziehen, ob die alte Spritze in Niedertiefenbach nicht durch eine Motorspritze ersetzt und die Nachbargemeinden Hofen und Obertiefenbach zu diesem Löschverband herangezogen werden könnten.

Die Gemeinde Obertiefenbach darf wohl auf eine größere Unterstützung der Nass. Brandversicherungsanstalt nicht rechnen, da sie die seit Jahren wiederholt angebotene Prämie und Darlehen zur Errichtung eines wirklich dringend notwendigen Spritzenhauses stets abgelehnt hat»[1].

Am 8. November 1934 ging Richard Moser nochmals auf das Thema ein: «*Meiner Auffassung nach kommen in unserem Kreise Feuerlöschverbände nicht in Frage, da in sämtlichen Orten Feuerwehren, wenn auch kleine, bestehen. Zudem sind in den letzten Jahren fast alle Gemeinden mit Schlauchwasch- und Schlauchtrockengeräten und Flickzeug ausgestattet worden.*

Dagegen dürfte es, der Anregung des Herrn Landesrates Dr. Ludewig angebend, und wie von mir schon früher vorgeschlagen, in Erwägung zu ziehen sein, die 3 Gemeinden Obertiefenbach, Niedertiefenbach und Hofen zu einem Verband zwecks Anschaffung einer Motorspritze zusammenzuschließen. Nachdem die Gemeinde Obertiefenbach wiederholt die Anschaffung einer Motorspritze abgelehnt hat, möchte ich vorschlagen, dieselbe in Niedertiefenbach aufzustellen, da dieser Platz in der Mitte zwischen Hofen und Obertiefenbach liegt. Weiter spricht dafür, daß Niedertiefenbach keine Wasserleitung, eine ca. 100 Jahre alte Druckspritze und wenig Schlauchmaterial hat. Durch diese Maßnahme wäre auch der Feuerschutz in der Gemeinde Niedertiefenbach besser gewährleistet»[2].

Auch am 29. Dezember 1934 führte der Kreisfeuerwehrführer in seinem Schreiben an das Landratsamt unter anderem an: «*Unsere 15 Motorspritzen im Kreise, denen ja voraussichtlich in Kürze noch eine 16. nach Löhnberg folgt, sind so verteilt, daß fast sämtliche Orte innerhalb der 5 km-Grenze von dem Standorte der betreffenden Motorspritze erreicht werden können. Das einzige Schmerzenskind in dieser Beziehung bleiben die Gemeinden Hofen, Nieder- und Obertiefenbach und dort wäre es erwünscht, wenn mein schon so oft gemachter Vorschlag, dorten eine Motorspritze aufzustellen, endlich Berücksichtigung finden würde*»[3].

Im Revisionsbericht des Kreisfeuerwehrverbandes Oberlahn über die Feuerlöscheinrichtungen und Gerätschaften der Gemeinde Obertiefenbach vom 13. Januar 1936 wird erwähnt: «*Um aber das Löschwasser an alle Ortsteile befördern zu können (siehe Brand Jung am 30.10.35), wäre die Anschaffung einer Motorspritze dringend erforderlich. Dies wäre umsomehr zu begrüßen, da gerade in diesem Kreisabschnitt sich noch keine Motorspritze befindet*»[4].

Der Landesoberinspektor Enders der Nassauischen Brandversicherungsanstalt teilte am 21. Januar 1936 mit: «*Gelegentlich des Brandes Jung am 30. Oktober*

Motorspritze anzuschaffen. Eine 400 l Kleinmotorspritze mit Zubehör und 160 m Druckschläuchen kostet 2830,50 Mark. Ich bin bereit, hierzu eine Prämie von 1245 Mark in Antrag zu bringen.

Mit Rücksicht darauf, daß die Gemeinden auch dafür Vorsorge zu treffen haben, daß man im Falle eines Luftangriffes schnell eingreifen kann, halte ich die Anschaffung einer Motorspritze für dringend erforderlich und stelle anheim mitzuteilen, ob die Gemeinde bereit ist, eine Motorspritze anzuschaffen»[5].

Die Freiwillige Feuerwehr Obertiefenbach erhielt im September 1936 die erste Motorspritze. Sie ist noch heute im Besitz der Freiwilligen Feuerwehr. Foto: Franz-Josef Sehr

1935 verging längere Zeit, bis man Wasser geben konnte, weil die Brauchkammer leer war und Brandkammer erst geöffnet werden mußte. Es hat sich herausgestellt, daß die dortige Spritze nicht ausreicht, um einen Brand schnell bekämpfen zu können. Es wird daher empfohlen, eine

Dieses war wohl der letzte Anstoß. So konnte Bürgermeister Becher am 26. April 1936 dem Landrat berichten, «*daß nach Anhörung des Gemeinderats von heute die Motorspritze beschafft wird und zwar nach den, von der Nass. Brandversicherungsanstalt bewilligten Bedingungen vom*

24.3.1936. Ein Darlehen braucht doch m. E. nicht aufgenommen zu werden, wenn die Gemeinde sich verpflichtet die 1585 Reichsmark in 10 gleichen Jahresraten mit 3 % Zinsen zurückzuzahlen»[6].

Mit dem Leihvertrag, der am 14. September 1936 zwischen der Nassauischen Brandversicherungsanstalt und der Gemeinde Obertiefenbach geschlossen wurde, erhielt die Freiwillige Feuerwehr Obertiefenbach die erste Motorspritze: *«Der Gemeinde Obertiefenbach, Kreis Oberlahn, wird von der Nassauischen Brandversicherungsanstalt in Wiesbaden eine Motorspritze Pumpengehäuse I mit einer Nennwasserlieferung von 400 l/ Min. von der Firma E.C. Flader in Jöhstadt in Sachsen, ferner 160 m Hanfdruckschläuche der genormten Marke I von der Firma Wilhelm Bernhardt in Friedberg/Hessen im Gesamtkostenbetrag von 2828,74 Reichsmark zu treuen Händen leihweise überlassen. Die Motorspritze und Schläuche sind so pfleglich zu behandeln, als wenn sie Eigentum der Gemeinde wären. Alle Unterhaltungskosten sind von der Gemeinde Obertiefenbach zu tragen.*

Zu den vorstehenden Anschaffungskosten von 2828,74 RM hat die Nassauische Brandversicherungsanstalt eine Prämie von 1245,85 RM gewährt, mithin ein Restbetrag von 1582,89 RM verbleibt. Dieser Betrag wird von der Nass. Brandversicherungsanstalt bei Lieferung der Motorspritze und Schläuchen an die Lieferanten entrichtet und wird der Gemeinde Obertiefenbach als Leihgebühr für die leihweise Überlassung der Motorspritze an die Nass. Brandversicherungsanstalt mit 182,89 RM am 1. März 1937 und jeweils 175,00 RM am 1. März jeden Jahres, letztmalig am 1. März 1945 ohne Zinsen abgeführt.

Die oben bezeichnete Motorspritze nebst Schläuchen bleibt so lange Eigentum der Nass. Brandversicherungsanstalt, bis die Leihgebühr restlos abgeführt ist»[7].

Es ist davon auszugehen, dass diese jährlichen Beträge von der Gemeinde Obertiefenbach bezahlt wurden und somit kurz vor Kriegsende diese Tragkraftspritze TS 4/8 Flader/Siegerin/DKW in deren Eigentum übergegangen war. Diese erste Motorspritze diente der Freiwilligen Feuerwehr in Obertiefenbach 20 Jahre als einzige Pumpe. Im Jahr 1956 wurde eine leistungsstärkere TS 8/8 angeschafft, die diese erste Motorspritze nach und nach aus dem Einsatz verdrängte.

Die erste Motorspritze wurde 1988 von Mitgliedern der Einsatzabteilung der Obertiefenbacher Feuerwehr restauriert. Im gleichen Jahr war sie Ausstellungsstück beim 13. Hessischen Feuerwehrtag in Limburg a. d. Lahn. Seit dieser Zeit schmückt dieses historische Gerät die Räumlichkeiten des Feuerwehrhauses am Kies.

Die Zitate sind entnommen: HStAW Abt. 412 Nr. 1467 (Das Löschwesen in Obertiefenbach):

[1] *Schreiben des Kreisbrandmeisters Richard Moser, T. 295. an das Landratsamt zu Weilburg vom 23.2.1934.*

[2] *Schreiben des Kreiswehrführers Richard Moser, Kreisfeuerwehrverband Oberlahn, T. 1670. an das Landratsamt zu Weilburg vom 8.11.1934.*

[3] *Schreiben des Kreiswehrführers Richard Moser, Kreisfeuerwehrverband Oberlahn, T. 1872. an das Landratsamt zu Weilburg vom 29.12.1934.*

[4] *Revisionsbericht des Kreiswehrführers Richard Moser, Kreisfeuerwehrverband Oberlahn, T. 1717. an das Landratsamt zu Weilburg vom 13.1.1936.*

[5] *Schreiben des Landesoberinspektors Enders, Nassauische Brandversicherungsanstalt, Der Oberpräsident, Wiesbaden, III. Obertiefenbach an den Herrn Bürgermeister in Obertiefenbach vom 21.1.1936.*

[6] *Schreiben des Bürgermeisters von Obertiefenbach Josef Becher, Tgb. Nr. 583 an den Herrn Landrat zu Weilburg a. d. Lahn vom 26.4.1936.*

[7] *Leihvertrag zwischen der Nassauischen Brandversicherungsanstalt, Der Oberpräsident (Verwaltung des Bezirksverbandes Nassau) und der Gemeinde Obertiefenbach vom 14.9.1936.*

Ein technisches Kulturdenkmal

Deutschlands einziger Fluss-Schiffstunnel wurde in Weilburg erbaut

Von Matthias Knaust

Die Schiffbarmachung der Lahn war für lange Zeit das vorrangige Ziel der nassauischen Landesregierung. Im Juli 1839 wurde eine Kommission zur Erstellung eines Gutachtens beauftragt, die noch im gleichen Monat das gesamte Projekt des Ausbaues der Lahn von Biskirchen bis nach Weilburg auf rund 105.000 Gulden veranschlagte, wobei die Kosten des Tunnelbaus auf 69.000 Gulden geschätzt wurden.

In der Sitzung der Landes-Deputierten-Versammlung im März des darauf folgenden Jahres warb ein Mitglied der Kommission für das Projekt und betonte, in naher Zukunft per Schiff über Lahn, Fulda und Weser die Handelsstädte Bremen, Hamburg und Lübeck erreichen zu können, so dass sogar im Falle eines Seekrieges mit England der Transport nach dem Norden gesichert wäre. Drei Wochen später, im Mai 1840, kam es zur Bewilligung des Kostenvoranschlages. Offenbar hielten die Verantwortlichen den Tunnelbau für eine vollkommen selbstverständlich zu lösende Aufgabe, obwohl es zu jener Zeit keine tatsächlich vergleichbaren Tunnelbauten gegeben hat, nach deren Vorbildern man sich hätte richten können.

Die ersten Schwierigkeiten ergaben sich mit dem Erwerb des für den Tunnelbau notwendigen Geländes, da die Eigentümer versuchten, möglichst viel Geld für ihren Grund und Boden zu erzielen, so dass erst im Juli 1843 die Verhandlungen zum Abschluss kamen.

Im Januar des gleichen Jahres bezifferte der für den Bau verantwortliche Bauinspektor Haas die Gesamtkosten auf 88.500 Gulden: U. a. 44.000 Gulden für die Felssprengungen, über 17.000 Gulden für Maurer- und Steinhauerarbeiten, 6.500 Gulden für Zimmer- und Schmiedearbeit für die Schleusentore sowie 17.000 Gulden für die Anschaffung einer Wasserschöpfmaschine, den Bau einer Notbrücke und der Errichtung des Wohnhauses des künftigen Schleusenwärters. Doch stellte er gleich von Beginn an seine eigenen Kostenvoranschläge infrage, indem er eine Untermauerung des gesamten Tunnels in Aussicht stellte und somit die Kosten noch vor Baubeginn auf über 117.000 Gulden bezifferte.

Im Oktober schließlich begannen die Felsarbeiten, wobei die ausführenden Betriebe nur die Hälfte der angeforderten Bauarbeiter, an manchen Tagen überhaupt niemanden auf die Baustelle schickte, so dass Haas eine Konventionalstrafe für jeden fehlenden Mann ansetzte.

Im Januar 1844 beschwerten sich mehrere Bürger über den durch die Tunnelarbeiten anfallenden Schutt, der über eine Halde in die Lahn gestürzt wurde, wodurch sie ihre am Lahnufer gelegenen Ländereien nicht mehr erreichen konnten, so dass Haas von der herzoglichen Regierung dazu veranlasst wurde, zusätzlich zu den Tunnelarbeiten den gesamten Schutt zu entfernen und obendrein endlich Abtritte für die Arbeiter zu bauen, da das Gelände rund um die Baustelle vollkommen verunreinigt war.

Als schließlich der bergmännische Betrieb beginnen sollte, verpflichtete man in dem Bergverwalter Grandjean einen Fachmann, der im Mai 1844 den Personaleinsatz ohne Maurer mit insgesamt 72 Hauern, Förder- und Zimmerleuten bezifferte, die in 3/3 Schichten Tag und Nacht durcharbeiten sollten. Doch bereits im Juli berichtete

Grandjean an die Regierung, dass eine wesentlich höhere Festigkeit des Gesteins als ursprünglich erwartet eingetreten sei und daher mit den Arbeitern um finanzielle Zuschläge verhandelt werden müsse. Die Härte des Gesteins machte obendrein den Kauf zusätzlichen Pulvers notwendig, wo-

Bei der Versteigerung für das Aushauen der Tunnelbreite hatte Haas im Oktober lediglich dem Vorletztbietenden den Zuschlag erteilt, wohingegen die Regierung auf das Angebot des preiswerteren Letztbietenden bestand, jedoch einlenkte, als Haas diesen als ein *«übel berüchtetes Subjekt»* be-

Der 182 Meter lange Schiffstunnel in Weilburg, der einen Höhenunterschied von 4,65 Metern aufweist, ist der einzige in Deutschland. Foto: Simone Frohne

bei durch die stärkeren Sprengungen das Dach des städtischen Hospitals im Weilweg beschädigt wurde und auf Kosten der Staatskasse in Stand gesetzt werden musste.

zeichnete, der *«den größten Teil der Zeit in Wirtshäusern»* zubringe und daher für die auszuführenden Arbeiten unzuverlässig sei, zumal er und sein Teilhaber sich ohnehin *«wegen Trunkenheit und ungebühr-*

lichen Benehmens» in Haft befanden, so dass die Regierung dem deutlich teureren Angebot den Zuschlag geben musste.

Während sich diese unvorhergesehenen Kosten noch in einem vertretbaren Rahmen hielten, reichte Bauassistent Frorath im Dezember 1845 einen Nachtragsbauetat in Höhe von 14.000 Gulden ein, die er u. a. mit der Anschaffung von Quadern zur Gestaltung der Tunneleingänge sowie mit dem aus seiner Sicht unbedingt notwendigen Kauf von 32.000 Ziegelsteinen zur Sicherung der offenen Felseinschnitte begründete. Die Regierung in Wiesbaden zeigte jedoch keinerlei Verständnis für ein solches Anliegen, doch waren die Bauarbeiten schon so weit fortgeschritten, dass eine deutliche Beschneidung oder gar Einstellung der finanziellen Mittel die erfolgreiche Beendigung des Tunnelbaues ernsthaft in Gefahr gebracht hätte. Obwohl im Wesentlichen nur noch das Gewölbe der Tunneleingänge in Quadern und die übrige Fassade in einfachem Mauerwerk ausgeführt

werden sollten, erhöhte sich schon jetzt der ursprüngliche Kostenvoranschlag von 69.000 auf über 152.000 Gulden.

Doch schon im Februar stellte sich heraus, dass das Gestein im Inneren des Tunnels keine genügende Festigkeit besaß, so dass Bauinspektor Haas seine ursprüngliche Anforderung von 32.000 Ziegelsteinen auf 561.000 Backsteine erhöhte, jedoch gleichzeitig die erregten Gemüter in Wiesbaden zu dämpfen versuchte, da man seiner Ansicht nach zwei Drittel des Tunnelgewölbes auch mit Bruchsteinen ausführen konnte, die aus einem Steinbruch am Löhnberger Weg – vermutlich in der Nähe der Lützelbach – gebrochen werden konnten.

Im März 1846 wurden die Arbeiten am oberen Tunneleingang aus Sicherheitsgründen gestoppt, da man auf brüchiges Gestein gestoßen war und die Sicherheit der Arbeiter nicht gefährden wollte. In einem Eilbrief bat Haas die Regierung um die Genehmigung eines Antrages zum Zusammentritt einer kommissarischen Untersuchung. Anstelle einer zustimmenden Antwort forderte man stattdessen nachdrücklich die Risse für die Fassadengestaltung an, ohne überhaupt auf das Anliegen des Bauinspektors näher einzugehen. Erst als im Mai ein Arbeiter auf der Baustelle ums Leben kam, besichtigte endlich im Juni eine Kommission den Tunnelbau, die schließlich eine aufwändige mit Widerlagern im Gewölbe versehene Ausmauerung genehmigte.

Unter diesen neuen nicht vorhersehbaren Umständen konnte der Tunnelbau unmöglich bis zum Ende des

Jahres beendet werden, so dass die Regierung in Wiesbaden auch das Arbeiten während der Nachtzeiten forderte, ohne aber den Arbeitern einen angemessen Lohn zahlen zu wollen. Diese forderten außer einem Nachtzuschlag zudem eine Gefahrenzulage aufgrund des im Tunnelinneren teilweise herabfallenden Gesteins und legten die Arbeit nieder.

Nachdem sich beide Seiten auf zu zahlende Mindestlöhne geeinigt hatten, hoffte die Landesregierung, die mittlerweile ausufernden Kosten wenigstens teilweise beim Bau der Brücke über die Schleuse wieder einsparen zu können. Obwohl der Weg eine Breite von 42 Fuß aufwies, sollte die Brücke nicht breiter als 17½ Fuß gebaut werden, so dass die Stadt Weilburg als Eigentümerin des Weges mehrfach erfolglos in Wiesbaden Beschwerde einlegte und schließlich Anfang August die Landesregierung verklagte. Zwar erwirkte die Stadt zeitweilig einen Baustopp, doch legte die Landesregierung Revision ein, und die Bauarbeiten gingen ungehindert weiter. Immerhin konnte im September ein Teilerfolg erzielt werden, da das Staatsministerium eine endgültige Breite von 42 Fuß festlegte.

Trotz des im Winter 1846/47 eintretenden Frostes gingen die Arbeiten weiter, indem man die notwendigsten Materialien in den Tunnel schaffte und die Eingänge dauerhaft verschloss. Die ursprüngliche Wärme von 2½ Grad im Inneren der Schleuse konnte dadurch um bis zu etwa acht Grad gesteigert werden, wobei durch eine spezielle Feuerung die Materialien zusätzlich erwärmt wurden.

Schon im März konnten die oberen Seitenflächen der Steinmauern der Schleuse mit Marmorplatten ausgelegt werden. Auf eine ursprünglich geplante preiswertere Ausführung mit Bruchsteinen wurde verzichtet, da das äußere Erscheinungsbild nicht hinter den an der oberen Lahn gelegenen preußischen Schleusen zurückstehen sollte.

Die Bauarbeiten gingen nunmehr ohne nennenswerte Unterbrechungen voran, wobei zeitweise bis zu 120 Maurer, Handlanger, Speismacher, Taglöhner, Steinhauer und Zimmerleute auf engstem Raum arbeiteten. Kurz vor Beendigung der Bauarbeiten schien es noch mal ernsthafte Schwierigkeiten zu geben, da ausgerechnet der für die Lieferung der Schleusentore verantwortliche Zimmermeister um Entbindung von seinem Vertrag gebeten hatte, was jedoch von der Landesregierung abschlägig beschieden wurde.

Schließlich konnte doch noch im September das Wasser in den Tunnel und die Schleuse eingelassen werden, so dass der Schiffstunnel am 1. Oktober 1847 seiner Bestimmung übergeben werden konnte.

Der endlich zum Abschluss gekommene Bau des einzigen Fluss-Schifffahrtstunnels Deutschlands stellt ein einzigartiges technisches Kulturdenkmal dar. Der 182 Meter lange Tunnel, der einen Höhenunterschied von 4,65 Meter überwindet, wurde ausschließlich in Handarbeit gebaut, ohne dass bei der Planung und Durchführung auf vergleichbare Bauten zurückgegriffen werden konnte. Insofern erscheint es verständlich, dass die Kosten, die 1839 auf höchstens 69.000 Gulden geschätzt wurden, 1847 aufgrund mannigfacher und oft nicht vorhersehbarer Schwierigkeiten auf über 182.000 Gulden angestiegen waren.

Damit hat das Herzogtum Nassau mit dem Bau des Schiffstunnels eine außergewöhnliche Leistung vollbracht, der – in seiner Verbindung von Tunnel und Kuppelschleuse – sogar beispiellos in ganz Europa ist.

Verwendete Quellen:

Schick, Wilhelm, Der Schiffstunnel zu Weilburg an der Lahn. Hg. Von der Bürgerinitiative «Alt-Weilburg». Weilburg, 2. Aufl. 1995.

KRANICHE IM KREIS LIMBURG-WEILBURG

VON HERBERT FRIEDRICH

Im Herbst 2004 zogen ca. 90.000 Kraniche über den Kreis Limburg-Weilburg. Überwiegend brechen die Kraniche von bestimmten Rastgebieten (Halbinsel Zingst, Insel Hiddensee oder sonstige Bereiche der Ostseeküste) bei Ostwind und klarem Wetter zu ihren Winterquartieren auf. In der Mitte der Zugschneise über Deutschland liegt unser Kreis. Früher hieß es, wenn im Spätherbst noch viele Leute auf den Feldern arbeiteten, «*de Hoahlgäns zeihe, es wied kalt*». Mit *Hoahlgäns* waren die Kraniche gemeint. In einer überwiegend keilförmigen V-Formation zogen sie links oder rechts der Lahn in den Süden. Der an der Spitze fliegende Kranich hat die meiste Arbeit. Nach einiger Zeit lässt er sich zurückfallen, und der nächste Kranich übernimmt die Führungsarbeit. Manchmal müssen sie sich neu formieren und die Richtung suchen und kreisen dann eventuell einige Zeit. Dabei nutzen sie meistens die Thermik und schrauben sich in die Höhe. Wenn die Kraniche nicht allzu hoch sind, kann man die noch beige gefärbten Jungvögel erkennen. Die Familie bleibt bis zum Frühjahr zusammen. Kommt ein Jungvogel an die Spitze, lässt er sich in der Regel nach wenigen Metern an das Ende der Kette fallen.

Am 24. November konnten viele Bewohner unseres Kreises die trompetenartigen Rufe der Kraniche hören. Wegen des dichten Nebels waren die Kraniche unsichtbar. Gegen 19.00 Uhr kreisten Kraniche längere Zeit laut rufend im Nebel über der angestrahlten Burgruine und dem Ort Freienfels. Sie wollten anscheinend in einer von ihnen vermuteten hellen Wasserfläche landen und gerieten zwischen die Häuser. Nach einiger Zeit entfernten sich die immer noch laut rufenden Kraniche.

Ein Jungvogel hatte den Anschluss verpasst und sich in einem engen Hof verlaufen. Hier fehlte der nötige Freiraum für einen Start. Ich fing den in einer dunklen Hofecke stehenden Kranich mit einem gezielten Griff an den Hals recht schnell ein und stellte fest, dass er an den Beinen und Flügeln anscheinend nicht verletzt war. Nur der Schnabel war mit einer dicken Erdkruste behaftet. Ich setzte den Jungkranich in eine große Transportkiste, nahm ihn mit und stellte ihn über Nacht in einen frostfreien Raum.

Mir war klar, dass ich den Jungvogel, der ohne die Führung seiner Eltern keine Orientierung hatte, nicht wieder gleich bei gutem Wetter fliegen lassen durfte. Ich fragte beim Vogelpark Herborn-Uckersdorf an, ob sie einen Jungkranich zur

Jungkranich zur Erstversorgung und Übernachtung im Gehöft von Erwin Friedrich.
Fotos: Herbert Friedrich

Kranich mit verletztem Schnabel in der Pflegestation des Vogelparkes Herborn-Uckersdorf.

Pflege aufnehmen könnten. Harald Fey bat mich, den Vogel nach Uckersdorf zu bringen. Als ich dort nach einer guten Stunde ankam, war eine überdachte Fläche schon in ein Kranichquartier umgewandelt worden. Bei der Entwurmung und einer weiteren Untersuchung stellte ich mit Wolfgang Rades fest, dass der Kranich unter einer dicken Dreck- und Grindschicht am Schnabel eine ältere Verletzung hatte. Der Schnabel wurde gleich gereinigt und desinfiziert. Eine Tierärztin sollte ihn sich aber noch ansehen. In seiner neuen Unterkunft fühlte sich der Kranich anscheinend recht wohl und marschierte gleich stolz umher.

Bei der Rückfahrt wurde ich ständig an den Kranich erinnert. Die durch den Transportkorb gesicherten Exkremente des Kranichs verbreiteten einen nicht angenehmen Duft im Auto. Wie ich später erfuhr, hatte sich der Kranich gut eingelebt und machte keine Probleme.

Da die Verletzung schlecht heilte, blieb der Kranich bis zum Sommer 2005 in Uckersdorf. Danach kam er in eine Pflegestation nach Norddeutschland bis zur Auswilderung.

Junger Grau-Kranich im Sommer 2005 in Herborn-Uckersdorf.

KÖNNEN WIR UNSER KLIMA BEEINFLUSSEN?

VON WERNER EISENKOPF

Nach der WMO-Definition (World Meteorological Organization) ist *Klima* das mittlere Wetter einer vergangenen 30-jährigen Periode! *Klima* wird vom Wetter abgeleitet. Dieses *Klima* wird vom Menschen negativ beeinflusst und daher unter Schutz gestellt. Leider kommt dieser Schutz zu spät, denn das Wetter der vergangenen 30 Jahre kann nicht mehr ungeschehen gemacht oder verändert werden.

Die Erde ist etwa 4,8 Milliarden Jahre alt. Nachdem sie sich aus Trümmern und Staub verdichtete und sich nach und nach so etwas wie eine Atmosphäre entwickelte, die erst überhaupt Leben ermöglichte, hat sich dieses irdische *Klima* niemals auch nur ansatzweise stabil und gleichmäßig gehalten – lange vor jeder menschlichen Existenz. Der Grundgedanke der heutigen Politik, eine *Sekunde* innerhalb eines Jahres als Zustand quasi *einzufrieren*, sprich festzusetzen, ist absurd. Das Wettergeschehen wie auch die irdischen Kräfte im Erdinnern mit ihren Folgen und Katastrophen, gab es schon immer, und es wird sie immer geben. Ist der *Klimaschutz* nicht mehr als eine irrwitzige Selbstüberschätzung des Menschen?

Jeder lernt schon in der Schule, dass es auf der Erde mehrere Eiszeiten gab und logischerweise dazwischen auch Warmzeiten. Vor ca. 10.000 Jahren endete die bisher letzte, die so genannte *Würmeiszeit*. Dabei traten starke Temperatur- und Klimaschwankungen auf, deren genaue Ursachen man bis heute nicht kennt. Schuld daran waren sicherlich nicht die Urmenschen, weil sie zu viele Lagerfeuer entzündet hatten.

Kohlendioxid wird derzeit als *Klimaschädling* wie ein Giftgas verteufelt. Die nüchterne Wissenschaft steht auf dem Standpunkt, dass Kohlendioxid nach dem Sauerstoff das zweitwichtigste Gas für das gesamte Leben auf der Erde ist. Ohne Kohlendioxid gäbe es keine Photosynthese, kein Pflanzenwachstum und damit kein Leben auf der Erde.

Auch das Bundesumweltamt in Berlin geht davon aus, dass maximal 1,2 Prozent des in der Atmosphäre anzutreffenden Kohlendioxids weltweit überhaupt menschlich verursacht ist. Demnach sind also 98,8 Prozent rein natürlich entstandenes Kohlendioxid. Es steigt in die Atmosphäre hoch und wird in einem Kreislauf wieder herabgeregnet und gebunden. All die teuren und aufwendigen Computersimulationen in den wissenschaftlichen Institutionen weltweit können nicht konkret sagen, ob in der Luft vorhandene Staubteilchen zu einer Erhitzung oder Abkühlung führen. Wenn also schon so simple Grundannahmen auf wackeligen Füßen stehen, wie soll man dann den Ergebnissen solcher Computersimulationen überhaupt glauben können.

Im September 2005 hat ein verheerender Hurrikan die Südstaaten der USA heimgesucht und die Großstadt New Orleans zerstört. Kaum war dies passiert, da hörte man Stimmen und Stellungnahmen, dass dies bereits Anzeichen eines von *Menschen gemachten Klimawandels* seien. Überall in den deutschen Medien ist diese Argumentation zu hören. Die heftigen Proteste gegen diese Annahme, gerade aus den USA, dringen kaum zu Gehör.

Auch wer sich im Internet die originalen Aufzeichnungen aus den USA über die Geschichte der Hurrikane seit ca. 1860 ansieht, wird eines anderen belehrt. Dass bereits Christoph Kolumbus nach 1492 solche verheerende Hurrikane erlebte und die Kolonialmacht Spanien in der Folgezeit viele Berichte über solche Hurrikane in der Karibik erstellte, ist heute fast unbekannt. Die nationalen Aufzeichnungen der USA zeigen zwar einen erkennbaren Anstieg von besonders vielen Hurrikane, aber dies nur um das Jahr 1940. Demzufolge gibt es derzeit insgesamt betrachtet weder besonders viele noch besonders starke Hurrikane. Früher war halt nicht überall gleich ein Fernsehteam zugegen, um das Geschehen umgehend in alle Haushalte der Welt zu transferieren.

Während der *Punischen Kriege* der Römer gegen die Karthager (246 - 146 v. Chr.) herrschte ein sehr warmes Klima. Die Alpenpässe waren praktisch grün und eisfrei, die Alpengletscher hatten sich bis auf kleine Reste zurückgezogen. Erst diese Tatsache ermöglichte Hannibal damals seinen Zug mit Elefanten über die Alpen. Es gab das warme *Mittelalterliche Optimum* mit Weinbau bis hoch nach Trondheim/Norwegen und Wikingersiedlungen in Grönland. Es gab die kalte *Kleine Eiszeit,* in der der Königsberger Philosoph und Wissenschaftler Immanuel Kant uns überlieferte, dass die Ostsee vor Königsberg manchmal sogar im Juni zugefroren war. Es gibt im Auf und Ab der vielen hundertjährigen Temperaturzyklen einen völlig natürlichen Temperaturanstieg in einer Zwischenwarmzeit nach der *Kleinen Eiszeit*. Es wird in 30 bis 100 Jahren wieder eine völlig natürliche Temperatursenkung kommen, wie langjährige Zyklen voraussagen, ganz egal, was der Mensch glaubt oder welche Politik vorherrscht.

Wenn man die Hochwasser an der Elbe 2002 zusammennähme mit den Augusthochwassern 2005 im Alpenraum, vorherigen Hochwassern in Oberitalien und dies alles noch einmal um den Faktor vier muliplizieren würde, käme eine europaweite Wasserkatastrophe heraus. Eine solche Gigantkatastrophe fand bereits

1342 statt. Das so genannte *Magdalenenhochwasser 1342* war die Wasserkatastrophe in Europa schlechthin und vermutlich eine Folge der seltenen extremen Wetterlagen, wie sie auch die späteren extremen Hochwasser verursachten. Etwas, das mit Menschen und Industrie rein gar nichts zu tun hatte und das in der unbändigen Natur eben ab und zu passiert.

Gehen wir zurück in den heimischen Raum, betrachten wir einmal die Hochwassermarken an der Lahn. Schauen wir nach Runkel an den Fuß des Burgfelsens und staunen über die Markierungen dort. 1342 wäre gewiss die höchste Markierung angebracht gewesen, wenn man dort damals Aufzeichnungen gemacht hätte. Doch so ist für das Jahr 1643 die höchste Marke eingeschlagen. Dieses Hochwasser ereignete sich in einer völlig industrielosen Gesellschaft. Zudem verfügte die Lahn im Vergleich zu heute noch über zahlreiche Auen und Auslaufmöglichkeiten.

Der Heidelberger Professor Rüdiger Glaser hat in vielen Archiven und Aufzeichnungen große Mengen an Daten über historische Klimaereignisse zusammengetragen und damit oft überraschende Zusammenhänge erkannt. Er schreibt abschließend in seinem Buch *Klimageschichte Mitteleuropas* aus dem Jahre 2001:

«Die Ausarbeitungen haben deutlich gemacht, dass Klimakatastrophen in Mitteleuropa ein ständiger Begleiter waren. Dies gilt für alle angesprochenen Varianten wie Gewitter, Stürme und Hochwasser. Im Auftreten dieser Katastrophen gab es aber in den letzten 1.000 Jahren nachhaltige Veränderungen. Mittelfristige Zu- und Abnahmen in der Größenordnung von 30 bis 100 Jahren waren die Regel. Dabei wurde deutlich, dass in einigen Phasen der historischen Klimaentwicklung Katastrophen häufiger als in den letzten 200 Jahren aufgetreten sind. Dies gilt beispielsweise für die Hochwasser zwischen 1500 und

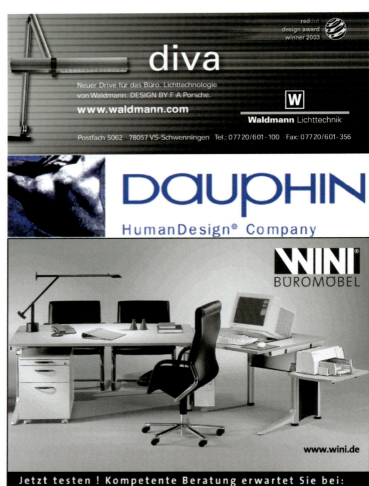

298

1750. Einzelne Ereignisse, wie das von 1342, übertreffen die uns heute bekannten Extremfälle sogar erheblich. Viele der markanten Änderungen lassen sich mit der Temperaturentwicklung korrelieren. Als besonders katastrophenreich hat sich der Abschnitt der Kleinen Eiszeit 1550 - 1850 herausgestellt.

Vor dem Hintergrund dieser Erkenntnisse muss man davon ausgehen, dass, wie beim Temperatur- und Niederschlagsgeschehen, eine deutlich höhere natürliche Variabilität im Auftreten von Klimakatastrophen existiert, als die aktualistische Betrachtung erkennen lässt. Diese Erkenntnisse sind vor allem deshalb bemerkenswert, weil sie sich auf Zeiträume beziehen, die außerhalb der anthropogenen Klimaveränderungen liegen.»

Literaturquellen:

Prof. Glaser, Rüdiger – Klimageschichte Mitteleuropas – Wissenschaftliche Buchgesellschaft Darmstadt 2001 ISBN 3-534-14687-5

Dr. Berner, Ulrich; Streif, H. J.; Hg. – Klimafakten – Bundesanstalt für Geowissenschaften und Rohstoffe, Hannover 2004 (4. überarbeitete Auflage) ISBN 3-510-95913-2

Dr. Thüne, Wolfgang – Der Treibhaus-Schwindel – Wirtschaftsverlag Discovery Press 2000 ISBN 3-9803768-6-9

Dr. Thüne, Wolfgang – Freispruch für CO_2 - Edition Steinherz Wiesbaden 2002 ISBN 3-9807378-1-0

Maxeiner, Dirk; Miersch, Michael – Lexikon der Öko-Irrtümer – Piper München ISBN 3-492-22873-9

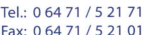

JAHRBUCH-QUIZ
WAS SAGEN UNS GEMEINDEWAPPEN?

VON HEINZ PFEIFFER

Seit ältesten Zeiten haben Menschen mit Hilfe von bildlichen Darstellungen ihr Selbstbewusstsein gestärkt, ihr *So-sein* vom Sein anderer abgehoben, kurz: Bilder als Identifikationshilfen aus der Natur entliehen oder selber kreativ entwickelt.

So ist etwa schon der älteste Schreiber jüdisch-christlicher Religion davon überzeugt, dass der Mensch mehr als Materie sei, nämlich am zeitlich unbegrenzten und daher göttlich zu nennenden Geist teilhabe, infolgedessen schreibt er also im I. Buch Moses des Alten Testaments laut Übersetzung durch Dr. Martin Luther: *«Gott schuf den Menschen ihm zum Bilde, zum Bilde Gottes schuf er ihn.»* (1,27)

Und selbst in der Politik unserer Tage glauben gewisse demokratische Parteien, sich mit Hilfe des Bildes eines Tierzeichens besser verkaufen zu können, so etwa die Republikaner in den USA mit dem Elefanten als ihrem Parteilogo. Und wo auch Analphabeten etwa in Afrika zum Wählen gehen animiert werden sollen, lässt man auf dem Stimmzettel gar nicht erst Parteischriftkürzel ankreuzen, sondern nur Bildzeichen.

Überall dort, wo Machtansprüche geltend gemacht werden, glaubt man, diese mit respektablen Bildzeichen sichern zu sollen. So schmückten Herrscherdynastien einst und auch volkssouveräne Staaten heute noch etwa mit Adlern oder Löwen, Äxten oder Schwertern ihre Staatswappen.

Gleiches tun dürfen heute unsere sich selbst verwaltenden Gemeinden nach eingeholtem staatsamtlichen Einverständnis. Freilich geht es ihnen nicht mehr um Abgrenzung, sondern um einladend aufzufallen, zu werben für Zuzug, für Handel und Einkauf am Ort. Manche Gemeindewappen wollen auch darauf hinweisen, dass man aus langer und guter Tradition schöpfe, andere Gemeinden betonen einstige physische Stärke, indem sie Hellebarde oder Beil im Wappen führen, womit einst schon Landsknechte oder Raubritter am Ort posierten.

Gerade im Zuge der Gemeindegebietsreform mit Zusammenlegung mehrerer Plätze zu einer Land- oder Stadtgemeinde schienen auch neue Wappen nötig zu sein. Diese besser kennen zu lernen, dazu will unser diesjähriges Jahrbuchquiz beitragen. Achtung, da wo manche Gemeindewappen zwei- oder gar viergeteilt, also mit zwei oder vier verschiedenen Bildern geschmückt sind, haben wir nur ein Teilwappenbild als zuzuordnen herausgestellt.

Und so sollten Sie vorgehen, um zum Erfolg zu gelangen: Bilden Sie aus den jeweils hinter dem zutreffenden Gemeindenamen stehenden Einzelbuchstaben das Lösungswort mit insgesamt 12 Buchstaben.

Schreiben Sie es auf eine Postkarte und senden Sie diese an die:

KREISVERWALTUNG LIMBURG-WEILBURG
KREISHEIMATSTELLE
SCHIEDE 43
65549 LIMBURG

versehen mit dem Kennwort

«JAHRBUCH-QUIZ»

Einsendeschluss ist der 30. April 2006.

EVL – Ihr Partner in **Limburg.**

EVL - Energie- und Wasserversorgung für Limburg - *Dienstleistung an Ort und Stelle, bei Tag und Nacht.*

Mit hoher Umweltkenntniss und kompetenter Beratung steht die EVL im Dienst der Bevölkerung der Stadt Limburg.

Energieversorgung Limburg GmbH ist moderner Energiedienstleister.

Aufgrund neuster Technik und Versorgungsanlagen, Stromanschlüssen an das Europäische Stromverbundnetz, Erdgasanschlüssen an die deutschen Erdgashochdruckleitungen, einer Vielzahl eigener Tiefbrunnen sowie der Realisierung leistungsfähiger Nahwärmekonzeptionen ist das Unternehmen in der Lage, die Kunden...

sicher, kostengünstig, vorteilhaft und bürgernah

...zu beraten, zu beliefern. Die 89 Mitarbeiter sorgen für reibungslose Lieferung von rund 469 Mio. kWh Erdgas, 202 Mio. kWh Strom, 12 Mio. kWh Wärme und 1,9 Mio. m³ Wasser pro Jahr.

Im Rahmen ständig neuer Bemühungen zur Verbesserung der Umwelt ist als herausragende Maßnahme der letzten Jahre der Bau eines Wasserkraftwerkes mit einer Leistung von 650 kW zu nennen. Die Anlage, die 1.300 Haushalte mit umweltfreundlichem Strom versorgen kann, wurde 1993 in Betrieb genommen, die Baukosten beliefen sich auf 8,3 Mio. DM.

Innovative Techniken zu fördern hat bei der EVL schon immer einen wichtigen Stellenwert.
Die Anschaffung erdgasbetriebener Fahrzeuge ist hier ebenfalls beispielgebend.
Kurze Wege, kompetente Beratung, schnelle und kostengünstige Erledigung bei allem was Strom, Erdgas, Wasser und Wärme betrifft. Ziele, die es wert sind – EVL.

Ste.-Foy-Straße 36
65549 Limburg
www.evl.de

Telefon: 06431 2903-0
Telefax: 06431 2903-692
E-mail: evl@evl.de

Wir machen Limburg stark.

302

ZU WELCHEM GEMEINDEWAPPEN GEHÖRT...

I. Wasserkrug:
Selters	W
Hadamar	A
Dornburg	O

VII. Zweitürmige Kirche
Weilmünster	B
Selters	A
Merenberg	G

II. Axt:
Weilburg	P
Löhnberg	F
Weinbach	A

VIII. Krone:
Mengerskirchen	F
Elbtal	I
Runkel	L

III. Frauengestalt
Elbtal	Z
Elz	S
Mengerskirchen	P

IX. Festungsturm
Hünfelden	L
Weinbach	G
Löhnberg	X

IV. Kapelle mit Türmchen
Beselich	P
Hünfelden	T
Brechen	U

X. Schlüssel mit Beil gekreuzt
Weilburg	J
Elz	C
Villmar	D

V. Schlange
Elz	E
Villmar	M
Bad Camberg	K

XI. 2 gekreuzte Schwerter
Limburg	V
Weilburg	B
Hadamar	E

VI. 2 einander zugewendetet Löwen
Runkel	Z
Weilmünster	Q
Waldbrunn	N

XII. 2 laufende Löwen vor Turmwand
Bad Camberg	R
Merenberg	M
Brechen	N

DAS LÖSUNGSWORT LAUTET:

W A P P E N B I L D E R

JAHRBUCHQUIZ-PREISE 2006

1. Preis: Reisegutschein im Wert von 500 Euro,
gestiftet vom Rekom-Verlag Wetzlar

2. Preis: Gutschein für 2 Erwachsene und 2 Kinder über eine zweitägige
Kanutour auf der Lahn mit Campingplatzübernachtung
im Wert von 230 Euro, gestiftet von der Firma Lahn-tours in Roth

3. Preis: Ein Dauphin-Bürodrehstuhl im Wert von 150 Euro,
gestiftet von der Firma Müller & Höhler, Limburg-Offheim

4. Preis: Ein Espresso-Automat im Wert von 100 Euro,
gestiftet vom Weilburger Tageblatt

5. Preis: Fahrradkleidung im Wert von 90 Euro,
gestiftet von der Firma Zweirad-Center Meuer in Diez

6. Preis: 2 Eintrittskarten für den Tigerpalast in Weilburg am 28. oder 29.05.06
im Wert von 90 Euro, gestiftet von der Fremdenverkehrs-Marketing
GmbH, Weilburg

7. Preis: Essensgutschein im Wert von 75 Euro, gestiftet vom
Landhaus «Schaaf» in Runkel-Schadeck

8. Preis: 2 Eintrittskarten für einen Besuch der Weilburger Schlosskonzerte im
Wert von 64 Euro, gestiftet von der Weilburger Schlosskonzerte e. V.

9. Preis: Gutschein im Wert von 49 Euro für eine Classica-Aroma-Gesichts-
behandlung Sensis in der Beauty-Wellnessoase im Hotel
«Nassau-Oranien», gestiftet vom Hotel «Nassau-Oranien» in Hadamar

10. Preis: 1 Tag Wasserwandern auf der Lahn für 2 Erwachsene und 1 Kind im
Wert von 40 Euro, gestiftet von der Weilburger Tourist-Information

11. Preis: Gutschein für 2 Personen im Wert von 40 Euro für ein Sonntagsbrunch
im Restaurant «Georgs» in Limburg, gestiftet vom Restaurant «Georgs
Restaurant und Cocktailbar» in Limburg

12. Preis: Gutschein im Wert von 25 Euro,
gestiftet von Uhren-Schmuck Norbert Heep, Frickhofen

13. Preis: 1 Buch Barocke Wasserversorgung in Weilburg im Wert von 25 Euro,
gestiftet von der Stadt Weilburg

14. Preis: 1 Buch Barocke Wasserversorgung in Weilburg im Wert von 25 Euro,
gestiftet von der Stadt Weilburg

15. Preis: Frühstücksgutschein für 2 Personen im Wert von 22 Euro,
gestiftet vom Café Bassin in Limburg

16. Preis: Gutschein im Wert von 20 Euro,
gestiftet von Café/Konditorei Kosmol in Limburg

17. – 26. Preis: 10-mal je ein Gutschein über eine Kiste Apfelsaft oder eine
Kiste Apfelwein, gestiftet von der Kelterei Heil, Laubuseschbach

27. – 31. Preis: je 1 Familienkarte zum Besuch des Bergbau- und Stadtmuseums im
Wert von 8 Euro, gestiftet vom Bergbau- und Stadtmuseum, Weilburg

32. – 40. Preis: Je ein Heimatbuch, gestiftet von der Kreisheimatstelle des Landkreises
Limburg-Weilburg

JAHRBUCHQUIZ-GEWINNER
2005

1. PREIS: WIEBKE WAGNER AUS PROBBACH

2. PREIS: BRIGITTE HEUN AUS RUNKEL

3. PREIS: MATTHIAS REICH AUS RUNKEL

4. PREIS: CHRISTINE OST AUS LIMBURG

5. PREIS: GERHARD SCHUHMACHER AUS BESELICH-SCHUPBACH

6. PREIS: FRED ODENWALD AUS WEILMÜNSTER

7. PREIS: WALTER EBEL AUS WEILBURG

8. PREIS: HEIDELINDE SCHÄFER AUS MENGERSKIRCHEN

9. PREIS: HELGA GERTZ AUS RUNKEL

Foto: Bernd Kexel

EBENSO AUF DEM FOTO: LANDRAT DR. MANFRED FLUCK,
DR. MARIE-LUISE CRONE UND SIMONE FROHNE, BÜRO DES LANDRATS.

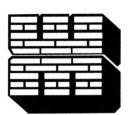

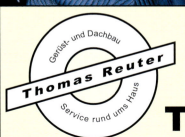

312

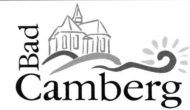

DORNBURG – eine Gemeinde mit Herz

Die dynamische Gemeinde Dornburg im Westerwald zählt zur Zeit ca. 9.000 Einwohner. Eine Attraktion für Gäste ist das »ewige Eis« am Fuße der Dornburg. Sehenswert ist ebenfalls der Blasiusberg, dessen Gipfel die Blasiuskapelle krönt. Die Gemeinde bietet u.a. für Ihre Besucher ein beheiztes Freibad, Tennis- und Sportplätze, ein Kino, ein Heimatmuseum, ca. 25 km Wanderwege, Waldlehrpfad, Grillplätze u.v.m. an. Ebenfalls sind 5 Grundschulen, eine Haupt- und Realschule sowie 5 Kindergärten vorhanden.

Weitere Auskünfte: Gemeindeverwaltung Dornburg, Rathaus Frickhofen
Egenolfstr. 26 · 65599 Dornburg
Tel. (0 64 36) 91 31-0 · Fax (0 64 36) 91 31 32
e-mail: info@dornburg.de · Internet: www.dornburg.de

ELBTAL

Die Gemeinde Elbtal (Landkreis Limburg-Weilburg) am Südrand des Westerwaldes und im Nordwesten einer Lahnmulde gelegen, besteht aus vier Ortsteilen.

Insgesamt gesehen sind die Elbtaler Ortsteile auf sehr frühe Siedlungen zurückzuführen. Bei Feldarbeiten wurden jungsteinzeitliche Geräte wie Steinbeile, aber auch das Stück eines Keulenkopfes gefunden. Aus der Eisenzeit (ca. 475 v. Chr.) stammen auch die Grabhügelfelder im Gemeindewald bei Hangenmeilingen.

Am 1.2.1971 schlossen sich die Ortsteile Dorchheim, Hangenmeilingen und Heuchelheim zu einer Gemeinde mit dem Namen »Elbtal« zusammen. Durch die gesetzliche Regelung der Gebietsreform kam die damals noch selbständige Gemeinde Elbgrund am 1.7.1974 zur Gemeinde Elbtal hinzu. Insgesamt hat Elbtal heute über 2500 Einwohner.

Es verfügt über vielfältige Einrichtungen der Grundversorgung. In jedem Ortsteil ist ein Dorfgemeinschaftshaus zu finden. Vielfältig sind auch die Möglichkeiten der Freizeitgestaltung. Ein reiches Vereinsleben birgt beinahe für alle Interessen und Neigungen eine Möglichkeit des sinnvollen Zeitvertreibes.

Überwiegend zeigt sich Elbtal jedoch als Wohnsitzgemeinde; Industrie ist nicht vorhanden. Dafür sorgen aber kleine Handels- und Handwerksbetriebe nicht nur für die Versorgung der Bürger vor Ort, sondern auch über die Grenzen Elbtals hinaus für einen regen Handel und Wandel.

Die unmittelbare Lage an der Bundesstraße 54, der Hauptschlagader der Gemeinde Elbtal, läßt es insbesondere nicht zu, daß sich in den beiden größten Ortsteilen, wie dies häufig im Westerwald anzutreffen ist, Fremdenverkehrsbetriebe etablieren. Dafür aber sorgt die Bundesstraße 54 für Möglichkeiten der Ansiedlung von Gewerbe, welches die Gemeinde in den nächsten Jahren verstärkt fördern will. Die vier Ortsteile können auf eine lange Geschichte zurückblicken, die zum Teil in alten Urkunden anschaulich verfolgt werden kann.

Gemeindeverwaltung:
Rathausstraße 1, 65627 Elbtal-Dorchheim, Tel. (0 64 36) 94 46 10, Fax 94 46 29, eMail: gemeinde-elbtal@t-online.de
Öffnungszeiten: Mo: 9.00 - 12.00 Uhr, Di: 17.00 - 18.30 Uhr, Mittwoch keine Sprechstunde, Do & Fr: 9.00 - 12.00 Uhr

Hünfelden

Die Gemeinde Hünfelden ist am 01.10.1971 durch den freiwilligen Zusammenschluß der sieben früheren Gemeinden Kirberg, Dauborn, Heringen, Neesbach, Mensfelden, Nauheim und Ohren entstanden. Bei dem Zusammenschluß wohnten in dem Gebiet der Gemeinde Hünfelden 6.952 Menschen (heute 10.785), Hünfelden hat eine Gemarkungsfläche von 6.270 ha, wovon 1.553 ha Wald sind.

Hünfelden hat sich zu einer beliebten Wohnsitzgemeinde entwickelt. Die günstige Lage zwischen Limburg a.d. Lahn und dem Rhein-Main-Gebiet mit guten Verkehrsverbindungen nach Limburg, Wiesbaden und Frankfurt a. M., war dafür ausschlaggebend. Verkehrsmäßig ist Hünfelden durch die Bundesstraße B417 (Hühnerstraße genannt) und mehrere Landes- und Kreisstraßen erschlossen. Eine unmittelbare Zufahrt zur BAB Köln-Frankfurt ist für die Gemeinde von großer Bedeutung. Omnibuslinien verbinden alle Ortsteile mit der Kreisstadt Limburg a. d. Lahn sowie der Hessischen Landeshauptstadt Wiesbaden. Die nächsten Stationen der Bundesbahn sind Bad Camberg, Niederbrechen und Limburg a. d. Lahn.

Die Zahl der Arbeitsplätze in Hünfelden ist gering. Die meisten Bürger fahren in die Städte Limburg a. d. Lahn, Wiesbaden und Frankfurt a. M. zur Arbeit. Im Laufe der Zeit ist die Zahl der Vollerwerbslandwirte wesentlich zurückgegangen.

Eine Schule für die Kinder aus den sieben Ortsteilen befindet sich im Ortsteil Dauborn. Die Freiherr-vom-Stein-Schule hat Grund-, Haupt- u. Realschule sowie einen gymnasialen Zweig.

Ein ausgedehntes Netz von befestigten Wanderwegen lädt Naturfreunde zu Wanderungen durch Feld und Wald ein. Radwander-wege verbinden einzelne Ortsteile miteinander. Ein beliebter Ausflugsort ist der Mensfelder Kopf. Von dort kann man einen guten Ausblick über das Limburger Becken bis in den Taunus und Westerwald genießen. Als Sehenswürdigkeiten sind zu nennen: Die Burgruine Kirberg, die restau-

(Stein'sche Haus im Ortsteil Kirberg)

rierten Fachwerkbauten des Stein'schen Hauses und das ehemalige Rathaus im Ortsteil Kirberg mit einem Heimatmuseum sowie das ehemalige Kloster Gnadenthal.

Dorfgemeinschaftseinrichtungen für die vielfältige Art und Weise im sozialen und kulturellen Bereich stehen der Bevölkerung in jedem Ortsteil zur Verfügung.

Sport-, Spiel und Freizeitanlagen sind in allen Ortsteilen vorhanden. Besonderes hervorzuheben sind hierbei das beheizte Schwimmbad im Ortsteil Kirberg und das Freibad im Ortsteil Dauborn.

Weitere Informationen:

Gemeinde Hünfelden · Le Thillay-Platz · 65597 Hünfelden-Kirberg
Telefon: 06438 / 838-0 · Fax: 06438 / 38 83
Internet: www.huenfelden.de
e-Mail: gemeinde@huenfelden.de

AUTORENVERZEICHNIS

Aumüller, Lydia	Kalkstraße 33, 65606 Villmar
Bandur, Norbert	Bergstraße 18, 65614 Beselich-Niedertiefenbach
Bausch, Linda	Mittelgasse 16, 35789 Laubuscheschbach
Becker, Erich	Hammelburg 14, 65589 Hadamar
Braun, Karl-Heinz	Steinweg 12a, 65520 Bad Camberg-Würges
Bröckl, Edith	Friedrich-Ebert-Straße 32, 35781 Weilburg
Caspary, Eugen	Rubensstraße 3, 65520 Bad Camberg
Crone, Dr. Marie-Luise	Büro des Landrats, Schiede 43, 65549 Limburg
Dahinden, Ullrich	Ste.-Foy-Straße 9, 65549 Limburg
Dahmen, Christina	Blumenröder Str. 72, 65549 Limburg
Dauer, Birgit	Gartenstraße 9, 35792 Löhnberg
Dönges, Klaus	Obere Hohlgasse 2, 65597 Hünfelden-Neesbach
Eisenkopf, Werner	Schulstraße 53, 65594 Runkel-Steeden
Eller, Gerhard	Mittelstraße 24, 65614 Beselich-Schupbach
Engelmann, Kurt	Schulstraße 1, 35799 Merenberg-Barig-Selbenhausen
Faber, Dr. Rolf	Carl-von-Ossietzky-Straße 29, 65197 Wiesbaden
Finger, Ulrich	Brückenstraße 13, 35789 Weilmünster-Essershausen
Finger, Ursula	Brückenstraße 13, 35789 Weilmünster-Essershausen
Fluck, Dr. Rüdiger	Am Liebfrauenberg 18, 65618 Selters-Haintchen
Frensch, Isabella	Dillhäuser Straße 14, 35794 Mengerskirchen-Probbach
Friedrich, Herbert	Birkenstraße 9, 65594 Runkel-Wirbelau
Frohne, Simone	Büro des Landrates, Schiede 43, 65549 Limburg
Geis, Marga	Grabenstraße 52, 65614 Beselich-Niedertiefenbach
Gerharz, Walter	WFG, Freiherr-vom-Stein-Platz 1, 65549 Limburg
Gran, Günter	Am Schwimmbad 11, 35781 Weilburg-Bermbach
Grolig, Ursula	Beselicher Weg 6, 65594 Runkel
Hamm, Heinz	Zur Langwies 15, 35781 Weilburg-Ahausen
Heckelmann, Gerhard	Bergstraße 3, 65597 Hünfelden-Dauborn
Hemmerle, Bernhard	Johannes-Gutenberg-Straße 14, 65606 Villmar
Heun, Bernhard P.	Gutenbergring 8, 65549 Limburg
Hicking, Othmar	Hölderlinstraße 39, 65549 Limburg
Hofmann, Wilfried	Limburger Straße 10, 65555 Limburg-Offheim

Jung, Josef J. G.	Bahnhofstraße 45, 65551 Limburg-Lindenholzhausen
Jung, Monika	Erfurter Straße 10, 65549 Limburg
Jung, Werner	Schulstraße 16, 65551 Limburg-Lindenholzhausen
Kaßnitz, Renate	Talstraße 11, 65599 Dornburg-Thalheim
Kasteleiner, Dieter	Schulstraße 15, 65551 Limburg-Lindenholzhausen
Kasteleiner, Monika	Schulstraße 15, 65551 Limburg-Lindenholzhausen
Keiner, Ortwin	Am Rödersberg 22, 35871 Weilburg-Dommershausen
Kexel, Bernd	Büro des Landrats, Schiede 43, 65549 Limburg
Kiefer, Hans-Joachim	Taubenstraße 5, 65553 Limburg-Dietkirchen
Knaust, Matthias	Auf der Lützelbach 22, 35781 Weilburg
Knapp, Ulrich	Edelhof, 65550 Limburg-Linter
Körfer, Maja	AWB, Kreisabfalldeponie, 65614 Beselich-Obertiefenbach
Kremer, Ursula	Vehlener Straße 18, 65551 Limburg-Lindenholzhausen
Kuhnigk, Armin M.	Kirchbergstraße 1, 65618 Selters-Niederselters
Kunz, Manfred	Bahnhofstraße 51, 65520 Bad Camberg
Kurz, Walter	Talhofstraße 11, 35792 Löhnberg-Selters
Leinweber, Rudi	Limburger Straße 45, 35781 Weilburg
Lübke, Hubert	UNB, Schiede 43, 65549 Limburg
Müller, Erich	Bergstraße 13, 65520 Bad Camberg-Würges
Nieder, Franz-Karl	Feldbergstraße 4a, 65550 Limburg-Linter
Oschewsky, Willi	Heidestraße 18, 65550 Limburg-Linter
Plahl, Josef,	Kirchweg 10, 35781 Weilburg
Plescher, Helmut	Uhlandstraße 1, 65520 Bad Camberg
Pfeifer, Heinz	Schützenstraße 6, 35781 Weilburg-Ahausen
Preußer, Gertrud	Neuherbergstraße 11, 65597 Hünfelden-Dauborn
Pullmann, Christa	Rheinbergstraße 49, 65594 Runkel-Steeden
Quernheim, Josef	Ackerstraße 5, 65599 Dornburg-Langendernbach
Rücker, Wilma	Ste.-Foy-Straße 9, 65549 Limburg
Rudersdorf, Walter	Carl-Goerdeler-Straße 92, 60320 Frankfurt am Main
Schermuly, Peter	Kreiskrankenhaus Hessenklinik, 35781 Weilburg
Schick, Hans-Peter	Stadt Weilburg, 35781 Weilburg
Schmidt, Dr. Peter K.	Tannenweg 5, 65520 Bad Camberg
Schoth, Willi	Anlagenweg 21, 65604 Elz
Schuld, Michael	Lindenstücker 10, 65627 Elbtal
Schuy, Hildegard	Dehrner Weg 3, 65555 Limburg-Offheim
Schweitzer, Peter-Paul	Bornwiese 5, 65589 Hadamar
Sehr, Franz-Josef	Kellerweg 2a, 65614 Beselich-Obertiefenbach
von Spee, Nikola	St.-Vincenz-Krankenhaus, 65549 Limburg
Stamm, Walter	Zwergweg 7, 65614 Beselich-Obertiefenbach
Steinmann, Herbert	Vorderstraße 15, 65554 Limburg-Ahlbach
Stöppler, Walter	Diezer Straße 58a, 65549 Limburg
Strieder, Arnold	Schwarzfeldstraße 7, 35794 Mengerskirchen
Wagenbach, Dr. Hubert	Mainzer Landstraße 4, 65589 Hadamar
Wagner, Julius	Borngasse 1, 65594 Runkel
Wolf, Edgar	Eppenroder Straße 14, 65558 Hirschberg
Zimmermann, Stephan H.	GAB, Im Schlenkert 14, 65549 Limburg

Hinweis: Im Jahrbuch 2005 wurde der Beitrag «Namenlose Grabstele...» versehentlich unter dem Namen Josef Kramm veröffentlicht. Autor war Heinrich Eppstein.